編著者 秋松鶴

森羅秘奧
秘奧

〔周易六爻의 大總秘錄〕

增刪卜易

圖書出版
生活文化社

卷頭書

易書에서는 일찌기 求卦法을 하여 사람들에게 取吉避凶의 길로 引導하였던바, 모든 先賢들이 말씀으로써 各各 그 精義를 밝혀 仔細한 뜻을 전한 것이다.

野鶴老人께서는 道를 배운지 數十年에 널리 여러 글을 보시고, 글로써 占을 判斷하신 것이다. 그리고 널리 占치는 書籍을 모았으며, 占치는 經驗이 많을뿐 아니라 또 글을 參考하여 經驗하고, 맞지 않는 것은 削除하고, 오로지 世身을 쓰는 法을 가르쳐 一定하게 보는 法을 만들고 卦身・星殺・本命을 削除하여 사람들로 하여금 그 길에 對한 疑心이 없게 만들었으며, 그 重要한 秘訣로는 旬空、月破、刑冲、進神等은 奧妙한 理致가 있고, 墓絶生旺、動散反伏에 對한 用法의 眞價와 財、官、父、孫法을 分占하여 쓰는 것을 가르쳤고, 모든 글의 訛傳된 것을 모두다 물리치고 一心으로 깨치는 것을 알게 하였으며 先人들이 미처 發表치 못하였던 理致를 發揮하여 後人으로 하여금 깨칠수 있는 문턱에 들어가도록 하였당. 그런데 이 册을 만들지 못하고 世上에 알리지 못함은 안타깝게 여기던 次에 著者가 自己의 베게속에 감추어 두었던 秘訣을 더하여 編輯成書하는 데에 增을 한 것이며, 나에게 書文을 쓰도록 한 것이다. 내가 보기에는、野鶴은 筆者가 있음으로써 野鶴이 著者에게 傳할수 있었고、著者는 野鶴이 있음으로써 서로 傳하여져 이와같은 册子가 된 것이라할 수 있겠다。

編著者 秋松鶴

序 文

이 册은 首卷이 十三篇부터 二十四篇에 그치고, 또 따로 一段의 秘法이 있는데 世上에 가르치기를 全的으로 五行의 生克을 알지 못하고, 또는 卦書를 생각지 않고도 點을 모아 卦잡는 法을 알면, 吉凶을 判斷하도록 하여서, 運命의 成敗와 財物의 得失과 疾病의 生死와 禍福에 나아가고 避하는 法을 알수있게 되어 있다. 그리고 四宗大事를 卦書를 생각치 않아도 되도록 만들어 判斷하게 하였다. 이것은 野鶴老人이 苦心 연구한 씨앗이, 이 世上에 秘法으로서 傳하는 것이니 萬兩의 黃金으로도 求할수가 없는 最高의 秘法이다.

辛未仲秋改換首卷書 林怡堂藏板

野鶴老人의 神秘

易의 理致가 微妙하다. 복희氏가 한획을 그어 하늘을 열고, 비로소 八卦를 지어 神明의 德을 通하고, 萬物의 뜻을 把握하였다. 文王과 周公은 繫辭, 家群, 象辭를 闡明하여 먼저 하늘의 至極한 理致라 精義를 神의 境地에 들어가도록 하였다. 오직 聖人이 뒤에 聖人을 알게 하였다. 微妙한 易은 鬼谷子의 뒤를 이어 모든 名賢들이 연달아 別途로 五行生克과 世應向背의 理致와 父·子·兄弟·妻財·官鬼爻를 各各 種別로 모아, 民生들이 쓰도록 만든 것이다. 聖人이 가르치기를, 占을 잘치는 사람도 역시 먼저 卦잡는 法을 본받아 하도록 하였는데, 여기에는 求卦의 法이 簡便하게 만들어져 取吉避凶의 法이 明確하게 나타나 있다. 내가 어렸을 적에, 先大人께서 奥西에서 벼슬하고 계실 때, 따라갔다가 徐參再先生을 만났는데, 나의 兄任 占을 쳐주면서, 將來에 벼슬을 繼承하여 그 아들이 功을 세워 賞狀을 받으리라. 그러나 그 아까운 것을 이겨견디지 못하고 끊겨버리리라고 하였고, 또 나의 身命

占을 하여주면서、三十歲前에는 허황된 名譽만이 높을 것이고、三十歲後에는、고향을 떠나 都市에서 功名하리라 한후 다시 보지못했다。그때는 先大人이 極盛한 勢力에 處하여 있을 때였다。우리 兄弟는 父母의 恩德으로 氣勢를 펴고 있었으나、兄이 뒤를 이어、兵敵이 벌떼처럼 일어나 家産이 破産되었는데、兄이 我를 따라 功을 세워、인정을 받아 比할수 없는 榮光을 차지하였다가 뒤에 戰場에서 非命으로 死亡하였다。順治庚寅年에 나는 南潘에 갔었는데、나의나이 三十一歲에 都門에서 復者를 하였다가 끝에가서는 돌아와버렸다。이때 參兩을 말을 回想하여보니 그 말이 事實임을 알게 되었다。그래서 모든 卜筮을 求하여 조용하게 두어달 工夫하다가、남의 吉凶을 하여본 結果、明確하고 쉽게 할수 있어 그 微妙함이 測量키 어려울 정도이다。그래서 每卦마다 原稿를 만들어 滿一年만에 맞지 않는 것은 考證하였는데、그때 遇然히 江寧에서 同鄕人 李我平을 만났는데、나에게 묻기를、平生에 무슨 글을 보았는가 하기에、大全全書、海底眼、默金策、補遺 易冒等、모든册 들을 말하였더니 我平이 말하기를 모든 글이 다 그릇되어 있다。野鶴老人이 四十餘年동안 占을 쳐서、그經驗方을 考證하였는데、모든 書籍의 잘못된 것을 削除하고 增補한 것은 雲南에서 이 抄本을 얻어 平生에 取吉避凶의 길을 알았노라。그래시 이것을 發刊하고자 하였으나 힘이 미치지 못하여 成帙을 하지 못한체、그대에게 주노니、이것을 보면 그 妙함을 알수 있으리라。나는 이것을 받고 절하고 물러나와、집에 돌아와서 조용히 그 理致를 재쳐가며 마음속 모아

從前부터 맞는 것은 記錄하고 맞지 않는 것은 버려가며, 문을 잠그고 二年동안을 硏究하여 野鶴의 秘法을 따서 證據로 삼고, 古今卜筮에 맞는 것은 그대로 두고, 맞지 않는 것은 削除하였고, 不合理한 것도 버리고, 교묘하게 맞는 門別로 나누어 編輯하여 後學들을 기다리노라. 이 글을 理解하기가 쉬어서, 先生을 불러오지 않아도 占을 알수 있게 하였으니 易을 아는 사람은 더욱더 그 精巧함을 얻을 것이며, 精巧한 易를 아는 사람은 더욱더 그 奧妙함을 알게 될것이다. 비록 半年만 硏究하여도 野鶴老人의 四十餘年間의 積學을 얻은 것과 같은 것이니 熱心히 공부하는 사람은 나의 再言을 必要로 하지 않을 것이며 스스로 그 눈을 뜨게 하기 위하여 이 序文을 쓰노라.

　　　康熙二十九年庚午孟夏李文輝叙

目次

卷頭書·········· 1
野鶴老人의 神秘·········· 4
序　文·········· 3

第一章 增刪卜易

① 八卦圖·········· 7
② 占卦法·········· 9
③ 八宮六十四卦名·········· 12
④ 비복신법·········· 13
⑤ 正五行·········· 19
⑥ 防憂患·········· 17
⑦ 六　獸·········· 18
⑧ 各占法의 論理問答·········· 18
⑨ 功名占·········· 29
⑩ 救財占·········· 34
⑪ 渾天甲子 및 六親·········· 51
⑫ 世應 및 用神·········· 55
⑬ 用　神·········· 56
⑭ 元神忌神·········· 57
⑮ 忌神衰旺·········· 59
⑯ 元神雖現不能生用神者·········· 61
⑰ 剋害用神·········· 62
⑱ 不能剋用神者·········· 62
⑲ 五行相生·········· 65
⑳ 五行相剋·········· 67
㉑ 剋處逢生·········· 70
㉒ 動靜生剋冲合·········· 71
㉓ 動變爻動而必變·········· 72

㉔ 四時旺相……73
㉕ 月將……75
㉖ 日辰……83
㉗ 六神……88
㉘ 六合……92
㉙ 六冲……104
㉚ 三刑……112
㉛ 暗動 및 動散……113
㉜ 動散……115
㉝ 卦變生剋墓絶……117
㉞ 反吟……121
㉟ 旬空……127
㊱ 生旺墓絶 및 各門題……135
㊲ 各門類題頭總說……138
㊳ 各門類應總說……140
㊴ 游魂卦와 歸魂卦……142

㊵ 月破……142
㊶ 飛神伏神……149
㊷ 進神과 退神……159
㊸ 隨鬼入墓……173
㊹ 獨發(홀로 발동한 것)……180
㊺ 用神兩現(두 용신이 나타남)……185
㊻ 星殺(별에 붙어있는 살명)……187
㊼ 黃金策千金賦……190
㊽ 天時……260
㊾ 身命……300
㊿ 壽命……323
51 吉凶……332
52 父母壽元……342
53 兄弟運……346
54 夫婦章……349
55 子孫章……354

㊶ 學業 ································ 394
㊷ 治經 ································ 365
㊸ 延師 ································ 367
㊹ 救名 ································ 370
㊺ 童試 ································ 370
㊻ 歲考 ································ 373
㊼ 增位職章 ························ 375
㊽ 考遺才章 ························ 376
㊾ 所願成就 ························ 376
㊿ 武官試驗 ························ 376
65 昇進候補 ························ 386
66 昇進何方 ························ 391
67 在任吉凶 ························ 393
68 武試 ································ 400
69 武從軍 ···························· 401
70 養親告病辭官 ················ 411

72 功名到何昌級 ················ 414
73 求財章 ···························· 418
74 孚貴人奔走効力求財 ···· 426
75 開店各店舖 ···················· 427
76 投機損益 ························ 429
77 寶貨賣買 ························ 430
78 買何貨爲吉 ···················· 431
79 借貸 ································ 432
80 請會吉凶 및 婚姻 ········· 435
81 此婚子孫有無 ················ 445
82 孕胎 ································ 446
83 出行 ································ 449
84 行人 ································ 452
85 疾病 및 老人 ················· 463
86 病源 ································ 475
87 尋地 ································ 476

第一章 增刪卜易(증산복역)

野鶴老人著 楚江李坦我平鑒定

湖南李文輝(覺子)增刪　婿陳文喜茂生
　　　　　　　　　　　男茹芝山秀　仝校閱

① 八卦圖

※ 乾爲父 震爲長男 坎爲中男 艮爲少男 俱屬陽

乾은 아버지、震은 큰아들、坎은 가운데 아들、艮은 작은아들이 되며 모두 陽卦에 배속되어 있다。

※ 坤爲母 巽爲長女 离爲中女 兌爲少女 俱屬陰

坤은 어머니、巽은 큰딸、离는 가운데 딸、兌는 작은딸이며 모두 陰卦에 속되어 있다。

卦象圖 點卦 由下往上點

괘상도 卦에 점을 찍어 나갈 적에는 아래서부터 위로 찍어 올라가는 법칙이나。

※ 乾三連 ――― 連得三爻俱是爲乾卦 一點爲單

乾卦는 三연이니 ―― ―― 三爻가 떨어짐없이 열결되여 있어서 모두 이와같은 것을 乾卦라 하며 一點이 끊김없이 단독으로 되어 있다.

※ 坤六斷 ≡≡≡ 連得三爻 俱是折爲坤 兩點爲折

坤은 ≡≡≡ 六斷으로 끊겨 있으며 모두 三爻가 함께 끊기어 있는 것을 坤卦라 하며 두점 씩으로 끊겨 있다.

※ 震仰盂 ≡≡― 初爻單 二爻 三爻 俱是爲震卦

震은 위로 두개의 爻가 끊겨있고 아래 一爻가 단독으로 連結하여 있는 것은 震卦라 한다.

※ 艮覆碗 ―≡≡ 初爻二爻俱是折 三爻單爲艮

艮은 ―≡≡ 접시를 엎어 놓은 것 같으니、一爻와 二爻가 끊기어 있고 上爻가 단독으로 연하여 있는 것은 艮卦라 한다。

※ 离虛中 ―≡― 初爻單 二爻折 三爻又單爲离卦

※ 坎中滿 ≡―≡ 初爻折 三爻折 爲坎卦

坎은 ≡―≡ 한중간이 연하여 있으니 初爻가 끊기고、三爻가 끊기어 있는 것을 坎卦라 한다。

※ 兌上缺 ≡―― 初爻二爻俱是單 三爻折爲兌

兌는 ⚌ 初爻 二爻가 모두 단독으로 연결되어 있고, 三爻가 끊겨있으니 이것을 兌卦라 한다.

※ 巽下斷 ――⚋ 初爻折 二爻三爻俱是單爲巽卦

巽은 ――⚋ 初爻가 끊기고, 二爻三爻가 모두 단독으로 연결 되어 있는 것을 巽卦라 한다.

② 占卦法(用錢三支)

점괘 잡는 법. 돈 세개를 가지고 한다.

※ 十 背爲單點一點、

한등이 단점으로 된 것은 一點이라 하여 ―을 (點)같이 찍는다.

※ 兩背爲折平點兩點

두등이 벌려진 것을 平點이라 하여 두점을 ⚋와 (點와)같이 찍는다.

※ 三背爲重畫一圈囗

세개의 등이 二重으로 되면 한圈을 그리게 되니므로 된다.

※ 三字爲交折上 l × ×

세개가 交重되면 위로 하나씩 ×를 만들어 爻를 한다.

※ 圈兒仍算一點

圈兒는 한점으로 計算하고 ×兒는 두점으로 計算한다.

―此係單爻爲陽 今得圈兒兒謂之陽動仍作一點者・여기에 單爻로 된 것을 陽이라 하고, 圈兒를 얻으면 陽動이라 하여 一點을 算出한다.

＝此係折爻爲陰 今得×兒謂之陰動仍作兩點者＝ 여기에 折爻로 된 것을 陰이라 하고, ×兒를 陰動이라 하여 兩點을 算出한다.

※ 大凡卦中但有圈兒×兒謂之動

卦中 圈兒와 ×兒가 있는 것을 動이라 한다.

凡問事者通誠 籍貫姓名 取占某事 執錢三文 擲於盤內看係個字 幾個背見一背者點一點 兩背者平點兩點 三背者畵一圈 三字者打上一×

모름지기 무슨 일을 물어볼 때는 정성을 들여 本貫과 姓名을 밝히고 무슨 일로 占을 함니다 하고, 돈 三錢을 가지고 소반에 던진뒤 무슨글자가 나왔는가를 보고 몇개中에 一背가 보이면 一點을 찍고 兩背가 平平하면 두점을 찍고 三背가 보이면 一圈을 만들고, (點一) 三字가 打上되면 一×를 만든다.

※ 今點一卦爲式 後式自下徃上者.

이제 點이란 一卦의 方式이 되는데 뒤에 作卦하는 方式은 아래서부터 위로 찍어 올라간다.

第六次 第五次 第四次 第三次 第二次 假若初若又得 又得三 若得三 一次得 兩背又
背者亦 字者打 背者畵 背者平 一背者點兩點 畵一圈 上一× 上一圈 點兩點 點一點也
以上은 卦法을 說明한 것이나, 알기가 어려우니 다음에 실예로서 表示하니 參考하라.
※ 만약 동전 백원짜리 세개를 가지고 예를든다면 한글백원이 陽이라하고 아라비아 一〇〇
원을 陰이라 한다. 동전 세개를 던져서 三個가 모두 陽이되면 (ㅁ)입구 字陽動爻가 되였
고 陰三個가 모두 보이게 던져졌으면 動爻로써 ×(엑스포)陰動爻로 되고 또 던져서 陽二개고 陰 一
個가 되고 陰 二개가 되면 陽卦의 점(一)하나를 점을 찍고 또 동전 三개를 던져서 陽二개고 陰一
個가 되면 陰卦(= =) 두개의 점을 찍는 陰卦의 점이되여 動爻가 三개가 되는 수도 있고 六
개가 모두 動爻가 되는 수도 있다. 가령 陽一개 陰二개면 陽접한개(一)며 陰一개 陽二개
면陰접두개(= =)가 된다. 또는 모두 動하지 않는 수도 있다. 더 설명을 보충한다면
이것도 擲錢法인데 이를테면 有字面錢을 陽으로하고 無字面을 陰이라 한다. 그래서 돈
을 一次던져 陰이 둘이고 陽이 하나면 陽卦가 되는데, 一爻가 陽一이고 二次던저 陽이 둘
이고 陰이 하나면 陰=이 된다. 이와 같이 三次, 四次, 五次, 六次까지 던져서 上下卦인
六爻가 成立되는 것이다. 다음에 動爻는 돈세푼이 全部有字面이면 陽口動이고, 돈세푼이
모두 無字面이면 陰×動이라 한다. 占을 칠때, 動이 없는 卦도 나오고, 六爻全部가 動되는

수도 있다. 陽ㅁ이 動하여 變하면 ǁ陰으로 되고, 陰×이 動하여 變하면 │陽으로 된다.

※ 卦의 形成
│ 陽 ǁ 陰
│ 陽 ǁ 陰
│ 陽 ǁ 陰

※ 動爻의 形成
動 陽 ǁ 動 陰
動 陰 │ 靜 陽
× 陰 ǁ 靜 陰
│ 靜 陽 ㅁ 陽 動

※ 變爻의 刑成
ǁ 變動 陽
ǁ 變動 陰
│ 變
│ 變動 陽

③ 八宮六十四卦名

乾宮金 爲天
六世 一爻世 天風姤 二爻世 天山遯 三爻世 天地否 四爻世 風地觀 五爻世 山地剝 四爻世 火地晋 三爻世 火天大有

坎宮為水
六爻世 坎為水
一爻世 水澤節
二爻世 水雷屯
三爻世 水火既濟
四爻世 澤火革
五爻世 雷火豐
四爻世 地火明夷
三爻世 地水師

艮宮為山
六爻世 艮為山
一爻世 山火賁
二爻世 山天大畜
三爻世 山澤損
四爻世 火澤睽
五爻世 天澤履
四爻世 風澤中孚
三爻世 風山漸

震宮為雷
六爻世 震為雷
一爻世 雷地豫
二爻世 雷水解
三爻世 雷風恆
四爻世 地風升
五爻世 水風井
四爻世 澤風大過
三爻世 澤雷隨

巽宮為木
六爻世 巽為風
一爻世 風天小畜
二爻世 風火家人
三爻世 風雷益
四爻世 天雷無妄
五爻世 火雷噬嗑
四爻世 山雷頤
三爻世 山風蠱

离宮為火
六爻世 离為火
一爻世 火山旅
二爻世 火風鼎
三爻世 火水未濟
四爻世 山水蒙
五爻世 風水渙
四爻世 天水訟
三爻世 天火同人

坤宮為地
六爻世 坤為地
一爻世 地雷復
二爻世 地澤臨
三爻世 地天泰
四爻世 雷天大壯
五爻世 澤天夬
四爻世 水天需
三爻世 水地比

兌宮為金
六爻世 兌為澤
一爻世 澤水困
二爻世 澤地萃
三爻世 澤山咸
四爻世 水山蹇
五爻世 地山謙
四爻世 雷山小過
三爻世 雷澤歸妹

④ 비복신법(自下至上)

飛伏神은 爻옆에 붙는 六甲干支를 가리킨다. 읽기쉽게 하기 위하여 위로부터 甲寅 甲辰

의 順인바 실지 占을 칠적에는 밑의 一爻부터 붙여 온다는 뜻이다.

乾金　內甲子甲寅甲辰　外壬午壬申壬戌

上下乾卦
　　世　　　　應
一　一　一　一　一　一
戌　申　午　辰　寅　子
父　兄　官　父　才　孫

天干字는 略하고 地支字만 쓴것이다. 下三爻가 內卦、上三爻가 外卦라한다. 다른 卦도 이와 같다.

坎水　外戊申戊戌戊子　內戊寅戊辰戊午

上下坎
　　世　　　　應
子‖　戌|　申‖　午‖　辰|　寅‖
兄　官　父　才　官　孫

艮土　外丙戌丙子丙寅　內丙辰丙午丙申

上下艮
官寅|　世
才子‖
兄戌‖
孫申|　應
父午‖
兄辰‖

震木　　　　巽木　　　　离火　　　　坤土
內外　　　　內外　　　　內外　　　　內外
庚庚　　　　辛辛　　　　己己　　　　乙癸
子午　上　　丑未　上　　卯酉　上　　未丑
庚庚　下　　辛辛　下　　己己　下　　乙癸
寅申　震　　亥巳　巽　　丑未　离　　巳亥
庚庚　　　　辛辛　　　　己己　　　　乙癸
辰戌　　　　酉卯　　　　巳亥　　　　卯酉

震： 才戌‖世　　 官申‖　　孫午｜　　才辰‖應　　官寅‖　　父子｜

巽： 兄卯｜世　　 孫巳｜　　才未‖　　官酉｜應　　父亥｜　　才丑‖

离： 兄巳｜世　　 孫未‖　　才酉｜　　官亥｜應　　孫丑‖　　父卯｜

```
        上下坤
        酉亥丑卯巳未
     世  ‖ ‖ ‖ |  | ‖
     應  孫才兄官父兄
```

```
     兌金
     外內
     丁丁巳
     亥丑卯
     丁丁丁
     酉亥未
```

```
   上下兌
   未酉亥丑卯巳
 世 ‖ | ‖ ‖ | |
 應 父兄孫父才官
```

世應붙는 法은, 一世는 四應이고, 二世는 五應이고, 三世는 六應이고, 四世는 一應이고 五世는 二應이고, 六世는 三應이다. 그러니 언제나 世應은 二爻를 사이에 두고 있다.

⑤ 正五行

壬癸亥子水　甲乙寅卯木　丙丁巳午火　庚辛申酉金　戊己辰戌丑未土
北方水　　　東方木　　　南方火　　　西方金　　　中央土

坎은 北方　艮은 東北間方　震東方　巽東南間方
离는 南方　坤은 南西間方　兌西方　乾西北間方

看是何卦 即在全圖內 尋出此卦

野鶴이 이르되, 일찌기 나의 친구가 벼슬을 하고 있을때, 이와같은 全圖를 보내며 하는 말이, 나는 五行을 전혀 알지 못하니 어떻게 卦를 풀어야 할 것인가 하고 묻기에 내가 대답하기를 먼저 점괘를 배워 卦象을 그려, 이것이 무슨 卦인가를 보면, 그 푸는 법이 전도속에 있으니 거기에 해당되는 卦를 찾아내야 한다.

照樣裝排世應 五行六親 不用念卦書 即不知五行生克之理亦能決斷 四宗大事 不管卦中動與不動 即照全圖內 單看世爻

※ 世應과 五行과 六親의 관계가 어떻게 장식되어 있는가를 살핀다면 卦書를 관계할 필요도 없다. 또는 五行生剋의 理致를 알지못하더라도 能히 決定지을 수가 있다. 四宗大事가 卦中에 動되고 動되지 아니한 것을 관계치 말고 바로 全圖內를 참조하는 동시에 오직 世爻를 보라고 하였다.

⑥ 防憂患

占防憂慮患者 若得子孫持世无憂 官鬼持世 憂疑雜解 須宜加意防之

憂患이 있을때, 占을 쳐서 만일 子孫이 持世한 卦를 얻게 되면, 근심이 없게 된다. 그러나 官鬼가 持世하게 되면, 憂患과 疑心이 풀리기 어려우니 마음가짐을 단단히 하여라.

水生木　木生火　火生土　土生金　金生水
水克火　火克金　金克木　木克土　土克水

生我者父母　我生者子孫　我克者妻財　克我者官鬼比和者兄弟

이것은 金宮에서 爻中에 酉申을 맞나는 것이니 모든 八卦가 이와같은 理致이다.

나를 生하는 것이 父母가 되고, 내가 生하는 것은 子孫이 된다. 내가 克하는 것은 才라 하기도 하고, 妻라고도 한다. 나를 克하는 것은 官鬼과 鬼라 한다. 比和者란 兄弟가 된다

⑦ 六獸

甲乙靑龍　丙丁朱雀　戊句陣　己騰巳　庚辛白虎　壬癸玄武

日辰이 甲이나 乙日이 되면, 一爻에 靑龍、二爻에 朱雀、三爻에 句陣、四爻에 騰巳、五爻에 白虎、六爻에 玄武順으로 붙어간다. 그러므로 丙丁日에는 一爻에 朱雀부터 쓰고 戊日에는 一爻에 句陣부터 써가니 이와 같이 추산하여가는 것이다. 日辰에 따라 一爻부터 六爻까지 順上함을 참고하라.

⑧ 各占法의 論理問答

※ 野鶴曰 昔者 吾友 官遊時 以此全圖相送 友曰余不知五行 焉知斷卦 予曰先學點卦 點出卦象

占功名者 若得官鬼持世 卽許成名 子孫持世且宜待時

※ 功名占을 할적에 만일 官鬼가 持世함을 얻으면, 곧 成功함을 단정한다. 그러나 子孫이 持世하면 때를 기다리는 것이 좋다.

占求財者 妻財持世者必得 兄弟持世者難求

※ 財物을 求하는 점을 칠적에, 妻財가 世文를 갖이면, 반드시 재물을 얻게 된다. 그러나 형재가 持世하면 求하기 어렵다.

占病若者 得六冲卦 近病不藥而愈 久病妙藥雜調

※ 疾病占을 칠적에、六冲卦를 얻으면、어떻게 되는가. 近病은 약을 쓰지 않아도 낫고 久病은 좋은 藥을 써도 효력을 얻기 어렵다.

友曰何以謂之子孫持世 予曰子孫與世字同在一文者 卽爲子孫持世 倘得官鬼與世字同在一文者 卽官鬼持世其餘兄弟妻財皆同此說 친구가 묻기를 왜 子孫持世라 하는가? 내가 이르기를 子孫이 世文에 있으며 같은 文에 들어있는 것을 바로 子孫持世라 한다。 만일 官鬼持世도 同一한 文에 世와 官鬼가 있는 것을 바로 官鬼持世라 한다。 그밖에 兄弟나 妻財를 볼적에도、그와 같은 理致도 보는 것이라 하였다。

要知何爲六冲卦者 乾天卦 坎水卦 艮爲山卦 震爲雷卦 巽爲風卦 离爲火卦 坤爲地卦 兌爲澤

卦 此八宮頭 一卦 皆是六冲卦

※ 六冲卦를 어떻게 알 수 있는가. 重乾天 重坎水 重艮山 重震雷 重巽風 重离火 重坤地 重澤兌卦인 이 八宮에 首卦가 되는 卦가 모두 六冲卦라 한다.

두번째는 天雷无妄 雷天大壯 等이 역시 六冲卦니 六十四卦中에 모두 十個의 卦가 되고, 其他는 이와 같이 하지 않는다.

或問曰 求官者 若得官鬼持世求功必成 求財者 若得妻財持世 求財必得 倘若官鬼爻與妻財爻 或値旬空月破, 或被卦中子孫發動以傷官 兄弟發動以傷財 雖遇官鬼持世 妻財持世 有何益也。

※ 어떠한 사람이 묻기를 자가 官을 求하는 자로서 만일 官鬼持世하면 功名을 하는 것이 반드시 이루어지고 妻財持世함을 얻으면 반드시 求財하게 되는가. 그렇다 만일 官鬼爻나 妻財爻가 혹 旬空이나 月破를 만나거나 혹 卦中에 子孫이 發動하여 官을 傷하고 兄弟가 發動하여 財를 傷하면, 어떻게 되는가. 비록 官鬼持世나 妻財가 持世하였다 할지라도 그 무엇이 有益함이 있겠는가.

子曰 爾知五行之理 神早知之 所得之卦 若非凶中藏吉 定是吉裡藏凶 此乃神聖引人 以知其奥 自然要看旬空月破生克冲刑 今吾友不知五行之理 神亦早知 如若求名 禱於神曰 功名若成 賜我官鬼持世 倘若失望 賜我子孫持世。

내가 말하기를, 『그대가 五行의 理를 알기전에 鬼神이 먼저 알게 된다』。얻은 占卦에 만일 凶中에 吉한 것을 감추어 있지 않고 이 吉한 속에 凶이 감추어져 있는 것이니 이것은 神聖이 사람의 그 오묘한 짓을 알고 있다. 自然히 旬空·月破·生克·冲刑이 보이지만, 나의 親舊는 五行의 理致를 알지 못한다. 神이 먼저 求名을 하려면, 귀신에게 일러 가로되 功名이 이루게 하려거든, 나에게 官鬼持世를 주시고, 만일 失望을 주려거든 나에게 子孫持世를 주시오.

如占防憂慮患 禱於神曰 目下若有禍者 卦得官鬼持世 若能免禍逃災者 賜我子孫持世 取得之卦 自然顯而易見 若有隱微者 即是亦欺人 何以爲神 況余作一段簡易之法 單欲敎其全不知五行之 士學會占卦 即照全圖裝排 就知決斷四宗大事 倘若稍知五行之理者 不可以此爲法 務必細看此書後卷]

※ 憂患을 防止하려는 占을 칠적에 鬼神에게 일러 가로되, 지금 눈앞에 禍가 있을려면 卦中에서 官鬼가 持世하고, 만일 禍厄을 免하게 하려면 나에게 子持世文를 주시라 하라. 그러면 所得의 卦가 自然히 나타나 쉽게 보이리라. 만일 隱密한 것이 있는 것은 곧 사람을 속이는 것이니 어째서 神이라 하겠는가. 내가 일단 簡略한 法을 만들어 五行을 알지 못하는 사람을 가르치고자 점괘 모으는 法을 배워 바로 全圖의 장석과 나아가 四宗大事의 決斷法을 알게 하여주므로 겨우 五行의 이치를 알게되나 이 法만 가지고는 완전하다고는 할 수 없으니 힘써 이 글의 後卷을 자세히 살펴보라.

問何爲空而不空 破而不破 何爲墓而不墓絕而不絕 何爲眞反吟 假伏吟 何爲進不進退不退 何謂回頭剋者生 何爲回頭剋者死 何處可用神殺 何處不看用神 何爲占此而應彼 何多占遠而近 어찌 空이 되어도 空이 되지 않고, 진짜 복음인데 가짜 복음이 되며, 進이 되지만 進이 안되 며 退가 되어도 退가 되지 않으며 回頭克이 되나 生하게 되고, 回頭克이 되어도 死하게 되 는 것과 어떤 곳에서는 神殺을 쓰고 어떤 곳에서는 用神을 보지 아니하는 것과 이에 應이 저편이 되며 占에 멀리 있는 것이 가까웁게 되는 것인가?

答, 何爲得其法者 百占百靈 何爲不得其法者 屢占不驗 何爲元神有力 不生用神 何爲忌神無力 能害用神 何處關諸書之謬 何處增巧驗之奇 細觀種種秘法 方能決事如神 백번 占쳐 백번 맞추며 그 法을 얻지 못한 자는 여러번 占을 쳐도 맞지 않으며, 어떤 것은 元神이 有力하여도 用神을 生하지 못하고, 忌神이 無力하여도 能히 用神을 害하는 것은 반드시 모든 글에 잘못된 곳이 있는 것이니 이것을 고쳐야 할 것이 니 잘맞는 것과 기특한 여러가지 秘法을 자세히 보아 바야흐로 능히 일을 해결하여가면 귀 신과 같으니라 한다.

※ 或又問曰 假令占防災慮患 若得子孫持世 自是無憂 若得官鬼持世 驚恐必見 卦中不現者 何 以決之 子曰 一卦不現 再占一卦 再占不現 明日又占 昔人泥其不再瀆 取以無法 子見易經有

云 三人占聽其二人之言 古人一事 旣可決於三處 今人何妨再瀆 어떤 사람이 다시 묻기를, 가
령 災厄을 방지하는 점을 쳐서 만일 子孫의 持世를 얻으면 어떤가. 지금으로부터 근심이
없으리라. 만일 관귀가 持世함을 얻으면 어떻게 결정하는가. 반드시 놀랄일을 보리라. 그런데
卦中에서 나타나지 않으면 어떻게 결정하는가. 내가 말하기를 一卦에 나타나지 아니하면,
또 一卦를 두번 占치는 것이다. 古人들은 再占을 하지 아니하고 再占하는 것은 法에 없는 것이
라 한다. 두번째도 만일 나타나지 않으면 明日에 다시 占치는 것이
經을 보았더니 세사람이 占을 치거든 두사람의 말을 드르라 하였다. 그러므로 古人들은 一
事를 三處에 可決하였는데 今人들은 어찌 再占을 마다하는가.

子平生以來 稍得其奧者 全賴多占之力也 事之緩者 遲日再占 事之急者 歇歇又占 不拘早晚
不必焚香 深更半夜 亦可占之 只要單爲此事而占 不可又占他事恒常二事三事面占卦者 非一念
之誠 無靈驗

※ 나의 平生에 겨우 그 오묘한 이치를 얻게된 것은 오로지 多占의 힘을 얻은 것이라 하겠
다. 일이 느린 것은 시간을 오래 끌어 再占을 하고 일이 급하게 占을 쳐도
좋다. 그러나 早晚은 관계없이 반드시 분향을 하지 않아도 깊은 밤중에 점쳐보는 것도
可하나, 오직 한가지 일만을 들어 占을 치라. 그리고 또 다른 일로 占치는 것은 不可하다
오직 心中에 두세가지 일만을 품고 점을 치게 되면 一念의 정성이 아니되므로 절대로 맞은

일이 없으니 영험스럽지 않다.

假令占功名 或是官鬼持世 或子孫持世 得其一者 得失已知 不必再占矣 不可厭其子孫持世 務必求其官鬼持世而後已」 此非理也」 如占求財 或是妻財持世 或是兄弟持世 得其一者 則止不必再占 倘一事而與泉人 同其禍福者 各占一卦 決之更易 即如行舟遇暴風 家中防火燭 人人俱可占之 但有一卦 若得子孫持世 皆同无患

※ 가령 功名占을 치는데 혹 官鬼가 持世하고 혹 子孫持世한 占卦를 하나씩 얻었다면 得失을 이미 알았으니 반드시 再占할 필요가 없다. 그 子孫이 持世한 것을 싫어하지 않을 것이니 그 官鬼의 持世함을 힘써 求할 따름이지 뒤에 다시 占쳐보는 것은 이치가 아니다. 만일 求財占을 하는데 혹? 妻財가 持世하거나 혹 兄弟가 持世한 占卦를 한개씩 얻었다면 바로 중지하고 再占할 필요가 없다. (이것은 이미 卦에 바라는 바의 占卦를 얻었기에 그러함이다 한가지 일을 여러 사람과 그 禍福을 같이하는데, 각각 一卦씩 占치는 것이 決定짓기가 쉽다. 만일 배를 타다가 폭풍을 맛났는데 집안에서 화촉을 키고 사람이 함께 점을쳐 한 卦를 얻었는데 그것이 子孫文의 持世를 얻었으면 걱정할 것이 없다.

又如占 疾病 病人自占 若不得六冲卦者 一家代家俱占 但有一人 得六冲卦 或係近病 或係久病 吉凶自了然矣 子又告吾友曰此法甚善 名爲賽報也錦囊 子幼時 止會點卦 不知裝卦 照此全圖 裝排決斷 少經離亂 風波顚險 危處叨安 賴此之力

※ 또 만일, 疾病占을 할적에 病人 스스로가 占을 친다면 만일 六冲卦를 얻지 못한 결과로 家族이 대신하여 占을 치는 것도 可하다고 보아 그 家族中에 한 사람이 六冲卦를 얻었는데, 이것은 近病이나 久病이냐에 따라 吉과 凶한 것이 자연히 나타나리라. 내가 나의 친구에게 이러한 法이 가장 타당성이 있다 할 수 있으니 이름을 賽報(세보), 錦囊(금낭)이라 한다. 내가 어려서 會占卦에서 끝일분 裝卦를 알지 못하였다가 이 전도를 사용하여 裝排로써 단결할 적에 多少 離亂과 風波와 顚險(전험) 격어 위태로운 곳에서 편한 것을 찾게 됨은 위에서 설명한 힘을 입은 것이라 하겠다.

但予還有秘法 一並敎爾 凡係自身之禍福者 只宜暗中卜之 照此決斷 不可令人 在傍占過之時 吉凶自知 切不可又將此卦而問識者 爾若安心問人 神亦早知 取得之卦 定有深奧 寧可存此卦帖 待事過之後 然後問人

※ 오직 나에게 秘法이 있기로 한가지 너에게 아울러 가르쳐주겠다. 禍福은 自身에게 있다 그러나 오직 아무도 없는 데에서 점치는 것이 좋다고 본다. 점친것을 단결할 적에, 사람 이 곁에 있는 것은 不可하다. 그 理由는 吉凶을 스스로 알따름이지, 절대로 이 卦를 가지고 아는 사람에게 물어 보는 것이 不可하다. 만일 사람에게 물으면 너의 마음이 편하지 못하게 된다. 그 理由는 귀신이 먼저 알기에 그러하다. 所得의 卦가 심오한 이치가 定하여져 있으니, 차라리 이 卦帖을 두었다가 事件이 지나간 뒤에 사람에게 물어보는 것이 좋다.

前說 防災慮患及占功名。占求財。乃係題頭爾今初學占卦 恐爾不知何事當占 今一一細寫始末 使爾予遇後事 照此卜之

※ 앞에서 말한 憂患防止 및 功名 求財占은 이미 앞에서 설명하였다. 그대가 이제 占卦를 처음으로 배우는데 두려워 할 것은 무슨 일에 대하여 점치는 法을 알지 못하여 그러한 것이니 이제 내가 자세하게 두려워 할 것은 무슨 일을 기재하여 너로 하여금 뒤에 무슨 일을 맛났을때、이 점을 참고하도록 하겠다.

占防憂慮患者 或爲國計 民生 陳言獻策或爲條陳將相 諫諍君非 恐其事之不行禍先及己 或爲禍患

江行潭海 前途慮賊盜風波 或見遠方火起恐炎焌延及其家 或聞疫流行能爲我害 或飛蝗遍野、能害我苗 或廟宿旅眠家防火燭 宅見妖邪 或孤行無伴 或隨營貿易 或踰險越關 或己入是非場心憂

※ 우환을 방지하는 占을 치는 자가 혹시 國事나 民生을 위하여 陳言과 獻責을 하거나 혹은 將相의 朝臣이나 임금님의 잘못된 것을 諫諍을 하는데、그 일이 잘못되어 禍가 먼저 내몸에 올까 두려워 할때、혹은 강을 건너가다 바다에 표류할때、앞날에도 적과 풍파가、올까 염려할 때、혹은 遠方에서 불이 일어나 災殃이 그 집에 불어올까 두려워할때、혹은 傳染病이 流行되어 능히 나를 害하지 아니할까 염려할 때、혹은 벌레가 온들판에 덮이여 올 적에 나의 곡식을 해치지 않을가 할때、혹은 宗廟나 旅舘에서 잘 적에 火災를 맞는 염려와 또는

꿈에서 집에 妖鬼가 보일때、혹은 외롭게 다니는데 동반자가 없을때、혹은 부역을 하려할 때、혹은 險한 關門을 넘어갈 때、혹은 내몸이 是非場所에 들어가 마음에 우환이 있을까 염려될 때、?

或欲管間事 恐惹災非 或入病家以防沾梁 或誤服毒物恐致傷生 或服人參藥餌盆於我或驛野獸 烈馬 恐驚傷 或已令重罪而防赦 或得重病以防危 或見遠處有可疑之舟 或見外來有可疑之人 或買官公地有後患否 或買山場塋地有是非否 或錯買盜物 或立險處 或見鄰家有獸頭 照壁冲射 我宅能爲害否 或見鄰山新癸及開窟盆廟祀先塋否 以上皆係防災慮患但得子孫持世者 安如泰山 當行即行有吉无凶 若得官鬼持世憂疑不解 加意防之即使當行 亦勿行也。

혹은 어떤 일을 관계하다가 災殃이나 是非를 끌어볼까 두려워 할때、혹은 병가에 들어가 병이 전염될까、염려할때、혹 잘못하여 독물을 먹어 해가될까、염려될때 혹은 人蔘 약밥을 먹으면 나에게 유익함이 있을가를 알려 할때、야수나 사나운 말을 달리다가 놀래고 상할까의 두려움이 있을때 重罪를 짓고、赦免을 받겠는가、할때 重病을 얻고 그 위험을 방지할때 먼곳에서 의심스러운 배가 보일때、외처에서 의심스런 사람이 와 있는 것을 볼때、혹은 官公署의 土地를 買入하여 후환이 있지 아니할까 두려워할때、혹은 산장의 墓地를 사서시비가 있지 앉겠는가를 알고저 할때 `도적놈의 물건을 사서 장물취득으로 걸리지 않을가근심할때、險한 곳에 서 있을 때、혹은 이웃 집에 짐승의 머리가 벽에 비추어 나의 집을 冲射

하면 해로운 일이 생기지 않겠는가 할때, 이웃산에 새로 장사를 모셨는데 응덩이를 팠는가, 사당을 가렸는가, 또는 先塋을 侵犯하지 아니하였는가. 等等憂慮된때 子孫의 持世 얻은 자는 편안하기가 泰山과 같다는 것이냐. 그러므로·당장 무슨일이 있다 하더라도 즉시 시행하면 좋게되고 凶한일이 없게 된다는 것이다. 만일 官鬼가 持世하면, 의심과 근심이 풀리지 않으니 더욱더 방지할 것을 명심하되 바로 할일이 있다 하여도 행하지 말아야 한다

惟陳言諍諫者又非論 若果眞正爲國詐民生捐軀爲國 即使官鬼持世 亦宜行之 前說諸事 以子孫持世而爲吉 官鬼持世以爲憂此二者 卦若不現 可再占 但有一現者 不必占矣 又有事之緩急不同 假令江海開舟倘得官鬼持世 豈有永不開行之理 豈不聞早開一日以逢凶 遲去半時免禍 倘若今日 占得官鬼持世且莫開舟 明日再占 後日又占 但遇子孫持世 即開行 事之有相似者 悉照此可也。

※오직 임금님에게 진언 및 간청을 할 때만은 이 論法에서 벗어난다。만일 과연 진정한 國計와 民生을 위해서 하는 일이라면 자기의 몸을 버리고 國家를 위하여 할 것이니, 설사 官鬼가 持世하였더라도 역시 행하는 것이 좋다。子孫持世되면 吉하게되고 官鬼가 持世하면 근심이 된다 하였으니 이 두가지 일에 대하여 만일 卦中에 나타나지 않으면 再占하는 것이 옳다。그러나 오직 하나만 나타나 있다면, 또 占칠 필요가 없다。그러나 일이란 느리고 급한 것이 있기 때문에 틀리는 점이 있는 것이니 가령, 강과 바다로 배를 타고 떠날때 만일 官

⑨ 功名占

占功名 不拘文武 或己仕 但得官鬼持世 盼陞卽陞 候選卽選 入場必中 童試必取罣誤者 官職
猶存 黜名者 前程可復 林下久居 空蒙起用 考職考藝 必取其名 納粟者 名登仕籍 開墾者 加等
卽陞 開缺者 必得 建功名者 必建奇功 但不得宜子孫持世 一切功名 盡乃目前失望 待有機會
下次再占

※ 功名占에는 文官武官을 가릴 것 없이 벼슬하고 있는 자라도 오직 官鬼가 持世하면 눈깜
짝하는 사이에 바로 승진하게 되며 후보자를 선택하거나 直選을 할때에도 바로 當選하게
된다. 童試도 또한 반드시 채택되며 만일 官職에서 낙방된 사람도 앞으로 復職을 하게되며
退職하여 자기집에 오랫동안 있는 사람도 바로 기용되는 혜택을 입게되며 직장시험이나 예
술시험을 보는 사람도 바로 合格을 하게 된다. 缺職된 자도 반드시 복직되며 功名을 세
현직에 있는 자는 등급과 계급이 더하게 된다.

우고자한 자는 반드시 奇功을 세우게 된다. 오직 子孫持世하는 것만이 좋지 않으므로 一切 功名이 눈앞에서 다 실패하게 되는 것이니 기회를 기다려 다음날에 再占을 하라.

余又以占卜秘法 告於友曰 防災慮患 及占功名 只可自己決疑 不可代人卜 自占防患者獨萌一點防患之心。占功名者獨有。一點功名之念 自有靈驗 恐其他不知子孫與官鬼占理 旣有慮禍之心 又有求名之念使雜決斷 譬如上書諫言 此人若無官者 未必不欲借此 求名而防禍之心 亦所不免。有官爵者 旣防功名之有失 又慮言出而隨 又如身前程者 或已仕或未仕 目今呈誤 事尙未結 旣慮失官 又防有罪 此等等之人 皆懷二念 卦中倘得子孫持世 爾欲許之無事 又恐神報失名 爾若許之碍於功名 又恐神報無憂所以敎爾自占必驗 代占不靈 非卦不靈 他心 不專于一也

※내가 또 占卜의 秘法을 친구에게 가르쳐주노니 災患을 防止하는 것과 아울러 功名占을 하는데에 오직 자기가 스스로 의심난 것을 해결하는 것이 可하며 대신해서 점치는 것은 不可하다. 스스로 재환을 방지하는 것은 철저한 防患의 마음으로 하여야 하고 功名占을 하는 자가 사심없는 한결같은 마음으로 功名을 하겠다는 생각을 가져야 스스로 영험이 있는 것이다. 이미 화가 미칠까 염려하는 마음과 또는 功名을 구하는 생각이 있음으로 마음이 있다. 그밖에 子孫과 官鬼의 理致를 알지 못하고 功名을 구하는 사람이 만일 官吏가 않이면 구태어 子孫持世를 염려할 것은 없지마는 이를테면 만일 上書하는 것과 간언 을 하는 사람이 만일 官吏가 않이면 決斷짓기가 어렵다. 이를테면 만일 上書하는 것과 간언 에는 防禍의 마음이 있는 것을 또한 면하지 못한 바가 있으리라 관직에 있는 자도 功名을

잃을까 염려가 있으니 미리 방지하여야 한다는 것과, 말을 하면 禍가 따르게 된다는 것, 自己의 前程을 생각하고 있는자, 혹은 벼슬을 하고 있거나 아직 벼슬을 하지 못한자, 눈 앞에 過誤가 있어 일이 아직 未結된자, 또 벼슬을 잃을까 염려하는자, 또 罪가 있을까 염려하는 者 等等의 사람은 두가지 생각을 품고 있기에 그러함이니 卦中에 子孫持世한 것을 얻으면 네가 無事하리라고 도하지 마는 또는 귀신이 失名하게 되리라고 하였으니 네가 만일 이것을 認定하면 功名에 지장이 있게 된다. 또는 神報가 두렵다고 무서워 하지 말고 근심이 없이 하려면 스스로 점을 치면 맞게 되어 있다. 그러나 대리로 점을 치는 것은 맞지 아니할 것이고 잘못된 卦도 맞지 않는다.

又如在任 占地方之驚變 及早勞荒炎 此即謂之 防災慮患 若得子孫持世 盜息民安若得官鬼持世 諸災必見 但不可占遠年 以只可占本歲 雖占本歲 亦不可將此數事 一卦而占 須宜每事別占

一卦可也 又如己見驚變惟恐呈誤 此即謂慮功名之有失 最善官鬼持世 不宜子孫持世也

※ 또 만일 벼슬길에 있으면서 그 地方에 놀랄만한 변괴와 장마와 가뭄의 재앙이 없겠는가 占쳐보는 것을 災患防止라고 할 수 있는데 이럴 때 만일 子孫持世卦를 얻으면, 도적이 없어지고 백성들이 편안하게 된다. 그러나 만일 官鬼가 持世함을 얻으면, 반드시 모든 재앙을 보게 된다. 단지 장기간인 遠年의 占을 치는 것은 불가하니 오직 그해의 占만 치는 것이 좋다. 비록 本歲의 占이라도 두세가지의 일을 가지고 占치는 것도 불가하다. 一卦占에 한

가지씩 별도로 一卦式 占卦를 보는 것이 옳다. 경변이 있을가 占을 볼때는、 그것만 해결하여야 한다. 그렇게 됨에도 불구하고 잘못 판단될까 두렵다. 功名을 잃을까 염려하는 占에는 官鬼持世하는 것이 가장 좋고、子孫持世되는 것은 좋치 않게 여긴다.

又如在任無事之時 禱於神曰竝此任 將來能於陞否 若得官鬼持世 一定高遷 子孫持世必有罣誤 又如未達之士 或才品優長 或武藝過人 占我終能成名否 官鬼持世 食祿有期 子孫持世終無可望 又如或有祖蔭 或己援倒 或己立功 凡係已有部剳批文 委牌等事 間我將來 余終出仕否 官鬼持世 一定飛騰 子孫持世 安心守株 又如士子 先占一卦 今科中否 若得官鬼持世 今榜標名 倘得子孫持世 即知今科而失望也

※ 또는 무사히 在任하고 있을때 귀신에게 묻기를 내가 이 벼슬에서 장래 한계급이 더 오를 수가 있겠는가 할적에、만일 官鬼持世한 卦를 얻으면 영전한다는 것은 정해진 일이다. 그러나 子孫이 持世하면 바라던데 착오가 생기리라. 또는 아직 벼슬길에 있지 못한 사람이 재주와 기품이 우수하고 무예가 뛰어난다 하여도 끝까지 능히 성공하기 어렵다 官鬼持世가 된다면 기필코 食祿을 하게 된다. 그러나 子孫持世면 끝까지 功을 세우는 일이라든가 부지의 은덕이 있으되 실패하지 않겠는가에 대한 구원과 자기가 벼슬을 할 수 있는가 못하겠는가 부답、비문、위패 등등의 일로서 나의 將來事를 들어 내가 벼슬을 할 수 있는가 못하겠는가 물을때、官鬼가 持世하면 飛躍한 發展이 있을 것은 定해진 일이나 子孫이 持世하면 안심하

고 분수나 지키라. 만일 士人으로서 한 占卦를 얻어 이번에 科擧에 合格할 수 있겠는가. 없

겠는가 문복 할적에, 만일 官鬼持世를 얻으면 금방에 卦名하게 되고 만일 子孫世를 얻으면

금번 과거에는 실망을 하게 된다.

改日再占 下科中否 倘又得子孫持世 又知下科不能 男擇一日 再占終身可能中否 若得官鬼持

世 終能奮發 若得子孫持世 改業他圖 可免儒巾之累 孝廉占會試 童生占入學占皆同此法 以

上此法 皆秘法也、須要節節問去 卦無不靈 倘若未問目下 先同終身久遠之事 殊不知神報近

者多世人不識此理 胥中有多小決之事 先問終身神且報爾胥中之疑斷卦之 人亦不知此神意竟以

終身斷之 天壤之隔 全無影响

※ 그날을 지나서 再占을 하며 나의 科擧合格 및 不合格을 占칠적에 만일 다시 子孫持世한

것을 얻으면 또 과거에 不合格할 것을 알 것이다. 별도로 날을 가리어 다시 再占하여 보되

終身되기 전에 능히 合格할 수 있겠는가를 占칠적에 만일 官鬼持世를 얻으면 끝에가서는

發展할 수가 있다. 그러나 子孫持世함을 얻으면 직업을 바꿔 다른 일을 경영하는 것이 좋

다. 그러면 下賤의 누를 면할수 있으리라. 孝廉이 과거점을 치거나 童生이 입학占을 쳐도

모두 이 法과 同一하다. 이상의 법은 秘法에 속한다. 만일 구구 절절이 물어가면 그 占卦

는 더욱 영험이 없어진다. 만일 지금 일을 묻지 않고 먼저 終身의 먼 將來일을 물어본다면

그것은 알지 못할지언정 귀신이 그 近來事로 가르쳐 주는 예가 많다. 세상 사람들은 이 이

치를 알지 못하고 자기 마음속에 多少 미결되는 일이 있으면서도 먼저 장래일을 물으니 귀신도 역시 알려 주기를 싫어하여 너의 마음에 의심이 남아 있도록 占卦를 단정지어 준다 사람도 역시 귀신의 뜻을 알지 못하니 마침내 장래사를 점쳐도 맞는 율이 천양지차가 나기에 전적으로 그 영향이 없다.

⑩ 救財占

占財 問錢粮可能徵收足否 領錢粮可能全領否 妻財持世豊足 兄弟持世賠賠 問買賣經營 開張店面及遠處求財 或見貴求財 或得妻財持世 速宜行之 兄弟持世 須宜止占經商貿易 開張店面 若己行久矣 同將來興廢與何 若得妻財持世 愈久愈豊 倘得兄弟持世 從今衰矣 占圖貨者 妻財持世此貨可授 兄弟持世 切不可買

※ 財物占을 쳐서 돈과 양식을 만족하게 걷우어드릴 수 있겠는가를 물어볼적에 돈과 양식을 영수는 하나 전부 영하게 되고 可能이 있겠는가 하는 데에는 妻財가 持世하면 풍족하게 걷울수가 있고, 兄弟가 持世하면 걷우어 들이기 어렵다. 賣買經營을 할 적에 점포를 펼 수 있으며, 멀리 가서 財物을 求하여 오는 데에 혹 좋은 일도 보고 재물도 구할수 있겠는가를 물을 적에 만일 妻財가 持世하였다면 速히 하려가는 것이 좋다. 그러나 兄弟가 持世하면 중지하는 편이 좋을 것이다. 무역상을 경영하는데 점포를 펴놓은지가 이미 오래되

었는데 장래에 흥패가 어떻게 되겠는가를 물을적에、만일 妻財의 持世를 얻으면 더욱 오래 가고、더욱 풍족하게 되리라 그러나 兄弟의 持世를 얻으면 쇠패하여지리라. 재물을 도모하는 데는 妻財持世를 얻으면 재물을 손해볼 것이고、兄弟持世함을 얻으면 絕對 物件을 사들이지 않는 것이 기하다.

占 放債者 兄弟持世 有借无還 妻財持世 始終兩妨 占取債 妻財持世即使目下不得 終須有還
兄弟持世 改日再占 倘若屢占而得兄弟持世者 如水中以撈月也 若屢占而得 官鬼持世者 必要經
官 占開金銀銅鐵鑛 及開煤密礬山 及買山伐木 園林鹽池沼凡係山岡江海以取利者 若得妻財持
世 物阜財豊兄持世 破財折木

※ 돈놀이하면 좋겠는가 하는 占을 칠때에 兄弟가 持世하면 빌려주기는 하여도 되돌려 받어오는 일은 없다. 그러나 妻財가 持世하면 줄때나 받을 때나 서로 좋게 된다. 돈을 받을 수 있는가를 占칠때、妻財가 持世하면 당장은 받지 못하여도 끝에 가서는 되돌려 받게 된다. 그러나 兄弟가 持世하면 다른날을 가려서 다시 占을 처야 한다. 만일 여러차례 占을 쳐서 弟持 世만을 얻게 되면 물속에서 달을 건지는 것과 같은 일이다. 만일 여러차례 占을 쳐서 볼때、官鬼持世를 얻으면 官祿길을 찾는 것이 필요하다. 金銀이나 銅이나 鐵이나 鑛山이나 바석탄가마、돌산이나 산림을 사서 伐採하는 일. 소금 만드는 것, 고기잡이 또는 산이나 바다에서 取利하는 占에 있어서 만일 妻財持世를 얻으면 貯物을 山과 같이 쌓아 놓고 豊足하

게 生活하게 되나 兄弟가 持世하면 나무가 쓰러지듯이 재물이 파손된다.

占燒丹煉永 世无此理 卦不必占 念亦莫起 即使卦得妻財持世 乃應別處之財 曾有人 占燒丹 卦得戌土財爻持世 午火子孫發動相生 祗謂戌月 一定成舟 誰知九月 妻妾子女 由數千里而來 神不報此而應彼也

異鄕圖聚戌土妻財者而應妻妾 午火子孫者而應子女 此乃占此應彼 可見君子謀 非理之求

君子의 피하는 바에 이치가 아닌 것이 보이나, 神이 이것을 가르쳐 주지 아니하기에 저편것이 응한 것이다.

※ 九煎丹과 水銀 굽는 일에 占을 치는 것은 이 世上에 그 理致가 없으니, 그래서 占卦를 낼 필요가 없다. 생각조차 내지 말라.

바로 妻財持世卦를 얻으면, 이것은 다른 딴곳에 재물이 응하여 주는 것이다. 옛적에 어면 사람이 단을 굽는다는 占을 쳐서 戌土財爻持世를 얻고 午火子孫이 發動하여 相生을 하였으니 이것은 戌月을 가리키는 것이지 일정한 成丹이라 할 수가 없다. 그 누가 九月임을 알겠는가. 妻妾이나 子孫이 數千里他鄕으로부터 취리하고 있는 것을 나타내는 것이다. 戌土妻財는 妻妾을 응한 것이고, 午火子孫은 子女를 응한 것이다. 이것은 이것을 占치는데만 것이 아니기에 저편것이 응한 것이다.

占地下 忽見光彩異物 或見黃白奇形疑其財 得妻財持世 必有金銀 兄弟持世 不獨無財 反有破財之事 倘得官鬼持世 必是妖邪

※ 地下에서 문득 광채가 나며 이상한 물건이 보였을 때 占을 쳐 보았는데 황백색의 기형을 보고 財物인가 의심하여 물어볼 적에, 오직 財物만 없앨 뿐 아니라 오히려 破財하게 될일까지 생기게 된다. 만일 官鬼가 持世하면 妻財가 持世하면 반드시 金銀이 있고, 兄弟鬼持世를 얻으면 반드시 요귀나 사물이 있다는 것이다.

先吾友曰物 世人凡有疑難 開口則曰神問卜 可見欲知未來之吉凶 除卜外之無他矣 予習周易有年 取卜之事 感應之理 就如神聖開口說話 眞令人 毛骨悚然 因以周易之妙 不念卦書不得不送此秘訣 試去行之 其見其靈 從此自肯念書學卜 可此法甚善紳亦可以傳人 縉紳士民 行商坐賈 无人不可不用 要須全不知五行生克之人 方用此法 倘若稍知五行者 神必 隱微 之卦。 須要看用神生剋制化月破旬空 並看後卷求名求財 及疾病章斷法 不可以爲法也 吾友拜領而去

※ 나의 친구에게 가르쳐 주기를, 세상 사람들이 어려운 일이 있을 때 마다 입을 열어 鬼神에게 문복을 하게 되는데, 未來의 凶吉을 알고자 하는 데에는 占法을 빼고는 다른 방법이 없다. 내가 周易을 익힌지가 오래이나 占치는 일에 감응되는 이치가 꼭 神聖이 입을 열어 가르쳐 주는 것과 같으니 사람들은 머리털과 뼈가 으쓱할 만큼 놀낼 일이다.

周易의 妙는 卦書를 생각지 못하고는 이 秘訣을 알려주지 않는 것이니 試驗하여 行하여 가면 그 靈驗을 보게 된다. 이로부터 스스로 글배움을 즐기며 이 占치는 法을 배우는 것이 가장 좋은 일이니 그대로 배워서 他人에게 傳하는 것이 좋을 것이다. 벼슬하는 자나 士民

들이나 行상들이나 앉아서 장사하는 사람도 이 法을 쓰지 아니하는 사람이 없으리라. 그러나 五行生克의 理致를 알지 못한 사람은 이 法을 쓸 것이나, 약간의 五行을 아는 자는 占이 반드시 은미한 卦를 나타내는 것이다. 要컨데 用 의 生克, 制化, 月破, 旬空과 아울러 後卷에 있는 求名求財章 및 疾病章의 解法을 보아서 알게되니 이것이 꼭 法이라 단정하는 것은 不可하다는 것이다. 그랬더니 나의 친구가 절을 하고 이 法을 받아간 것이다.

一別 二十餘年 異日相會 友曰 蒙賜全圖 眞如錦囊 數十年來 避凶趨吉全得此力許多。細事難以枚舉 略以幾宗而告之 忍有一日有收放粮之差應當委我 聞他人以財幹辨 占一卦 兄弟持世 知有賠累 聽伊幹之 後果賠賠不已 又因地現銀鑛 衆約予開、予占數卦 不見兄弟 妻財持世 難以決斷 屢占見其兄弟持世 知其無益 決意不行 他人開 過年餘 費過數十餘兩 後竟掘出泉流 子得免此浪費 又一日 舟泊南昌 忍見西北雲起 疑有暴風 同舟之人 但己占遇 不見官鬼子孫持世 亦雜決斷 末後予子占得官鬼持世 予即 速命開船 灣於避風之處。少刻狂風大作。江上壞船 二十餘隻 獨余得免 又因賤荊 偶得瘋疾危在朝夕 身原虛弱 醫命人參救之 又一醫曰服人參即死

※ 그와 나는 한번 이별한지가 二十餘年이 되었는데 뒷날에 서로 만나는 기회가 있었다. 친구가 말하기를 全圖를 준 그 힘을 입어 정말로 비단주머니 같이 써먹었노라. 數十年의 避凶取吉의 길을 얻음은 오로지 이 힘을 입은 것이었다고 한다. 大小事를 하나하나 해결하기

가 어려운데 몇가지 일은 簡單하게 고해주는 힘을 입은바 있다. 그런데 어느날, 어느 사람 이 돈과 양식을 주고 받는 일감이 있어서 그것을 나에게 맡기는 것이 타당하다 하여 他人 이 와서 재물을 팔리하여 달라는 소문을 듣고 내가 一卦를 占쳐 보았는데, 兄弟가 持世하 니 손해를 배상하게 될 일이 생기겠기에 그대가 나대신 主管해 보라 하였더니 뒤에 과연 그 사람이 손해만 보고 말았었다. 다음 또 한가지는 땅에서 현재 좋은 銀鑛이 나타나 있으 니 여러 사람들이 날더러 開鑛을 勸하기에 내가 占卦를 쳐보아 보았더니 兄弟나 妻財의 持世한 卦가 보이지 않아 決定을 지을수가 없었던 차에 여러차례 占을 쳐 보다가 兄弟가 持 世한 卦를 얻기에 이익이 없는 것을 알고 결코 행하지 아니하였었다. 그런데 다른 사람이 開鑛하여 일년동안에 수千兩을 虛費하였다. 즉 끝까지 파보았으나 물줄기만 나올뿐 銀은 얻 지 못하였다는 것이다. 다시 어느날 배를 南昌 땅에 대었는데 문득 西北에서 구름이 일어 나는 것을 보고 폭풍우가 있을가 걱정하고 있을 때 배에 있는 사람들이 한결같이 나에게 占쳐볼 것을 勸하기에 쳐 보았으나, 官鬼나 子孫持世가 보이지 않아 해결하기가 어려웠다 얼마 뒤에 稚子가 占을쳐 官鬼持世함을 얻어, 나는 바로 배를 바람피할 곳으로 옮기라 명령 하였드니 조금 있다가 광풍이 크게 불어와 江上의 二十여척의 배가 파괴되었으나 오직 다 만 혼자 그 액을 免하게 되였던 것이다. 또는 天刑으로 인하여 우연히 頭風病을 얻고 몸이 극히 허약하여 졌었는데 의사는 人參을 다려먹으라 하였고, 한의사는 인삼약을 먹으면 즉

預占得震爲雷變雷澤歸妹 乃是六冲持 參藥俱不服 知其近病逢冲即愈 果申日退災 還有兩宗大事 身家性命所關 皆得保全解銷十萬 行至花山、午月甲子日 占得艮爲山 官鬼持世 知其有盜吩咐稍子、傳知同行舟 且莫開行 他般不聽 俱已開去 及巳時 唐兵報日 前般被盜 後 上見之哭聲兩岸 又行巳月 壬申日 與衆鄕 避亂於山 衆日此地不穩 移住靈鷄洞避之 預占一持 問此地穩否 占得 天雷无妄 午火子孫持世 約衆勿遷 有不信者 竟遷去＝後 被賊人 放火薰洞 洞內之人 俱遭烟死獨預合室保全 此數事非身家性命取之關耶 余今願領其敎 欲識五行生剋之理可得聞耶

※ 내가 占을쳐서 震雷卦를 얻었었는데 雷澤歸妹로 變하였다. 이것은 六冲卦가 되므로 人參약을 먹지 않아도 近病으로서 六冲卦를 얻은 것이니 바로 낫는다는 것을 알수가 있었다. 과연 申日에 그 災殃은 물러갔던 것이다. 바로 두가지 큰일이 있었는데 우리집 性命의 소관이 되어 모두 保全됨을 얻어야 할 것인데 많은 人口가 길을 떠나 花山으로 가서 머무를제 그때가 午月甲子日이었다. 占을 친바 民爲山卦를 얻었는데 官鬼가 持世하였으므로 그곳에 도적이 있음을 알고 稍子에게 분부하여 同行하는 一般人들에게 배를 떠나지 못하도록 전달하라고 하였다. 그런데 다른 사람이 듣지 않고 이미 떠나가 버렸었다. 그 뒤에 따라 올라가 보니 두에 唐兵이 와 알리기를 앞배가 도적의 害를 입었다고 한다.

언덕에서 곡성이 낭자하였다. 또 巳月壬申日에 여러 고을 사람들과 山에서 避雜을 하고 있을 적에 여러 사람들이 말하기를 이곳은 온전치 못하니 영게동으로 옮겨가자고 하였다. 그래서 내가 占을 쳐서 한 卦를 얻었는데 그것이 天雷无妄卦인바 午火子孫이 持世하였기로 여기로 여러 사람들에게 옮기지 말것을 약속하였는데 이것을 믿지 않은 자가 있어 옮겨가더니, 뒤에 들은바에 의하면 도적의 해를 입었고 그 마을에 불을 지름으로써 마을 사람들이 모두 타죽었다 하였다. 그러나 오직 우리 집만은 보전되었던 것이다. 이 두가지 일은 즉 우리집의 性命所關이 아니겠는가. 내가 그대에게 그법을 가르쳐 주고자 하는데 그대는 五行 生克의 이치를 알아야 한다는 것을 들은일이 있는가 한적이있었다.

子曰 周易之道 知天時之旱澇。識地利之豊歉 知時運之興衰 知疾病之生死 知功名之成敗 知財帛聚散 知禍福之趨避 爲人不可不學易也 孔子曰 假我數年 五十以學易可以無大過矣 爾先念渾天甲子 六親可 占出卦來 會裝五行六親再學 變動 卦中必有動爻 動則必變 旣知動變然後 再看用神元神忌神 知此者 即如入周易之門也 再看四時旺相章 五行相生 相克章 五行相冲相合章 旬空 月破 生旺墓絕章 又如升周易之堂矣。

※ 周易의 道는 天時의 가뭄과 장마를 알고、地利의 豊年과 凶年을 알며、時運의 興衰하는 것을 알며、疾病에 依한 살고 죽는 것을 알아야 하며 功名의 成敗를 알아야 하며、財物이 모여지고 흩어지는 것을 알아야 하고 禍福에 대하여 피하고 따를 줄을 알게 되는 것이니、

사람은 易을 배워야 한다는 것을 알게 되리라. 孔子의 말씀에, 내가 나이를 헤여볼때 五十歲에 易을 배운다 하여도 큰 허물은 되지 아니 하리라 하였다. 그대 또한 渾天六甲과 六親과 占卦내는 法과 五行과 六親의 장식法을 알고, 다음에 變動法을 배울적에 卦中에는 반드시 動이 있어야 하고, 動하면 반드시 變이 있기 마련이니 動變을 안다음에 두번째 用神보는 法과 元神忌神의 法을 알아야 바로 周易의 門에 들어갈 수가 있을 것이다. 이어 春夏秋冬四時의 生旺과 五行의 相生・相剋・五行의 相沖・相合과 아울래 旬空・月破・生旺墓絶의 順序를 알면 이것이 바로 周易의 문턱에 올라간 것이다.

再看 後卷各門各類占 何事以何法斷之 漸漸由淺深入 以得其奧 不須牛載 工夫得預數十餘年之積學也。今預先占一卦敎爾 學看用神及 五行生克 旺衰之理 凡間事者先兒年月日辰 再照六神章中 烏出六神然後占卦 即如占得乾卦

乾卦 ─世─ ─應─
　　戌　申　午　辰　寅　子
　　父　兄　官　父　才　孫

自占凶者 以世爲用神 此卦世臨戌土 即以此戌土爲自己之身 宜於旺相 最怕休囚 宜逢巳火之火以相生 最忌寅木卯之木而 相剋又不宜世爻 落空 更不宜 世臨月破 此世爻戌土 有田處生剋沖合 月建能生剋沖合 一也 此卦世爻戌土 若在寅卯月占卦 普寅卯之木傷剋 即爲 世爻受傷 自占

吉凶者 謂之休囚不利 若在辰月占卦 辰冲戌土 戌爲月破 此謂之世爻 逢月破 即如自己身子如破物也 百無所用 若在巳午月占卦 巳午之火乃是官星 能生戌土謂之火旺, 土相世爻 逢旺相 諸事可爲

※ 두번째는, 뒤에 各門各類占을 보아, 무슨 일은 무슨 法으로 斷定하여가며 차차 얕은 데로부터, 깊이 들어가면, 그 오묘한 이치를 불가 半年이 못되어 알게되겠지마는 나는 數十餘年이나 학문을 연구하는 工夫를 한것이다. 이제 그대에게 먼저 한卦의 占치는 法을 배우라 그리고 用神보는 法、 五行、生克、衰旺의 이치를 배워서 무슨 일을 물어볼 적에는 먼저 月日辰을 쓰고 이어 六神章을 참조하며 六神을 占卦에 써서 붙여야 하며 바로 占쳐서 重乾天卦를 작괘하였다면 다음과 같은 패작성을 하는 것이다.

乾卦 　|世|　　|應|
　　戌 申 午 辰 寅 子
　　父 兄 官 父 才 孫

右와 같이 그려 놓고, 스스로 自己占을 쳐볼적에는 世로써 用神을 보게 된다. 이卦의 世爻가 戌土가 六爻에 붙어 있으니 戌土는 自己의 몸이 된다. 그러므로 旺相함이 좋고 休囚되는 것을 두려워 한다. 巳火의 火가 戌土를 相生하는 것은 좋으나, 寅卯木의 相剋됨을 가장 무서워하니 世爻에 좋지 못한 일이 된다. 그속에 空亡까지 겸하면 더욱 좋지 않다. 또 世爻

가 月破가 된다면 이 世爻의 戌土가 네곳(四處)에서 生剋冲合이 있게되니 月建이 相生을 해준다 하여도 克과 冲이 있어 一合이라 하였다. 이 世爻戌土가 만일 寅卯月占卦라면 寅卯 木의 克冲을 받으니 바로 이것은 世爻가 傷處를 입게 된다. 되어 不利하다 하겠다. 만일 辰月占卦라면 辰土가 戌土를 冲하니 戌이 辰에서 月破를 만나 므로, 이것은 世爻가 月破를 만났다. 스스로 吉凶을 占칠때에 休囚 수 있으니 이를 백번보고 감정하여도 소용이 없다. 만일 巳午月占이라 하면 巳午火는 世相 生이 되며 能히 旺火가 戌土를 生하니 土旺하게 되어 世爻가 旺相됨을 맛나므로 모든 일이 大通한다.

若在丑未日占卦 土遇土 而帮扶 此戌土亦爲得助 若在戌月占卦 謂之世爻臨日建當令得權 若 在申酉亥子日占卦 此戌土无克無生 此謂之日建能生克冲合用神也 卦中之動爻 能生克冲合三也 此卦世爻戌土 倘卦中第二爻 寅木發動能克戌土 此謂之卦 第四爻 午火官星發動 能生戌土。第三爻辰土 發動能冲戌土 此謂之卦中六動爻能生克 儒合用神 世爻自動變出之爻 能回頭生克四也 世爻發 動 動而必變 變出巳午之火 謂之回頭生世 變出寅卯之木 謂之回頭克也 世爻自動變出之爻 變出卯木謂之合世 此謂之 用神自動變六爻 能生克冲合用神也
※ 만일 丑未日占卦라면, 世爻가 日辰의 當令得權이라하고 만일 申酉亥子日占卦라면 이 戌土 가 克도 없고 生도 없으니 이것은 日辰의 生剋冲合의 用神이라 한다. 卦中에는 動爻가 生·

克·冲合의 세가지가 있으니, 이 卦 世爻戌土가 卦中에서 第二爻의 寅木發邊卦를 얻으면 戌土가 克을 當하고, 第四爻 午火官星이 發邊하면 戌土를 生하고, 第三爻辰十가 發邊하면 戌土를 冲하니 이것을 卦中의 生克冲合의 用神이라 한다. 世爻가 스스로 動하였는데 變出된 爻에는 生克의 四個가 있다. 世爻가 發動하여 巳午火를 變出하면 回頭生世가 되고, 寅卯木을 變出하면 回頭克世가 되며, 辰土를 變出하면 回頭冲世가 되고, 變出되 卯木은 回頭合이라 할 수있으니 이것은 用神이 스스로 變出하여 生克冲合의 用神이 된다.

以上四處 若得全來生合用神者 諸占全吉倘有三處相生 一處相克 赤以吉斷 若有兩處克 兩處生者 須看旺衰生用神之神 旺相者則吉斷 克用神之神 旺相者可作凶推·遇三處逢 一處相生 得相生之爻 赤可謂之 克處逢生 凶中得解 若値休囚者 有生之名 无生之實 與四處俱來克者 同斷諸占皆凶 或間曰 此卦爻 戌土 並無變出 寅卯巳午之理 預曰他爻 多有變出 回頭生克借此爲法也

※ 위의 네곳에、 만일 生合의 用神이 오면、 모든 것이 吉하고、 만일 三處가 相生되고 한곳이 相克된다하여도 역시 吉하다 하겠다。 만일 두곳이 克되고、 두곳이 生된다면、 用神의 旺衰弱을 볼 수 있는데、 用神을 生하는 神이 旺相하면 좋다고 보나、 用神을 克하는 神이 旺相하면 凶하다。

만일 세곳에서 克을 만나는데 한곳의 生을 얻으며 旺神이 生을 하여도 無妨하다할 수 있다. 克中에 生을 받은 것은 凶中에 구제를 얻게 되고, 만일 休囚한 것이 生한다는 이름은 되나, 實은 生이 되지 않는다. 네곳이 함께 克하여 온다면, 모든 占이 다 凶하다고 단정한다. 「혹시 묻기를 이 爻의 戌土가 아울러 寅卯巳午의 變出하는 이치는 없는가? 내 생각으로는 他文에 變出이 많아 回頭生剋을 빌어 이것으로 法을 한다.

又間卯木能剋戌土 又與戌合還以之爲克 還是爲合 預曰五行相合章註解極明 又間曰 此卦乾爲天。 卦中午火作官星是也 如何午月午日占卦 赤以此午火作官星何也 預曰不拘占得何卦 卦內若有巳午火作官星者 如遇巳午月日占卦 此巳午月日赤作官星 卦中若巳午之火作財星者 日月巳午赤作財星餘放此 旺相休囚者四時相章查之 空破者旬 空破月章查之冲 合者五行相冲五行相合章查之

※「또 묻기를 卯木이 能히 戌土를 剋하는 것인가。 다음으로는 戌과 合이 되는데 도리어 剋이 되며 도리어 合이 되는가。 나의 생각으로는 五行 相合章에 註釋을 明示하여 놓았다。」

또 묻기를 이 卦가 乾爲天인데 卦中午火로써 官星을 만드는 것은 어떠한 것이며 午日午月 占에 이 午火로 官星을 하는 것은 무슨 까닭인가。 내가 이르기를 占을쳐서 어떤 卦를 얻든지 卦內에서 巳午火로 官星을 하게 되는 것이 만일 巳午月日을 만나면, 이 巳午을 역시 官星으로 하고、 卦中에 만일 巳午의 火로 財星을 한다면 巳午日月도 財星이라 볼 수 는 것이니 다른 것도 이와 같이 판단해보라。 旺相休囚란 四時旺相章을 보고 空破는 旬空月章查之

破章을 보며 冲合은 五行相冲 五行相合章을 보라 하였다.

生克者 五行相生 相克章査之 元神者元神章査之 暗動者 在暗動章査之 回頭生者 在動變生克章査之 占父母者 卦中之父母文 爲用神 此卦戌辰兩爻俱是父母 若兩爻俱動 或俱不動 擇其旺者而爲用神。如一爻動者 擇其動者爲用神 父母旣臨辰戌二土 即以土爲父母宜火相克 忌臨月破旬空。赤有四處 生克冲合 但宜生多克少爲吉。與前世爻參看 占宅舍舟車文書章 奏此以父母爲用神 此卦申金兄弟旣用此爻 宜土相生 怕火相剋 忌臨月破旬空 赤有四處生克 俱是多生少剋爲吉 剋多生少爲凶

※ 生克은、五行의 相生과 相克章을 보라。元神은 元神章을 보며。暗動者는 暗動章을 보며 回頭生과 回頭克者는 動變生克章을 보라。

父母占을 칠적에는 卦中에 父母爻로 用神하는 것인데 이 卦의 辰戌土 두 爻가 함께 父母가 된다。만일 두 爻가 함께 動한 것과 動하지 아니한 것을 보아 그중에서도 旺한 것을 가리어 用神을 하는 法이다。만일 一爻가 動하였다면 그 動한 자를 가려 用神을 한다。父母가 이미 辰戌兩土가 나타나 있으니 土로써 父母로 하고 있으니 火가 相生하면 좋고、木이 相克하는 것은 두려워 한다。다음에는 月破旬空을 좋아하지 않는다。다시 네곳에서 生克冲合이 있으면 오직 生이 많고 克이 적은 것은 吉하게 된다. 前篇의 世爻를 참고하라. 家宅이나 舟車는 文書로 보며, 父母爻로써 用神을 한다는 것은 이미 알려준바 있다. 이 卦의 應이 辰土에 있으니 吉하여야 하겠다면 四處이 生되는 것을 좋아하고, 그 衰한 것을 좋아한다면 네곳에서 冲克되는 것을 좋아한다. 兄弟占을 하는 데에는 兄弟爻로 用神하는 것이니 이 卦의 申金兄弟爻를 用神으로 하는 것인데, 土가 相生됨이 좋고 火의 相克을 두려워하여 月破旬空이 오는 것을 싫어한다. 다시 네곳에 生旺됨이 있으면 生이 많은 것이 좋고, 克이 적으면 좋다. 그러나 克이 많고 生이 적으면 凶하게 되는 것이다.

又云兄弟爻乃刦財之神 如占兄弟姐妹之否泰者 宜其生旺 不宜臨月破旬空 如占妻妾婢僕及財物者。最宜多剋 少生 更喜逢空逢破。使其不能刦 我之財 克我之妻妾婢僕。占妻妾僕及占財物者 以妻財爲用神。此卦寅・妻財 即是用神忌臨旬空月破 宜水相生伯金相克 亦有四處生克 多生少克爲吉 與前同者凡占 金銀買賣皆以妻財爲用神。須在用神章中細看 占子孫爲用神 此卦初爻字水 即是用神 忌臨月破旬空 喜金相生 怕土相克 亦有四處生克冲合 宜其克少生多照前同看也

※ 또 이르되 兄弟爻는 財物을 奪取하여 가는 神이라 한다. 만일 兄弟나 姉妹들이 좋겠는가 좋치 않겠는가를 볼적에는, 生旺됨을 좋게 여긴다. 그리고 月破나 旬空되는 것을 좋아하지 아니한다. 만일 妻妾이나 部下 또는 재물을 占칠적에는 克이 가장 많고 生이 적은 것을 좋

아한다。 그리고 空과 破되는 것을 좋아하니、 나의 財物을 앗아가고 나의 財物과 妻妾婢僕을 克한 연고이다。 이 卦의 寅木이 妻財인데 이것이 바로 用神이 된다면 旬空과 月破를 싫어하고 水로 相生함을 좋아하며 金의 相生剋을 싫어하는데 四處의 生克이 있을 적에는 生이 많고 克이 적으면 吉하다。 앞卦와 한가지로 되어 있을때 金銀賣買占을 칠때에는、妻財로써 用神을 하는 것인데 이는 用神章에 說明되어 있으니 仔細히 보라。 子孫占을 칠적에는 子孫으로써 用神을 한다。 이 卦의 初爻子水가 바로 용신이 되니 月破旬空을 싫어하고 金이 相生하여 주는 것을 좋아하고、土가 相克하는 것을 싫어한다。 그 가운데의 네곳에 生克冲合이 있을적에는 克이 적고 生이 많은 것을 좋아하니 앞卦를 참조하여 그와 같이 하라。

占他事以子孫爻爲用神者赤多 用神章中查之 占功名以官鬼爻爲用神 此卦午火官星卽用。此爻=最忌逢空逢破怕水相克 宜木相生 赤有四處生克與前者同 占鬼崇妖薛亂臣盜賊 皆以官鬼爲用神 須在用神章細細從前至此 所論諸事 後卷俱有細法 恐爾初學 不得其問而入寫此以爲綱領引爾入門也 知此綱領再細詳後卷各章 由淺入深自入待境 前八宮全圖是爻자皆然 卦必動 動則必變 後篇雖有動變章 恐爾不明 再排一變卦爲式與爾細評

※ 또 다른 占을 칠적에、子孫爻로 用神을 하는 일이 많으니 用神章을 보라。 功名占을 치는데는 官鬼爻로 用神을 하는 일이 많은데、이 卦의 午火官星이 바로 用神이니 이 卦는 空과 破를 싫어하며 水의 相克을 무서워하고 木이 相生하여 주는 것을 좋아하므로 네곳에 生克

이 있는 것은 앞의 解法을 쓰라. 鬼神이나 亂臣이나 도적들의 占을 칠때는 官鬼爻로 用神을 하는 것이니 用神章에 仔細한 說明이 있으니 參考하라. 지금까지 여러가지 일들을 論하였으나, 後卷에서 個別的으로 仔細한 法을 說明하겠다. 안타가운 것은 그대가 일찌기 배움의 門을 얻지 못하고 있으므로 이 法으로 하여 綱領을 만들어 그대가 門에 들어가도록 깨쳐주는 것이다. 이 綱領을 알고나서 재차 後卷의 各章을 자세히 살펴보라. 그이와 같이 얕은데서부터 깊은데로 들어가면 스스로 아름다운 지경에 당도하리라. 앞의 八宮全圖는 全部가 靜爻로 되어 있다. 그러나 卦는 반드시 動하게 되어 있고, 動하면 반드시 變하게 되어 있다. 後卷에 動變章이 있기는 하나 그대가 잘알지 못할까 염려하여 그대에게 한卦를 그려 方式을 보여주는 것이니 자상하게 살펴보라.

卦에 ㅁ이 變出되면= 陰爻이며

卦에 ×가 變出되면= 陽爻이다.

陽動 ㅁ니 이것이 變하면=陰으로 되고、

陰動 ×니 이것이 變하면=陽으로 된다.

即 占에 澤天夬로서 動爻된 卦를 고쳐보면 다음과 같다.

澤天夬、×—ㅣ—ㅣ—ㅁ
土宮 兄孫才兄官財
    未酉亥辰寅子

天風姤
變出　兄戌　申　午　酉　亥　丑
　　　　　　　　　　　兄　　　兄

上三爻는 兌卦이고, 下三爻內卦가 乾卦이다. 澤이 위에 있으며 天이 下에 있으니 澤天夬卦라 한다. 澤天夬 만들어 보는 全圖와 世文應爻내는 法과 五行에 대한 六親을 붙여 본 후에 다시 動爻를 본다. 그래서 上三爻兌卦의 第六爻가 動하였으므로 ×를 그리고 動이 變하면―로 되기 때문에 兌가 變하여 乾爻卦로 되고, 下三爻乾卦 第一爻가 動하여 ㅁ로 되었는데 變하면=로되기에 巽爲風卦로 되어 있으니, 天이 위에 있고 下에는 風이 있으니 天風卦로 되는 것이다. 全圖를 보면 姤卦의 初爻에 子水가 動되어 있고 子水결에 丑土가變出되어 있고, 姤卦 第六爻에 未土가 戌土를 變出하였고, 나머지 다른 卦는 動하지 않았으니 變할 것도 없다. 六親이란 未土가 酉金이 子孫, 亥水가 才, 辰土가 兄, 寅木이 官, 子水가 才, 變爻丑土가 兄, 變出戌土가 兄으로 된 것은 澤天夬가 되었기로 그렇게 된 것인바 夬卦는 坤土宮에 屬되어 있기에 六親의 配列이 以上과 같이되어 있으므로 나머지 다른 卦도 이것을 모방하라.

⑪ **渾天甲子및 六親**

乾이 內卦에 있으면 子水・寅木・辰土가 붙고, 乾이 外卦에 있으면 午火・申金・戌土가

붙는다。

重乾卦
外內
父戌 ｜
兄申 ｜
官午 ｜
父辰 ｜
才寅 ｜
孫子 ｜

坎이 內卦에 있으면 寅木・辰土・午火가 붙고 坎이 外卦에 있으면 申金・戌土・子水가 붙는다。

重坎卦
外內
兄子 ‖
官戌 ｜
父申 ‖
才午 ‖
官辰 ｜
孫寅 ‖

艮이 內卦에 있으면 辰土・午火・申金이 붙고, 外卦에 있으면 戌土・子水・寅木이 붙는다。

重艮卦
外內
官寅 ｜
才子 ‖
兄戌 ‖
子申 ｜
父午 ‖
兄辰 ‖

震이 內卦에 있으면 子水・寅木・辰土가 붙고, 震이 外卦에 있으면 午火・申金・戌土가 붙는다。

重震卦
外內
才戌 ‖
官申 ‖
孫午 ｜
才辰 ‖
兄寅 ‖
父子 ｜

巽이 內卦에 있으면, 丑土・亥水・酉金이 붙고 外卦에 있으면 未土・巳火・卯木이 붙는다。

重巽卦
外內卦 兄卯 | |
未西 | |
才丑 | |
孫巳 |
父亥 |
才丑 ||

離卦가 內에 있으면 卯木・丑土・亥水가 붙고 外卦에 있으면 酉金・未土・巳火가 붙는다

重離卦
外內卦 兄巳 |
孫未 ||
才酉 |
官亥 |
孫丑 ||
父卯 |

坤卦가 內에 있으면 未土・巳火・卯木이 붙고, 外卦에 있으면 丑土・亥水・酉金이 붙는다.

重坤卦
外內卦 孫酉 ||
才亥 ||
兄丑 ||
官卯 ||
父巳 ||
兄未 ||

坤卦가 內에 있으면 巳火・卯木・丑土가 붙고 外卦에 있으면 亥水・酉金・未土가 붙는다

重兌卦
外內卦 父未 ||
兄酉 |
孫亥 |
父丑 ||
才卯 |
官巳 |

위와 같이 作卦 또는 五行 및 六親붙는 法을 說名하였으니 各卦別 內卦가 나왔으면 下로 三爻를 使用하고, 外가 나왔으면 上으로 三爻를 使用하는 것이니, 서로 바꾸어 一卦가 八變하므로 八變八하면 六十四卦가 作成된다.

例

天風姤

卦　　　伏寅才
父 戌 ―――
兄 申 ―――
官 午 ―――
父 辰 ―――
兄 亥 ―――
孫 丑 ― ―

卦法은 이미 알았으나 六親인 父母·兄弟·子孫·妻財·官鬼等의 算出法을 알지 못하기에 다음에 說明하기로 한다.

乾은 金宮에 속되고, 姤卦는 乾宮內의 第一卦가 되므로, 이 姤卦가 金이라 金으로 풀이하면 戌土가 金을 生하니 乾金이 나를 生하기에 父母가 되고, 申金은 金이니 乾金인, 나역시 金이다. 나와같은 것은 兄弟라. 그래서 兄이 되고, 午는 火이니 乾金인 나를 克하므로 나를 克하는 것을 官鬼라 하기에 官鬼가 된다. 酉金도 同等한 金이니 兄이 되고 亥水는 乾金인 내가 水를 生하니 내가 生하는 것을 子孫이라 하기에 또한 역시 子孫이라 한다. 伏되어 있는 寅木은 乾金인 내가 木을 克하니 내가 克하는 것을 妻才라 하여 妻라 하고 財라하기도 한다. 그러면 伏은 무슨 뜻인가. 그 卦에서 五行中 五行이 빠져있는 것을 집어 넣기에 隱伏이라 한다. 이 卦가 乾宮에 있는데 乾의 納甲法에 內卦는 子寅辰인바 一爻가 子, 二爻가 寅, 三爻가 辰이기에 第二爻에 寅을 取用한다. 위의 法則을 各卦마다 取用하면 되는 것이다.

⑫ 世應및用神

乾爲天　六世　一世天山遯　二世天風姤　三世天地否　四世風地觀　五世山地剝　四世火地晉　三世火天
金宮

坎爲水　六世　一世水澤節　二世水雷屯　三世水火既濟　四世澤火革　五世雷火豐　四世地火明夷　三世
水宮　　　地水師

艮爲山　六世　一世山火賁　二世山天大畜　三世山澤損　四世火澤睽　五世天澤履　四世風澤中孚　三世
土宮　　　風山漸

震爲雷　六世　一世雷地豫　二世雷水解　三世雷風恆　四世地風升　五世水風井　四世澤風大過　三世澤
木宮　　　雷隨

巽爲風　六世　一世風天小畜　二世風火家人　三世風雷益　四世天雷無妄　五世火雷噬嗑　四世　山雷頤　三
木宮　　　世　山風蠱

離爲火　六世　一世火山旅　二世火風鼎　三世火水未濟　四世山水蒙　五世風水渙　四世天水訟　三世天
火宮　　　火同人

坤爲地　一世地雷復　二世地澤臨　三世地天泰　四世雷天大壯　五世澤天夬　三世水
土宮
　　　地比

六世
兌爲澤　一世澤水困　二世澤地萃　三世澤山咸　四世水山蹇　五世地山謙　四世雷山小過　三世雷
金宮
　　　澤歸妹

應爻는 世爻붙은 곳에서 二間을 건너 三間에 붙어 있다. 다음 설명을 보라.

一爻世　四爻應　二爻世　五爻應　三爻世　六爻應　四爻世　一爻應　五爻世　二爻應　六爻世　三爻應

⑬ **用神**

父母爻＝父母를 점칠 적에는 父母爻로 用神을 한다. 즉 祖父母、伯叔、姑姨、나의 父母와 同年輩、師傅、尊長、妻父母、乳母、종업원店員、下人들을 占칠 적에는 主人을 父母로 한다. 天地運감평때에 城이나 池井、담、宅舍、家屋、배나 車나 衣服이나 비단이나 文書나 契等을 父母用神이라 하는데 사람몸에 갖는 패물等도 역시 같으나 사람이 通變하는 데 그 妙가 있다.

官鬼爻 功名을 占칠때、만일 官府、천도、鬼神、妻가 남편의 占을 칠적에는 官鬼를 用神으로 한다. 깡패、도적、절도等 종류가 많으니 一一히 열거를 못하나 첫째로 나의 몸을 구

兄弟爻

門卜할 적에 兄弟·姉妹·一家親戚의 兄弟, 姨從兄弟, 結義兄弟, 兄弟와 같은 사람 等이며 財産門卜시는 兄弟들은 물건을 뺏아 가는 수가 많으므로 이것은 刑傷剋害의 神이 된다.

妻財爻

妻妾·下人·비서·내가 쓰고 있는 사람·金銀·寶石·倉庫·돈·糧食·내가 使用하고 있는 물건 等은 財로써 用神을 한다.

子孫爻

子孫·女兒·사위·조카·생질·忠臣·良將·醫藥·僧道·兵卒·六畜中 날아가는 짐승· 뛰어가는 動物·鬼神을 억제하는 물건들은 삭탈官職하는 수도 있고 福神도 되며 모든 일을 좋게하여 주는것이나 功名占할 적에는 子孫을 싫어한다.

⑭ 用神、元神、忌神

用神이란 各種類의 用神이라 한다. 元神이란 用神爻를 生하는 것이고 忌神이란 用神의 爻를 剋하는 것이다. 仇神이란 元神을 剋制하여 用神을 生하지 못하게 할 뿐 아니라 그와 반대로 忌神을 生하여 用神을 剋害하는 것이다. 金이 用神이라면 金을 生하여주는 것은 土

라 할 수 있으니 土를 元神이라 한다. 火란 金을 剋하고 있으므로 火는 忌神이 된다. 土를 剋하고 火를 生하는 것이 木이니 木은 仇神이라 한다. 어떤 占을 치든 먼저 用神을 보고, 用神을 얻은 뒤에는 用神이 旺相한가, 元神이 生扶되어 있는가, 忌神이 있어 動하여 剋의 有無를 보아 그 吉凶을 斷定하라.

辰月戊申日占 父가 近病인데 乾의 小畜卦

乾 | | 世 | □ | 應
小畜 父 戌 兄 申 官 午 父 辰 才 寅 孫 子
　　　父 未

어떤 사람이 이 卦를 가지고 와서 나에게 묻기를 나의 아버지 病이 重한 모양이구나. 그러나 네가 어느 날에 낫겠는가 묻지만 내가 알기로는 이 卦에 辰土와 未土와 戌土가 있고 三重父母爻가 되므로 그 中에서 旺한 자를 用神으로 하여야 한다. 그런데 辰土父母가 月建에 있음으로써 辰土가 旺하니 用神으로 결정하는 것이다. 그러나 病이 重한 것은 申日이 寅木을 冲하여 暗動시키니 寅木이 暗動되어 辰土父母를 剋하기에 그러하다 하였다. 또 묻기를 卦中에 午火가 發動하였으니 비록 寅木이 暗動되었다 하여도 午火를 生하고, 도리어 午火가 辰土를 生하니 무사하지 아니하겠는가 卜書에 이르러 忌身과 元神이 同時發動되면 兩生을 얻은 것이라 하였는데 이와는 달리 寅木은 辰土를 剋하하되 午火만은 辰土를 生하지 못함은 무슨 일인가 하고 묻기에, 午火가 비록 動하였으나 未土를 化出하므로 午未가 合이 되었기로 즉 貪合忘生이라 할 수 있으므로, 辰土가 바로 寅木의 剋을 받을 뿐 午火의 生을 얻지 못하므로 이 병이 重한 것이니 丑日을 기다려 未土를 冲去하면 貪合의 作用을 파괴하므로 그 災殃이 물러가리라고 답하였던 바 과연 丑日에 그는 病床에서 일어났다.

⑮ 元神、忌神、衰旺

元神 須生用神 須要旺相 方可生得用神 元神能生用神者有五

元神旺相或臨日月 或得日月動爻生扶者一也 元神動化回頭生及化進神二也 元神長生帝旺於日辰三也 元神與忌神 同動四也 元神臨空化空五也 古以臨空化空爲无用 非也 殊不知動不爲空 皆應冲空 實空六日而有用也 故以 能生用神 此五者用神也

元神이란 用神을 生하는 것이니 旺相됨을 要하는 것이므로 用神이 生해줌을 얻는 것이 좋다. 元神이 用神을 生하여 주는 이치가 다섯가지가 있다.

元神이 日月에 있어서 旺相되거나, 日月動爻의 生을 얻은 것이 첫째라 할 수 있고 元神이 動하여 回頭生으로 化하되 進神으로 化하는 것을 두번째라 하고, 元神이 日辰에서 帝旺 長生되는 것을 셋째라 하고, 元神이 忌神과 한가지로 動하는 것을 네번째라 하고, 元神이

空을 맞이하였는데 空을 化出하는 것을 다섯째라 한다. 古書에 空이 空으로 化하는 것은 쓸모가 없다라고 하는 말은, 틀린 말이다. 그것은 動하면 空이 되지 않는다는 것을 알지 못한 탓이다. 모두 冲空을 應하게 되는 것은 空이 實하게 되는 날에 사용될 수가 있는 것이다. 그러므로 用神을 生하여 준다는 이 다섯가지의 이론을 들어 有用의 元神이라고 한다.

酉月辛亥日 求財

```
兌  =世口 =應 ㅣㅁ
 解
  父 未 酉 亥丑 卯  巳
  兄 申      孫 父  才  官
              才 寅
```

斷決曰, 甲寅日에 財物을 그대의 마음대로 얻을 수 있으리라하니, 그 사람이 대답하기를 卯木財爻가 空이 되며 彙하여 月破에 또는 金剋木이 되고 初爻巳火官星이 비록 世를 生한다 하여도 亥日巳가 冲하여 흩어지게 하며 거기에 또 旬空까지 되어 있는데 어찌하여 吉하다 하는가. 이때에 나는, 神의 오묘한 기틀이 動하여 있음으로 끝까지 흩어지리라고 말할수가 없다. 巳火가 空을 化出하여 있기에 現在로는 가망이 없는것 같으니 寅日에 出空되면 알게 되리라 寅木의 財가 官을 生하고 官이 世爻를 生하면 되리라 하였다. 그뒤로 果然 寅日에 財를 求하게 되었다.

⑯ 元神雖現 不能生用神者

元神休囚不動 或動而休囚 又被傷剋者 一也 元神休囚 動化退神 三也 元神衰而又絕 四也 元神入墓 五也 元神休囚動而化絕化剋破化散 六也 以上見生不生乃無用之 元神雖有如無

※ 비록 元神이 나타났으나 能히 用神을 生하지 못한 것이 여섯가지가 있다.

元神이 休囚(無氣不逢時)하여 動도 않고 혹 動했더라도 休囚되었으며, 거기에 다시 傷剋을 만난것이 첫번째가 되고 元神이 休囚하여 있는데 旬空과 月破를 만나는 것이 두번째요 元神이 休囚되었지만 動하여 退神으로 化하는 것이 세번째가 되고, 元神이 衰弱하는 가운데 또다시 絕이 되는 것이 네번째요, 元神이 墓에 들어가는 것이 다섯번째요, 元神이 休囚하여 動한 가운데 絕로 化하거나 克으로 化하거나 破로 化하거나 散으로 化하는 것이 여섯번째가 된다. 이상은 生이 되는듯하나 生이 안되는 無用의 元神이니 비록 있다 하여도 없는 것이나 다름이 없다.

⑰ 剋害用神者

忌神旺相 或遇日月動爻扶 或臨日月者 一也 忌神動化回頭生化進神者 二也 忌神旺相動臨空化空 三也 忌神 帝旺生於日辰 四也 忌神與仇神動 五也 以上忌神者 如斧鉞之忌神諸占大凶

※ 忌神이 用神을 剋하고 害하는 것이 다섯이 있다.

忌神이 旺相하는데 日月動爻가 生扶하여 주거나 혹은 日月忌神으로 되어 있는 것이 첫번째요, 忌神이 動하여 回頭生으로 化하거나 進神으로 化한 것이 두번째요, 忌神이 旺한 가운데 動하고 空이나 空으로 化한 것이 세번째요, 忌神이 帝旺長生이 되어 日辰에 들어있는 것을 네번째라고 하고, 忌神이 仇神과 함께 動하여 있는 것이 다섯번째라 한다. 이상의 忌神은 칼날과 도끼같은 것이니 모든 점에 크게 凶하다. (복서 비전에서도 참조하라)

⑱ 剋不能剋用神者

忌神休囚不動 動而休囚 又被日月動爻剋者 一也 忌神靜臨空破 二也 忌神衰動化退神 四也 忌神 動化絕化兄化破化散 六也 忌神與元神同動 七也 此忌神無力之忌神也 諸占化凶爲吉 以上論元神 忌神之有力無力者 赤要用神有氣 赤若用神無根 謂之元神有力 赤難生 忌神無力 何足喜

※忌神이 비록 動하였으나 能히 用神을 剋하지 못하는 것이 七種이 있다.

忌神이 休囚하여 動하지 않고 動하였으나 休囚되었으며 또 日月의 動爻에 剋을 당한 것이 첫번째요, 忌神이 靜하여 空破를 만나는 것이 두번째요, 忌神이 衰한 가운데 動하여 退神으로 化하는 것이 세번째요, 忌神이 動하여 絶로 化하고, 剋으로 化하고, 破로 化하고, 散으로 化하는 것이 여섯번째요, 忌神이 元神과 같이 함께 動하여 있는 것이 일곱번째라고 할 수 있으니 모든 占에 凶이 吉로 化한 다. 이상은 元神과 忌神의 有力無力을 論하는 것이나. 역시 用神의 有氣함을 좋게 여긴다. 만일 用神이 無根하면 元神이 有力할지라도 生되기가 어려우니 忌神이 無力한들 그 무엇이 만족스럽겠는가.

巳月乙未日自占病

大過卦

鼎 ─────

應

孫巳 才未 ×□ 應
才未 官酉 ═ ═
父亥 父亥 ─── 世
官酉 父亥 ───
父亥 才丑 ═ ═ 冲

自占病에는 世爻亥水가 用神이 된다. 그러나 未土忌神이 動하여 亥水를 剋하고 있는데, 酉金元神이 動하므로 未土忌神이 도리어 酉金元神을 生하고 다시 酉金이 亥水世爻自身을 生하여 주니 接續相生이 되므로 凶이 吉로 化한 것이다. 그러나 어찌 亥水가 巳破亥의 月

破를 만나고 日辰 未土가 또 克을 하니 비록 生扶가 된다하여도 그것은 나무가 뿌리없는 것 같아서 寒谷回春이 되지 못한다. 그러므로 일어나기가 어렵다. 日辰卯가 酉金元神을 沖하니 用神亥水가 뿌리가 결단나므로 元神이 無力하여 살기가 어렵게 되었다. 果然 癸卯日에 죽은 사람이

丑月戊子日 自占近病

同人　｜應口｜世
卦　　戌申｜｜
旅　　孫未才　兄午｜｜
　　　　　　　官亥｜　口
　　　　　　　孫丑｜｜
　　　　　　　孫辰父卯｜

自病占에서는 世爻가 用神이 되는데, 世爻亥水를 子水日辰이 끼고 있으며, 또 申金元神이 動하여 相生하니 죽지 않을 정도는 되나 申金이 丑日墓에 들어 있으니 살기가 어려울가 의심이 나서 伊母를 청하여 再次한 卦를 占쳐 보았다.

同日占

離　　｜世｜｜｜應｜
大有　巳未酉亥　父寅孫丑×
　　　　　　　　　　　卯｜

母가 子息의 占을 하면 子孫이 用神이 된다. 丑土子孫이 비록 丑月의 月建旺을 맞났으되 좋지 아니함은 丑土子孫이 寅木을 化出하여 回頭剋이 되기 때문이다. 비록 現在는 무사하나 明年立春寅月木旺節이 되면 土가 克을 당하니 앞에서 占쳐본 卦도 亥水世爻가 申金元神의 相生을 얻었으나 寅月에 申金을 冲破하였으니 역시 위태롭다.

그는 果然 正月달에 죽었으니 이 이치에 부합된다. 무릇 病占에 있어서 一家가 함께 占한 것을 合하여 決定지어도 生死의 月日을 가히 알수가 있다. 많은 占을 쳐서 禍福을 決定하는 것이 타당하다. 前卦에 申金元神이 動하여 世를 生하니 當分間은 甲日로 因하여 退厄이 되나, 後卦에 丑土子孫이 寅木을 變出하여 克하니 寅月이 위태롭다는 것을 비로소 깨달았는데 寅月에 申金을 冲去하므로 위태롭게 될것이다.

⑲ 五行相生

金生水 水生木 木生火 火生土 土生金 凡用神 元神 宜于逢生 月建生 動爻生 動化回頭生也

金은 水를 生하고, 水는 木을 生하며, 木은 火를 生하고, 火는 土를 生하며, 土는 金을 生한다. 대개 用神과 元神은 生을 맞나는 것이 좋고 月建이 生하는 것이 좋고, 日辰도 生하는 것이 좋고, 動爻도 生하는 것이 좋고, 動하여 回頭生으로 化하는 것도 좋다.

卯月巳卯日弟가 占을 쳐서 이미 重罪를 진兄을 能히 救出할 수가 있겠는가.

```
復  卦  酉 ‖
震  卦  亥 ‖  應
    孫  丑 ×
    才  辰 ‖
    兄  寅 ‖
    文  午  ―  世
    兄  子
    官
    才
```
(地雷復卦坤土宮)

兄弟文가 用神이 되는데 丑土兄이 動하였으나, 月建日辰卯木이 克을 하고 있으니 큰 죄를 지었으므로 救助되기가 어렵게 되어 있는 것이 현명하다. 그러나 兄文丑土가 午火 父母를 化出하여 回頭生을 하니 速히 가서 神에게 告하면 父母의 生을 받았으므로 吉兆가 나타나리라. 그 뒤에 과연 죽음을 免하는 惠澤을 입었다.

巳月丙申日 自占病 此藥救否

(자기병에 이약을 먹으면 구제될수 있을가)

```
卦  戌  ‖
    申  ‖  應
父  午  ―
兄  酉  ―
官  亥  ―  世
孫  丑  ‖
父
```

어떤 醫員이 이 卦를 가지고 와서, 나에게 묻기를 어떠한 사람이 危殆로운 病을 얻었는데, 이 약을 마시면 구제될 수 있겠는가. 月建의 巳火와 午火인 應文가 世文를 生하니 病은 반드시 救助될 수 있다. 그러면 무슨 藥을 먹으면 效果가 있겠는가 하고 묻기에 四柱 藥占을 칠 적에는 子孫으로 用神을 하는바 父母 비전에서 喜忌神으로 藥을 주라고 했다. 藥占을 칠 적에는 子孫으로 用神을 하는바 父母가 忌神이 되고 이 卦의 亥水子孫이 月破가 되어 無根하므로 申日이 生을 하나 효력은

⑳ 五行相剋

金克木 木克土 土克水 水克火 火克金 凡忌神仇神 宜于逢克 月克 日克 動爻克 動化回頭
此四者用神元神 但逢一克他處 不見生扶者即爲凶兆占吉事 樂極生悲 占凶事 急急回避

※ 五行의 相克 金이 木을 克하고 木이 土를 克하며 土가 水를 克하고 水가 火를 克하며 火가 金을 克한다. 대개 忌神과 仇神은 克을 만나는 것이 좋다. 月에서 克을 하거나 日에서 克을 하거나 動爻가 克을 하거나 動爻가 回頭克으로 化한 이 四種은 用神元神이 다른 곳에서 한곳이라도 克을 만나면 不利하니 生扶하여 주는 것을 만나지 못하면 바로 凶兆가 되니 吉事占을 할때, 이와 같이 되면 즐거운 일은 없어지고 슬픈 일만 나오게 된다. 凶事로 占하여 불적에는 急하게 避하는 것이 좋다.

卯月 戊辰日占 父가 官事로 因하여 重罪에 걸렸는데

萃卦　　　同人卦
父戌父未× ――應――
兄酉 ――
孫亥 ――
孫亥才卯× ＝＝世
巳官
才卯父未×

否卦　　　訟卦
　――應――
戌申　父
冲　　午 ――
兄兄　官
　　　卯 ＝＝世
父辰官巳×
　　父未 ＝＝

外卦에 未土父母를 卯月이 剋하고 內卦가 亥卯未 木局을 이루어 또 相剋을 하는데 月이 日을 剋하니 刑을 받게 되므로 救助될 수가 없다. 果然 重罪로 處刑되었다.

같은날 누이도 占을 쳤는데 兄이 역시 同一한 官事로 重罪에 걸렸는데,

申金 兄爻가 用神이 되는데、巳火官鬼가 動하여、申金을 刑剋하니 重罪를 얻었다는 것은 정해져 있다. 다행한 것은 辰日이 戌土父母를 冲動하여 申金兄弟를 暗生하니 克處에서 生을 얻었다. 그러므로 만일 父母가 있다면 可히 구재될 수가 있겠다. 다행히 그 뒤에 八十旬된 父母가 있다 하여 死刑을 免하여 주었다.

卯月 癸亥日 住宅을 이사하는데 食口가 편안하겠는가.

```
需 卦
乾  兄戌 才子 ××
    兄戌 ―
    父午 孫申 ×世―
    兄辰 ―
    官寅 ―應
    才子
```

申金子孫이 持世하였는데 午火를 化하여 回頭剋을 하니 自身 및 子孫이 剋을 받고 上爻 子水를 財文動爻가 戌土를 原出하여 妻財를 剋하니 妻와 妾과 食母 一家族이 해를 받을 상이다. 속히 이사하는 것이 좋다. 어떤 사람이 말하기를 門戶를 고치면 능히 災殃을 免할 수가 있지 안겠는가 묻기에 내가 이르기를 만일 回頭剋이 나를 剋한다는 것을 무서워하지 않으면 여름철 火旺節에 반드시 凶厄이 있으리라. 마침내 집이 漢江水가 곁에 가깝게 있는 것을 알고 있으나 미처 옮기고자 하였으나 옮기지 못하였다가 午月에 江水가 넘쳐서 一家口 九人이 물결에 휩쓸려 떠나려 갔다. 午月에 해당되는 것은 午火가 당권되어 世를 剋하고 子孫을 剋하고 妻財를 剋하므로 一家가 被害를 당한 것이라 한다.

聖人이 周易을 만들적에 사람들에게 取吉避凶의 길을 가르쳐 주는 것인데 卜法을 알지 못하여 이 大數를 알치 못한 것이다. 점을 쳐서 神에게 大數를 告하여야 하는데 이미 점쳐 神에게 고하였으면 明知하도록 하여 주므로 역시 모두를 數에 맡기지 아니할 수 없는 運命이라 하겠다.

㉑ 剋處逢生 (극되는 곳에서 생을 만남)

受此處之剋 得彼處之生 即爲剋處逢生 大凡 用神元神 以剋少生多爲吉 忌神者以剋少 生多爲凶 所以忌神宜剋 不宜生也

※ 이곳에서는 剋을 받고 저곳에서는 生을 만나는 것이 된다. 무릇 원신과 用神은 剋이 적고 生이 많으면 좋게 되고, 바로 剋處에서 生을 만나 하게 되니 忌神은 剋되는 것이 좋고 生되는 것이 좋지 못하게 된다.

例辰月丙申日占 弟痘症萊已臨危 (동생이 마마병으로 위태롭다)

```
         既濟 ‖應‖
革  兄子  戌    ―
    官申 × ―世‖
    父亥    丑
    兄亥
    官丑
    孫卯
```

月建辰土가 비록 剋을 하나 亥水兄弟가 申日의 生을 얻고, 또 申金이 動하여 亥水를 生하니 위태로운 가운데 구조가 된다. 과연 그날 酉時에 名醫를 만나 救活되어 己亥日에 완전히 살게 되었다.

㉒ 動靜生剋沖合 (동하고 고요하고 생되고 극됨)

六爻安靜旺相之爻 可以生。得休囚之爻＝亦可以克 得休囚之 盖旺相者如有力之人也

※ 六爻가 安靜하며 旺相한 것은 가히 生이라 하겠고、休囚된 것을 얻으면 가히 克이 되는 것이다. 休囚된 卦를 얻었다 하여도 대개 旺相한 것을 얻으면 有力한 사람이라 하겠다.

例 봄철에 占을 쳐보는 例 寅卯月

坤卦
酉 ‖世‖
亥 ‖
丑 ‖ 孫
卯 ‖ 應‖ 才
巳 ‖ 兄
未 ‖ 官
　 　 父
　 　 兄

만일 父母占이라면 巳火가 父母가 되고、三爻에 卯木이 봄철을 만나 당왕하니 旺相이라 하고 또 木이 巳火를 生하니 바로 父母가 旺相하다는 것이다. 만일 子孫占을 하면 子孫을 裵한 것이라 본다. 春木이 당왕하여 능히 丑未二土를 克하면 酉金子孫이 힘이 없게 된다. 일 兄弟라면 木剋土하기에 兄弟가 休囚되어 無氣하다 하는 것이니 이런식으로 풀이를 하되 餘他도 이것을 모방하라. 卦에 動爻가 있으면 能히 靜爻를 克할 수 있으나 靜爻는 相旺한 動爻를 能히 克할 수 없다.

例 寅月에 占쳐 만일 아래와 같은 卦를 얻었다면、

```
兌       ＝世
歸妹  卦  ＝  ＝應
     父未  兄酉  ＝
     兄申  孫亥  ―
          父丑  ―
          才卯  ―
          官巳  ―
```

酉金이 發動하니 비록 休囚되었다 하지만, 動하여 有力하기에 能히 旺相한 卯木을 剋하고 또 卯木이 當令하여 丑未二土를 剋할 수 있지만 木이 이미 金의 傷害를 입었으므로 土를 剋하기 어렵다. 靜한 卦는 앉아 있고, 누어있는 것 같으며, 動爻는 서서 다니는 사람과 같은 이치라 한다.

㉓ **動變爻動而必變** (動爻의 生과 剋과 冲과 合)

卦有動爻動而必變 變出夫之爻 能生剋冲合本位之動爻 不能生剋冲合他爻 與本位之動爻亦不能生剋冲合變爻

※ 卦에 動爻가 있고 動하면 반드시 變하게 된다. 대개 變出된 爻는 水位의 動爻를 生하고 剋하고 冲하고 合할 수가 있으나 他爻는 生하고 剋하고 冲하고 合할 수는 없다. 他爻는 本位의 動爻와 生하고 剋하고 冲하고 合하기가 不能하게 되어 있다.

例∷子月卯日占

```
坤卦
晋
父巳   孫酉×世
       才亥‖
孫酉   兄丑× 應
       官卯‖
       父巳‖
       兄未‖
```

酉金이 發動하여 酉金子孫이 動하여 巳火를 變出하였는데 巳火가 本位의 酉金을 回頭克하나 他爻만은 克하지 못한다. 四爻의 丑土가 動하여 能히 酉金을 生하지 못한다는 것이다. 그러나 他爻는 能히 制止할 수 있다. 오직 日과 月은 能히 動하며 沖하고 合할수 있다 하니 이것은 무슨 이치인고. 日月은 하늘과 가까워 能히 動爻靜爻、飛爻、伏爻、變爻를 生하고 克할수 있으나 모든 爻들은 日月을 傷하지 못하는 法則이 있다. 黃金策이라는 글에 傷爻日은 徒受其名(爻가 日月을 傷한다는 것은 이름만 있지 이기지 못함)이라 하였으니 이 卦는 子水月建이 能히 世爻의 變出된 巳火는 克된다. 그리고 卯는 日辰이 되기에 變出된 酉金을 沖破할 수 있다. 모두 이와같은 이치를 본받으라.

㉔ 四時旺相 (春夏秋冬四時의 旺相)

正月寅爲月建 寅木旺 卯木次之 二月卯爲月建 卯木旺 寅木次之 正二月木爲旺 火爲相 其餘金水土休囚 三月辰土爲月建 辰土旺 丑未之土次 金賴土生 金爲相 木雖不旺 還有餘氣 其餘俱作休囚 四月巳爲月令 巳火旺 午火次之 五月午爲月建 午火旺 巳火次之 四五月火旺土相 其餘

俱作休囚 六月爲月建 未土旺辰戌土次之 土生金 金爲相 火雖衰亦有餘氣存焉其餘休囚 七月中爲月建 申金旺 酉金次之 八月酉爲月建 酉金旺 申金次之 七八月金旺 水爲相 其餘休囚 九月戌爲月建 戌土旺 丑未次之 土生金 金爲相 其餘休囚 十月亥爲月建 亥水旺 子水次之 十一月子爲月建 子水旺 亥水冷之 十月十一月水生木 木爲相 其餘皆爲衰 十二月丑爲月建 丑土旺 辰戌土次之 土生金 金爲相 水雖衰猶有餘氣其皆餘爲休囚

※ 1月은 寅木이 旺하게 되고 寅木은 次旺이 된다. 2月에는 卯木이 月建이 되고, 卯木은 다음이 된다. 그리고 寅木은 다음이 된다. 그래서 正月 二月을 木旺이라 한다. 그러면 火가 相이 되며, 그나머지 金과 水와 土는 모두 休囚라 한다. 三月에는 辰이 月建이 되고, 辰土가 旺하게 되고, 丑未土는 다음이 된다. 金은 土를 의지하여 生하고 있으니 金이 相이 된다. 四月에는 巳가 月建이 되고 巳火가 旺하며, 四月 五月에는 午가 月建이 되고 午火가 旺하며 巳火는 다음이 된다. 木은 비록 旺하지 못하나 그 餘氣가 있으니 그 나머지는 休囚라 한다. 六月에는 未가 月建이 되고 未土가 旺하며 辰戌土는 다음이 된다. 火는 비록 變하다 하지만, 餘氣가 남아있고 그리고 土가 金을 生하니 金은 相이 된다. 七月에는 申이 月建이 되고 申金이 旺하며, 餘지는 休囚라 한다. 七八月에는 金이 旺하니 水가 머지는 休囚라 한다. 七月에는 申이 月建이 되고 酉金이 旺하니 申金은 다음이 된다. 8月에는 酉가 月建이 되고 酉金이 旺하니 申金은 다음이 된다. 七八月에는 金이 旺하니 水가

상이 되고 그나머지는 모두 休囚라 한다. 九月에는 戌이 月建이 되고 戌土가 旺하니 丑未 土가 다음이 된다. 土는 金을 生하기에 金은 相이 되고 그나머지는 모두 休囚라 한다. 十月에는 亥가 月建이 되니 亥水가 旺하고 子水는 다음이 된다. 十一月에는 子가 月建이 되고 子水가 旺하니 亥水가 다음이 된다. 十二月에는 丑이 月建이 되고 丑土가 旺하니 辰戌土가 다음이 된다. 土는 金을 生하니 金은 相이 되고 水는 비록 衰하나 餘氣가 있으니 그나머지는 모두 休囚하게 된다.

㉕ 月將(月建을」말함)

月將即月建 掌一月之權 司三旬之令 一月三十日 當權得令 操持萬卜之提綱 巡察之爻之善惡 能助卦爻之衰弱 能挫爻之强剛 制服動變之爻 扶起飛伏之用 月將乃當權之主帥 萬卜以爲綱 領 爻之衰弱者能生 合之扶之 拱之 比之 爻之强旺者 能冲之 克之 刑之 破之 旺而 亦衰 卦有變爻 剋制動爻者 月建能制伏 變爻卦有動爻 剋制靜爻者能制服動爻 用神伏藏 被飛 神壓住者 日建이 能冲之爻即爲月破无用之爻也 爻逢日合而有用 爻逢月破而無功 月建合爻則 爲月合 及有用之爻也 月冲之爻即爲月破无用之爻也 月建不入 亦爲有用 月建入卦愈見剛 强 卦无用神 即以建爲用神 不必尋伏神也 月建入卦 動而作元神者 爲福更大 動而作忌神者 爲

禍更深 不入卦者緩之 又値月建旺相 當權逢空不空 逢傷无害 古有此說 豫試不然 在旬內者 竟爲空

※ 月將은 바로 月建이니 一個月이 權限을 쥐고 있으며, 1月30日間을 맡아가지고 당권 득령을 하였으니 만가지 開卜할때를 잡고 있으며, 六爻의 善惡을 巡察한다. 그래서 卦가 衰弱한 것을 强하게 되도록 도아줄 수도 있고 動爻를 制服할 수도 있고, 飛神伏神의 用을 북돋아 일으킬 수도 있다. 月將은 당권한 장수니 萬卜의 綱領이 된다. 爻가 衰한 것도 能히 生해줄 수 있고 또는 合하고 도아주고 끌어주고 건지어 衰하여도 旺하게 하여준다. 爻의 强한 자라도 能히 冲할 수 있고 克할 수 있고 刑할 수 있고 破할 수 있고 旺하게 할 수 있고 亦是 하게 만들수 있다.

卦에 變爻가 있는데 動爻를 克制하는 것도 月建이 能히 制伏할 수 있다. 變爻卦에 動爻가 있는데 靜爻를 克制하는 것도 能히 動爻를 制限시킬수 있다. 用神이 伏藏되어 있을때 飛神에게 制壓당할 적에도 月建이 能히 飛神을 冲剋하여 伏神을 生助하여 用神으로 할 수 있다. 爻가 日合을 만나면 有用의 爻가 되고, 月冲의 爻는 바로 日破가 되니 無用의 爻가 된다. 月建이 卦에 들어 있지 않아도 역시 쓸수가 있다. 그러나 月建이 卦에 들어 있으면 더욱 强하다. 만일 卦에 用神이 있으면, 바로 月建으로써 用神을 하고 구태어 伏神을 찾을 필요가 없다. 月建이 卦中에 들어 元神이 되는 者는 큰福이 오고 動하여 忌神으로 되면 큰 화액이 온다. 卦에 들어있지 않는자는 일이 더듸고 또는 당권하였기 때문에 空을 만나도 空이 되지 않고, 혹은 상해를 입는다 하여도 해는 없다. 旬內에 空이 있는자는 끝에 가서는 空이 된다.

寅月庚戌日에 求財를 하는 占.

大有卦
巳∥ 應
未∥∥
酉∣ 世
辰∥ 父沖 寅∣ 才
子∣ 孫
官 父 兄 父 才 孫

寅木財爻가 用神이 되며 世爻를 克하니 財를 반드시 求하리라. 지금 旬空이 되어 있으니 甲寅日에 出空되면 이날에 얻으리라 하였더니 果然 甲寅日에 얻었다. 古書에 旺空은 非空이라 하는 것은 잘못된 이론이다. 旬內에는 반드시 空이 되어 있으므로 반드시 旬空期間이 지남으로서 空이 되지 않는다. 空을 만나 역시 空이 되면 도저히 空이 되는 것이 아니고 傷을 맛나 역시 傷하였다 하여도 時期를 기다려 쓰는 것도 있는 것은 有用의 空傷이라 하는 것이고 無用의 空傷은 休囚無氣한 空傷을 不用의 空傷이라 한다. 그러나 이 卦의 空은 寅月木旺節의 旺空이니 出空되는 날에 有用의 空이 된 것이라 한다. 忌神이 되여 있을때는, 禍가 되고, 元神으로 되여 있을때는 福이 되는 것이니 休囚되면 眞空이니 꼭 空이 된다. 爻가 月建을 맛나면 旺이 된다. 그러나 他爻에서 克을 받으면 傷害를 입는다

例를 들면 病者가 現在는 낫지 아니하나 傷爻를 冲去하는 날에 그 傷害를 입지 아니하며 病도 반드시 회복하게 된다. 모든 일이 반드시 이루어지므로 傷害를 입었다 하여도 때를 기다리면 좋게 풀리는 卦이다.

酉月丙寅日詢(귀인을 찾아 보는 占)

蠱
　―應＝
　寅　子　戌　　口世―
蒙　兄　父　才　　　　＝
　　　　　　　孫　官　父　才
　　　　　　　午　酉　亥　丑

時世爻가 月建에 官이니 面見할 수 있다. 그러나 午火가 回頭克을 하니 子日이 오면 午火를 冲去하기에 拜見하리라 하였더니 丙子日에 맛나 보았다. 그러므로 傷害가 되어 있다 하여도 때를 기다려 쓰게 된다는 것이 바로 이러한 경위를 말하는 것이다. 日絶이나 日克되는 것이 他爻에서 오는가를 살피고 生扶될 지라도 化絶 化墓克이 있는데 他爻에서 또 克制되는 것을 무서워 한다. 爻에 月建을 맛났는데 日에서 墓絶이 되거나 日辰에서 冲克을 만난 자는 대적하나 无吉 元凶의 象이 된다. 그런 가운데에 他爻에서 動爻가 生扶하여 주면, 다시 吉兆가 된다. 그러나 他爻가 또 와서 用爻를 克制하면 비록 月建에 들어 있어도 대적하기가 어렵다.

寅月 丙申日占陞遷(승진)

頤 艮
卦

官寅 —世 ||
才子 ||
兄戌 ||
兄辰 孫申 —應 ||
　　 父午 ||
　　 才子 兄辰 ×

寅木官星이 世를 갖이며 月建이 旺相하나 申日이 克沖하는 것을 입었으나 申子辰이 三合 水局을 이루며 官을 生하니 害가 없을 뿐만 아니라 필연코 三月에 승진하리라. 그런데 果然 三月에 승진하였다. 바로 승진한 것은 水局의 生扶함을 얻었기로 좋게 된 것이고, 三月을 말한 것은 辰土가 出空된 달을 말한 것이다. 높이 승진한 것은 官星이 六爻에 있기에 그렇게 된 것이라 한다.

午月 丁未日占 弟被訟吉凶何如 (官災占에 길흉이 어찌되겠는가)

困　　恒
父未 ||　 父戌 ||
兄酉 ―　 兄申 ||
孫亥 —應　 官午 ×
官午 ||　 父辰 —世
父辰 —
才寅 || 世

酉金兄弟爻가 用神이 되는데 午月 午火가 克을 하고 未日이 生하니 서로 生克이 되어 무방하나, 오직 좋지 않은 것은 또 動出된 午가 相克을 하니 가장 他爻에서 增하여 克制되는 것이 무섭다. 어떤 사람이 큰해가 있지 않겠는가 하고 묻기에 내가 이르기를 午가

月建이 되며 거리에 動하까지 하여 卦中에 들어 있으니 강한 형세를 나타내어 큰 橫厄를 免키 어려우며 大凶한 象이라 대답하였다. 다시 묻기를 언제 凶한 일 오겠는가? 답하기를 酉金이 申金을 化出하여 退神으로 되어 있으니 本年 申月에 下獄되어 重刑을 입으리라 하였드니 과연 그렇게 되었다. 그러나 七月前까지 重刑을 받지 아니한 것은 辰年이 되기에 酉金兄弟와 合이 된 德으로 當分間은 무사한 것이다.

大象이 吉하면 그때부터 泰平해지고 大象이 凶하면 그달 운을 벗어나면서 凶하게 된다. 克이 적고 生이 많은 자는 大象이 적고 生이 많은 자는 大象이 凶하다. 大象이 비록 凶하나 月內에 있으면 그달 운이 지나기전까지는 꺼릴 것이 없으나 그달, 운이 지나면 재앙을 받게 된다. 이것은 用神이 月建에 있어 他爻에서 傷克을 받지 아니한 것고 忌神이 얻으면 禍가 온다. 用神이 月建에 있어 休囚되어 无救하게 되면 모든 것을 말한다. 占에 吉神과 忌神은 月建에 있으니 用神이 休囚되어 无救하게 되면 모든 것이 크게 凶하게 된다. 忌神을 生扶하는 것은 惡을 助長시키기에 凶하게 되고 忌神이 克害하나 月建에서 忌神을 克制하여 구제가 되고, 月建이 도리어 忌神을 生하는 者는 惡을 돕는 것과 같다. 用神이 元神에서 生을 얻고 또 月建에서 生을 얻으면 吉하고 또 다시 吉하다. 만일 月建에서 元神을 生하면 食糧을 탈취 당한 것과 같다. 物件이 窮하면 變하고 그릇이 차면 넘친다는 것과 같다 용신이 裏하여 있으나 때를 만나면 發展이 온다. 가령 겨울철에 占을 쳐서 火가 用神이라 면 旺하지 못하니 春節이 오면 旺한다는 이치가 物窮則變이라 하는 것과 같은 의미라 하겠 다. 正月 木旺節에 占쳐서 木이 用神이라면 用神이 太旺하나 秋節에 와서 金旺되어 木을 克冲하면 破敗되기에 이 이치를 器滿則傾이라 한다.

寅月辛酉日占開店舖(점포를 열어본다)

```
         艮     卦   口世∥   ─     ─慮∥
         明夷   官寅   才子   兄戌   孫申∥
                才     兄     孫酉
                官卯   父午   父辰×
```

世爻가 寅木이니 一月木旺이라. 得令을 하였으므로 現在 開店은 된다. 그러나 좋지 않은 것은 日辰은 世爻를 克하고 또는 酉金을 他出하여 回頭剋이 되니 生되는 것은 적고 克은 많으며 거기에 六冲卦가 다시 六冲으로 變하니 오래가지 못하리라. 어떤 사람이 말하기를 物件이 쌓였으니 내마음으로는 그렇지 아니할 것 같다 하며 別로 다른 고장이 있겠는가 하기에 내가 대답하기를 官鬼가 身邊에 따르고 있으니 疾病을 조심하라 하였더니 果然 六月 말 부터 痢疾(이질)에 걸려 八月末까지 신음하였는데 그 사이에 物件을 도적이 훔쳐가 버려서 하나도 찾지 못하였다. 대법 當旺時엔 害가 없으나 그 시기를 지나면 害를 받게 된다. 六月에 疾病이라 한 것은 寅木이 六月이면 未의 末인 墓가 되므로 그러한 원인이 생기고 七

月에 盜賊에게 손해 본 것은 申金이 秋節에 當旺하며 寅木을 冲克하고 또는 子水財文가 落空이 되었기로 도적이 해를 입은 것이다. 絶을 만나도 絶이 안되고 冲을 만나도 흩어지지 아니하는 것과 月은 克하고 日이 生하는 것과 日이 克하고 月이 生하면 이와 같은 이치라 한다. 月將이 當權하면 衰絶시킬 수가 없고 旺相하며 剛하면 어찌 冲散시킬 수가 있겠는가 月이 克하고 日이 生하여 주면 더욱 旺하게 되고 月이 生하고 日이 克하는데 다시 克制를 만나면 衰하게 된다.

午月戊辰日占 妹臨產吉凶(누이가 生產하는데 吉凶이 어떻겠는가)

```
    晋   卦
官 巳 ‖ ―世‖
文 未 ‖    ‖
兄 酉 ―合卯‖應
才     巳
官     未
父
```

酉金 兄弟가 用神이 되는데 月令이 克하고 日辰이 生하니 꺼리낌이 없이 明日 ‖ 아침 卯時에 生兒하리라 하였더니 果然 다음날 卯時에 順產함으로써 母子가 平安하였다. 卯時라 하는 것은 酉金이 辰日과 金이 되었으니 冲을 해주는 卯時를 가리킴이다. 黃金策에서 이르기를 若逢合에 必待冲開라 하였으니 틀림이 없다. 月이 克하여도 日이 生을 하며 他爻에서 增克이 없고 扶助하여 주기에 좋다는 뜻이다.

末月甲午日占子痘(자식이 종두로 인한 占)

履 卦 戌 ― ― 世
中孚　　申 ―
　　　兄　午 ‖
　　　孫　丑 ‖ ― 應
　　　兄　卯 ―
　　　　　巳 ―
　　　　　父

申金子孫이 用神이 되는데 月이 生하고 日이 克을 하니 生克이 같으나 좋지 않은 것은 爻中에서 午火가 動出되어 또 克을 하기에 그러하다. 多幸히 午日과 化出된 未土와 合이 되어 있기로 당장은 무사하나 丑日에 未土를 冲去하면 위태하리라. 하였더니 果然 丑日에 죽었다. 李我平이 이르기를 모든 占에 月將이 當하였기 空을 만나도 空이 안되고 傷害를 만나도 傷害가 아니된다 하였는데 어떠한 일인가. 이 글에 克制를 增하게 되면 空을 맞아 도 空이 되고 傷害를 만나되 傷害가 된다 하였는데, 어찌 이것을 알지 못하는가. 이 法이 實地로 極히 명철하게 되어 있다. 易에 이르기를 日克月生은 得生이 되고 月克日生도 待生 이라 하나 이 占에 生産占에는 克制가 더함이 없어 편안하게 된 것이고 終占은 重첩된 克制를 얻으므로 命을 보존하지 못한 것이다.

㉖ 日辰

日辰爲六爻之主旺 司四時旺相 前章言月令司 三旬之令 令於春則生 令於秋則殺春夏秋冬 各令其時 獨日辰不然 四時旺俱得生殺之權 與月建同功 冲旺相之靜爻旣爲暗動 冲衰弱之靜爻則

爲日破 爻之旺而靜者冲之則爲暗動得其力 爻之靜而衰者冲之愈加无用 冲空即起 冲合即開 爻之衰弱能生扶 拱合如時而雨而滋苗 爻之旺冲剋害刑冲似秋霜之殺草 爻遇旬空 日辰冲起而爲謂之冲空則實 爻逢合住遇日建以冲開謂之合處逢冲是也 但凶神合處不宜冲 吉神合住不宜逢冲。
爻之衰弱日辰能刑之合之冲之同類者比之扶之 爻之强旺者能刑之冲之絶之墓之克之 爻旺而動之愈動 爻衰而動冲六則散他書有云爻逢月建日冲不散是明知當令不農日冲乃至講論禍福不拘旺相休囚一槩俱以散論 最重者散 獨豫屢試偏不應乎 散神兆機於動 動則必驗 並不見其散也 旺相者冲之愈强 休囚无氣間午有散 亦百中僅一二也逢月破而不破 逢冲剋而无傷 爻臨日建 月冲不散 月克无傷 亦逢動爻之克不爲害 化回頭之克不爲殃 似此之强如山如岡 似與月建同權 日麗中天旺之極 生多克少 錦上添花少克多 寡不敵衆 爻臨日建 卦中又有動爻 扶者 如錦上添花爻臨日辰而 日建動爻 同來克者 似寡不敵衆 破亦爲破 傷亦爲傷不他攷此中又動出申酉之合 或卯爻動化申酉此謂之寡 不敵衆 破亦爲破 傷亦爲傷不他攷此
※日辰은 六爻의 主人이 되니 四時인 春夏秋冬의 旺相을 맡아가지고 있다. 앞의 月令은 三十日間을 말한 것인데 木을 論하면 春을 맡아가지고 秋冬을 맡아가지고 있을때는 生이라 하고 秋冬을 맡아가지고 있을 때는 肅殺이라 한다. 그러므로 春夏秋冬에 各各 그 時期를 支配할 뿐이지만 오직 日辰은 四時를 莫論하고 旺을 가지고 있으니 生殺의 權利를 얻고 있다. 月建도 같은 權利를 가지고 있다는 것이다.
旺相한 靜爻를 冲하면 暗이 되고 衰弱한 靜爻를 冲하면 日破

가 된다. 靜爻가 旺相하여 있는데 冲하면 暗動이 되나 그 힘이 더욱 강해진다. 靜爻가 衰弱하여 있는데 冲을 하면 더욱 無氣하여 쓸데가 없다. 空된 것을 冲하면 솟아나오고 合된 것을 冲하면 열리게 된다. 衰弱한 爻라도 능히 生扶할 수가 있고 拱合할 수 있으니 이렇게 되면 적당한 시기에 비가 풀잎을 기르는 것과 같다. 爻의 强旺한 것도 剋하고 害하고 冲하고 刑하면 가을에 서리가 풀잎을 죽이는 것과 같다. 爻가 旬空을 맞아 있을때 日辰이 能히 冲起할 수 있으니 空을 冲하면 쓰게 되는 것이다. 爻가 合이 되어 머물러 있는데 冲을 함으로써 열리게 된다. 그러므로 合處逢冲을 가리키는 것이다. 凶神이 合이되어 있을때, 冲을 만나면 기쁘게 되고 吉神이 合되어 있을때는 冲이 좋지 않다. 爻가 衰弱한 日辰을 生하게 하거나 合하게 하거나 旺하게 한다. 同類를 比和라 하겠으니 역시 扶助하여 준다. 爻의 强한자도 능히 刑하고 冲하고 絶하고 墓가 되게 하고 克도 할 수 있다. 旺爻를 冲動하면 더욱 動하게 되고 衰爻를 冲動하면 흩어지게 된다. 古書에 이르되 月冲을 만나도 흩어지지 아니한다는 것으로 알고 있는데 그 이유는 當令되면 月冲을 무섭지 않다는 뜻이 아닌가 日冲은 禍福에 이르기까지 旺相休囚를 不拘하고 전부 흩어진다고 論하였다. 가장 중요한 것은 散인데, 여러번에 걸친나의 시험으로도 만일 편벽된 해석을 하면 맞지 않았었다. 散이란 神의 신기한 기틀이 動에 있고, 動하면 흩어지는 것을 보지 못하였다. 旺相한 것은 冲하면 더욱 강하고, 休囚

하여 无氣한 것은 간혹 흩어지는 일이 있기는 하나 역시 백에 하나나 둘이 있을 뿐이다. 月破를 만나 破가 안되고 沖을 만나도 상함이 없는 것은 爻가 안되고 冲을 만나도 月建에 들어있다. 月이 沖하여도 흩어지지 않고 日이 克해도 傷함이 없는 것은 역시 動爻의 克을 만나도 害가 되지 않는다. 그리고 回頭克으로 化하여도 재앙이 되지 않는다. 비교하면 大强하기가 산과 같고 메뿌리와 같다. 月建과 동등한 권위가 있는 것 같으나 해가 중천에 빛나면 旺이 극도에 달한 것과 같다. 生이 많고 克이 적으면 錦上에 添花한 것과 같고, 生이 적고 克이 많으면 적은 것이 많은 것을 대적하지 못한다. 日辰이 爻에 들어 있고 卦中에 또 動이 있어 生扶하여 주어도 비단위에 꽃을 더한 것과 같다. 가령 爻中에 또 動爻가 같이 爻에 와서 克하면 많은 것이 적은 것을 대적하지 못하게 된다. 바로 酉月卯日에 본 占卦가 爻에 卯木이 들어 있어서 破를 맛났으나 破가 안된다. 이것은 적은 것이 많은 것을 대적金과 合이 되고 或 卯木爻가 動하여 申酉金을 化出하면 이것은 적은 것이 많은 것을 대적하지 못하므로 破가 되니 亦是 破가 되는 것이고 傷하게 되니 亦是 傷하게 된 것이다. 다른 것도 이것을 본따라 하라.

申月戊午日占 病

遯卦
父戌 ｜ 應
兄申 ｜
官午 ｜
兄申 ｜ 世 ×
官午 ×
孫亥 官午 世 ‖
文辰

姤卦
父戌 ｜
兄申 ｜
官午 ｜ 應
兄酉 ｜ 世 ×
孫亥 破辰
官寅 ｜ 應
兄丑 兄 ‖
才子

夫履

世文午火가 日辰에 들어있으니 원래 旺相하나, 좋지아니한 것은 申金月建이 亥水를 生하여 回頭克世가 되니 水旺한 亥月에 死亡하였다.

巳月丁亥日占待人何日回 (기다리는 사람이 언제 오겠는가)

亥水財文가 用神이 되는데 亥水가 月破를 맛났으나 日辰의 亥水라 破가 되지 아니 함은 좋다. 그러나 좋지 않은 것은 四重으로 土가 動하여 傷害를 한다. 옛말에 주먹두개가 네개의 주먹을 대적하지 못한다. 하였으니 辰戌丑未의 四土가 亥水用神을 克制하니 기약이 없을 뿐아니라 測量치 못할 禍厄이 있으리라 하였더니, 果然, 卯日에 편지를 받았는데, 待人이 집으로 돌아오다가 中途에서 害를 맛났다는 것이다. 이 月建章을 參看하라.

註 = 旺한 자는 日辰에서 帝旺이 된 것이고 比和라 하는 것은 日과 月과 같은 것을 말한

다. 扶 또는 拱이라 하는 것은 日과 月로 同類가 된다. 墓絶은 日辰에서 되는 것을 가리킨다. 李我平이 이르기를 易에 日月에 있는 것은 散이 하지 않고, 空이라 아니하니 散을 만나도 不散되고 空이 되어도 空이 아니다. 그러나 動이 冲을 맛나면 散이라 하는데 日辰이 와서 冲하는 것도 冲이 되고 旬空되는 것도 旬內에 있는데 空이 된다. 旬空이 어찌 日辰에 臨하는 일이 있겠는가. 모든 學文이 이같이 되여있는 것은 아니다.

㉗ 六神

甲乙日＝青龍 丙丁日＝朱雀 戊日旬陣 己日螣蛇 庚辛日白虎 壬癸日 玄武諸書无不以青龍爲吉 白虎爲凶 天元賦曰 身旺龍持多喜慶 碎金賦曰 龍動家有喜 虎動家有喪 卜筮元龜賦曰 螣蛇白虎喜戲水之龍龍 閫奧章占疾病螣蛇白虎主喪 此皆不以五行竟而斷生死 惟千金賦曰 虎興而遇吉神不害其爲吉逢凶耀雜掩凶 此正理也然則六神而「不驗耶非也 附和之神也 卦之者 逢青龍而更吉 卦之凶者 逢虎蛇而更凶且元武主盜賊 至於家宅墳靑不可少也

※甲乙日 日辰에는 初爻에서부터 青龍을 일으켜 朱雀・句陣・螣蛇・白虎・玄 等의 順序로 붙여나간다. 다른 六神에는 이와같은 順序로 붙여나간다.

丙丁日辰에는 朱雀이고 戊日辰은 句陣이고 己日辰에는 螣蛇이고 庚辛日辰에는 白虎이고 壬癸日辰에는 玄武(玄武)의 順으로 붙여간다. 모든 글에 靑龍이 붙으면 吉하지 아니함이 없다. 그리고 白虎는 凶하다고 하였다. 天元이란, 글에서는 身旺하며 靑龍을 갖이면 기쁜 경사가 있다고 하였고, 碎金이란 龍이 動하면 집에 기쁜일이 있다 하였고, 虎가動하면 집에 喪事가 난다하였다. 또 卜書元龜라는 글에는 騰蛇와 白虎는 어른들에게 근심스러운 일이 생긴다고 하였다. 卜筮大全이란 책에는, 칼날(申酉)를 갖인 白虎가 무섭고 물(亥子)에서 노는 靑龍은 기쁜일이 생긴다 하였다. 闡奧란 글에서는 騰巳는 疾病이 있게 되고, 白虎는 喪事가 난다 하였다. 모두 五行으로써 六神의 動靜을 보아 生死를 斷定짓지 않을수 없다는 것이다. 오직 千金賦에서는 虎가 有氣하여도 卦中에서 吉神을 맛나면 害가되지 않으니 吉하게 되고, 凶을 만나면 그 凶한 것을 免하기 어렵다고 하였다. 바로 이것이 正理라 한다. 그러나 六神을 따져 결정하되 맞고 안맞고에 대해서는 附和된 神의 作用에 있는 것이라. 卦가 吉하며 다시 龍을 만나면 더욱 吉하게 되고, 卦가 凶하며 白虎와 騰蛇를 만나면 다시 凶하게 된다. 또 玄武는 도적 이요 朱雀은 是非라 단정하면 맞지아니함이 없다. 家宅이라든가 墳墓까지라도 이 論理을 사용하라.

戊子日占 生産(아기낳는 占)

觀 剝
才寅 朱青玄巳
官巳 孫子×世‖句
父戌 ‖‖
才卯 巳
官 ‖應
父未未‖句

子水子孫이 巳火를 動出하니 絶이 되며 官鬼로 變하니 當日 접자리에 떨어지며 死亡하리라. 이 卦는 靑龍에 子孫이 들어 있지만 亡하게 되니 靑龍이 있어 좋다는 것은 낭설이라 하겠다.

申月 甲辰日占 弟病 (아우의 병)

屯　玄　白　巳句朱書
　　‖口應××‖世—
震　子戌申辰寅子
　　兄申午官孫兄

子水兄弟父가 用神이 되는데 卦中 忌神戌土가 動하고 元神申金이 함께 動하여 土生金 生水하며 月建申金이 또 子水兄弟를 生하니 戊申日에 일어나게 되리라. 騰巳가 動하면 죽고 白虎가 動하면 喪事가 난다 하였지만 그렇지는 않다.

辰月 己巳日占 考試(시험)

```
     句  朱  青  玄  白
觀   │   │   │   ×   │   巳
否   才  卯  世  ‖     應
     官  巳  父  未
         才  卯
         官  巳
         父  未
```

青龍이 動하고 未土文章이 世를 가졌으며 兼하여 動된 世爻가 回頭生을 받으며 日辰五爻 의 巳官星이 五爻높은 자리에 앉아 世爻를 生하니 首席合格을 할 것이다.

未月戊辰官事罪之輕量(官事로 인한 죄의 경중이 어떻게 되겠는가)

```
         巽       朱  靑  玄  白  句
渙           兄  卯  │   世 ‖   □
                孫  巳  │       應
                才  未  ‖
                孫  午
                官  酉
                父  亥
                才  丑
```

世爻戊辰官木이 未月建에 墓가 되며 또 酉金의 官鬼가 動하여 世爻卯木을 冲克하고 白虎가 酉金文에서 動하니 칼날을 가지고 있는 象이다. 罪가 퍽히 凶한 징조라고 한다. 어떤 사람 이 묻기를, 언제 凶하게 되겠는가 하기에, 酉金이 午火를 化出하여 酉金官鬼를 克하고 있으므로 現在는 무사하나 秋節이 되면 重刑을 當하리라. 以上의 두 卦는 龍을 만나 吉하고 虎를 만나 凶한 것임을 설명하여 주었다.

㉘ 六合

子丑合 寅亥合 辰酉合 巳申合 午未合 相合之法有六 日月合爻一也 爻與爻合二也 爻動化合三也 卦逢六合四也 六冲變六合五也 六合卦變六合六也 日月合者 丑月占得坎卦 世爻子水與月建合是也 爻與爻合者 天地否卦 世應二爻俱動 卯與戌合是也 但一爻不動不爲合爻動化合者占天風姤卦世爻動化出子水作合是也 卦逢 六合者天地否卦內外六爻自相合是也 六冲卦變六合者乾爲天乃爲八純六冲卦若外卦三爻俱動乃乾之泰卦謂之六冲六合是也六合卦變六合者旅卦變賁卦是也爻六合者 靜而逢合謂之合起 動而逢合謂之合絆 爻與爻合謂之合好 爻動化合謂之化合爻靜而與式日月動爻合者得金而起 即使爻値休囚 亦有旺相之意 爻動與日月動爻合者 謂之動合而絆住反不能動之意 回相合者 謂之化扶 得他扶助之意 凡得合諸占名以爲吉 占建合是也 爻與爻合者 爻動化出之爻 回相合扶

・各成 占利利就 占婚必成 占身發橫占 宅與旺占風水聚氣藏風 占求謀遂心合意然 必用神有氣相宜 用若失陷旡益卜蓍曰萬事欣喜三合六合 諸事必得久遠有始有終 但宜吉事逢之事之必就 不宜凶事 逢之事雜結。

※ 子丑이 合되고 寅亥가 合이 되며 卯戌이 合되고 辰酉가 合되며 巳申이 合되고 午未가 合이 된다. 相合法에 여섯가지 종류가 있으니 日과 月이 合되는 것이 一이고 爻와 爻끼리 合하는 것二며 爻가 動하여 合으로 化하는 것이 卦가 六合을 만나는 것이 四가 되며, 六冲이 六合卦로 變하는 것이 五가 되고, 六合이 六合卦로 變하는 것이 六이 된다. 日과 月의 合이란 丑月에 占을쳐 坎卦를 얻으면 世爻에 子水가 月建과 合된다는 것을 가리킨다. 爻끼리 合한자는 天地否卦의 世와 應爻가 함께 動하며 卯戌이 合되는 것을 말한다. 爻가 一爻라도 動되지 않는 것이 있으면 合이 되지 않는다. 爻가 動하여 化合이 되는 자는 天風姤卦占에 世爻丑土가 動하여 子水를 化出하여 作合하는 것을 말한다. 卦가 六合을 맛난다고 하는 것은 天地否卦內 外六爻가 스스로 相合된 것을 말한다. 六冲卦가 六合으로 變하는 것은 乾爲天卦가 八純의 六冲卦인데 만일 外卦三爻가 함께 動하면 乾의 泰卦가 되니 六冲이 變하여 六合으로 된것을 말한다. 六合卦가 變하여 六冲이 되는자는 旅卦가 變하여 賁(분)卦로 되는 것을 말한다. 靜한 爻가 合이 되면, 合起라 하고, 動한 爻가 合을 만나면 絆合(올가미合)이라 한다. 爻와 爻끼리 合되는 것을 合好卦라 하고 爻가 動하여 化合되면 靜한 爻가 動爻도 合한 것은 合을 얻어 일으킴이라 한 바로 爻가 化扶라 한다. 靜한 爻가 動爻와 合한자는 動하여 合이 되기에 낫을 때는 旺相의 뜻이 있어야 한다. 爻動하여 日月動爻가 合하여 動하지 않는 것으로 된다. 爻가 動하여 化出된 爻가 回頭相合되는 자주저앉게되니 도리어 動하지 않는 것으로 된다.

는 化扶라 하니 다른 곳에서 도와줌을 얻게 된다는 뜻이다. 대게 모든 占에 있어서 合은 좋은 것으로 되는 것이니 成功을 하게 되고, 利를 얻는가 할적에는 利를 얻고 婚姻이 成立되고 自身이 發展되겠다할적에는 發展되고, 家宅의 無事를 물을적에는 집이 흥왕하게 되고, 묘소가 좋겠는가 무를 적에는 聚氣藏風이 되어 있으니 明堂을 얻을 것이라 한다. 媒事占을 칠적에는 뜻대로 이루어진다는 것이다. 그러나 用神이 有氣하여야 좋고 만일 用神이 失陷되면 有益함이 없다. 모든 일의 長久計劃을 할적에 시작이 있으면 끝을 맺는다. 다만 吉事를 占칠때에는 일이 반드시 성취되고, 좋치 못한 凶事에는 일을 해결하기 어렵다.

丑月 戊申日 占 歲考(고시)

坎

困

```
     ‖世
子戊 ×
兄官 申 ‖
   父 午 ‖應
      辰 ‖
   官 寅 ‖
兄亥才 孫
```

世文子水가 月建丑土官星과 合이되고 申日이 父母가 되어 世文를 生하며 申金이 動한 운데 六冲卦가 六合卦로 되어 오직 아름답기만하다。 앞에 이르기를 一等高試에 合格하여

戌月丁卯日 訟事占

泰卦
　　　　　═應═　═　　世═　　寅子
　冲孫　酉　亥丑辰　才兄兄
　　　　　　　　　　才兄　官才

내가 이르기를 爻가 六合이 되었으나 좋지 아니함은 戌月世를 冲破하고 卯日이 世를 克하며 應爻가 暗動되었는데 月建이 生하니 그사람이 官事가 밝혀지기는 하나매를 맞는꾸지람을 當하리라. 그 이유는 卯木이 世를 克하므로 六合卦가 되어 有益함이 없다. 모든 占에 있어서 合은 좋다고는 하나 世爻가 失陷되면 좋지 않다.

申月 丙子日占 出行(출행)

明夷
　　　　　═　　═　　　　　　父酉
　　　　═　　══世═　═　　兄亥
小過　　──　　　　　　　　官丑 合
　　　　━━　　　　　　　　兄亥
　　　才午　官丑　　━━　應　官
　　　　　　兄卯　　━━　　　官辰
　　　　　　官辰　　　　　　　孫卯
　　　　　　　孫　　　　　　　　　

世爻가 子日辰과 合이 되니 반드시 얽히는 일이 있어 몸을 움직이지 못하리라. 그것을 子孫이 動하여 鬼로 變하니 兒女로 因한 不安이 생기리라. 어떤 少女가 있는데 病이 많아

子식이 높이 發展한것과 같이 前에는 四等을 하였다가 이번에 一等으로 合格한 것은 六冲卦가 六合으로 變하여 先否後泰의 象이 나타난 所以라 한다.

상대편 男子의 집에 혼인을 재촉하여 이제 막 떠나고자한다. 그리고 가서 結婚準備를 하려고 하려한다. 그때 내가 묻기를 무슨 병이 있는가 하였더니 血枯에 과로로인하여 病이 난것이라 한다. 내가 이르기를 卯木子孫이 申月建에 絶이 되고 子日이 卯木을 剋害하며 또 動하여 官鬼를 化出하니 시집가기 전에 事故가 있을가 두렵다하였더니 과연 그 뒤로 그 少女는 病으로 因하여 떠나지 못하고 辰日에 死亡하였다. 가지 못한 理由는 世爻가 動하였는데 合이 되어 그러함이요, 辰日에 死亡한 것은 卯木子孫에 辰土官鬼가 變出한 연고이다. 以上은 爻가 合을 맞나고 六合을 맞나 이렇게 된것이니 나의 경험으로는 六冲卦가 六合으로 變한 것이라 본다.

未月 丁巳日占 悔婚還可成(혼인을 하려하다 중지된 것이 다시 이루어지겠는가)

離
旅 卦 ― 世 ≡ ― 應 ≡ ㅁ
巳 未 酉 亥 丑 卯
兄 孫 才 官 孫 父
孫辰

이 卦가 吉하다。 판단하기는 어려우나 여러번점처 경험한 바에 依하면 六冲이 合으로 變하니 흩어졌다가 다시 모이고 떠났다가 다시 合하게 되니 혼인이 다시 成婚이 되는 卦다。 果然 다음해 三月에 다시 成婚이 된 것이다。 모든 合에 用神이 旺한 者는 吉하다。 오직 이

六冲卦가 六合으로 變하는 자는 用神을 따질것없이 吉하다고 단정할 수가 있다. 婚姻에 合이면 좋은 것이고 功名占에서는 처음에는 어려우나 끝에 가서는 榮達하게 되고, 謀事占에서는 먼저는 어려우나 뒤에는 쉽게 되며, 身命을 占칠때는 먼저는 困하나 뒤에는 亨通하고 墓地占을 칠적에는 공교한 곳에서 奇特한 明堂을 만나게 되며 家宅占에는 먼저는 敗數가 있으나 뒤에는 旺盛해지고, 밭을 팔았으나 뒤에 다시 그 밭이 되돌아 오게 된다는 것이다.

六合卦가 六合으로 變하면 그것을 吉兆라 한다. 動한 것이 또다시 六合으로 變하면 始終合이라 한다. 墓地占에는 子孫들이 百代나 富貴榮華를 누리고, 家宅占에는 千年의 터전이 된다. 婚姻占에서는 검은 머리가 파뿌리와 같이 되도록 해로하고 商業占에서는 日就月長하여 財物을 山과 같이 쌓고 功名占을 하는 데에는 벼슬길이 亨通하게 되고 財占에는 財物이 山과 같이 부러나고 兄弟占을 치면 百世나 同居하게 되고, 學藝占을 치면, 始終成就되고, 心身鍛鍊占에서는 성단을 하게 된다. 모든 占에 있어서 用神이 旺하여 日辰에 들어있는 者는 吉하고 또 吉하다. 오직 官災나 訟事占에는 不利하고 원수사이에는 서로 화해가 안되고 근심되고 의심나고 괴이한 일에는 끝까지 마음이 열리지 않는다. 孕胎占에는 평안 무사하고 出產占에는 出產하기 어렵다. 그리고 만일 用神이 休囚되면 成事가 어렵다. 그리고 만일 用神이 克을 받으면 凶兆로 된다.

卯月甲寅日占 風水(墓地占)

```
    困  節
玄白巳
 ‖‖句
父未 應 朱
兄酉‖口青
  孫亥   世
   官午
兄申
   父辰
官巳才寅×
```

그대의 租上先代의 占을 쳐보니 반드시 연고가 있다. 장사지낸뒤에 무슨일로 亨通하지 아니한가를 나에게 물으며 決定지어 주기를 바랬다. 그가 말하기를 장사한 뒤에 벼슬은 하고 있으나 지난해 害가 많아 五十이 가깝도록 子息이 없으니 혹시 이 선영에 잘못된 것이 아닌가 하고 물었었다. 이때 내가 말하기를 龍이 오른편 山脉으로부터 왔고 물은 왼편으로 부터 멀리 源流水가 있으나 墓옆으로 돌아오지 못한 연고라고 대답했더니 그가 말하기를 어찌하여 그런가 하고 묻기에 내가 대답하기를 亥水子孫이 申金을 化出하여 源流가 되었다 그러나 寅日이 冲散을 시키니 그 물이 곁에까지 흘러 돌아오지 못하는 것이다. 명년에는 起用되어 다시 높은 벼슬길에 오르게 되고 申年에 아들을 얻게 되리라 하였더니 그가 또 묻기를 長久하게 되지않겠는가 하기에 내가 이르기를 六合이 六合卦로 합하니 萬年이나 편 안하리라 하였었다. 古法에는 子丑이 合하면 丑中에 土가 있고 子水를 克하니 合中에 克을 띠우고 克中에 三合이 되며 巳와 申이 合하면 巳火가 申金을 克하니 克七合三이라 하나 通論이 아니라 하겠다. 나의 경험에 의하여 얻은 바는 子丑이 作合하였는데 만일 辰戌

丑未月占에 子水가 아울러 다른 곳에서 生扶됨이 없는 者는 克이 되는 것이지 決코 合이라 말할 수 없다. 그러나 生扶가 있다면 合으로 보는 것이 타당하다. 子水가 丑月을 만나고 戌土가 卯月을 만나고 申金이 巳月을 맞났는대 재차 日建動爻의 克을 맞나면 克이 되고 또 克이 되니 어찌 合이라 말할 수 있겠는가. 克七合三、克三合七일때 사람이 와서 그 吉凶을 무를 적에 三七로써 어떻게 答을 할 수 있겠는가. 이것은 판단지어 주는사람의 의심꺼리만 된다.

─ 丑月 庚辰日占 子病 (아들의 병)

卦剝
才寅 ══世══
孫子 ══　══
父戌 ══　══應
才卯
才巳
官
父未

子水子孫이 月建으로 作合을 하고 卦가 生扶하여주는 것이 없으니 克이지 合이 아니다. 또 日辰의 克制를 더하고 日辰이 또 戌土를 冲動하여 子水子孫을 克하니 辰時를 지나기 어러울까 두렵다. 하였더니 그 사람이 말하기를 자식을 아홉이나 나서 다죽이고보니 가슴이 아픈 일이라하더라. 病에 앓고 있는 자식을 乳母가 대청위에서 안고 누어있으며, 모든 친척을 불러들이니 고관 대작들이 모여 지켜보고 있는 순간에 辰時가 되자 乳母가 哭을 하였다. 이 卦가 合中에 克을 맞나 病을 救濟하지 못하게 되니 어찌 克三合七이라 말할 수 있겠는가。

또 三合이 있으니 申子辰이 合하면 水局을 이루고 寅午戌이 合하면 火局이 되고, 巳酉丑이 合하면 金局이 되고, 亥卯未가 合하면 木局을 이룬다. 이 三合中에는 四種이 있으니 一卦中에 三爻가 함께 動하여 合局된 者가 一이요, 두개의 爻가 動하고, 한 爻가 動하지 아니하여도 亦是 合成局으로 보는 것이 二요, 內卦 一爻가 動하고 三爻가 動하였는데 變出한 爻까지 合하여 三合을 만드는 것이 三이요, 外卦의 四爻와 六爻가 動하여있고 變化된 爻까지 合하여 三合을 만드는 것이 四라 한다. 그러나 이 三合局에도 吉凶이 있다. 만일 功名占을 하는데 合成된 官局은 官旺이라 하고 合成된 財局은 財旺生官이라 하니 求財占에 財占이 合成되자는 財庫라할 수 있고 子孫局이 合成되면, 傷官의 神이라 하므로 官占에는 子孫應이 不利하다. 生財를 하니 財占은 좋게 된다. 만일 兄弟局은 合成하면 破財 또는 耗財의 神이라 한다. 祖上의 墓地나 家宅占에는 父母의 爻가 合局되는 것이 좋고、婚姻占에는 財旺生官되니 夫婦사가 좋게 된다. 대개 長久한 吉慶事를 占쳐볼때는 成局된 것이 좋고. 官災나 우살이 하는 사람에게는 終身토록 풀리기가 어렵다. 단 三合局은 世爻에 있는 것이 아름답다 하지만 生世되므로 좋고 世를 克하므로 凶하게 된다. 日이나 月建에는 하나씩 局中에 있어 成局되어 나를 生하여 주면 吉하다. 三爻에 兩動이 있으나 하나가 빠져 그 局을 이루지 못하고 있으면 後日 月建이 補合되어 줄때, 成局을 하게 되니 이것은 虛一待用이라 할 수 있으니 빠져있는 月建이 올때에 成事된다. 一爻는 動하였고 一爻는 暗動되어도 兩我動이라 할 수 있다. 三合局中에 一爻의 空과 破가 있을때, 空이 나가는 日이나 月에 成事가 된다. 혹 一爻가 墓에들어 있는 者는 冲開하여 주는 날에 成事된다 대게 三合은 名利占, 婚姻占, 家宅占, 墓地占에 用神이 旺한 者는 吉하게 된다. 그리고 더욱 必要한 것은 世爻가 局에 있으면 아름답다. 만일 局에 있지 않아도 世를 生하여 주면 아름답게 된다. 功名占에 三合官局이 世를 生하는 者는 나를 이롭게 하고, 應爻를 生하는 者는 他人을 이롭게 하는 것이다. 財占에도 世를 生하면내가 이롭고 應을 生하면 他人을 利롭게 한다. 出行占에서는 用神이 三合局內에 있으면 그곳에 머물러 돌아오지 않는 수가 있다. 또는 內卦도 三合局이고, 外卦도 三合局이면 內外分別을 잘하라 家宅占에는 家宅이 卦에 있으니 外卦가 克하면 좋치않고 外卦가 內卦를 生하면 吉하다. 他人과 나를 구분할 적에 內卦는 내가 되고 外卦는 他人이 된다. 合局이 內卦를 生하면 吉하고, 外卦가 內卦를 克하면 凶하게 된다.

卯月 丁巳日 上下水道水爭占(상하수도에 물싸움이나서, 서로 구타하였다)

离　　坤

才酉　兄巳▫世
　　　孫未▫▫
孫丑　才酉▫▫應
父卯　官亥▫
　　　孫丑
孫未　父卯

內卦는 나의 마음이 되고 亥卯未가 木局을 이루고 外卦는 巳酉丑이 金局을 이루어저 마음이 된다. 그러나 金이 와서 木을 克하나 시기를 잃은 金이라. 金이 旺木을 이기지 못하므로 두려울 것이 없다. 하물며 六冲卦가 六冲卦로 變하니 사람들이 해산되므로 是非가 일어나 지않을 것이다. 果然 그뒤에 사람들의 권고로 解散되었다. 혹시 彼此의 勢力을 반드시 世應으로써 주장을 하기도 하는데 어찌 世應에 대한 말을 하지 않는가. 內外가 三合局이 안되면 世應을 가리고 말하지마는 彼此가 兩村이니 內卦外卦로 보는 것이 타당하고 또는 人衆同心이 되는 관계도 合局神의 妙用의 靈驗이 있어서 世應은 버리고 쓰지 아니하는 것이다. 만일 卦가 六冲으로 化하지 않으면 시비가 이루어지게 된다.

巳月 丁酉日 功名占(벼슬占)

乾　需
父戌 ▭世▭ 孫子
官午▭　 兄申
父辰 ▭應▭ 兄申官午
才寅 ▭　▭ 父辰
孫子 ▭　▭ 才寅
　　　　　 孫子

占 選期(合格可否占)

酉月 丙辰日.

巳月占이라 巳火가 旺하니 動出된 수도 有力할 뿐아니라 寅午戌 三合火局을 이루어 世爻를 生하나 二爻寅木이 動하지 않으므로 虛一待用의 이치로 寅日에 特採가 되었다.

乾　小畜
父戌 ▭　▭
兄申 ▭世▭
父未官午 ▭　▭
父辰 ▭應▭
才寅 ▭　▭
孫子 ▭　▭

古法에는 午火官星 一爻가 홀로 發動하면 午月에 合格하리라 하였다. 만약에 그렇지 않으면 子月이나 丑月이 되면 午未合을 冲하여 열어주기 때문에 그때를 기다려야 하겠지만 내 생각은 그렇지 않다. 즉 午火가 動되고 世爻戌土가 日辰이 冲動하므로 暗動이 된 것이다. 그러나 寅木靜爻로 되어 있으니 三合局에 少寅이라는 缺點이 있으니 이달에 반드시 合格할 것이다. 果然 寅月에 合格을 하였다. 이 卦도 虛一待用이 된 것이다.

辰月丁亥日占 復職

萃　　　　　革
父未 ∥　　應　父未 ×
兄酉 ―　　　兄酉 ―
孫亥 ―　　　孫亥 ―
孫亥才卯 ×　才卯 ∥ 世
　　　　　　官巳 冲
才卯父未 ×　父未 ∥

內卦亥卯未가 合成하여 財局을 이루어 巳火官星을 生하고 또 巳火 世爻官星에 驛馬가 붙고 亥日이 冲을 하니 暗動이 되어 있다. 그러나 未土가 旬이 되므로 出空된 未月에 復職하리라 하였더니 果然 그렇게 되었다.

㉙ 六冲

子午相冲　寅申相冲　卯酉相冲　辰戌巳亥相冲　相冲之法有之 日月冲爻者一也 卦逢六冲二也 六合卦變六冲三也 六冲變六冲四也 動爻冲五也 爻與爻冲六也 冲者散也凡占 凶事宜于冲散 占吉事不宜 亦必兼用神而言 用神이 旺者雖冲不碍 用神失陷者凶而又凶 六合卦變六冲者 用神若旺 始吉終凶 圖事雖成有始而無終也 爻冲有五 爻爻遇月冲爲月破 爻遇日冲爲暗動 休囚而遇日冲謂之日破 動爻自化回頭冲 如逢仇敵 爻與爻冲謂之相擊

※ 子와 午가 相冲이고、丑未·寅申·卯酉·辰戌巳亥가 相冲이라고 한다。相冲에는 六種의 法이 있으니 日과 月끼리 冲되는 것이 一이요、卦끼리 相冲을 맛나는 것이 二요、六合卦가 六冲으로 變하는 것이 三이요、六冲이 六合으로 變하는 것이 四요、動爻끼리 冲하는 것이 五요、爻가 爻끼리 冲하는 것이 六이다。冲을 散이라고 한다。大게 점에 있어서 凶事라면 冲破되는 것이 좋고、吉事占에는 좋치 않다。반드시 用神까지 겸하여 말하는 것이다。用神이 旺하면 비록 冲이 거리낌이 없고、用神이 休囚하여 무기하면 凶한 가운데 더욱 凶하게 된다。六合卦가 六冲으로 變하는 것도 用神이 旺할 때는 처음에는 좋으나 끝에가서는 凶하다。일을 경영함에 처음에는 비록 이루어졌으나 끝을 맺지 못한다。爻의 冲이 셋가지가 있으니 爻가 月冲을 맛나면 月破가 되고、爻가 日冲을 만나면 暗動이 되나、休囚되어 日冲을 만나면 日破라 한다。動爻가 스스로 化出한 것이 冲을 하면、回頭冲이라 한다。이렇게 되는 경우를 원수와 도적을 만난 것과 같다고 한다。

亥月 壬子日占 子遇害否(자식이 해를 입지 않겠는가)

```
大壯   泰
兄戌 ||
孫申 ||  口世 |
        父午 |    |
兄丑    兄辰    |應
        官寅
        才子
```

들기에 이사람의 아들이 꾸지람과 욕설과 또는 구타까지 당하리라 한다. 그래서 그사람의 아버지가 占을 쳐본 것이다. 내가 이르기를 六冲卦가 六合으로 變하니 반드시 勸하는 사람이 있기에 他人에게 풀리게 되리라. 父母世를 가지면 子孫을 克하기 때문에 子息이 문책을 당하게 되나 他人에게 害를 받지는 않으리라 하였더니 조금 있다가 과연 어떤 사람이 와서 그 子息이 잘못되어 아버지가 매를 때렸더니 그뒤로 여러 사람들이 父子가 同時사과하라고 勸하므로서 사과를 가지고 자식의 厄은 면하게 되였다고 한다. 그것은 六冲이 六合으로 變하였기에 그러함이다. 아비가 자식을 때리고 勸告를 얻게 된것은 日辰子水가 世爻午火를 冲克하기에 子息이 곤궁에 빠지지 아니한 것이다. 다른글에서 가장 重히 여긴것을 動하여 冲을 만나면 흩어지는 이치라 한다. 그리고 散이란 空과 같으니 全的으로 없는 象이 된다. 비록 生扶하여 준다 하여도 구원해 주지 못한다.

野鶴이 이르되 이 卦는 午火世가 動하였으나 겨울철에 休囚함이 極度에 달하니 子日이 冲克하나 어찌 흩어졌다 할수 있으랴. 하였다. 그렇다면 全無한 象이라 하겠으나 世爻가

發動하면 몸이 이미 動한 것이다. 父가 動하면 子息을 克하기 때문에 이미 子息을 치게 된것이다. 내가 볼때 神兆의 기틀이 動하는데에 있고 動하면 반드시 영험이 있다. 旺과 衰한 것을 보아 輕重을 말하는 것은 不可하다. 散하면 없는 것같다는 것이 그렇지 않고 동하면 有力하다는 뜻이다.

巳月 戊戌日占財(재물)

益卦

```
      ―應―  
      卯 ―― ＝＝世＝＝
      巳 ――    辰 冲 寅 子
      兄 未 才    才   兄 父
```

辰土財父가 世文를 가지고 있으나 旬空이 되여 있는데 戌日이 旬空을 冲하니 당장에 財를 얻게 된다.

午月 丙辰日占 出外貿易財喜如何(外地에 나가 貿易을 하면 財를 얻는 기쁜 일이 있겠는가)

垣卦

```
      才 戌 ＝＝應
         冲 申 ――
      官 孫 午 ―― 口世口
      兄 卯 ―― 官 酉
         孫 巳    合 父 亥
         才 丑 ＝＝
```

豫卦

世文 酉金이 卯木을 化出하여 相冲이 되기에 이것을 反吟卦라 한다. 그러나 다행히 合을

108

하니 冲한 데에 合을 만나며 또는 戌土財爻가 暗動되어 世를 生하여주니 비록 엎치락 뒤치락하지만 財數는 있으리라. 과연 이 사람이 갔다가 다시 돌아온것은 反吟卦에 원인이 있고 財를 얻은 것은 戌土財星이 世를 生한데에 그 원인이 있다. 爻가 動하여 冲으로 化하면 원수와 같은것인데 이 卦가 回頭冲을 만나 相剋은 되나 酉令이라. 卯木이 世爻를 冲하나 世爻를 剋하지 못하기에 해가 없게 된 것이다.

酉月庚子日占 文書

訟卦 ｜ロ｜ 世 ‖ ｜ 應
睽卦

孫戌 申午 兄
才午 孫辰
孫未 兄巳 父寅 ×

寅木父母爻가 文書가 되는데 動하여 世爻를 生하니 반드시 얻게 된다. 그러나 申金이 動하여 文書를 克冲하고 있으나 寅日이 되면 寅日이 다시 申金을 冲去하니 寅日에 얻게 된다 古法에 爻를 冲하면 흩어지기에 旺相한 爻가 能히 衰弱한 爻를 冲한다하였는데 이 卦의 申金은 秋節이라 旺한것이며 旺한 金이 寅木을 冲한다 하나 실은 흩어지지 않는다.

子月己巳日占 以財博藝(도박)

坤卦

孫酉 ‖世‖
才亥丑 ‖ ‖
官卯 ‖應‖
父巳未 ‖ ‖
兄

世爻가 應爻를 克하니 내가 이긴다고 할 수 있으나 단지 巳日이 亥水를 冲動하여 도로 應爻卯木을 生하니 아무리 재주가 좋다하여도 이기지 못하게 된다. 그리고 六冲卦가 되기에 놀음판이 길지 못하리라. 果然 다른 일로 인하여 판이 깨진것이다.

古法에서는 六冲卦는 모든 占에 不吉하다 하나 내가 여러번 시험한 결과 用神이 실함되면 吉하지 못한다 하겠으나 用神이 旺하면 用神으로 判斷하라. 近病은 冲을 만나면 바로 낫고 久病은 冲을 만나면 死亡한다. 墓地占에는 六冲卦가 되면 飛沙走石地로써 長久한터가 되지 못한다. 그 나머지는 用神을 兼하여 본다.

酉月 乙未日占 子外出不歸生死如何(자식이 나간지가 오래인데 돌아오지 아니하니 生死가 어찌 되었는가)

坤卦

酉 ‖世‖
孫亥丑 ‖ ‖
才父卯冲 ‖應‖
官巳未 ‖ ‖
父兄

世爻 子孫爻가 月建에 들어 있으며 未日이 生하니 비록 六冲卦가 되지마는 子息이 반드

시 돌아오리라. 과연 子年에 占쳤는데 卯年에 돌아오니 이 卦가 靜爻가 되므로 沖을 만나 作用된 원인이라 하겠다.

巳月甲寅日占 延師訓子 (스승님을 맞아들여 자식을 가르침)

```
       否
乾
   父 戌 ──── 應
   兄 申午卯 × 世
   父 辰才
   才 寅官 巳 ×
   孫 子父 未 ×
```

應爻로 用神을 하는데 世와 應이 서로 合되어있으며 應爻가 戌土父가 되고 巳火月이 生을 하였으니 可히 學業을 시작 할 수 있다. 그러나 좋지 못한 것은 卦가 六沖이며 合이 되었던 것이 冲으로 變하니 오래 가지 못할 徵兆라 하겠다. 子水子孫이 旬空을 만나고 卦에 未土父爻가 動하여있으니 子孫에게 災變이 있다. 그자식이 과연 두달후에 病을 얻어 스승은 가고 오래지 않아 그자식이 死亡한 것이다. 六合이 六冲卦로 變하면 모든 占에 있어서 먼저는 일이 되나 뒤에는 깨진다는 예가 있다. 그러므로 먼저는 친해지나 멀어지며 먼저는 되는듯하나 뒤에는 답답해지고 처음에는 영화스러우나 끝에가서는 어긋나고, 먼저는 하나 뒤에는 비색해지고, 얻었다가 다시 잊어버리며 이루어졌다가 다시 패하게 되고 일에 진적이 있다가 또다시 變動된다. 오직 官事나 盜賊이나 絕結하여야 할 일에는 좋다.

午月丙子日占 開典舖(상점을 벌리는 일)

```
       大壯    巽卦
官卯兄戌 ××
文巳孫申 ×× 口世― ―口應
       兄未文午
       兄辰
       官寅
       克丑才子
```

世爻午火가 月建에 있어 當旺하므로 日辰子水가 冲을 하나 흩어지지 않는다. 그리고 또 는 未土를 化出하여 化合을 얻으니 扶助되므로 卦가 吉하다. 그러나 좋지 않은 것은 六冲 이 六冲으로 變하니 用神이 비록 旺하나 오래가지 못한다. 經營한지 半年이 못되어 부채가 있어 물건을 압수당하므로 점포를 철수하게 된 것이다. 대게 六冲卦를 얻어 內卦外卦가 變 動하여 서로 冲擊이 되면 上下가 和睦치 못하여 서로 뜻이 맞지 않고 彼此가 어긋나서 始 終이 如一치 못하게 된다. 만일 用神이 또다시 克을 받는 자는 大凶의 徵兆가 된다. 用神 이 旺相한 자라도 역시 오래가지 못한다.

申月 乙卯日占父子七人蒙拿(부자 七人이 한꺼번에 잡히여 들어갔을 때)

巽卦　　坤卦

｜世｜　㕡卯｜｜
才未｜｜　㕡應｜
孫㕡　才酉
官酉　父亥
父亥　才丑
兄卯
孫

이 卦가 巽木卦가 坤土로 化하니 原卦를 剋하지 않으므로 無妨하다 하겠으나 世爻가 官鬼를 變出하니 卯木世爻가 化出된 酉金에서 剋을 입고 있으며 巳火子孫이 亥水의 動剋을 받으니 父子의 兩爻가 함께 傷剋을 받으므로 不利하다. 六冲이 六冲을 만나 亂中에 亂剋을 받으니 모두 刑을 받을 象이다. 古法으로 보면 官事占에는 六冲이 되면 흩어지기에 無事하다 하지만 그렇지 않는다. 大小事를 用神을 겸하여 決定하여야 하는데 이 卦가 六冲이 六冲으로 變하였으나 回頭剋 또는 動剋이 되기에 冲하나 흩어지지 아니한다.

㉚ 三刑

寅刑巳　巳刑申　子刑卯　丑戌未三刑辰午亥酉謂之自刑　夫三刑者　豫屢誠之　或因用神休囚　又兼他爻之剋　內有兼犯三刑者則見凶炎而　獨犯三刑者　得驗少　占過數十年來止驗一卦

※ 寅이 巳를 刑하고 巳가 申을 刑하며 子가 卯를 刑하고 卯가 子를 刑하며 丑戌未가 三刑이

되고 辰午亥酉를 自刑이라 한다. 三刑을 여러차례 試驗하여 본 결과 用神이 休囚하였는데 다시 他爻의 克을 겸하며 안으로 三刑을 범하게 되면 凶한 災殃을 보게 된다. 단 三刑이 된 것은 맞는 율이 적다. 지나간 數十年을 占쳐 왔으나 一卦에 맞는 율을 보았던 것이다.

寅月庚申日占子痘症 (마마)

家人　口應
卦　　兄卯 ―　　 　―
离　　　　孫巳×　　 父亥 ―世
　　　　才未　　　 才丑 ‖
　　　　　　　　　 兄卯 ―
　　　　　　　　　 官酉

巳火子孫이 寅月木旺의 生을 받으므로 子孫爻가 旺相하니 病이 治療될 듯하나 寅日寅時에 死亡하였다. 그래서 내가 깨친 것은 月建이 寅에 있고 日建이 申에 있어 巳火子孫과 三刑이 되어 죽는다는 것을 알았다. 이 卦가 他爻의 克傷이 없으나 子卯 辰戌丑未의 刑作用의 징조가 있으니 모두다 凶한게 된다는 것을 알았다. 그리고 六害章은 맞지 않은 것이니 論하지 않겠다.

㉛　暗動및 動散

靜爻旺相日辰冲之爲暗動　靜爻休囚日辰冲之爲日破　暗動者有喜有忌　用神休囚得元神動以相生　忌神明動于卦中得元神暗動而生用此皆謂之喜也　用神休囚无助　若過忌神暗動克害用神者　此謂之忌也　古以暗動福來而　不知禍來而不覺　又曰吉凶之力則　伴遲速之應則緩非此論也、何嘗不知不覺報應亦非緩也

※ 靜爻가 旺相한데 日辰이 冲을 하면 暗動이 되고 靜爻가 休囚한데 日辰이 冲을 하면 日破가 된다。 暗動에 좋은 것도 있고 좋지 않은 것이 있으니 用神이 休囚되었더라도 元神의 暗動함을 얻어 用神을 生하면 기쁘게 된다는 것이다。 用神이 休囚되었는데、 도와줌이 없고 만일 忌神이 動하여 用神을 克害한 者는 모두 凶하다는 것이다。 古書에는 暗動은 福이 온다는 것은 알지 못한 것이다。 또 吉凶의 힘은 遲速이 있는데 應하는 것이 느리다 하는 것은 正論이 아니다。 報應이 시기에 따라 느리지 않다 는 것을 알지 못하고 깨닫지 못한 탓이다。

寅月乙未日占女痘(女兒의 마마)

坤卦　　　　　
　　酉金子孫 ‖世‖
師　亥水父文 ‖　‖
　　丑土兄 ‖應‖　冲
　　卯木官 ‖　‖
　　巳火父 ‖　‖
　　未土兄 ‖　‖　兄辰

酉金子孫이 비록 木旺春節이므로 休囚되었으나 日辰이 生해주고 二爻 巳火가 動하여 酉金子孫을 克하나 未日이 丑土를 暗動시키니 巳火가 丑土를 生하고 丑土가 金을 生한다. 무리 얼굴에 마마 꽃이 빽빽하게 돋아있으나 틀림없이 살게 되리라. 내가 말하기를 現在는 심히 위태로운것같으나 오늘만은 해롭지 아니하리니 未申時에 구조가 되리라 하였더니 과연 申時에 좋은 醫師를 만나 치료된 것을 볼때 丑土가 暗動되었다고 해서 느리다고 단정할 수는 없다.

㉜ 動散

古以日辰冲動爻 謂之冲散 動爻冲亦能冲散 豫屢試之 旺相者冲之不散有氣 者冲之不散休囚者 間有冲散 亦千百之中 一二也 其故何也 神兆機于動 動必有因 雖則今日受制後途値日而不散矣

※古書에는 日辰이 動爻를 冲하면 冲散이라 하고 動爻가 冲하여도 역시 冲散이다 하였다.

내가 누차 시험한바, 旺相한 者는 冲하여도 흩어지지 않고 休囚된 者는 간혹 冲散하는 수가 있다. 이것은 千이나 百가운데 하나나 둘이 있을 뿐이다. 이것은 신기가 動하는 날에서 나타나니 動하면 반드시 원인이 있는 것이며 비록 오늘에 克을 받으나 뒷 날 旺해지는 날을 만나게 되면 흩어지지 않기 때문이다.

丑月丁酉日占父出外 一載無音(아비가 밖에 가서 一年동안이나 돌아오지 않음)

渙卦

坎

```
  口冲  卯 —世= 
      巳 未 —應=
      午 辰
  官子  兄  寅
  父兄  孫
  孫父
```

卯木父母가 動하여 世父를 生하고 또는 子孫을 化出하여 回頭生을 하니 客地에서 無事하리라. 世空者는 속히 온다 하였으니 明年 봄이면 돌아오리라. 이것은 動한 卯木을 酉가 冲 하였으니 어찌 흩어질 리가 있겠는가. 李我平이 이르기를 黃金策에서 空亡이 重하고 冲散 은 輕하다고 하였으나 易에서는 最重이 冲散이라 하였으니 자세히 살펴 錯誤되지 않도록 하라. 病占章卯月丙寅子息, 病占에서 子孫이 鬼로 變하니 百无一生이 되나 申金子孫이 鬼로 變하였는데 寅日이 冲散시켰다는 것은 잘못된 판단이라 하겠다. 또 進 退章申月占에서 酉父가 發動하여 卯日에 冲을 만나니 散이라 하였으니 더러는 이와같은 착 오가 있을 수 있다.

㉝ 卦變生尅墓絶

(卦가 變하여 生되고 尅되고 墓되고 絶되는것)

卦之變者 有變生 變尅 變墓 變絶變比和 豫得驗者 凡遇卦化尅者 不論用神之 衰旺皆以凶推

※ 卦가 變하여 生으로 變함이 있고 尅으로 變함이 있고, 墓로 變함이 있고 絶로 變함이 있고 比和로 變하는 것이있는데、나의 경험으로는 卦의 化尅을 만나면 用神의 衰旺을 莫論하고 凶하다고 推算하는 것이 마땅하다.

巽卦變坎 ☵ ☴

震卦을 坎水가 化出하여 回頭生을 하니 木이 生을 받으므로 吉하다.

震卦變乾卦 ☰ ☳

震木卦가 乾金卦로 變出되어 化하여 木을 尅하니 凶하다고 推算한다.

兌金變震木卦 ☳ ☱

兌金이 震木을 化出하니 正卦의 金이 내가 되므로 나로 하여금 他를 尅하지 않으므로 凶

하지 않다. 이것은 化克이니 不克이라 한다.

震木變兌金卦 ∥ × ∥ ∥ × ∥

卯月 辛巳日 來人不言聖事占 (사람이 와서 말없이 일을 占친 것)

震木이 兌金卦를 化出하니 他人이 와서 나를 克하니 回頭克이 되어 大凶이 된다.

巽 ∥ ∥ × ∥ ∥ ×

乾 ∥ ∥ ∥ ∥ ∥ ∥

午月 丙寅日占 主病(病占)

무슨 占을 치러 왔는가 물었더니 年上人의 功名占을 대신 치려 왔다 하기에 내가 이르기를 功名占은 자기가 쳐야지 代占은 用神을 잡지 못하여 풀이하기가 어렵다 하였으나 巽木이 乾金을 化出하므로 回頭克이 되며 絶이 되니 功名이나 壽를 무를 것도 없이 오래가지 못하리라. 과연 五月에 직장이 떨어지고 七月에 死亡하였다.

离變坎卦 ⊡ × ⊡ ⊡ × ⊡

离火卦가 坎卦로 變하니 回頭克이 된다. 午月火旺節은 무사하나 겨울철에 반드시 위태하리라 하였더니 果然 九月丁亥日에 死亡하였다.

이런 경우는 用神의 衰旺을 보지 않아도 된다.

卯月乙酉日占索房價

坎變得坤卦 ≡≡ □ ≡≡
          ≡≡ ≡≡

내가 의심하는 것은 坎水卦가 變하여 坤土를 化出하며 回頭克을 하니 방값은 싼편이지만 이 卦가 심하게 凶하니 今年에 모든일에 조심하라 하였더니 그뒤 四月에 배가 전복되어 死亡하였다. 이 占은 神의 豫告를 얻은바 甚히 凶하다 하였으니 일찌기 알아서 피하였으면 좋았을 것이다. 古法에서는 大事에 거리낌이 있다 하였다. 그러나 이 卦는 어찌 작은 일이 지만 大凶에까지 이르게 되었을가 李我平이 이르기를, 易의 墓絶章에서는 日과 月이 當令하여 비록 當旺하다 하였으나 將來에 凶事가 오게 된다는 것을 알지 못하는 것이라 하였다. 神機가 일찍 나타났기에 當時에는 旺하다 할지라도 시기를 지내면 衰弱하게 되는 것이다. 만일 病占에서 午月에 离卦를 얻어 坎卦로 變하면 여름에는 火가 旺하니 無事하나, 겨울이 되면 克을 當하게 된다. 易의 反吟·伏吟章에 日과 月이 旺하면 空이 안된다 하였으나、그 시기를 지나면 空의 作用이 되고, 日克月旺하면 半凶半吉의 像이 된다. 卦體도 사람의 근본과 같아서 卦가 克絶로 變하면 나무의 뿌리가 흙위에 나와있는 것같다. 그당시는 枝葉이 푸르지만 오래도록 보존될 수 없는 것이다. 當時에는 비록 旺하나 시기를 지나가면 衰하여진다.

空破되면 비록 虛弱하다가 하지만 空破가 벗어나면 다시 쓰게 된다. 古法의 論理가 後人들이 해석 하기에는 어렵게 되었다. 이 이론으로는 回頭克이면 凶하다는 것이다. 내가 反吟伏吟章中에서 경험한 바에 의하면, 오히려 回頭克이 잘 的中되고 反吟伏休囚는 잘못된 것이라고 본다.

寅月 甲子日占 母病(모친의 病)

坤變巽卦 ××ㅣㅣ==×× ㅣㅣ== ㅣㅣ==

坤土가 巽木을 化出하니 이것이 回頭克이다. 旬空과 休囚로 化하고 反吟으로 되면 역시 凶하다. 破空이 重하면 역시 凶한 것인데 또 亥水가 巳火를 冲하면 더욱 凶하게 된다. 卦의 變한 것을 보아 卦象에 그치고 用神을 보지않으면 비록 占이 吉하다 할지라도 우물의 源泉이 마르는 것과 같으니 어찌 오래 갈수가 있겠는가.

寅月癸酉日占 長子病(큰아들의 病)

震變兌卦 ==×ㅣㅣ×ㅣ ㅣㅣ== ×ㅣㅣ

이 卦는 震木이 兌金을 化出하니 回頭克이다. 이 두 卦는 出土된 나무 뿌리와 같은데 거기에 木이 金의 克을 입으니 凶하다. 震은 長男에 해당되므로 長男이 不吉하다. 回頭克으로 變하니 少女가 역시 克되는 것을 어찌 알지 못하는가。少女도 보존되기 어렵다。

㉞ 反 吟

卦有卦變 爻有爻變 卦變者 內外動而反吟 同一卦也如乾變坤是也

爻變者 內外動而 反吟者 非同一卦如升之觀是也

戌 ‖ 口
申 ‖ 午
亥 ‖ 卯
丑 ‖ 未

酉 × 口
亥 × 口
卯 | 未

酉 ‖ 口
亥 ‖ 口
丑 ‖ 未

又有外卦反吟而 不動者如觀之坤

口 口 口
巳 ‖ 卯
未 ‖ 巳
‖ 未

又有內卦反吟而 外不動者如巽之觀

卯 ‖ 口
巳 ‖ 口
‖ 口
卯 ‖
巳 ‖

內卦反吟　內則不安　外卦反吟、內外反吟　內外不安之象

卦에 卦의 變이있고, 爻에 爻의 變이 있으니 卦가 變하여 內나 外가 動하여 反吟되면 同

一卦가 된다. 乾의 坤卦變을 보라.

```
||　卯　口口
||　巳　||
||　未　酉||
||　亥　||
||　丑　巳卯
```

爻變은 內外가 動하여 反吟이 된것을 同一卦라 하니 升의 觀卦라 한다.

또 外卦에 反吟이 있으니 內卦가 動하지 아니한 것을 觀의 坤卦라 한다.

또 內卦의 反吟卦가 있으니 外卦가 動하지 不動한 것을 巽의 坤卦라 한다.

또 內卦에 反吟이 있으니 外卦가 動하지 아니한 것을 巽의 觀卦라 한다.

內卦의 反吟은 집안일이 不安하고 外卦反吟은 집밖에 일이 不安하게 된다. 그리고 內外

反吟은 內外가 不安하게 되는 形象이다.

이와같으면 이루어졌다가도 패하게 되고, 패하였다가도 다시 이루어지며, 있다가도 바로

없어지고 없다가고 있게되고, 얻었다가 잃어버리게 되며, 잃었다가도 다시 찾게 되

고, 왔다가 다시 오고, 없어졌다가 다시 모아지며, 모아졌다가 다시

없어지고, 갔다가 다시 가며, 고요하여졌다가도 다시 動하게 된다. 功名占을 하는 사람이 用神爻가 旺相하면

옮겼다가 또 옮기게 되고 승진되어도 다른 곳으로 갔다가 다시 오게 된다.

用神이 실함되면, 좌천되지 아니하면 직장에서 물러가게 된다. 財物占에는 모였다가 흩어지고 사고파는데에 興敗가 있으며, 墓地나 家宅占에서는 옮기고자 하나 옮기지 못하고 옮겼다가도 또다시 옮기게 된다. 그렇지 않으면 당장 옮길 일이 생긴다. 아무리 오래된 일이라도 눈앞에 變動수가 나온다. 婚姻占에서. 天時占에서는 맑다가 다시 비가오고, 비가 오다가 다시 그치게 된다. 婚姻占에서 伏吟反吟은 이루어지기가 어렵다. 出行占에서는 中途에 오다가 다시 病을 앓고, 盜賊占에서는 손재를 보게 된다. 旅行人에는 外卦反吟이라도 用神이 旺하면 그러므로 한가지 일도 이루어짐이 없게 된다 반드시 돌아온다. 그렇지 않으면 다른곳으로 옮겨 밖에 있게 된다.

家宅占에는 內卦反吟이면 家庭의 人口가 不安하게 된다. 彼此의 形勢를 볼때, 內卦反吟이면 自身은 어수선하고 他人은 安定되며, 外卦反吟이면 他人은 어수선하나 自身은 安定된다. 用神이 旺하며 沖克으로 變하지 아니하면, 비록 반복은 있으나 일은 반드시 이루어진다. 用神이 回頭克으로 化하면 大凶하게 된다.

卯月壬申日占 官職부임(官職에 赴任)

比　井

才子 ‖ 應
兄戌 ‖
孫申 ‖
孫酉官卯 ×世
才亥父巳 ×
兄未 ‖

世父官星이 卯木月建의 旺을 만나니 부임하게 되는 것은 반드시 이루어진다. 內卦가 反吟이니 反復이 되겠으나 좋지않은 것은 世父 卯木이 日辰申에 絶이 되고, 또는 化出된 酉金의 回頭冲克을 입으니 간다하여도 不吉하리라. 가지 못하게 된것은 官廳이 上人에게 감사를 當하여 官府가 변동되어 못가게 된것이고, 그뒤에 가게 된것은 다른 일로 因하여 따라가게 된 것인데 七月에 官廳員 모두가 被害를 입은 것이다. 官府가 被害를 입는 것은 酉金의 冲克을 받은 것이고 가지 않으려다가 다시 간것은 卦가 反吟이 되어서 그렇게 된 것이다.

卯月己亥日占 陞遷(昇進하고 이전)

臨　中孚卦

　　　官卯酉孫×
　　　父巳才亥×應
　　　　冲　兄丑 ‖
　　　　　　兄丑 ‖ 世
　　　　　　　　　官卯 ―
　　　　　　　　　父巳
　　　　　　　　　冲

世爻가 卯木이 月建에 있고, 卯木官星이 亥水에 長生을 하고 있으니 世와 官星이 旺地에 同臨되어 있어 틀림없이 昇進하리라. 果然 本卯月에 發令을 받고 山東으로 갔다가 一年이 못되어 다시 江西로 돌아오게 된 것이다. 本月의 승진은 卯木官星이 月建을 만났기때문이고, 도로 돌아온 것은 外卦가 反吟인까닭에 그러함이다.

伏吟卦는 內外에 伏吟이 있으니 아래와 같다.

```
无妄      ロ  ロ  ー
卦      戌 ∥ 申 ∥
變大    申 ∥ 午 ー
       午 ー 辰 ×
       辰 ∥ 寅 ×
       寅 ー 子 ー
              辰
              寅
```

內外卦伏吟이면 內外가 憂鬱時呻吟하는 象이다. 역시 內卦가 動하여 伏吟으로 變하여 內卦가 動하려하여도 動하지 못하며 초조신음하게 된다. 功名占에는 오랫동안 벼슬길에서 곤궁하게 되고 벼슬길이 막히게 된다. 婚姻占에는 근심스러워 즐거움이 없다. 財數占에서는 財物이 消耗되어 흩어지고 본전이 손해난다. 官事占에는 시비구설이 생기고 무슨 일을 경영하나 맺어지기가 어렵게 된다. 墓地나 家宅占에는 옮기고자하나 옮기지 못하고 官事占에는 시비구설이 생기고 즐거움이 없다. 卦가 動하면 신음하게 되고, 外卦가 되면 밖이 편안하지 못하며 모든 占이 뜻과 같지아니하므로 動하려하여도 動하지 못하며 초조신음하게 된다. 伏吟에 反吟까지 兼하면 吟은 내마음대로 되지 않고 外卦 伏吟은 저편이 不安하게 된다.

克沖이 있는 것이니 用神이 克을 받으면 禍가 가볍지 않고 伏吟卦라도 用神이 旺相하면 沖開되는 年이나 月에 그뜻을 이루게 된다. 用神이 休囚되면 沖開되는 年과 月이 답답한 근심이 생기게 된다.

申月癸巳日占 父外任平安否(아버지가 외지 벼슬길에 平安하겠는가)

```
　姤　　　　　恒
　口口 ―應―　口口
　口口 ―　―　口口 ＝世
　父戌　　　　父戌
　兄申　　　　兄申
　官午　　　　兄午
　父辰　　　　孫酉　沖　丑
　　　　　　　　　　亥
　　　　　　　　　　父
```

巳火日辰이 父母를 生하니 官職에 平安하다 하겠으나 卦가 伏吟이라 不安하여 在任中事故가 있어 뜻을 얻지 못하고 신음을 할 像이다. 占치러온 사람이 묻기를 고양이와 개의 變이 있는데 거리낌이 없겠는가 하기에 내가 이르되 일진이 父를 生하니 다른 염려는 없으리라 하였다. 또묻되 언제나 돌아오겠는가 하기에, 伏吟卦라 도라오리라 하였는데 뒤에 알아보니 고양이와 개의 變으로 地方이 편치 못하여 그렇게 되었다는 것이었다. 寅午占卦에서는 辰에 재결되어 도라왔다가 午年에 他部署에 보직을 받으리라 辰年이라 하는 것은 辰土父母가 戌土父母를 冲開하여 주므로 그렇게 된 것이고 재결에 應하게 된것은 巳日辰이 亥水를 冲動시켜 官星을 克開하기에 그러함이다. 午年에 補職이란

巳日이 應爻午火官星을 돕고 있기에 그러함이다. 當日은 亥水가 克을 하여도 午火官星이

年을 만나면 自然히 旺해지기에 그러함이다.

李我平이 이르기를 易林補遺에 爻에 伏

吟이 있으면 가장 凶하다는 말을 듣지 못했는가. 占卜家들이 뉘라서 用神의 衰旺을 보지않

겠는가. 그러나 무서운 길이라 알게 된 것은 이제 野鶴이 論한 比之井卦에 세가 冲克을 만

나니 일이 반복되며 그재앙을 받을 것이고, 臨之中孚卦나 世爻官星이 得地하니 비록 反復

되나 승진되고 영전된다는 것을 어찌 사람들이 알지 못하는가.

㉟ 旬 空

何爲旬空 如甲子至癸酉爲一旬 此十月之內幷無戌亥所以爻逢戌亥 爲空亡 倣此 旬空之法

諸書之論 太繁有眞空 假空 動空 冲空 塡空 援空有故 空而墓絶 空安空 破空 野鶴曰旺不爲空

動不爲空 有日建動爻 生扶者亦爲不空 伏而被空 不爲空 眞空爲空 春土夏金 秋木 冬火是眞空

餘初學卜 凡遇旬空無法而斷 欲以之爲到辰全空 劫又應塡實 之日而不空 以之爲不空 却又到應

全空 後得多占之法 凡遇旬空 命之再占卦吉者 許之 出旬空而不空 卦凶者許之空

왜 旬空이라 하는가. 甲子日부터 癸亥까지 一旬이 되니 이十日사이에는 戌亥가 없으니

爻가 戌亥日을 만나면 空亡이 된다.

甲子至癸酉日間은 戌亥가 空亡이니 (旬空)

甲戌至癸未 〃 申酉
甲申至癸巳 〃 午未
甲午至癸卯 〃 辰巳
甲辰至癸丑 〃 寅卯
甲寅至癸亥 〃 子丑

이와같이 計算하라. 旬空의 法이 모든 글에 論되어 있으나 太繁에 眞空이 있고 假空이 있으며 動이 있고沖空이 있고 塡空이 있고, 援空이 있으며 無故히 自空이 있고, 有故히 空이 있고, 墓絶의 空이 있으며 破空이 있다 한다. 野鶴이 이르기를 旺하면空 이 안되고, 動해도 空이 아니고, 月建의 動爻가 生扶하여 주어도 空이 아니고 伏되어 空을 만나도 空이 아니며, 眞空은 空이 되는 것이니 春에는 土, 夏에는 金, 秋에는 木冬에는 火 가 眞空이라 한다. 내가 처음 占을 배울때 旬空을 만나도 아무 법도없이 판단을 하였는데 到底히 全空은 空이 되고 진실의 空이 되면 到저히 全空이 안된다. 그뒤에 再占치는 法을 얻어 혹旬 空을 만나게 되면 再占을 하여 吉한者는 出空되는 날을 不空이라 하고, 卦가 凶 한 者는 空이라 한다.

辰月己卯日占求財(再占)

家人卦　　　　　　賁
兄卯Ｉ　　　　　口應
父子孫巳Ｉ口應＝＝世
　　才未Ｉ
　　父亥Ｉ
　　才丑＝＝世
　　兄卯Ｉ

睽　　損
父巳Ｉ
兄未＝＝子才
　　　世
兄戌孫酉Ｉ口
　　父未＝＝
　　官卯Ｉ
　　父亥Ｉ應

丑土財爻가 世를 가졌으며 應爻子水가 旬空이 되었으므로 巳火가 動하였으나 회두극을 만나니 丑土의 財를 生하지못한다. 이 財가 生扶됨이 없으니 당연히 구하기가 어렵다. 三月의 丑土라 財가 有氣하다. 그래서 古法에서는 有氣하니 空이되지 아니한다 하나, 이 占으로서는 再占을 얻을 수 없다.

※ 再占하여,

이 卦가 前卦에 부합된다. 財가 无氣하니 반드시 勞心을 하지말라. 왜 그런가. 前卦는 비록 丑土가 有氣하나 空이 되고, 後卦는 子水財爻가 五爻未土下에 伏되어 또 空이 되고, 空

子月 辛亥日占 遠行求財(멀리가서 財를 求함)

大畜卦
寅 ｜ ‖應
子 ‖
戌 ‖
辰 ｜ ｜世
寅 ｜
子 ｜

明夷卦
豊卦
父酉 ‖
兄亥 ‖
官丑 ×世
兄亥 ｜
官丑 ‖
孫卯 ｜應

　　　　　才午
　　　　　官丑
　　　　　兄亥

이 克을 입으니 財가 없다는 것은 의심할 필요도 없다. 果然 財가 全無하였었다. 世爻寅木을 가졌는데 子月亥日이 財星으로 되어 世를 生하며 應爻는 地頭가 되는데 世應이 相生되니 아름다운 象이다. 오직 좋지 않은 것은 世爻가 旬空을 만나니 古法으로 본다면 无故한 自空이라 大凶의 징조라 한다. 그렇다면 어찌 멀리 여행을 갈수가 있겠는가. 再占을 하라.

이 卦가 前卦와 거의 같아, 가게되면 큰 소득이 있으리라. 丑土를 午火가 生하니 回頭相生이라 할수 있으나 現在 午火가 子月에 月破가 되니 自身이 目的地에 가려면. 이달이 지나가야 하리라. 前卦에 寅卯月이라 한것은 世爻가 出空의 달이 되며 亥子의 旺財가 生하기에 아름답게 되므로 너의 원하는 대로 되리라. 甲寅日出空된 뒤에 떠나게 되는 것이 틀림 없으리라. 果然乙卯에 길을 떠나 目的地에 到着하여 寅卯月에 모든 일이 뜻과 같이 되어 한 차를 싣고 돌아왔다. 野鶴이 이르기를 爻占의 法이란 의심이 많으면 하지 말고 중지하라. 前卦에 无故旬空이라 하지만 旺財가 世를 生하니 허리에 數萬金의 金을 띄고 돌아왔으니 가 야 옳을 것이냐, 안가야 옳을 것인가.

寅月辛卯日占父何日回 (아버지가 어느날 돌아 오겠는가)

觀
否　卦
　　　卯巳 ―
　　　才官 ―
　　官午 父未 ×世 ＝
　　　　　卯巳 ＝
　　　　　才官 ＝ ＝應
　　　　　父未 ＝ ＝

이卦에 父母爻가 失令하여 休囚无氣하니 眞空이라 한다. 日月이 傷克을 하지만 動하였기에 空이 되지 않는다. 하지마는 그 傷尅이 太重하니 단결짓기 어렵다. 너의 부친이 언제 出家하였는가 하고물으니 그 사람이 대답하기를 아버지가 모처에서 장사하다가 다른곳으로 옮 겨來往하다가 去年에는 편지도 있었는데 현재는 편지도 없고 거처도 알수 없다 한다 再占 을 하여 보랑.

履卦
中孚
兄戌申 —— 世 破
　　　　 ‖ 　　口
兄未父午 — 應
兄丑 ‖
官卯 —
父巳

이 卦가 또 父母가 動하여 空을 만나며 다행히 父母가 日月의 生을 얻으니 前卦에 비교하여 同一하지 않은 것은 기쁘게 父母爻가 動하여 世를 克하는데 世를 克한 者는 速히 온다 하였으니 甲午乙未日에 반드시 到着하리라. 하였더니 果然未日에 돌아왔던 것이다. 此卦의 日月이 生을 하니 반드시 오리라 하지마는 前卦가 眞空인데 왜 凶이었으리라 할 수 있겠는가 神에 두가지의 이치가 없을 것이라 하였는데 만일 前卦가 잘못된 것이 아닌가. 이때 내가 말하기를 前卦는 어찌 未土父爻가 持世되었는데 目下에 旬空이니 出空됨으로써 父親을 보게 된것이다 너의 부친이 먼데있어 存亡吉凶을 알지 못하고 있는데 (만일 眞空이라면 반드시 도라오지 못할것이다.) 이제 海外로 왕래하며 어느날에 돌아올것인가 뭇기에 하였다. 이것은 神이 未日에 돌아온다고 告한 것이니. 의심이 나서 再占을 하였는데 凶卦를 얻었으면 바로 凶하게 될것인데 이미 吉卦를 얻었으니 반드시 돌아오리라고 판단한 것은 神의 뜻을 깨쳐 알게 된 것이다.

午年巳丑日占陰晴 (비가 오겠는가 개이겠는가)

```
臨
師 卦
  孫酉‖
  才亥‖ 應
  兄丑‖
  兄丑‖
  官卯―　世
  官寅父巳
```

初爻 巳火父母가 動하였으니 巳日에 비가 오고、癸巳日에 개이며 넓은하늘 붉은 노을이 가득하리라. 親友가 자리에 앉아있다가 易理를 알았으니 어찌 오늘 비가 오겠는가 하였다.

午月癸巳日占 (비오겠는가)

```
    既濟
革   卦
  兄子‖ 應
  官戌―
  兄亥父申×
  兄亥　―　世
  官丑‖
  孫卯―
```

해석을 한다면 今日申時에 비가 오리라 하였드니 친구 金이 말하기를 申金父母가 動하였으나 日과 月이 剋하고 巳와 申이 合하니 合하면 도로 주저앉기에 비가 오지 않겠는데 어째서 비가 온다는건가 하기에 나는 그렇지 않다하였다. 果然 申酉時에 천둥하며 큰비가 왔다. 또 말하기를 月은 傷克하고 日은 合하는데 큰비가 옴은 무슨이치인가. 내가 말하기를 어제 丑日占에 巳日에 비가 오리라는 것을 神에게 물어보니 오늘비가 온다 하였다. 그래서 오늘 申時에 비가 온것이다. 비가 오는 것이 克과 合에 있지 아니하다. 前卦占의 해석에 行人占을 쳐서 그의 아버지가 언제 오겠는가 물어 맞았으니, 神이 未日에는 반드시 온다고 啓示한 것이 꼭들어 맞았으니 이것은 眞空에 있지 않은 것이다. 易의 占卦가 귀신의 신기를 나타내는 것이니 이것은 多占의 法이 귀신의 신기와 合되는 것이다. 만일不能하다 하면 어찌 神의 기틀을 깨다를수가 있으랴. 李我平이 말하기를 空의 妙라는 것은 귀신도 측량치 못한다 있는 것같으며 없는 수가 있고 없는 것 같으며 있는 수가 있어, 실한것 같으나 全空이 있고 眞空같으면서도 空이 되지 않은 것이 있으니 多占에서 나온 兩卦를 合하여 판단하면 귀신의 기틀을 알게 된다. 天地의 이치가 空에 있으니 生되는 것에 空이 있으면 出空되는 날을 기다려 쓰게 된다. 모름지기 占에서는 空이 되어도 空이라 단정짓지 말고 占事이의 遠近과 또는 旬內에 해결될 空인가, 冲空되면 쓸것인가를 보아서 일이 一旬의 밖에 있으면 出空되는 날에 應하게 된다. 만일 遠大의 占을 칠때에는 旬空이 나간다하여 이루어지는 것이 아니니 大象이 不吉하면 大象이 만일 吉하면 太歲와 月建이 동향에 따라 定할것이며, 이것이 모두 多占하여 兩卦로 결정하는 妙法이니 妙法을 쓰는 것만 같지 못하리라.

㊱ 生旺墓絕 及 各門題

長生沐浴冠帶臨官帝旺衰病死墓絕胎養 余府驗者。 止驗生旺墓絕其餘不必用之 金長生在巳 旺在酉 墓在丑 絕在寅 木生在亥旺在卯 墓在未 絕在申 水土長生在申 旺在子 墓在辰 火土長生於寅 旺在午墓在戌 絕在亥 且如主事爻 屬木若在亥日占卦 即是主事爻長生於亥日 若在於卯日占卦 木旺於卯 若在未日占卦 木墓於未 若在 甲日占卦 木絕於甲餘倣此 又主事爻屬木。卦中=動出變爻者 亦謂主事爻遇長生 卦中動出卯者 謂之主事爻逢帝旺 卦中動出未爻者 謂主事爻入動墓 卦中動出申金者 主事爻逢絕又如主 事爻屬木動而變出亥水者 謂之化長生 動而變出卯木者 謂之化旺 動而變出未土者 謂土化墓 動而變出申金者 謂之化絕餘倣此 覺子曰 金雖長生在巳 須宜金爻旺相 或日月動爻生扶 再遇巳日占卦或是 卦甲出巳爻 或是金爻動而化出火皆謂遇長生 倘若金爻休囚无氣 再遇巳午火多者 烈火煎金克 不論生 金爻能塞於丑 若得未土冲動或卦中土多生金論生 不論墓也土爻雖絕於巳 必須囚无氣 又逢巳者 謂之絕也 若土爻旺相 或得日月動爻扶 再遇巳日爻者巳火反能生土 論生不論巳爻雖長生於寅倘日月動爻及變出之爻又逢申者 謂之三刑 論刑不論生也 古以土爻長生於申 又曰土長生於寅 無處考證 金以天時考之常見土臨父母 有申兩者 亦有子日兩者 又見土臨子孫 有申申晴者 有子日晴者故 知土長生於申 旺

※ 長生、沐浴、冠帶、臨官、帝旺 衰病死墓絶胎養의 十二運星의 旺弱을 표시한것이다 나의 경험에 의하면 生과 旺과 墓와 絶에 作用이있고 其他는 作用이 없으므로 쓰지아니한다 金의 長生은 巳에 있고 旺은 酉에 있으며 墓는 丑에 있고 絶은 寅에 있다. 水는 長生이 亥에 있고 旺은 卯에 있으며, 墓는 未에 있고 絶은 巳에 있다. 火土의 長生은 寅에 있고 旺은 子에 있으며 墓는 辰에 있고 絶은 亥에 있다. 木은 長生이 亥에 있고 旺은 午에 있으며 墓는 戌에 있고 絶은 申에 있다.

於子 知土寄於申无疑也 生과 旺과 墓와 絶을 말한다.

主事할 爻가 木이라면 亥日이 長生이 되고 卯日은 旺이 되며 未日은 墓가 되고 申日은 絶이 된다. 모든 것을 이와같이 推理한다. 主事爻가 木이라면 動出된 爻가 亥水를 化出하면 長生이 되고 卯라면 旺이 되며 未라면 墓가 되고 申이라면 絶이 된다. 覺子가 말하되 金이 비록 長生이 되나 火剋金이 되).巳日占에 卦中에 巳爻를 動出하면 長生을 만난다 하나 金爻가 休囚死氣하는데 다시 巳午火를 만나면 사나운불이 金을 剋하니 生이 된다고할 수 없다. 이 法에 土가 日月動爻의 生을 받아야 한다(巳는 비록 長生이 되나 火剋金이 됨). 특히 生과 五行과 살피고 論하고 十二운성만가지고 吉凶판단 할수 없다. 子孫爻에 土가 있으면 申日에 개이기도 하고 子日에 비도오고 또는 寅에 長生한다 하나 믿을만한 것이 못된다. 天時占에 土가 父母爻에 있어 申日에 長生하고 또 寅에 長生한다 하나 믿을만한 것이 못된다. 子孫爻에 있으면 申日에 개이기도 하고 子日에 개이므로 土가 申에서 長生되고 子에 旺

된다는 것을 알것이니 土가 申에 寄生된다는 것을 의심할 필요가 없다.

午月己卯日占妻病 (妻의 病占)

```
         震
   豊 卦   合
      才戌 ‖世‖
      官申 ‖   應
      孫午  ｜
      父亥 才辰 ×
           兄寅 ‖
           父子  ｜
```

辰土財爻가 用神이 되는데 近病에 冲을 만나면 바로 낫는다. 그러면 辰日에 나을것인가? 그렇지않다. 그러면 酉日인가 하면 그도 아니다. 그뒤로 連日 혼수상태로 있다가 子日에 起床하였다. 辰에 낫는다는 것은 辰土를 만나기에 그러한이고, 酉日이란 辰과 酉가 支合 動하여 合을 만나는 날이다. 子日에낫는 다는 것은 動土財爻가 子에 旺하기에 그러함이다. 李我平이 이르기를 生旺墓絶의 論은 金이 巳에 生되고, 木은 亥水에 生이 되고, 水는 甲 辰되고, 火는 寅에 長生되어 이것을 四大長生의 正理라 한다. 土가 寄生된다는 것은 火土는 寅에 生이 되면 子에 胎가 되니 이것이 바로 寅에 寄生된 다는 것 이다. 지금五行家들이 말하는 戊土가 寅에 長生되고 己土가 酉에 生된다는 것 이다. 오직 土가 申에만 있는 것이 아니고 坤土가 申에 있다는 것은 陰陽을 나누어 논 것이다.

137

戊土가 寅에 長生이되고、己土가 酉에 生다는 것도 믿을 수 없으니 天時考證에 土가 申에 寄生된다는 것은 萬古에 바꿔지지 않는 이치라 한다。

㊲ 各門類題頭總說

後章分門 各類當用字眼 恐其煩絮不便全寫止用 題頭如後 有用神宜旺不可指定旺於四時 但得用臨 日月或遇 日月動爻 變爻生扶 或用爻 遇長生逢旺 皆謂之旺

各門의 種類를 머리에 모두 골자를 쓴것이다。後章에 各各門別로 나누어 各種類別로 列擧한다。그 복잡한 것이 실을 늘려논 것같아 불편하기에 用神쓰는 法에 끝치는 것이다。用神이 旺한 것을 좋게여겨 指定한다는 것은 不可하니 四時의 旺을 보아 다만 用神이 日月에 있고 日月動爻를 變爻가 生扶하여주고、혹은 用爻가 帝旺長生을 만남으로써、旺이라 하는 것이 좋다。

用神이 吉로 化하는 것은 用神元神이 動하여 回頭生이 되며 長生으로 化하고 帝旺으로 化하며 比和의、도움으로 化하며 日月이 도와주면 다 吉하게 된다。用神이 凶으로 化한 것은 用神元神이 動하여 回頭克으로 化하고 絶로 化하고 墓로 化하고 空으로 化하고 破로 化하고 鬼로 化하고 退神으로 化하면 모두 다 凶하게 된다。歲君이란 바로 당년의 太歲를 가르킨다. 歲五란 卦의 五爻이며 五位는 每卦의 五爻가 君位가 된다. 易에 九五란 뜻이다.
古法에 卦身과 世身이 있는데 나의 시험으로는 맞지 않기에 쓰지않는다. 뒤에 나오는 身字는 即世를 가리키는 것이고 卦身과 世身을 말하는 것이 아니다. 三墓란 用爻가 日辰墓에 있는 것이고、動하여 墓에 드는 것이 動墓며 動하여 墓로 化하는 것을 合하여 三墓라 한다
古法에는 世墓、身墓、命墓라 한 것이다.
主象이란 主事爻를 말하는것이니、自占에는 世가 主象이 되는 것이다. 또한 이름은 主事爻라 한다. 父母兄弟占에는 父母兄弟가 主事爻가 된다. 老陰이 少陽이 되면 變이라 하고、老陽이 少陰으로 되면 化라 한다. 古言에 變은 물건이 없어졌다가 다시생겨나는 것이고 化라는 것은 물건이 이루어졌다가 敗하는 것을 가리키고 前進하였다가 後退한 것이다. 나의시험으로는 맞지 아니함이 없는데、進神으로 化하여 生旺되면 비록 吉하고、鬼로 變하여 回頭克으로 變하면 비록 變하나 凶하다. 뒤에各章에 變이라고 말한 것은 即化爻의 化니바로 이것을 變이라 한다.

㊳ 各門類應總說

靜而逢位逢冲　且如主事爻　臨子水不動　後逢子日午日應之倣此

動而逢合逢　値如主事爻　臨子發動　後遇丑日子日應之餘倣此

太旺者　逢墓逢冲　且如主事爻　臨巳午火　又遇巳午月日占卦　或卦中巳午爻太多　後逢亥子月日　占卦를 얻으면　卦中에 巳午火爻가 너무 많으니 뒤에 亥子月을 만남으로써 응하게 되고、

應之　乃有戌月戌日　應之乃火入墓也　餘皆倣此

靜爻가 冲을 만나 主事되는 爻가 子水에 있어 動이 아니되었으면 子日이나 午日에 成事하게 된다는 것도 이것을 본따라 판단하라.

動爻가 動하여 合을 만나고 子水의 發動된 爻에 임하면 뒤에 子日이나 丑日을 맞남으로써 成事하게 되니 다른 것도 이법을 모방하라.

太旺하면 墓를 만나고 冲을 만나야 한다. 만일 主事爻가 巳午火를 만났는데、또 巳午月日 占卦를 얻으면 卦中에 巳午火爻가 너무 많으니 뒤에 亥子月을 만남으로써 응하게 되고、

戌月이나 戌日을 만남으로써 응하게 되니 이것을 火가 墓에 들어가는 이치라 한다. 다른 것도 이 이치를 모방하라.

또는 主事爻가 金인데 巳午火旺月을 만나면 바로 休囚하여 無氣하게 되니 뒤에 土旺月日

이나 秋節金의 當旺 시기를 만나면 旺하므로 成事를 하게 된다. 三墓에 들면 冲開되는 것이 좋다. 主象이 午火라면 戌이 墓가 되니 戌을 冲開하여 주는 辰日에 成事한다. 六合은 相冲을 要한다. 만일 主事爻가 日月과 合이 되거나 動하여 合으로 化하면 或 凶하기도 吉하기도 한데 반드시 冲日되는 날을 기려 成事하게 된다.

만일 主象이 子와 丑이 合하였으면 午未日을 만나므로 成事를 한다. 月破는 合을 좋아한다. 子月占에 主象爻가 午라면 月破가 되니 未日에 成事를 한다. 破가 合을 만나 다시 午日을 만나면 成事하게 된다. 午日辰이 되면 實實하기에 子水가 午火爻를 破한다 하여도 不破라 한다. 旬空은 冲을 만남으로써 기쁘게 되는데 大象이 吉한데 克을 받으면 大象이 吉하다 하나 꿴을 받는 날을 기다리라. 가령 辰土가 用神인데 日月의 生扶를 받으면 大象이 吉하다 하나 寅卯의 克害를 받으면 申酉日에 克神을 冲去하면 吉하게 된다. 그러나 用神이 辰土라 大象이 吉하다 하나 日月動爻의 生이 없으면 大象이 凶하게 된다. 다시 寅卯木의 尅制를 받으면 寅卯日이나 亥日에 凶하게 된다. 元神이 扶助하여주면 用神의 衰旺을 보아 忌神이 와서 克冲하면 元氣가 衰하여지니 凶하게 된다.

主象이 木인데 申金이 酉金을 化出하면 化進神이 되므로 큰 禍가 오게 된다.

遠事占은 年이나 月로 단정짓고 近事占은 日時로 단결을 짓는다. 遠近은 알수 없는 것이니 事件의 形便에 依하여 成事日時를 斷決한다. 만일 卦풀이가 不明하면 再占을 하는것이 오른 法이다. 卦가 황홀하여 판단짓지 못하면 一卦를 再占할뿐 妄斷을 하지 말라.

㉟ 遊魂卦와 歸魂卦

遊魂卦者 乃各宮 第七卦 如乾宮之 火地晉 坤宮水天需是也

※ 유혼괘는 乾宮 第七卦 火地晉이요, 坤宮은 七卦水天需卦라 한다. 八宮六十四卦篇을 보고 各宮 第 七卦를 유혼괘로 定하라. 歸魂卦者乃各宮第八卦如乾宮火天大有 坤宮水地比是也

귀혼괘는 各宮八卦에 있으니 乾卦는 火天大有가 되고 坤卦는 水地比卦가 된다.

古法에 遊魂卦를 얻으면 내가 千里他鄕에 가서 오래있고저하나 마음이 정처가 없어 이리갔다 저리갔다 한다. 이 卦는 身命占으로하여 平生일을 보나 집이 편하고 즐거운 업을 계속하기 어렵다. 家宅占에 移舍가 잦고 앉아있는 곳이 온전치 못하다 墓地占에도 亡人이 不安한 象이다.

歸魂卦도 두서가 없으니 안심하고 집에 있는 것이 좋다. 野鶴이 이르기를 用神을 爲主로 한 연후에 모든 것을 참작하여 取捨의 方法을 쓰라.

㊵ 月 破

寅破申 卯酉 辰戌 巳亥 子午 未丑 申寅 酉卯 戌辰 亥巳 午子 丑破未

正月을 寅이라 하고 七月을 申이라 하니 寅申이 破라 한다。 十二月이 이와같은 이치로 서로 破가 되기에 月破라 한다。

月建之爲月破逐月之破日是也

識書皆以 用神臨月破 如悖時也 即是枯根朽木 逢生生之不起 逢傷更傷者重 雖現於卦 有亦如無 伏於卦中 終難透露 雖有日辰之生 亦不能生 動而作忌神者 不能爲害 變爻者 不能傷克動爻 野鶴曰 余得其驗 動則能於傷爻 變則能於傷動何也 神兆機於動 事之无吉无凶則不動矣既動則 有禍福之基 目下雖破 出月則不破 今日雖破 實破之日則不破 逢合之日則不破 近應日時 遠應年月 惟靜而不動 又無日辰動爻生助 實則到底破矣

※ 月建의 月破가 되는 것이니 달에 따라 破가 되는 것을 말하는 것이다。

모든 글에 用神이 月破를 만나게 되는 것을 때가 어긋진 관계라 한다。 바로 이것은 뿌리가 마르고 나무가 썩은 것같어 生을 하고자 하여도 生하지 못한다。 傷을 입는 자는 다시 傷을 받으므로、 重하게 되기에 비록 卦에 나타나 있으나 역시 없는 것같다。 卦中에 伏되어 있더라도 뛰어나기가 어려워 비록 일진의 生扶가 있더라도 能히 生할수 없다。 動하여 忌神으로 된者는 能히 害가 되도록 하지 못한다。 變爻도 역시 能히 動爻를 傷克하지 못한다。

野鶴이 말한 動하면 能히 動爻를 傷하게 하고 變하면 能히 動爻를 傷하게 한다는 것은 무

슨 까닭인가. 神非가 動에서 나타나는 것이니 一의 吉도 없고 凶도 없으면 動하지 않게 된
다. 이미 動하면 禍福의 터가 되는 것이니 現在는 비록 破가 되나 달이 지나가면 破가 안
된다. 지금은 비록 破가 되나 破가 벗어나는 날에 不破가 된다. 또는 合되는 날에 不破가
된다. 가까운 日時나 먼 年月을 應하는 것은 오직 靜爻로서 動하지 아니하며 또는 動하여
日辰生助의 공이 없으면 꼭 破가 된다.

亥月 己丑日占 將來有官否(將來에 官運이 있겠는가 없겠는가)

訟　兌
卦　卦

父戌　父未×世ー
　　冲酉ー
　　兄　　亥═應ー
　　　　　孫丑ー
　　　　　父卯　口
　　才寅官巳　破

이 卦는 官이 動하여 世를 生하고 世爻가 動하여 進神으로 化하니 官이 있을 象이라. 하
겠으나, 오직 官이 月破를 만나고 世가 旬空을 만나 부족함이 있다. 空이란 오직 日辰의
相冲이 되면 冲空하기에 空이 되지 않는다. 破가 되는 것은 또 日辰生爻가 없고 動도 안되여
生이 없으면 破가 된다. 古法에는 日建이 生하면 破가 되지 않는다 하였다. 하물며 動爻와
日建의 生이 없으면 되겠는가. 動하여 世를 生하였으나 再占을 해보아야 한다.

```
比卦  應
     子 ‖ ─
     才 戌 ‖
     兄 申 ‖ 世
                卯 ‖ 破
                巳 ‖
              官 未 ‖
              父
              兄
```

만일 官이 없다면 얻기가 어려우나 官星이 世를 生하고 또는 官星이 持世하였다. 그리고 前卦에 官이 動하여 相生되는 것을 보니, 뒤에 언제 되리라. 官이 世爻에 있으니 王家에서 녹을 얻으리라. 그러면 언제쯤 이루어지겠는가 前卦에 官이 月破에 있으니 出破되는 해에 얻으리라. 果然 巳年에 官職을 얻었다. 月破가 百無所用이라 하는 이론은 거리가 멀다

辰月 戊子日 父何日回 (아버지가 언제 오겠는가)

```
乾卦
    夫卦      破
         朱       父 戌 父 未
         口 世 靑  玄 白 巳 句
               申   
           兄   官 午 父 辰
                   冲
                應 寅    
                才     孫 子
```

父母가 世를 가졌으나 破가 空으로 化하고 日이 生하여 줌도 없고 動하여 도움도 없으니 古法으로 하면 用神이 無氣하므로 돌아오지 아니하리라 하겠지 마는 그렇게 보지 않는다. 朱雀이 父母爻에 임하고 動하여 世를 갖고 있으니 卯月에 소식이 있어 午未日에 반드시 돌아오리라. 果然 卯日에 소식을 듣고 乙未에 집으로 돌아왔다. 卯日에 소식을 듣고 乙未에

午月癸卯日占　後運功名(後運에 功名하겠는가)

觀　　良
官寅　 ｜世
父巳　才子×＝　口應＝
鬼卯　兄戌＝　　父午＝
　　　孫申＝　　兄辰＝

寅木官星이 世를 가졌는데 申金이 動하여 克을 하니 今月七月에 반드시 凶罪에 걸리리라 그것은 應이 動하여 世를 克하니 반드시 원수진 집이 있을 것이다. 功名에 支障의 有無는 末일 子水가 動하지 아니하였으면 必然코 落職하게 된다. 그러나 多幸히 子水가 있어겹쳐 이어지며 相生되니 進級이 되어 他處로 떠나게 되는 것을 면치못하리라. 다음날 나를 불러서 오라고 하기에 가보니 어떠한 손님이 있는데 易理를 안다하여 육효점을 쳤는데 子水가 접속상 생을 말했다. 卜書에서 이르되 忌神과 元神이 함께 動하여 官과 世爻가 兩生을 얻으면 그해

집으로 돌아왔다. 卯日에 소식을 들은 것은 破가 合을 만났기 때문이고 未日에 돌아온 것은 戌土父母가 動하여 未土를 化出하였는데 出空되는 날에 온것이다. 古法의 進神의 論에서 動하여 月破를 만나면 나의 위치를 이룬것이라. 하였으나 月建이 化하여 退하였으므로 이 卦는 그렇지 않는다. 父母爻가 破나 空으로 化하여 있으니 破가 가시고 공이 나감으로써 결국은 물러가기에 歸家하는 이치라고 한다.

寅月丙辰日占

臨卦
孫酉⚋⚋應
才亥⚋⚋
兄丑⚋⚋世
兄丑⚋⚋
官卯 ―
父巳 ―

반드시 子年을 기다리면 정식으로 기용되리라。 어느날 易을 아는 손님이 자리에 있다가 뭇기를 五爻의 亥水가 官을 生하고 있는데 어찌 기용되지 아니하겠는가 하기에 내가 말하기를 五爻가 와서 生하여 준다 하여도 日辰의 克을 받으니 將來子年에 亥水가 子에서 旺을 받기에 그러함이다 하였다。 前卦에 五爻子水가 太歲의 合을 받아 不破됨으로써 起用된 것

겨울에 크게 승진할 징조라하였다 하였는데 어찌하여 반대로 이임된다는 것일가。그것은 子水가 破되어 空으로 化하니, 비록 있다 하나 없는 것과 같다。 그러므로 元神이 无用한다 그래서 나는 古法을 쓰지않은 것이다。 신의 기밀이 動에서 나타나니 動하면 반드시 그 원인이 있기 마련이다。 그래서 降等한다 고 단정진 것이다。 命令이 내리는 날은 冬至月이 될 것이니 그달에 효력이 발휘되리라。 다른 달에 있어서 子水가 실하지 못하면 도리여 알수가 없다。 果然 七月에 사고가 나서 大罪로 結成되였다가 冬至月에 일이 맺어져서 降等이 되였던 것이다。 그동안 나는 他國에 갔다가 다시 도라오니 나를 부르기에 가서 또다시 점하였다。

을 의심할 바가 없다. 果然 甲子年巳月에 정식으로 起用된 것이다. 내가 해석을 前卦에 申金이 世를克하므로 비록 子水가 動하여 있지만 破가 되고、化空이 되어 能히 世를 生하고 官을 生하지 못하므로 원수사람으로 因하여 죄를 얻게 된것이 모두다 그러하나 子月에 비록 破가 나갔다 하여도 그 힘이 輕하여 昇進이 못되고 따라서 落職도 안되었으며 降等만 있게 된 것이다. 그후로는 子年을 만나면 破가 힘이 없게 되고, 太歲에 있으므로 당권이 되니 起用되는 것이다. 그러나 明年에 辰年이 되면 子水가 太歲의 墓에 들어가고 太歲가 子水를 克去하면 申金이 다시 世를 克하니 克은 있어도 生은 없으니 지나간 해에 비하여 禍厄이 더욱 重하다. 하였더니 듣지 않더라. 과연 辰年三月에 罪를 얻어 解職이 되었다

이상은 月破를 分析할때 破가 되며 動한 데에 原因이 있으니 動하지 않으면 이와같은 판단을 하지 않는다.

李我平이 말하기를、易冒에 月破를 論할때 動하여 忌神으로 되면 害가 없고 動하여 元神으로 되면 依賴할 일이 못되고, 日辰이 生되어도 일으키지 못하니 백번이나 所用없는 물건이 된다. 易林補遺에서는 月破爻에 있으면 衰旺을 不拘하고 概括的으로 凶하다고 본다. 生을 받지 못하고 克을 만나면 비록 있으나 없는 것같다.

㊶ 飛神伏神

凢用神不現即以日月爲用神。倘日月非用神者 順於本宮首卦 尋六因本宮首卦父子財官兄六親俱備之故耶

※ 대개 用神이 나타나지 않으면, 日月爻로 用神을 하고 日月에 用神이 없으면 本宮首卦로 하라. 本宮首卦에서는 子父財官兄 六親이 구비되어 있다.

例　天風姤卦

```
　　　　戌申午｜｜｜應
　　　　父兄官　　　
　　　　　　　酉亥丑｜｜≡世
　　　　　　　父兄孫父
```

財妻占을 치는데、財爻를 取하여 用神을 하는바 이 卦가 姤卦며 乾宮에 속되여 있으니 다시 乾宮本卦의 二爻 寅木財를 取하여 用神을 한다. 다음으로 寅卯月에 占斷을 친다면 財가 月建이나 日建에 들어있으니 日月로 用神을 한다는 것이다. 다시 乾宮首卦 重乾天卦를 그려 用神을 찾아본다.

```
首卦乾天
父戌｜
兄申｜
官午｜
父辰｜
才寅｜
孫子｜
```

(이 卦에 寅木 妻財가 二爻에 있으니 이 寅木이 姤卦二爻亥水의 아래에 伏되여 있다. 姤卦의 二爻亥水는 飛神이 되고, 寅木은 妻財가 되니 바로 이것이 伏神이다. 亥水가 寅木을 生하므로 이것을 飛來生伏이라 하니 伏이 亥水下에서 長生된다. 이 用神이 나타나지 아니하면 伏神을 찾아 쓰는 것이니 生扶됨을 만나 쓸것인가 못쓸것인가를 보아 吉凶을 斷定하는 것이니 다른 것도 이것을 모방하라.

天山遯卦라하여 ──────
　　　　　　　　戌申午申午辰
　　　　　　　　父兄官兄官父

子孫占을 하는데는 子孫의 用神을 取用하는 것인데 이 卦가 乾宮에 있으나 六爻가 모두 子孫이 없으니 亥子의 子孫이 나타나지 아니하였다. 亥子月日占이라면 日月로 用神을 하지만 亥子月占이 아니면 역시 乾宮首卦內에서 찾게 되므로 乾爲天卦 一爻에서 子水伏神子孫을 찾아쓴다. 그런데 遯卦初爻의 아래 辰土밑에 있기에 辰土가 伏神子水 子孫을 克하므로 飛來克伏이라 한다. 이렇게 되면 克害를 만나니 伏이 受制라 하여 無用之伏이 되므로 凶하다 推定하니 나머지 다른 것도 이것을 모방하라.
伏神에 쓸수있는 用神이 여섯가지가 있다. 伏神이 日月에서 生을 받는 것이 一이요, 伏神旺相되는 者가 二요, 伏神을 飛神에서 生을 얻는것이 三이요, 伏神이 動爻에서 生을 얻은 것이 四요、伏神이 日月動爻를 얻어 飛神을 冲克하는 것이 五요、伏이 飛神의 空破伏四墓絶을 얻게 되는 것이 六이라 한다. 黃金策에 이르되 空下에 伏神은 쉽게 引拔시켜 준다는 말이 이치에 가깝다. 또는 飛神이 空亡되는 것뿐만 아니라 비신이 破나 絶이나 休囚하거나 墓에 들어가면 모두 쉽게 나오게 되는 것은 무엇인가. 伏神이 飛神의 아래에 있어 위에 있는 飛神을 破하고 墓에 들게 하고 衰하게 하고 空되게 하면 비록 있으나 없는것 같기에 伏神이 쉽게 나온다. 이 여섯가지의 伏神이, 다 有用의 伏神이라 한다. 이렇게 되면 나타난 것과 같다. 또는 伏神이 끝까지 나오지 못하는 것인데 다섯가지가 있다. 伏神이 休囚하여 無氣한 자는 一이요、伏神이 日月의 冲克을 받는 것이 二요、伏神이 日月의 飛神爻에 墓絶되는 것이 四요、伏神이 休囚되어 旬空 月破되는 것이 五라 한다. 이 五種은 無用의 伏神이라 한다. 비록 있어도 없는것같으나 能히 나오지 못한다. 黃金策이 이르되、伏이 空地에 있으면 일이 내마음과 어긋진다 하였다. 내가 얻은 경험에 의하면, 이 理論과는 다르다. 用神이 旺相하면 旬空을 만나더라도 出空되는 날에 쓰게 된다.

卯月 壬辰日占 文書何日得領(문서를 어느날에 얻겠는가)

山火賁卦

官寅 ─
才子 ─ ─
兄戌 ─ ─ 應
才亥 ─　　　　午父
兄丑 ─ ─
官卯 ─　　　　世

甲午日에 出空되면 반드시 얻으리라.

午火 父母가 用神이 되는데 空이 되며 二爻 丑土火에 空되여 있기에 나오기가 어려우나

辰月丁巳日占 逃僕

水山蹇卦
子戌申 ‖—‖ 世 卯才
孫父兄   ‖—‖ 申午   兄官
            ‖—‖ 辰 應   父

蹇을 占칠 적에는 財로써 用神을 하는데 이 卦內에 財가 나타나지 아니하였기로 兌宮首卦에서 二爻의 卯木神을 取用한다.

이 蹇卦가 兌宮에 들어있으니 兌卦二爻에서 伏神을 찾아 用神으로 하는 것이다. 二爻 卯木이 蹇卦二爻 下에 있다. 午火가 飛神이고 卯木이 伏神이다. 蹇卦第四爻에 申金兄弟가 持世하여 卯木財星을 克制하므로 끝까지 도망갈수가 없게 되어 있다. 伏이 午火의 밑에 있어 飛神을 生하니 伏이 泄氣를 當하므로 財物을 철공이 집에서 다 없어졌다. 甲子日에 잡혀오리라 하였는데 果然 子日에 소식을 듣고 申時에 철공에 잡았는데 갖고 간 돈은 철공집에 서 도박을 하여 잃어버렸던 것이다. 그래서 철공과 종을 官家에 送致하였다. 子日이라 함은 子水가 午火의 飛神을 冲克하면 卯木伏神이 노출되는 이치라 한다.

黃金策에 이르기를 伏神을 끌어주는 것이 없으면 飛神이 열어주지 못한다 하였드니 역시

이 卦가 그렇다. 그런데 내가 의심스러운 것은 飛神은 午火鐵工이고 伏神卯木은 종인데 망쳐서 철공집에 간것과 子水가 午火를 冲하는데 子午卯의 刑을 이루기를 所謂 二人이 同時에 罰을 받은 것이다.

酉月丙辰日占 子病(자식의 병점)

地風升卦
官 酉亥 ‖ ‖ 孫― ―
父 丑 ‖ 官 酉亥 ― ―
才 ― 父 丑 ‖

黃金策이 이르기를 空下伏神은 쉽게 인발된다 하였고 이 卦午火子孫이 丑土下에 있고 丑土가 旬空이 되므로 쉽게 나오리라 하였다. 午日에 子孫이 出現되었다. 以上은 用神이 不現하면 本宮首卦에서 찾아보라 한 것이다. 古法에는 八純首卦에서 만일 用神이 空이나 破가 되면 他宮에 가서 찾아보라 하였다. 比較的 乾天卦內에 用神이 있어서 空이나 破나 衰나 絶이 되면 坤宮에 가서 찾아보라 하였다. 이것은 乾坤이 往來하며 서로 교환한다는 뜻이다. 易林補遺에서는 歸魂卦는 親宮의 第四卦라 한다. 野鶴이 말하기를 用神이 空破衰絶되면 禍福은 이미 八、九로 알게 되는 것이니 어찌 한 卦를 再占하여 합쳐 결정짓지 아니하는가. 그렇게 하면 스스로 用神이 나오게되는 것이라 하였다. 나는 用神의 衰絶을 기다리지 않고 나타나지 않으면 비록 伏神이 있더라도 쓰지않고 兩卦를 再占하였더

卯月 丙辰日占 父病(아버지의 병)

地雷復卦
孫酉 ‖
才亥 ‖ 應
兄丑 ‖
兄辰 ‖   巳父
官寅 ‖ 世
才子 —

니 用神이 반드시 나타났다. 어느날 어느집에 가서 의원들이 滿座한 것을 보았다. 그때 이 집에서 病占 占을 하였는데,

이 卦의 父母用神이 나타나지 않아 坤官有卦二爻의 巳火伏神을 用神으로 하였던 것이다 巳火父母가 二爻寅木下에 旺한 木이 巳火를 生하니 飛來生伏하므로 반드시 병이 完快하리라 믿었다. 그러나 그렇게 하지 않고 再占을 하여 보았다.

山澤損卦
官寅 — 應
才子 ‖
兄戌 ‖
兄丑 ‖ 世
官卯 —
父巳 —

巳火父母가 一爻에 나타나 있으며 봄철에 占을 치므로 木이 旺하니 巳火父母가 旺相하므로 바로 회복하리라 하였더니 저사람이 말하기를 病勢가 危急하다 한다. 그래서 灰子를 불러 다시 再占을 하였다.

漸卦
巽卦
官卯ㅣㅣ應
父巳ㅣ
兄未ㅣㅣ
孫申ㅣ世
才亥父午×
兄辰ㅣㅣ

前의 兩卦는 바로 회복하리라 되어있는데 어찌 이 卦는 亥水가 變出하여 父母를 回頭克하는가. 내가 문득 깨친바가 있다. 前卦는 巳火父母가 旺하여 傷克을 받지 않은 것은 現在는 무사하다는 뜻이나. 亥水가 父母를 克하니 겨울을 넘기가 어렵다는 뜻이다. 病床에 와서 病人에게 自占하도록 하였다.

遯卦
姤卦
父戌ㅣ
兄申ㅣ應
官午ㅣ
兄申ㅣ
孫亥官午×世
父辰ㅣㅣ

이 卦가 前卦와 비슷하니 夫人을 請하여 再占을 한 결과 遯의 姤卦를 다시 얻은 것이다 내가 三卦를 연달아 볼때 머리털과 뼈가 오싹하다. 神이 있는 것인가. 없는 것인가 子占에 父가 亥水의 回頭克이 되고 父가 自占을 하니 亥水가 世爻를 回頭克하고 妻가 夫의 占을 하는데 夫인 官星이 亥水의 回頭克이 되니 三卦가 同一하다. 겨울을 넘기기 어려우리라 이렇게 되면 扁鵲이 도와줄수가 없으리라. 果然 亥月이란 내가 伏神을 取하지 않고 多占의 몇 卦로 禍福을 斷定함이 穩全하다. 이미 目前의 生을 아는 것과 將來死亡할 것을 아는 것은 多占의 힘이 아니겠는가.

李我平이 말하되 古法에 伏神을 用神으로 하는데에 경험이 있다 하였지만 伏神이 衰하고 弱하고、休囚되고、刑冲되고、克害되고、月破가 되고、旬空이 되면 역시 어렵다. 그러나 이것을 捕促하여 쓰는데에는 多占하는데에 兩卦가 스스로 用神이 있게 되는 것이 진짜 秘法이라 한다. 이 秘法을 빨리 이 世上에 전파하여야 한다.

쓰는데에 多占하는데에 兩卦가 스스로 用神이 있게 되는 것이 진짜 秘法이라 한다. 이 秘法을 빨리 이 世上에 전파하여야 한다. 혹 이르되 多占하는데에 伏神을 쓸 必要가 없다. 어찌 互卦 있으니 하필 用神이 나타나지 아니하면 伏神을 찾는 法을 쓰는가. 이것은 不可하다.

戊申日占 子病

```
  晋    剝
  卦    卦
官 巳 │   ─
父 未 ∥   ∥
兄 酉 ∥ 世 ×
      才 卯 ∥
      官 巳 ∥
      父 未 ∥ 子孫
              應
```

他 사람이 이르되 飛神伏神의 變象이다 用神이 없으니 火地晋卦의 乾卦를 보면 水가 바로 子孫이 되는데 酉金의 動爻가 生하니 亥月에 원진되리라. 내가 경험방에서 보니 用神인 伏

神과 元神이 나오면 病占에 죽지 아니한다 하였다. 이 卦가 홀로 四爻에 元神이 요동되고 또 日辰의 生이 있다. 大全書에 이르되 用神인 伏神이 日月生을 받으면 바로 튀어난다 하였는데 此卦 子水子孫이 初爻下에 伏되어 飛神의 재앙을 받지만 飛神의 生扶를 얻었기로 多水가 嘗旺令하게 되면 子孫이 튀어나오니 生하게 된다는 것이 明白하다. 어찌 互卦를 쓸 必要가 있겠는가.

子月 戊寅日占 官

```
困        ‖     巳官
  未  ‖        
  酉  ‖  ‖應  
兌 亥  ‖     午破辰×
父 午破辰     寅 世
兄 孫 官 父    巳官
才
巳
官
```

他 사람이 말할때、飛爻午火의 官星이 이미 破가 되었으니 巳官이 伏神으로 되어 寅에 長生이 되었으므로 초봄에 승진하리라. 黃金策에 이르되 飛爻나 變爻에 用神이 없으면 伏神을 찾아서 쓴다 하였다. 그런데 이 卦가 初爻에 寅木이 巳火官星을 變出하여 초봄에 官을 長生을 만나고 그중 財爻가 獨發하여 官을 生하고 있는데 무슨 연고로 變出된 官星은 말하지 않고 伏神만 말하는가. 多幸히 이 卦伏神이나 變爻가 모두 巳火라. 만일 後人이 이 卦象을 만나 이 法으로써 變爻를 쓸것인가 伏神을 쓸것인가 오전될 우려가 있으니 世上사

람에게 가르쳐 주는 法으로 傳한다면 되지 않으니 取하지 않아야 한다. 化章中에 占驗法을 보면 可히 우스운 일이다.

辛卯年 丙申月 丙子日占 存亡(자식이 살았나 죽었는가)

觀　　萃
父未　才卯 □
官巳　―
父未×世＝
才卯＝
官巳＝
父未 應
孫亥

他사람이 이르되 水가 子孫이 되는데 나타나지 아니하였다 문득 丙月 辛年이므로 丙年이 化하여 水가 되니 亥月甲辰日에 申子辰이 合하여 水局을 이루니 亥月에 도라오리라. 나는 이렇게 본다. 世父未土가 亥水子孫을 化出하니 亥月에 子息을 만나게 되리라. 世와 子孫이 亥卯未三合局을 이루니 이 이론이 현명한 父子相逢을 무슨 연고로 干化法을 取하는가. 亥中에 亥水가 不現하면 子水日辰을 用神으로 하면 첩첩한 用神은 取하지 아니하는 것인가? 干化法을 原하는 것은 그릇된 판단이니 後人들에게 가르쳐주면 안된다.

㊷ 進神과 退神

進退神者 爻之動而化也 化進化退吉凶禍福有喜忌之分 所喜者 宜於化進 進神亥化子 寅化卯 巳化午 申化酉丑化戌 辰化未 未化戌 退神‧子化亥 卯化寅 午化巳 酉化申 辰化丑 未化辰 戌化 進神者申此而前進也 如春木之榮 有源之水 久遠長進進象 退者申此而漸退也 如秋天花木漸漸凋零。

※ 진신이란 爻가 動하여 化한 것이고 進으로 化하고 退로 化하는 것은 吉凶禍福과 喜忌의 區分이 있다. 기쁜자는 進으로 化한 것이 좋고 忌神이 되는 者는 退神되는 것이 좋다. 進神은 亥가 子로 化하고 寅이 卯로 化하며 巳가 午로 化하고 申이 酉로 化하며 丑이 辰으로 化하고 辰이 未로 化하고 未가 戌로 化한다. 退神은 子가 亥로 化하고 卯가 寅으로 化하고 午가 巳로 化하고, 戌이 未로 化하고, 酉가 申으로 化하고 辰이 丑으로 化하고, 未가 辰으로 化한다. 進神者는 一로부터 前進하는 것이니 봄나무와같이 영화스럽고 원천이 있는 물과 같다 久遠하여 길이 나아가는 象이다. 退神은 二로부터 차차 물러가는 것이니 가을철에 花木이 점점 말라비뚜러지는 것과 같다.

申月癸卯日占鄕試(향시에 지망시험)

恒卦　　‖應
大過　才戌‖　　×
　　　官酉　官申　　‖世
　　　　　　孫午｜　｜
　　　　　　官酉　官亥　冲
　　　　　　父　　父
　　　　　　　　才丑‖

斷에 이르되 酉金官星이 世를 갖고 旺相한데 卯日이 冲하여 알동되고 또 五爻의 上位 官星이 進神으로 化하며 扶助되었으니 올가을에 合格되고 명년봄에 또 大科에 合格하리라.

酉月 庚戌日占 何年生子(어느해에 자식을 얻겠는가)

屯　　　　‖應
節　兄子‖　　　×世
　　官戌｜　官寅｜
　　父申‖　孫子
　　官辰×世
　　孫卯　兄

寅木子孫이 持世하여 進神되었으니 寅木이 旬空되고 化出된 卯木이 空이며 破가 되나 卯年에 空이 나가고 破가 나가면 연달아 子息을 連生하리라. 이 사람이 三十이 되도록 妻에게서 소출이 없더니 子年占卦에 寅卯年이 오면 妻와 종이 同時에 子息을 두리라 하였더니 과연 三十一歲부터 四十五才까지 連하여 四子를 두었다. 古法에 日月이 動하여 空으로 化하고 破로 化하면 되지아니한다 하였으나 이 卦는 旬空으로 化하고 破로 化하였으나 進神이

卯月乙丑日占 求婚成否

```
          噬嗑        比
    父 巳 ×世
    子 未    兄
    才 戌 冲  官 酉
       官 申    才 辰
             兄 寅 應
             父 子
             才 未
```

財爻가 持世하여 進神으로 化하고 巳火子孫이 動하여 世를 生하니 좋으나 巳火가 子水를 化出하여 回頭克이 되니 반드시 午日에 子水를 冲去하면 世爻가 午火와 合이 되므로 그 婚姻이 이루어지리라. 果然 午日에 約婚되었다. 또 묻기를 間爻 酉金官鬼가 動하였으니 지장 이 없겠는가. 나는 그렇게 보지 아니한다. 鬼가 動하였으나 退神으로 化하며 따라서 月破까지 드니 無力하게 되어 좋다는 것이다.

이 卦 世爻未土財가 旬空으로 化하였기에 古法으로 보면 才가 旬空으로 化하나 日月이 動하여진 空으로 化하면 能히 나아가지 못한다 하였다. 그러나 才가 動하여 散되고 空으로 化하드라도 能히 進하게 된다.

酉月 甲辰日 因被訟自陳情(송사로 因하여 스스로 진정)

師
明夷
父酉 ‖ 應
兄亥 ‖
官丑 ‖
兄亥才午 × 世
官丑官辰
破
孫卯孫寅 ×

 世爻가 回頭克이 되고 官이 退神으로 化하며 子孫이 進神으로 化하니 이 三爻가 다 길조가 아니다. 그래서 大凶의 징조라 하였더니 果然 다음해 二月에 직장이 떨어지고 刑務所에 갔다. 古法에 日月動爻가 空破로 化하면 不退된다 하지만 이 卦가 官이 動하여 日辰에 들어있고 또는 日月動爻가 空破로 化하면 不進이라 하였다. 그러나 이 卦의 子孫이 動하였으나 休囚되고 空破로 化하여 進되는 者는 進이 되고 退하여지는 자는 끝에 가서는 退하게 된다.

蹇卦
旅卦
官巳孫子 ×
破父未父戌 ×
兄酉兄申 × 世
　　　兄申 ―
　　　官午 ‖
　　　父辰 ‖ 應

 丑月 丙戌日占 父有信至 己在任程 我去迎之可 遇否 (아버지의 편지는 받았으나 그 벼슬자리에 계시겠는가. 내가 길을 떠나 찾아가면 능히 만날 수가 있겠는가)

父母爻가 退神으로 化하였으니 아버지가 이미 돌아오리라. 世爻가 進神으로 化하였으니 가고 싶으나 가지 못한다. 父母爻가 世를 生해서 相逢될것인바 未日에 서로 만나게 되리라. 果然 未日에 돌아와 만나게 되었다. 未日에 오게 된것은 空이 벗어지고 破가 벗어진 일자라 한다. 만일 古法으로 본다면 日月이 動하여 化空 化破되어 不退된다면 어찌 어버지가 돌아오는 날이 있겠는가.

戌月 癸巳日占 本年冬令 得通關否(금년겨울에 통관될 수 있겠는가)

丑土 官星이 動하여 進神으로 化하니 丑月에 반드시 되리라. 果然 丑月에 얻었다. 古法에 日月이 空破로 化하니 不進이라 하겠으나 이 卦가 動한 日月이라 破로 化한들 능히 아가게 된다.

未月丁卯日占 功名得出仕否(功名을 얻어 벼슬길에 나아갈 수 있겠는가)

同人　　應｜｜
卦　　戌申－－世＝
　　　－｜
革　　孫未孫戌才午兄亥官丑孫卯父

내가 볼적에 古法으로는 子孫이 動하여 官을 克하니 終身토록 官이 없으리라 하겠다. 그러나 辰年에 벼슬길에 나아가게 된다. 어찌하여 그러한가. 戌土子孫이 비록 動하였으나 다행히 退神으로 化하여 官을 克하지 아니한다. 辰年에 戌土子孫을 冲去하면 된다. 果然 辰年에 選出되었다. 어찌 日月에 動하여 空으로 化하였으니 물러가지 아니하겠는가.

申月 辛卯日占 近病(금방난병)

夫卦　　　□世─　─
大壯　兄未‖　酉孫─　應─
　　　孫酉　　亥才　辰寅
　　　才　　　兄官
　　　孫申　　　　　才

이 사람의 병이 위태로우나 子孫이 持世하였으니 내일 辰日에 반드시 良醫를 만나 완치 되리라. 어떤 사람이 말하되 子孫이 退神으로 化하였는데 어찌 약을 써서 효력이 있다 하겠는가. 내가 보기는 動하고 변한 것이 秋金으로서 當令 當權하였으니 近事占에 어찌 退神이라 하겠는가. 久遠의 일이라면 休囚되는 시기를 기다려 退去한다 하겠다. 古法으로는 日月이 動하여 破되고 散되면 살길이 없다하겠으니 이런 판단은 어긋난 판단이다.

丑月 癸卯日占 妻病服藥愈否(처가 병이 났는데 이 약을 마시면 낫겠는가)

```
否  泰
卦
   孫酉 ‖
   才亥 ‖ 應
   兄丑 ‖
   兄辰 兄丑 × 世
        官卯 —
        父巳 —
```

兄이 動하여 進神으로 化하면 牛黃淸心丸이라도 구재할수 없다. 그 妻가 파연 甲辰日에 死亡하였다. 이 卦에 兄弟가 動하여 月日에 있으며 旬空으로 化하였다 하여 進神이 아니겠는가.

戌月癸未日占 久病(오래된 병)

```
乾    口世
      申 —
      官午 — 應
夫 父戌
父未 兄
      官辰 —
      才寅 —
      孫子 —
```

久病에 冲을 만나니 치료키 어려우며 또는 父母世爻를 갖으니 妙藥도 필요가 없게 된다. 精神과 命脈이 차차 쇠진하여 가며 말라 비록 退神되었다 하여도 病이 물러간 것이 아니다. 丑月에 未土를 冲破하면 살길이 없으리라. 果然 丑月에 死亡하였다.

戌月巳卯日占 母血崩一年有餘(어머니가 피 흘린지 일년이 된다)

同人　解
卦

孫戌孫戌 ▯應▯
才申才申 ▯　▯
兄午　　 ▯　▯
兄午官亥 ▯世▯
孫辰孫丑 ×　
父寅父卯 ▯　▯

卯月 癸酉日 父近病 (아버지가 近病)

萃　否
卦　卦

父未× ―應―
兄酉　孫亥―
　　　才卯‖世‖
　　　官巳‖
父戌　父未‖

卯木父母가 日辰의 父를 얻었는데 戌土가 申金을 生하고 申金이 亥水를 生하는데 만일 丑土의 化進神이 아니면 그 물을 막지 아니할 것인데 이 父母가 水의 生을 얻지 못하고 退神으로 化하니 精神과 血脈이 크게 破壞된다. 果然 丑日에 死亡하였다. 이 父母가 日辰에 있으나 空破로 化하지 아니하여도 能히 退神된 이유라 한다.

未土父母가 動하여 進神으로 化하고 戌土父母가 旬空을 만났으나 近病이라 바로 나으리라 다음 날에 재앙이 물러가므로 과연 甲戌日에 出空하므로 바로 나았다. 父母爻가 休囚되었으며 空으로 化하였으니 古法으로 하면 動된 日月이 空破로 化하면 進神이 되지 아니한다. 하였지만, 이제 休囚되어 空으로 化하였으나 회복되는 것이다.

辰月癸丑日占 流年(유년점)

```
困      ‖  □   ‖
解   父未 ‖ 酉  ‖ 應
    兄申 冲兄  孫亥  世
         官午  父辰
              才寅
```

世爻 寅木이 旬空을 만나고 酉金忌神이 五位에 動하여 있다. 古法으로 하면 空은 避하여야 한다 하지만 나는 그렇게 풀이하지 아니한다. 出空이 되면 傷害를 입게 되므로 未日에 死亡하리라. 未日이라 하는 것은 土六爻의 未土가 世爻의 墓가 되었는데 丑이 冲開하니 墓門을 열어 주므로 入墓의 克을 입으니 어찌 죽지 아니하겠는가. 혹시 뭇되 酉金이 退神으로 化하는 것은 어떠한가 내가 보기에는 三土가 酉金을 生하니 不退하게 되리라 하겠다.

辰月 乙丑日占 妻母病(장모의 병)

```
       隨
  否    卦
       才戌 才未 ×應
       官酉 ―  ―
       父亥 ―  ―
       才辰 ‖世
       兄寅 ‖
       才未 父子 ⚆
```

子水父母가 未土의 回頭克을 化出하여 父母를 克하니 戌日에 죽으리라. 果然 甲戌日에 戌土가 出空하는 날이다. 古法에는 散이 되면 없는 것같다 하나, 이 卦가 未土가 丑日의 冲을 입으며 또 旬空月支로 化하나 끝까지 끊어지는 것을 볼수 없는 것과 같다.

申月乙卯日占 出行(나드리점)

```
  屯       節
  卦       卦
       兄子 ‖
       官戌 ―應
       父申 ‖
       官辰 ‖
  兄亥 孫寅 ×世
       冲
       兄子
```

世爻가 寅木에 있어 進神으로 變하여 형제운이 되었다. 그러나 月支가 冲이니 現在는 동할수가 없다. 월冲이 나간뒤 亥日에 가게 되리라. 그러나 다음해 八月에 집으로 돌아오리

라. 도중에 편안하겠는가. 편안하리라. 子孫이 進神으로 化하니 그평안할 것을 알고 있노라. 亥日에 가게 된다는 것은 七月 申金이 寅木을 剋하기에 金이되는 十日을 말하고 次年 八月에 돌아온다는 것은 化出된 卯木을 冲剋하기 때문이라한다. 動하여 日辰의 合을 입었다 하여 進神이되지 아니하겠는가.

辰月 己未日占 兄何日歸 (형이 어느날 돌아오겠는가)

```
       履
       卦         口
 兌         兄未 兄戌 ─世─
 卦         孫申 ═應═
            父午 兄丑 ─
            兄卯 官卯 ═
                 父巳 ─
```

兄이 動하여 退神으로 되어 이미 돌아올 뜻은 있으니 九月에 오리라. 戌兄이 日破가 되기에 밖에서 하는 모든 일이 뜻을 이루지 못하기에 六月에 올 可望이 없다. 果然 戌月에 돌아왔다. 九月에 戌土兄弟가 破가 벗어나기에 그러한 것이다. 動하여 破가 되었기 日辰의 退神이지만 未及된 것이다.

辰月乙未日父占子病 同時에 祖父占孫亦得此卦 (父母가 자식의 병점을 하여 한 卦를얻었는데 그자리에서 祖父가 손자점 同一卦 일때)

```
大有   
卦   ―應=
睽  巳 ―  口世―
   官  未=  兄 酉 ―
   父  酉 ―  父 辰=
   兄 辰=  才 寅―
   父 丑=  孫 子―
   才 寅―
   孫 子―
```

辰土가 丑土로 化하여 退神이 되었지만 月日建의 兩土와 辰丑兩土가 合하여 四土가 克을 하니 이 子息이 死亡하였다.

卯月丙申日占 昇進(승진)

```
      解  應
   才 戌=  ×
   官 申―  應
      官 午=  孫
   官 酉 破  孫 午―
            才 辰=  世
            兄 寅=
```

官이 動하여 進神으로 化하니 八月에 昇進하고 다음 巳月에 또 昇進하리라. 巳月이라는 것은 動爻가 合을 만나는 달이고 申金이 巳에 長生되기에 그러함이다. 月建이 破로 化하였지만 어찌 不進하겠는가.

酉月乙丑日 試驗(시험쳐 合格을 기다림)

```
訟 │ 兌
  │ 卦
父戌 父未×世│
   兄酉│ 孫亥‖應
      父丑│
   才寅 官巳│
```

未土가 進神으로 化하고 巳火官星이 動하여 世를 生하니 吉할징조라 하겠다. 通報를 기다리는데 果然 寅日에 合格되었다. 古法에는 動된 破와 散이 日月로 化하면 進神이 아니된다. 하였으나 이 卦가 動散化空되었어도 能히 合格을 하였다.

未月 丁丑日占 母路隔千里 何時歸來 (어머니가 千里밖에 계시는데 어느때 돌아오겠는가)

```
大有
井
     孫子官巳│應
 父戌 父未× │
     兄申 兄酉│
        父辰│世
        才寅│
     父丑 孫子│
```

一爻 子水가 丑土父母가 子와 丑이 合이 되었는데 合을 입었기에 오지아니한다. 未土父母가 進神으로 化하였으니 오지 않는다. 多幸이 未土를 얻어 酉金兄爻를 生起하나 兄이 退神으로 化하여 世爻와 合하니 母가 반드시 오지 않고 兄弟가 반드시 오리라. 누이는 있으나

동생은 없노라. 果然 三日에 누이가 오니 이것은 兄弟爻가 空으로 化하여 退神된 이유라 한다.

未月 辛未日占 開金銀 器皿 (금은 유기그릇 점포를 연다)

```
噬嗑  ㅁ
―卦
父子孫巳 ㅁ
才戌才未×世ㅁ
官申官酉 ‖應―
     才辰 ‖
     兄寅 ‖
     父子
```

屯

財爻가 世를 갖고 進神으로 化하니 長久하게 發展할 象이다. 甲戌日을 가리어 상점을 열어라 그러면 부자가 되리라. 果然 戌日에 開店하여 今日에 오도록 여러해에 걸쳐 豊盛하게 되었다. 日月이 動하여 空으로 化하였지만 어찌 不進한다 하겠는가.

野鶴이 말하되 進神의 法이 四種이 있으니 動하여 旺相한 것이 旺相하면 勢力의 덕을 입어 출세된것이 一이요, 動하였으나 休囚되어 있으면 旺하여지는 시기를 기다려 나아가는 것이 二요, 動爻 變爻가 하나씩 있어 空을 만나면 出空의 日에 나아가는 것이 三이요, 動爻 變爻가 破를 만나면 出破되는 달에 나아가는 것이 四라 한다. 退神의 法이 四種이 있으니 動하여 旺相한 것이 旺相하여 있으면 日月動爻가 生扶하고 있는 것이 당분간은 물러가지 아니하나 결국 물러감이 一이요, 動하였으나 休囚되어 있으면 때를 따라 물러가는 것이 二요

動父變父가 하나씩 있어 旺相하면 休囚한 시기에 물러가는 것이 三이요, 空破를 만나면 出空·出破의 月日에 물러가는 者가 四라한다.

李我平이 이르되 易冒를 열람하여 보니 大進·不進·不能進이 있는데 이 말이 理致에 가깝다. 日月의 動이 되지만 空破로 化하면 길이 없으니 不進이라 한것은 틀린말이라 하겠다 動父가 日月에 있으면 空을 만나도 空이 아니고 破를 만나도 破가 안되는 것이다. 하물며 空破로 化한다 하겠는가. 日과 月. 하늘과 같으니 비록 空破로 化한다 하여도 뜬구름이 해를 가리운 것과 같이 空破가 벗어지게 되면 구름이 벗어진 것과 같으니 日月爻로 司令 當權되어 있는 것을 不進한다 할수 있겠는가. 또 이르되 動이 破散되어 나간 시기로 되면 나의 위치는 잃어버린 것이니 動破한 것을 알지 못하고 있으나 破가 나간 시기에 쓰게 되며 이미 動散되었어도 破가 벗어진 시기에 쓰게 된다. 日月의 化를 만나므로 化旺이되니 뒷날 空破가 벗어지면 더욱 旺하고 더욱 강하게 된다. 그런데 어찌 不進이라 하겠는가. 申月卯日兄弟占에 兌의 豊卦를 얻었는데 兄弟가 卯日의 冲散을 입었는데 申月이 되었기에 退라 볼수가 없기에 不退되었다는 것이다. 月建이 日月爻에 있으면 散을 만나도 흩어지지 아니함은 七月의 酉日이니 비록 月建은 아니지만 왕하다 아니하겠는가. 堅金이 扶助하므로 山과 같고 언덕과 같으니 卯日이 冲한들 冲散될 이치가 없다.

㊸ **隨鬼入墓**(鬼를 따라 墓에 들어감)

古法有=日墓 動墓 化墓謂之三墓 世爻隨鬼入墓 本命隨鬼入墓 卦身隨鬼入墓覺子曰 執此數
論 若逢辰持丑之日 竟不敢占卦 非 世臨鬼 即卦身臨鬼 非世臨鬼 即本命鬼 不然 又不獨辰戌
丑未日而 他日不敢占何也 十卦之中 不免二三墓爻發動非世命而即二身而入及動而化墓 非世爻
動即動化 再不然=雄保其本命不化墓也 一卦之中 不必看刑冲克害破散絕空也 凡占 疾病 凶危
之事 止以隨鬼入墓 即知凶吉也 金匱於疾病之事 占卦 卦留神 見旺神旺者二身隨鬼入墓而不死
也 本命隨鬼入墓而不死也 化墓不死 動墓不死也 留驗不驗 試試之不驗而 再試之 一而十而
百全 不驗者 始盡棄之便 是世爻 用爻隨鬼而入日墓 動墓 或動而化墓 亦是～囚無氣始見凶危
若旺而有扶 亦有救解。

※ 古法에 日辰의 墓動爻의 墓化爻의 墓로서 三墓가 있다。 世爻가 鬼爻의 墓에 드는것。 本
命이 鬼墓에 들어가는 것。 卦身이 鬼爻의 墓에 들어감을 말한다。 覺子가 말하되 이두어가
지의 이론으로써 만일 辰戌丑未의 날에는 占을 하지 못한다는 말인가。 世가 鬼에 있지 아
니하면 바로 卦身에 있다는 것인가。 世爻에 귀가 있지 아니하면 바로 本命에 있다는 것인
가。 그렇지 않으면 辰戌丑未日뿐만 아니라 占을 하지 못한다는 것인가。 그러면 무엇인가
十卦中에 二, 三개의 墓가 發動된 것을 免치 못한다 할수 있으니 世와 命에 들어있지 아니
하면 바로 二身이 動해서 化로 된 墓에 들어갔다는 말인가。 世爻가 動해서 動化에 들어가
지 않아야 하는데 만일 그렇지 아니하면 보존되기 어렵다。 그러므로 本命이 化墓에 들어가

지 아니하여야 한다는 말이다. 一卦中에 반드시 刑冲이나 克害가 破散이나 絶空이 되지 않아야 한다는 것이다. 대개 疾病占에 凶危의 일은 隨鬼入墓에 따라 卽時凶吉을 알 수 있다. 내가 여러차례 疾病占을 쳐보았지만 卦가 神에 있어서 用神이 旺한 자는 二身이 屯墓에 들어가더라도 죽지 아니하고 動墓에 들어가도 죽지 아니한다. 여러가지 경험을 하여 보았지만 用爻가 日墓에 들어가고 動하여 化墓에 들어가더라도 역시 休囚無氣하여야 凶危을 보게 된다. 그러나 旺하여 도움을 받고 있으면 역시 障害가 된다.

申月戊辰日占夫 癸亥命病 (남편이 癸亥生인데 병이나서 占을 친다)

離　　　　　－應
同人　父戌　申
　　　　　　午－－世
　孫未才　兄午　亥
　　　　　　官丑－－
　　　　　　孫　卯

妻가 남편의 占을 하니 亥水官星이 用神이 되었는데 辰日이 夫星亥水의 墓가 되니 隨鬼日墓라 한다. 古法으로 보면 반드시 죽는다하겠지만 그렇지 않다. 나는 보기에 來日에 쾌하리라. 어찌하여 그러한가. 日辰이 戌土를 冲動하여 申金을 生하고 申金이 亥水官星을 生하여 주는데 亥水가 空亡이 되기에 그 生을 받지 못하나 來日인 巳日이 되면 巳火가 亥水를 冲하여 亥水가 生을 반기에、그 병이 화살같이 빠르게 완치된다. 果然 다음날에 완쾌되었다.

戌月甲寅日占 會試可能聯捷否(회시에 연걸어 장원할 수 있겠는가)

雷風恒

```
  ║應║
才 戌 申 ┃ ┃世┃ ║
官    午   酉   亥
     孫   官   父
          午   丑
```
才 官 孫 官 父 才

世爻가 月墓·動墓·化墓인 戌土의 三墓에 들어있으나 明年辰年에 墓庫를 冲開하면 合格을 하리라. 뿐아니라 日과 月이 合하여 官局을 이루어 旺相하므로 全美한 像이니 首席合格을 하겠다 하였는데 그렇게 되었다.

※ 申月 己丑日占 壬申生命病(壬申生命의 병점)

生命이 日辰丑土에 墓가 되니 隨鬼日墓라 한다. 古法에서는 自無一生이라 하겠지만 나는 이렇게 판단한다. 世爻가 旺相하니 未日에 완쾌하리라. 果然 未日에 일어난 것이다. 未日이라 함은 日辰이 日墓丑土를 冲開하여 주기에 그렇게 단정한 것이다. 이렇게 旺相하면 隨鬼入墓라 하여도 상관이 없다.

未月戊辰日占 己定重罪可蒙赦否(이미 重罪로 판명되었는데 사면은 받을 수 있겠는가)

蠱
損

兄寅 ─ ─應
父子 ‖ ‖
才戌 ‖ ‖
才丑 官酉 口世
　　父亥 ─
孫巳 才丑 ×
　　　　破

世爻가 動墓 化墓에 들어있으니 古法으로서는 凶하다하겠으나 나는 좋게본다. 月과 日이 世를 生하고 丑墓를 月이 破하며 天羅地綱(辰戌임)을 容易하게 破하니 明年酉年에 사면을 받아 출감되리라. 三日에 특별사면을 받은 것이다. 내가 여러번 경험한 바에 依하면, 世爻가 三墓(세개의 日墓·動墓·化墓)에 들어있더라도 世爻가 旺相한 자는 吉하다. 그러나 代占을 하여 用神이 旺相하다는 것을 보아도 안되고 오직 世爻나 用爻가 休囚되어 克을 입어 墓에든 者가 그렇다는 것이다. 墓爻가 日爻動爻의 冲破를 입어도 眞이 아니다. 破는 破綱을 함으로써 容易하게 나온다. 功名占에 世가 旺하면 墓庫의 冲開를 만나는 年月에 成名하게 되고 만일 世爻가 空이되고 破가되고 休囚되면 끝까지 이루어지기 어렵다. 身命占을 하는 데에는 世爻가 旺하면 冲開되는 年月에 發財하게 되고 世爻가 空破休囚되면 終身토록 고생이 되기에 日月이 無光한 것같다. 出仕行占에는 世爻가 旺하여 있을 때는 墓를 冲하는 月日에 이루어진다. 世가 만일 空破休囚되면 끝까지 이루어지지 아니한다. 婚姻占에 世가 旺하여 得地하고 財爻가 有氣하여 世를 生하면 冲墓하는 月日에 成事된다. 空

破休囚되면 成就되기 어렵다. 疾病占에 世가 旺하여 得地하면 冲開되는 날에 完快되고 休囚空破되면 冲開하는 날에 위태롭게 된다. 近病은空되는 것은 無妨하나、出空되면 바로 완쾌된다. 官災訟事占에는 世가 旺하면 危를 免하게 되고 休囚空破되면 凶을 免하지 못하게 된다. 行人占에는 用神이 墓로 化하고 動墓에 들더라도 用神이 旺하면 반드시 돌아온다. 用神이 空破休囚하게 되면 病危를 얻지 아니하였으며 他鄉으로 떠나게 된다. 胎產占에는 妻나 子孫爻가 動墓化墓에 들되 旺하면 冲開의 月日에 바로 낳고 財爻가 空破休囚되면 財爻가 產危가 있게 되고 子孫이 空破休囚되면 刑務所에 가게된다. 家宅占에는 世가 旺하며 財爻가 生世하면 冲開된 年月에 집을 일으키게 되고 空破休囚되면 몸도 弱해지고 家產도 破하게 된다. 祖上의 先瑩占을 하면 家宅占과 같은 法으로 보라. 새로 墓地를 장사하는데에는 旺相이든 休囚든 다 좋지 않다. 몰래 관을 넘어갈때 또는 世爻가 旺하고 生扶되면 비록 위태로움이 없다 하나 귀신이 身邊에 있다. 訟事占에는 이기게 되고 空破休囚되어 克을 만나면 반드시 刑務所에 간다. 모든 占에 世爻가 旺하며 墓爻에 空破를 만난다 하여도 墓가 벗어지는 月日에 吉하게 되고 世爻가 空破休囚되면 空破가 벗어지는 날에 凶하게 된다.

古法에서는 世가 鬼破를 만나면 우환을 방지하라 하였지만 나는 그렇지 않다. 月破는 큰 것이든 白虎鬼를 만나면 現在는 無事하여도 破가 나가는 달에 凶하게 된다.

申月己未日占 賊來否(도적이 오지 않겠는가)

大畜卦   ㅁ=應= 孫酉
泰   官寅 破才 子戌
          兄辰 ㅣ 世ㅣ
          兄寅 官子 破才

그 사람이 말하기를 盜賊들이 성하여 出沒이 극심하니 고을사람들이 하루도 편할 날이 없다하며 妻와 딸을 데리고 避亂을 왔다가 다시 딸을 안고 가더니 모두 도적의 해를 만났던 것이다. 自身의 죽음은 破鬼爻가 日墓에 들어 변을 當한 것이고 딸의 죽음은 上爻官鬼가 子孫으로 變한 연고라 하겠다. 世가 鬼破에 있으니 어찌 危이 없겠는가. 鬼가 月破에 있더라도 動하지 아니하면 무사하다.

李我平이 말하되 隨鬼入墓는 명심하여 볼 필요가 있다. 모든 卦에 動墓나 化墓를 많이 보았지만 다시 辰戌丑未의 日辰을 만나면 첩첩쌓인 墓爻라 한다. 그러나 世나 命二身이 象하지 않으면 저 사람의 入墓라 하지 않는다. 하물며 모든 글이 旺相적으로 墓에 들면 不吉하다 한다. 만일, 功名占에 旺한 官星이 世에 들면 벼슬을 하게 된다
憂患占에 世가 月破가 되고 鬼墓에 들어가면 끝에 가서 근심이 없겠는가. 吉凶이 엎치락 뒤

치락하니 正當함을 얻지 못하게 된다.

㊹ **獨發**(홀로 發動한 것)

五爻俱動一爻不動謂之獨靜 五爻不動一爻獨動謂之獨發 事之成敗申守用神遲運應期亦申乎用獨發獨靜 古有驗之 余試亦有驗 皆在事應之後 始會神機非初敢執之而斷禍福與應期也 況卦得獨雖小而獨發者多 如舍其用神執之而決事者 謬也 迂也 五爻가 함께 動하고 一爻가 動하지 않으면 홀로 靜한 것이라 하고 五爻가 動하지 않고 一爻가 홀로 動한 것을 獨發이라 한다. 일의 成敗가 用神의 遲運에 인연되어 있고 應한 기간도 用神이 獨靜獨發에 인연되어 있다. 古法에도 맞는 율이 있고 내가 시험하여도 맞는 율이 있다. 모두 일의 되고 안되는 것이 신기에 모여 있으니 초학자로서는 감히 卦를 잡아 禍福과 應期를 단정짓기 어렵다. 하물며 卦에 獨發을 얻는 예가 적다고 하나 獨發이 많으니 그 用神을 버리고 일을 결정짓는 것은 틀리는 말인가. 맞는 소리인가.

辰月 丙午日占 請迎父王靈柩否 (아버지의 영구를 王에게서 받을 수 있겠는가)

```
     大有        離
      巳 │應‖   官
      未‖  │   父
      酉 │  │世 兄
      辰‖  │口 父
      寅‖  │   才
   父 丑‖  │   孫
              子│
```

어떤 집안의 門客中에 易理를 아는 사람이 있어 말하기를 寅木이 一爻가 動하여 獨發로 서 丑土父母를 化出하였으니 正月에 父靈을 얻어 보리라. 내가 볼때 卦中에 父母爻가 世를 가졌는데 寅木의 克制함을 받으니 몸이 움직일 수 없을 뿐 아니라 父靈도 역시 움직이지 못한다. 몸을 움직여 父靈을 보고 싶으면 반드시 寅木의 冲開되는 해를 기다리라. 再占을 하여 一卦를 더 합하여 결정한다.

巳月丁卯日占

革　　　　玄　白
卦　　官未∥靑　巳┃朱
　　　父酉┃　世
既　　父冲兄亥　口┃應
濟　　父申破兄亥
　　　官丑∥句
　　　孫卯┃

이 卦가 前에 친 卦와 付合이 된다. 寅木을 冲開하는 것은 申이라, 이 卦 世文가 申金을 化하여 回頭生을 하니 申月에 世가 白虎動에 임하였으니 喪事로 인한 행사가 있겠다. 卯日 이 五文를 冲動하여 世文를 生하니 申酉月에 반드시 은인의 惠澤을 받으리라. 現在 有破가 되기에 되지 않을 것같으나 다음 申年 申請하여 酉年에 靈을 받들어 돌아오리라. 이 두 卦 가 獨發하여 있다. 前卦와 付合되어 있다.

午月 甲申日占 溺水冲去麥子何日晴 (장마철 물에 보리가 떠내려가니 언제나 날이개이겠는가)

　　同人　　口應｜｜
　　　　卦戌｜｜　世｜｜
　　萃　孫申｜｜
　　　孫未　兄午｜
　　　　　兄亥｜　口
　　　　　官丑｜｜　世
　　　　　孫卯
　　　　　父卯

고객이 하나의 이 卦를 가지고 와서 나에게 묻길래 戌土子孫一爻가 獨發되었으니 어제 丙戌日에 개일줄 알았는데 어찌하여 도리어 비가 오는가. 자내의 근심은 물로 인한 근심이나 子孫이 發動하여 身邊에 鬼를 剋去하니 비가 개지는 않아도 現在는 개이지 않고 있으나 물이 대홍수로 되지는 않으리라. 이 卦로 陰과 晴을 보려면 卯日이라야 개이게 된다. 그것은 動이 合을 만나야 개이게 되기 때문이다.

辰月甲午日占 開옹기(옹기굴)
　　家人　　卦卯｜　應
　　　　　　兄巳｜
　　盆　　　孫未｜｜
　　　　兄卯　才亥｜　世
　　　　孫巳　兄丑｜｜
　　　　才未　才卯｜
　　　　才辰　兄
　　　　　才

丑土財爻가 世를 가졌는데 午日이 生을 하니 어느 때나 시작하게 되겠는가. 내가 이르기를 丑財爻가 靜하니 未月에 冲開하는 六月이라 하였다。 그러나 六月에 열지 못하고 그 뒤에 열었다가 폐지하게 되었다。 그래서 다시 점처보니 未年占卦에 亥年 辰月에 열게 되리라 하더니 이 卦가 獨發하여 亥水가 辰土를 化土하니 辰土年月에 함께 應된 것이다。 이 卦를 그 누가 亥年辰日이라 단정할 수 있겠는가。

寅月庚戌日占 女病(여아의 병)

未濟　　　　　　蹇

官巳 ×應 ×子孫未 □
兄戌 □ 才酉 ×
子孫申 才申 世
才午 兄午 ×
兄辰 孫辰
父寅 ×

古法에 獨靜의 爻라, 應期를 말한다면 이 卦, 寅木이 홀로 靜하니 만일 用神을 보지 않고 단정한다면 寅月에 나을 것인가 또는 死亡할 것인가 내가 보기에는 이 卦의 土子孫이 비록 休囚하였다 하더라도 巳午火가 動을 하여 未土子孫을 進神으로 化하며 또 午火兄이 辰土子孫이 回頭生을 하니 寅日에 회복한다 하겠으나 이것을 斷定지을 수 없으니 이 母로하여금 再占을 하라。

姤卦
无妄

父辰 父戌 ┃
才寅 兄申 ┃ 應
孫子 官午 ┃
　　 兄酉 ╳ 世
　　 孫亥
　　 父丑

亥水子孫이 寅木으로 하여 空이 되는데 近病에는 空을 만나면 바로 完快한다. 하였으니 出空되는 날도 역시 寅日이라 한다. 이 卦도 前卦와 相合되는 占이 있어 반드시 寅日에 나으리라. 現在는 病體가 비록 重하나 念慮할 것은 없다. 果然 병세가 중하다가 다시 깨어나니 前卦의 一爻가 獨靜하였으므로 단 用神이 旺했기 때문이다. 또 얻은 後卦가 똑똑히 寅日이라 決定하여 준것이다. 李我平이 이르되, 易冒에 吉凶이 生함은 動으로 因한 것이라 한다. 重한 바는 動에 있고 用神은 輕하다 한다. 일의 決定은 用神에 있지 않고 卦象에 있다고도 한다. 이것은 사람에게 즉 獨發과 獨冒에 있다는 것을 가리킴이다. 用神을 쓰지 않음이 분명하다. 또 이르되 비록 用은 떠나지 못하고 역시 用爻를 쓰지 않을 수 없다. 이것은 사람에게 用神을쓰는 法을 가르쳐 준 것이다. 그리고 또 用爻가 重하다는 것을 가르쳐준 것이다. 글로써 後人에게 傳한다면 世上에 막히는 것을 열어주는 것이니 用神을 쓴다는 것과 用神을 쓰지 않는다 하면 그 定說이 없으의 疑心을 깨쳐주는 것이다. 用神쓰는 法을 얻음으로써 世上에 깨우침을 주는 것이다. 用神쓰는 法을 얻음으로써 世上에 깨우침을 주는 것이니 무엇으로 法을 삼을 것인가.

㊺ 用神兩現(두 용신이 나타남)

用神兩現 如占父母 卦中兩爻父母者是也 舍其休囚而 用旺相 舍其靜爻而 用動爻 舍其月破而 用不破舍其旬空而 用不空舍其破傷而 用不傷此古法也 餘得驗者 多有應守 旬空日破 舍其不空而 用旬空 舍其不破而用月破

用神이 둘이 나타나면 어떻게 하는가. 父母占을 하는데 卦中에 兩爻父母가 나타나는 것이 바로 이것이다. 그 休囚된 것은 버리고 旺相한 것을 쓰고 그 靜爻를 버리고 動爻를 쓰며, 月破를 버리고 不破를 쓰고, 旬空을 버리고 不空을 쓰며, 破傷을 버리고 不傷을 쓰는 것이다. 이 古法에 依한 것이다. 내가 經驗을 얻은 것은 旬空月破에 應함이 있다면, 그 不空한 것은 버리고 旬空을 쓰며 不破를 버리고 月破를 쓰는 것이다.

未月庚子日占求財(財物을 얻겠는가)

未月　小畜卦　　兄　卯 ｜ ｜
庚子日　　　　　孫　巳 ｜ ｜　應
　　　　　　　　才　未 ＝ ＝
　　　　　　　　才　辰 ｜ ｜　世
　　　　　　　　兄　寅 ｜ ｜
　　　　　　　　父　子 ｜ ｜

應이 月建의 財에 있어 世爻를 克하니 반드시 얻으리라. 그러면 어느날에 入手되겠는가 다음날에 丑이 未財를 冲하면 얻는가, 辰土가 出空하면 얻는가. 이것은 不空된 것을 버리고 旬空에 썼기에 辰日에 財를 入手하였다.

未月 甲午日 陞遷(승진)

師卦　渙卦
　　　父酉×應
孫卯　兄亥×
才巳　官丑∥世
　　　才午∥
　　　官辰∥
　　　孫寅

世爻가 극도로 旺하여 日建에 있고 또 月令의 官星이 되며 世와 合이되어 있다. 그런데 卦中에 두개의 官星이 나타나 있으니 어떠한 官星을 쓸 것인가. 하나는 空이 되고, 하나는 破가 되어 있으니 辰年에 辰土官星이 出空되는 해에 높이 昇進하리라. 그러나 外卦가 反吟이 되었기로 내가 얻은 경험에 의하면 他處로 전출되었다가 다시 오게된 것이다. 寅年占에서도 果然 辰年이라는 占卦가 나오더니 이것과 부합이 된다. 五月에 영南으로 갔다가 十月에 願하는 데로 돌아오게 되니 一年에 두번 승진하게 된것이 역시 出空의 해가 되었던 것이다.

亥月 丙午日 母占子何時脫厄(자식의 액이 언제쯤 면하게 되겠는가를 어머니가 점친다)

豫卦　歸妹卦
才戌∥
官申∥
孫午│應
兄卯∥　兄卯孫巳×
　　　　　　　破
孫巳才未×世
　破

卦中에 子孫爻가 셋이나 나타나 함께 世爻를 生하고, 午火가 일진을 만났으나 靜爻로 되어있으며 두개의 巳火는 月破를 만나 있으니 破가 벗어나는 巳年에 厄을 벗어나리라. 果然 巳年에 脫厄을 한 것이다. 野鶴이 말하되 내가 月破로써 단정짓는 것은 이 卦에만 관련된 것이 아니다. 이것은 卦中에 三用神이 나타나 있는데 그中 月破爻를 用神으로 한 것이다. 夫人의 長男이 卦强을 버리며 인을 가지고 돌아온다는 占卦에 이것이 自身이 占이라 申金 子孫이 發動되어 合을 만남으로써 巳年에 應하게 된다 하였고, 동생이 兄의 占을 할적에 申金의 兄이 動하였으니 앞의 卦와 合하여 단결한바 巳年이라 하였다. 그리고 이 卦의 巳火子孫이 世를 回頭生하나 月破를 만나기에 앞의 두 卦와 合하여 단결짓기에 그러한 것이다. 卜易이란 一念으로 한다면 神의 영기가 있는 것이니, 마음에 머물러 있다. 午火가 日辰이 되어 世를 生하고 있으니 어찌 午年이라 판단하지 않을 수 있겠는가. 午火의 合歲되는 해를 말할 수 있으나 巳年이라 한 것은 前卦와 合하여 단결짓기에 그러한 것이다.

㊻ 星煞 (별에 붙어있는 살명)

天乙貴人 甲戊庚牛羊 乙己鼠候鄉 丙丁猪鷄位 壬癸鬼蛇藏 六辛逢馬虎 此是貴人方 假令 甲戊庚日占卦爻中見丑未者 即是貴人

天乙貴人이란 하늘에서 주는 귀인이라 하니 占爻에 貴人이 붙으면 貴人으로 인하여 성공

한다. 甲戊庚日이면 貴人이 丑과 未에 있고, 乙己日에는 子나 申에 있으며 丙丁日에는 亥나 酉에 있고 壬癸日에는 巳나 卯에 있으며 辛日에는 午나 寅에 貴人이 붙는다. 이것은 貴人方이라 보기도 한다. 甲·戊·庚日에 占을 칠적에 卦爻에서 丑과 未를 만나면 바로 貴人이라 한다.

祿神 甲祿到寅 乙祿到卯 丙戊祿在巳 丁己祿居午 庚祿居申 壬祿在亥 癸祿在子 倣令 甲子日 占 卦爻見寅爲祿 乙日占卦爻中 見卯爲祿餘倣此

祿神이란 이 祿이 붙으면 旺하게 된다는 뜻이고 祿이 붙었다는 뜻이다. 가령 甲日이 卦中에서 寅을 만나면 祿을 만나면 祿이 된다. 乙은 卯에 있고, 丙戊는 巳에 있고, 丁己는 午에 있고, 庚은 申에 있고, 辛은 亥에 있고, 壬은 子에 있다. 가령 甲日에 占을 하는데 卦中에서 寅을 만나면 祿이 되고, 乙日이 卦爻에서 卯를 보면, 祿이 되는 것이니 모두 이에 따르면 된다.

驛馬 申子辰馬居寅 巳酉丑馬在亥 寅午戌馬居申 亥卯未馬在巳 假令子日申日辰日占卦爻中 見寅即爲驛馬餘倣此

※ 驛馬는 駰馬인데 이것을 만나면 旅行을 하거나 이사를 간다는 것이다. 申日이나 子日이 나 辰日이면 馬가 寅에 있으니 占卦의 寅爻는 馬가 된다. 寅午戌日은 申에 있고, 巳酉丑 는 亥에 있고, 亥卯未에는 巳에 있다. 假令 申·辰·子日에 占을 치는데, 卦中에서 寅을 만나면 驛馬가 되는 것이다.

天喜 春戌 夏丑 秋辰 冬未 假令春天正二月占卦中見戌 卽爲天喜 三月雖以戌爲天喜又爲月破 若卦中扶助 旺相之用神者 以之爲喜 下以爲破餘倣此 諸書星煞 最多金留心 四十載 獨驗貴人祿馬天喜然 亦不能操禍福之權 用神旺相者見之愈吉 用神失陷雖有如無

※ 天喜는 봄에는 戌이고, 여름에는 丑이고, 가을에는 辰이 되고, 冬에는 未가 된다. 假令 봄철에는 正二月占에 戌字가 있으면 天喜가 된다. 그러나 三月도 戌이 天喜가 되나 月破가 된다. 用神이 發動하여 旺相하면 좋게 되는 것이니 이렇게 되면 破라 하여도 관계가 없다 다른 卦도 이 이치에 따라 보면된다. 모든 글에 星煞이 가장 많이 있지만, 내가 四十餘年이나 경험하여본 결과 貴人이나 驛馬나 天喜는 禍福의 關係에 구애가 없으니 用神이 旺한 자가 星煞을 만나게 되면 더욱 吉하고, 用神이 失陷되면 비록 있으나 없는 것과 같다.

李我平이 이르되 伏羲氏께서 기수와 우수를 보고 써 陰과 陽을 판단하고 文王께서는 爻辭로써 凶吉을 판단하였으며 周公은 禍福으로써 판단하였다 五行은 易道에서 正道라 한 것이다. 그런데 吉凶과 煞星을 兼하여 상문이니 구묘니 대살이니 비렴이니 이런말로 특히 어려운말을 하여 사람을 놀라게 하나 맞지아니한다 疾病章에 十卦가 죽지아니하게 되면 煞星에는 죽지아니하고 用神에서 生하게 되면 바로살고 用神에서 죽게 된자는 죽는다 내가 보는 이치에는 殺星이 허다하지만 後學들이 쓸필요가 없다 이글에서 얻은 경험은 貴人이나 祿馬가 부화되여 있다하여도 用神의 旺相으로서 禍福을 결정하라 나도 역시 쓰지 아니한다 千

金賦에 이르되 吉凶神殺의 많고 적은것과 生剋制化의 一理라하여 한말로 끈은 것이다.

㊼ 黃金策千金賦

動靜陰陽反覆遷 太過者損之斯成 動하고 고요한 陰과 陽이 갔다 왔다 옮기였다. 變하는 중에 너무 과다하면 손해시키여 주므로 일이 이루어진다.

舊註에 主事爻가 重첩되여 너무 많으면 일이 專一되지 아니함으로 손해시켜야 한다는 뜻이다 主事爻가 爻中에 丑戌辰未의 土를 만나면 土가 너무 많으니 寅卯月日을 기다려 土爻를 克制한 뒤에 成事를 한다는 것이다. 或占할때 寅卯月日을 만나도 역시 좋다는 것이다 野鶴이 이르되 寅卯月日을 만나도 좋지만 辰月辰日을 만나도 成事하게 된다. 어찌하여 그러한가 辰은 土의 墓庫가되니 用爻가 중첩하여도 墓庫라 收藏되기에 그러함이다 다른 것이것을 모방한라.

不及者益之則利

※ 너무弱하면 도와주면 利롭게된다. 어찌 不及이라 하는가. 主事爻가 一位만 되여 旺相하지 못하면 不及되는 것이니 그 일이 이루어지기 어렵다.
金이 主事爻라하면 여름철 占에서는 休囚无氣하게 되어 있으니 日辰動爻의 生을 얻고 난

뒤에 生助하는 月日을 만나면 利益이 있게되니 일이 역시 이루어진다。 나의 이론은 主事爻가 原來衰弱한데 生을 만나면 가뭄에 단비를 만나 싹을 기르는 것과 같으니 숫아 일어나는 상이 된다 그래서 衰弱休囚라도 有助有扶하면 亦吉이라 한다。 衰弱無根하고 休囚失陷되면 비록 生合을 만난다하여도 生하기가 어려우니 制中에 弱主는 難以維持란 말을 듣지 않았는가 生扶拱合時雨 滋苗克害刑冲 秋霜殺草 生하여 주고 북돋아주고 合이되면 때마쳐 오는 비가 싹을 길러주는 것과 같고 克하고 害하고 刑하고 冲하는 것은 가을에 오는서리가 풀과 나무를 죽이는 것과 같다。

五行生克三合 六合月將日辰 三刑六害장에 기록되어 있다 참조하라。

長生帝旺 爭如金谷之園 死墓絕空乃是泥犁之地

※ 장생과 제왕이 되면 金동산에 꽃이 피는 것같고 死나 墓나 絕이나 空이되면 진흙밭에서 일하는 것과 같다。 生旺墓絕空亡章을 참조하라。

※ 日辰爲六爻之主宰 月將乃萬卜之提綱

※ 일진은 六爻의 주장이 되고 月建은 만가지 占의 사령관이 된다。 日辰月建章을 참조하라

最惡者 歲君宜靜不宜動

※ 가장 나쁜것은 太歲가 動하여 克하는 것이니 고요함이 좋고 動하는 것은 좋지 않다。

歲君은 當年의 太歲를 가르킴이다 動되고 暗動되어 世爻를 冲克하면 年運占에 一年間이

不安하고 功名占에는 合格하며 士人의 시험占 임금님을 만나 보는일 상소하는일 등등에는 좋다 太歲가 世爻와 合하며 動되어 世를 生하면 다시 좋다는 것이다. 世爻를 冲克, 刑害, 破敗하면 가장 나쁘게 된다. 太歲는 一年의 일을 장악하고 있으기 높으기에 吉凶이 日月에 比할바가 아니다 太歲는 家庭의 小事는 다스리지 아니한다.

太歲가 冲하면 歲破라 하지만 凶이 되지 아니하고 歲合도 吉이 되지 아니하는 것이니 衰 爻를 歲가, 능히 生할 수가 없고 강하고 旺한자도 太歲가 능히 억제하지 못하기에 그러한다. 月破를 만나면 바로 破가 되고 旬空을 만나면 바로 空이 되는 것은 月建이나 日建의 힘에 미치지 못한 연고라 한다.

野鶴이 말하되 當年의 禍福은 重하다볼 수가 없으나 오랜뒤의 그 실상은 輕하지 아니하다 主事爻가 木爻인데 爻中에 太歲의 申酉金이 動하면 木이 金에서 傷克을 입으나 現在는 無事하다 하지만 申酉年에 그 화액을 免하기 어렵다.

巳月壬子日占 鄕試 (지방시험)

水地比卦　子 ‖ 應 ‖
　　　　　戌 ‖ 申 ‖ 世 ‖
　　　　　才 兄 孫 官 父 兄
　　　　　　　卯 ‖ 巳 ‖
　　　　　　　　未 ‖

巳火父母爻가 당旺하니 文星이 旺한 것이다. 卯木官星이 世를 가지고 있는데 旬空이 되여 卯年에 되기에 科擧에 合格되리라 果然卯年에 된것은 太歲가 바꾸어지면서 空이나가 不空된 이유라 한다.

最要者
不驗者 身位宜剛而不宜傷

※ 믿을 수 없는 것은 身位가 剛할수록 좋으나 傷害되어 있는 것은 좋지않다. 舊註에는 가장 중요한 것은 身位를 북돋아 주는 것이 좋고 傷하면 좋지않다 하였다. 原註에서 이르기를 古法에 世身을 쓰니 맞지 아니하기에 卦身을 쓰는것이라하였다. 卦身을 써도 맞지 아니하기에 버리고 世爻를 쓰는것이다. 或이 묻되 그러한가 나는 비교하여 볼때 世爻를 쓰는것이 百發百中되었다. 卦身이 더러맞는 일이 있지만 우연이라 하겠으니 어찌 이것을 法이라 할 수 있겠는가.

爲世己應爲人 大宜契合

※ 世는 내가 되고 應은 他人이 되는 것이니 크게 좋다. 世는 自己가 되고 應은 他人이 되기에 彼此의 일을 점칠적에 겸하여 쓴다 내가 도움을 받고저 할적에는 應文가 世와 合이되며 生해주는 것이 좋고 내가 他人을 도와준다는 占에는 世가 應을 生하여 주는 것이 좋다.

卯月辛巳日占 自陳如何(내가 어떻게 되겠는가)

```
恒  ═ 應 ═
昇  才戌  ═
   官申  ─
才丑 孫午 ─ 世 ─
      官酉 ─
      父丑 ═ ═
```

酉金이 持世하여 破와 空을 만나고 또 動出된 午火가 克을 하니 削職당할 뿐아니라 官災까지 조심하라 五、六、月에 도리어 凶한 禍厄이 있으리라 혹시 말하되 多幸히 世應의 相生을 얻었으며 또는 升卦로 變하니 반드시 救解되리라 한다 내가보기에 그렇지 않다 自占에 應과무슨관계가 있겠는가 이것은 썩은 이론이다 果然五月에 削職되고 刑務所에 갔다。

動爲始 變爲終 最怕交爭

動은 처음시작이 되고 變은 끝맺는 종말이 된다。 動爻는 일의 시작인바 生合됨은 좋으니 冲克되는 것은 좋지 않다。

應位遭傷不利他人之事 世爻受制豈宜自己之謀

應爻가 상해되면 他人이 일이 불리하게 되고 世爻가 克制를 받으면 自己의 꾀하는바가 이루어지겠는가。

스스로 占을 하는데 世爻가 旺相되고 日月의 動爻에 있으며 動爻의 生扶를 받고 動하여 吉로 化하는 것이 좋다。 그렇게 되면 모든점이 다 吉하다 他人은 應爻로써 用을하니 他人의 일을 좋게됨을 희망하면 應爻가 旺相되고 日月의 動爻가 生을하여주면 좋다는 것이다. 他人이 不利하게 되는 것은 墓나 絶이나 空이나 破에 日月動爻의 沖克을 받는 것이다.

世應俱空人無準實

※ 世爻와 應爻가 함께 空이되어 사람이 믿을 수가 없다. 世가 空이되면 自己가 진실치 못하고 應이 空되면 他人이 진실치 못한다 世應이 모두空이 =되면 彼此가 믿을 수 없다. 모사가 막히는 일이 있어 당황하게 된다.

內外競發事必翻騰

※ 內卦나 外卦가 發動되면 일이 반드시 두서가 없고 한 卦中의 動爻가 적은자는 吉凶이 스스로 조리가 있으며 판단하기가 쉽다. 內卦外卦가 시끄럽게 亂動되면 吉凶이 定할 수 없다 반드시 사람의 뜻이 不寧하고 事件과 반복되니 定論을 말할수가 없는 상이되는 것이니 再占처 一卦를 얻어 合하여 결정하라.

世或交重 兩目顧於馬首 應如發動 一心似托於猿攀

世가 혹 여러개로 되면 이것이 좋은가 저것이 좋은가 갈피를 못잡고 應이 發動되면 一心이 흔들려 정처가 없게 된다.

舊註에 世와 應이 모두 動하는 것이 좋지않다 動하면 엎치락 뒤치락하니 말머리같히 흔들려 不定되고 원숭이와 같이 재롱을 떨어 편안함이 없다 野鶴이 이르기를 나는 이렇다 저렇다할것없이 用神이 旺하지 못하면 大象이 이루어지지 아니한다는 말이다 만일 用神이 得地하면 大象이 當然히 이루어지게 된다. 世가 動하여 克을 받지아니하면 應이 動하여 世와 生合되면 경영하는 일이 速하게 이루어진다.

用爻有氣 無他故所作皆成 主象徒存 更破傷 亢謀不遂

※ 用神의 爻가 有氣하며 다른 연고가 없으면 하는일이 모두 이루어지고 主象이 보존되어 있지만 다시 傷克을 입으면 모든 每事가 이루어지지 아니한다.

用爻나 主象은 바로 主事의 爻니 혹 旺相하거나 혹 生扶됨이 있고 或有氣하며 아울러 世爻의 克制하는 일이없으면 반드시 이루어지고 衰弱하여 無力하는데 또 克制를만나면 비록 出現되었으나 역시 쓸때가 없다.

空逢冲而有用

※ 空이 冲을 만나면 쓰게된다 爻가 旬空을 만나 空이 冲을 만나면 쓰게되니 日辰의 冲을 만나는 것을 말한다 冲空이되면 不空만 될뿐이므로 動하여 空이 되면 日辰이 冲하므로 쓰게된다.

合遭破以無功

※ 합이 파를 만나면 功이없다 舊註에 爻가 相合을 만나면 兩人이 心事가 同一하다하겠으니 곧을 만나야 이루어진다. 만일 日月動爻에 冲克이 되는자는 合處에 冲을 만난 것이니 小人

의 災를 防之하라 한다. 合好하라지만 의심과 시기가 난다 스스로 옆에 사람의 비방만 받게되면 일이 이루어지기 어렵다 내가 얻은 경험에는 대범 三合六合이 비록 좋지 않다하나 現在 日月動爻가 冲克하면 좋다는 것이다. 뒤에 오는 月日이 冲開하여도 좋게된다. 合住를 만나나 冲破되므로서 成功한다 하였다. 爻에 寅과 亥가 合이 되었는데 만인 中巳月日占이라면 申이 空을 冲하고 巳가 亥를 冲하는 이름을 合處逢冲이라한다. 만일 巳申日占이면 반드시 後日에 申巳月日을 만나게 되므로 그일이 이루어진다 다른것도 이이치를 모방하라 古法에서는 動하지 아니하여도 合이라 하였지만 그렇지 않다 兩爻가 動變하므로 비로소 合이 된다.

※ 動空化空皆成凶吉

動空이 空으로 化하면 다 凶과 吉을 이룬다 舊係에서 반드시 凶咎를 이룬다 하였다. 내가 얻은 경험에 의하면 動은 空이되지 아니한다. 動하여 空으로 化하여도 空이되지 아니한다 吉凶이 모두 冲空에서 應하게 되어있기에 空이나가는 날 成事된다

※ 刑合 克合 終見 음난

刑合과 克合은 끝에가서는 괴이하고 음란한 것을 보게된다 舊文에 合이란 和合이라 한다 그러기에 길하게 된다. 다만 合中에 刑이있고 克이 있으면 필경 合이 되지 아니함을 알지 못함이다 만일 午字가 財爻라면 未字가 福神이 된다. 午字와 自刑을 끼고있으니 이름을 刑

合이라 하기에 合이 되지 아니하고 刑이 된다고 하였다.
野鶴이 이르되 午가 이미 自刑이므로 스스로 刑害의 禍가 있다 福神의 作合을 얻으면 그 禍를 구조하여 주게 된다. 그러기에 도리어 不吉하다 하는 것은 아니다 내가 얻은 世爻午火가 未土를 化하여 相合하면 重罪人이라도 뒤에 가서는 사면을 얻게 된다.

※ 動逢合絆住

동이 合을 만나면 다시 주저앉는다 舊文에 忌神이 動하여 日月의 相合을 만나면 凶을 이루지 아니한다. 元神이 動하여 日月의 合住를 만나면 일이 해결되지 아니한다. 이 역시 이치가 있으니 내가 경험얻은 것은 뒤에 冲開를 만나는 月日에 吉凶이 함께 이루어진다.

未月 庚寅日占官運(관운)

革　　　　
｜卦　　　　
｜　　　
官未‖　　　
父酉｜　口世‖　午才
父申兄亥‖　　｜應
　　兄亥　　
　　官丑‖　　
　　孫卯｜　　

旣濟

世爻가 亥水에 있으니 올해 子年의 太歲가 도와주며 五爻의 酉金이 비록 發動하지 아니 하였으나 生世의 뜻이 包含되어있다. 世爻가 申金의 生을 만나니 回頭生으로 化하고 日辰

의 相合을 만났으니 上六爻의 未土官星이 得令을 하였으니 벼슬길이 순한 물에 배가 다니는 것과 같겠다 오직 兩者를 관리하고 있으나 큰 富者가 되지못한 이유는 무엇인가 兄爻가 財를 가지고 있으며 克을 하는 것이다. 그러니 아름다운 가운데 不足한 것이 있다. 公이 못되 後日에 어찌 되겠는가 巳年을 조심하라 太歲가 亥水를 沖하고 申을 刑하면 벼슬길에 지장이 있어 영화스럽게 돌아오는날에 빈주머니만 갖고 오리라 巳年에 말썽이난 것은 世爻가 合이되어 다시 주저앉고 沖을 만나는 해에 열리게 된 것이다.

※ 靜得沖而暗興

靜爻가 沖을 만나니 가만히 일어난다 暗動章에 명시되어 있다.

※ 入墓難克

묘에 들어 있으면 克制하기가 어렵다. 舊文에서는 묘란 막힌다는 뜻이다. 忌神이 묘에 들면 用神을 克하지 아니한다. 만일 木이 用神이고 金이 忌神이 되면 丑日에 占을 하면 金이 丑에 墓가 되기에 木을 克하지 못한다. 卦中에서 丑土가 動하여도 역시 같다 金爻가 動하여 丑土를 化出하여도 일반이다. 野鶴이 말하되 내가 여러차례 시험하여본 결과 墓庫를 沖開되는 날에 의연이 木은 金에게 傷害를 받게 된다.

※ 世卯旺匪空

旺기를 띄고 있으면 空이되지 아니한다. 旺이란 旺相된 것이니 後日旬空을 만나도 空이라 하지아니 한다。 木日의 日辰冲을 만나면 쓰게되나 後日의 日辰冲를 만나도 冲起라 한다。

이 一旬가지나 出空되면 空이 되지 아니한다 또는 發動되어도 日辰이나 動爻의

※ 有助有扶 衰弱休囚亦吉

도와줌이 있고 북돋아 줌이 있으면 衰하고 弱하고 休囚되어도 역시 吉하게 된다。 主事爻

를 가르쳐 말하는 것이다。 만일 主事爻가 無氣하면 근본좋지아니 하나 日辰이나 動爻의 生

扶를 얻으면 拱合이라 하였으니 도움이 되기에 不及者는 益之則利라는 뜻과 같다。

※ 貪生 貪合刑冲害皆忌

生을 탐내고 합을 탐내는데 刑과 冲과 害는 모두 싫어한다。 이것은 主事爻를 가르

쳐 말함이다。 卯木이 申爻의 動克을 만났는데 卦中에서 動出된 亥水를 만나면 申金이 水의

生을 탐내 木을 克하지 아니한다。 主事爻에 子水가 動出된 卯木을 만나면 相刑이 되는데 他

爻에서 戌字가 動出되면 卯와 戌이 合되므로 子水를 刑하지 아니하므로 合을 탐내 刑을 잃

어버린다는 것이다。 世가 巳爻에 있는데 動出된 寅이 와서 巳爻를 刑하니 寅

木이 巳火를 生하므로 刑함을 잃어버린다。 또는 用爻가 巳字인데 卦中에 動出된 亥水가 巳

火를 冲克하나 만일 動된 卯木을 만나면 亥卯未 三合木局을 이루기에 도리어 火를 生하니

合을 탐내 冲을 잊는다는 것이다。 다른것도 이法을 쓰라。

※ 別衰旺以明克合 辨動靜以定刑冲

쇠와 旺을 분별하여 克과 合을 발키고 動하고 靜한 것을 분별하여 써 刑과 冲을 定하라 衰와 旺과 克과 合은 五行生克및 四時旺相章中에 動靜刑冲를 明白하게 설명되어 있고 動變章에도 밝혀져 있다.

※ 併不併 冲不冲 因多字眼 刑非刑 合非合爲少支之神

아울너지는 것도, 아울너지지 않고 冲이 되어도 冲이 아니됨이 字眼이 많으므로 인한 것이고 刑이 刑되지 아니하며 合이 合되지 아니함은 支神이 적은데에 있다. 舊文에 卦가 이미 이루어져 刑冲併合을 이루지 못한다 하였다. 그러하나 卦中에서 一子가 많아도 되지아니하고 一字가 적어도 刑冲併合을 이루지 못한다 하였다. 子日占卦에 卦中에서 一子가 많아도 되지아니하고 一字가 적어도 刑冲併合을 免치못하는 것이다. 그러하나 卦中에서 一子가 많아도 되지아니하고 一子水가 있으면 併을 하지 아니한것이라 한다. 二子가 있으면 冲이 아니되고 丑字가 둘이면 不合이라 하고 二卯가 되면 不刑이 되고 二巳가 되면 不克이라 한다. 하나만 있으면 刑合克害를 이루지 못한다는 것이다. 野鶴이 이르되 亥中에 一子水가 二丑土와 不合이되므로 妬合이니 合을 이루지 아니한다는 것은 이치가 아니다. 만일 日辰이 能히 併을 하지 아니한다 하지만 그렇지않다. 三子가 亥中 二午를 冲하지 아니한다는 것은 맞지 않다. 日月은 하늘과 같기에 어느곳이나 비와 이슬을 주지아니함이 없으니 어쩨서 六爻中에 善惡을 巡察하지 아니하겠는가

丑月 壬子日 占 訟事(송사)

天山遯卦　父戌 ｜ ｜
　　　　　　兄申 ｜ ｜ 應
　　　　　　官午 ｜
　　　　　　兄申 ｜
　　　　　　官午 ｜ ｜ 世
　　　　　　父辰 ｜ ｜

困卦　　　　　　　　兌卦
　　　　　　　　父未 ｜ ｜
　　　　　　　　兄酉 ｜ 破 應
　　　　　　　　孫亥 ｜ ｜
　　　　　　　　官午 ｜ ｜
　　　　　　　　父辰 ｜
　　　　　　　　官巳 才寅 ×世

巳月己未日占久病 (오래된병)

世가 午火에 있는데 日辰이 冲을 하니 休囚된 午火라 月破가 되기에 暗動이라 할 수 있는것으로 심판하여 별로 장매를 맞으리라 果然 官에서 매 三十대를 맞었다. 이 卦가 午가 둘인데 一子뿐이니 二午를 冲하지 아니한다 하겠는가. 또 이르되 寅巳申이 三刑인데 寅巳二字만 있으며 申字가 없다하여 三刑이되지 아니하겠는가. 또 이르되 亥卯未가 三合인데 卦中二字만 있고 一字가 적다하여 三合을 이루지 못할것인가 野鶴이 말하되 二字만있다 하여 完全安되는 것은 아니니 虛一待用이라 하는것을 아지못한다 後日의 日月이 오는날에 完全三合이 되니 成事한다는 것이다.

世爻寅木이 巳火를 化出하니 三刑이 되나 申字가 없어 申日에 위태롭게 되리라 果然 申日

酉月丁巳日占陞遷(榮轉승진)

萃　　　否
父未×　—應—　父戌
　　　　—　—
　　　　兄酉　—　—
　　　　孫亥　　世
　　　　才卯　—　—
　　　　官巳　—　—
　　　　父未　—　—

巳火官星이 世를 가졌는데 또다시 日辰을 만난것이다. 卜書에 이르기를 官이 日月에 으면 승진한다 하였다. 그러나 巳日이 亥水를 冲動하여 未土와 三合을 이루고저 하나 卯字가 靜爻로 되어 있으니 明年卯月에 반드시 승진하리라 이것은 虛一待用이라 한다. 果然 卯月에 승진하니 어찌 一字가 없다하여 三合局을 이루지 아니하겠는가.

※ 爻遇令星物難我害

爻가 日月令의 별을 만나 나를 해하지마라 日辰令章에 明細히 밝게산다는 것은?

丙申日占 文書(문서를 전에 친 占과 대조함)

申時에 死亡하니 이것은 少一字에 뒤로오는 申日에 完全三合이 되기에 그러함이니 一字가 없다하여 三刑이 아니겠는가?

天天夬卦　=應=　—　巳父
　　　　　酉孫=世=
　　　　　亥才丑—寅官
　　　　　辰兄辰—子才
　　　　　寅官
　　　　　子才

父母爻로 用神을 하는데 此卦六爻內에 父母가 없으며 또는 二爻寅木下에 文書가 伏되어 旬空을 만나니 文書가 이루어지지 아니하리라 野鶴이 이르되 伏이 空되어 이루어지지 아니함은 무슨일인고 此卦의 文書가 이루어지지 않는다는 것은 空으로 因하여 아니라 이는 飛神이 寅에 있고 伏神이 巳에 있어 申日과 寅巳申三刑을 만들기에 그러함이다. 무슨이치인가. 申日이 寅木을 冲動하여 巳父를 生하니 飛神이 冲開를 하므로 成事한다 하겠으나 나는 氣하니 어찌 空이라 할 수 있는가 그러면 飛來生伏에 伏이 長生을 얻고 長生을 얻어 空으로 인한 것이 아니고 三刑으로 인한 것이라 본다.

※ 伏無提挈終徒爾飛不推開亦柱然

伏이 끌어줌이 없으면 한곳에 飛神이 열어주지 못하면 역시 쓰지못한다는 뜻이다. 대게 用神이 나타나지 아니하고 卦中飛爻下에 伏이나타나 있으면 月建과 日辰이 飛神을 冲開하여 伏神을 生合하여 북돋아주면 쓸수가 있다.

文書占

```
貫卦  －－　　伏午父
官寅－－ 應
才子＝＝
才戌＝＝　世
兄亥－－
才丑＝＝
兄丑＝＝
官卯－－
```

父母로 用神을 하는데 午火父母가 丑土兄弟下에 있으니 得人이 文書을 붙들고 나를주지 않는 상이다. 萬一未日占이라면 飛神이 丑土하여 午火福神을 合起하면 文書를 얻을 수가 있다. 또 한가지는 寅卯月日占이라면 丑土를 克去하며 午火를 生起하니 역시 文書를 얻을 수 있다. 하겠으니 다른 것도 이것을 모방하라.

※ 制中弱主難以維

弱한 主事爻가 克制를 당하면 유지 하기가 어렵다 用爻가 休囚되어 있는데 다시 月日建의 制克을 받으면 비록 生扶되는 시기라도 되지 아니한다.

辰月丙辰日占地下然起五色之光疑有占穴窖(지하에서 홀연히 光彩나는 것을 보고 古代의 굴이 있는가 의심하여 占쳐본다)

睽卦 蠱

父巳ー 子
兄未‖ 口才
兄戌孫酉 口世×
孫酉兄丑 ー
官卯ー 口應
兄丑父巳

財가 伏神이며 空이 되니 아무것도 없는 상이다 响伊가 이르되 財가 없다는 말은 무슨 말인가 五色의 光彩가 있다. 그러나 나는 그것이 妖氣라본다. 이론이 분분하며 子孫이 動한爻에 兄弟가 첩첩하니 쓸때없이 바래고 있다. 또 어떤 사람은 이 卦가 兄이 動하여 子孫을 生하고 子孫이 動하여 財를 生하며 內卦가 金局을 合成하여 金生水하는데 財가 없는 것은 무슨말인가 내가 말하기를 당신들이 하나는 알고 둘은 알지 못한 것이다. 子孫이 비록 財를 生한다 하지만 뿌리가 없는 財라 하겠다. 子水가 未土兄爻에 伏되어 있고 空이 되였으며 또는 日月의 飛神에서 克制를 當하고 있으니 財가 어디서 오겠는가 끝에가서 파보니 부서진 질그릇한개와 부서진 기와 한조각에 진흙만 나오고 말었다.

※ 日傷爻 眞罹其禍 爻傷月從受其名

日이 爻를 克傷시키면 참된 禍厄에걸이고 爻가 日을 傷克하는 것은 허명만얻음을 따름이다

日과 月은 하늘과 같고 임금과 같고 六爻는 臣民또는 萬物과 같은데 日辰은 能히 刑冲克害

할 수 있자만 卦爻는 日辰을 克害할 수 없다.

墓中之人 不冲不發

墓庫에 들어있으면 冲을 하지 아니하면 벗어날 수 없다. 舊文에 用神爻가 墓에 들어있으면 모든 일이 조격되고 힘만허비하게되어 이루어지기어렵다. 그러기에 日辰이 動하여 冲破하거나 克破하여야 有力하게 힘만허비하게되어 이루어지기어렵다. 戊寅日財占 同人의 乾卦 用爻가 墓爻에 들어있는데 기쁘게 日辰의 冲克을 얻은뒤에 果然財를 얻었다 用爻가 空이되며 墓에들면 財가 없다는 것은 낭설이다 비록 空이되어도 冲을 만나 空이 나가게되면 墓에 들어 있드래도 墓를 克破하게 되면 열리게 된다 野鶴이 이르되 이것은 여치에 여러번 시험과 경험이있는데 要는 用神이 有氣하면 成事되는 것이고 用神이 休囚되어 구조가 없으면 비록 冲開되어도 成事하기 어렵다.

未月戊辰日占年運(一年身數占)

復卦　　　　謙卦
　　　孫酉 ‖
　　　才亥 ‖
　　　兄丑 ‖ 應　兄辰 ✕ 孫申
　　　　　　　　官寅 ‖
　　　　　　　　才子 ㅁ 世　兄辰

世爻 子水가 비록 申子辰三合水局을 이루어져 있으나 좋지 아니한 것은 世爻가 墓로 化

하고 또 回頭剋으로서 動된 辰土가 또 克을 하는 중 世爻가 休囚無氣한 연고라 하겠다. 午年에 死亡하였다. 午年이란 世爻가 歲破에 걸려 그렇게 된 것이니 어찌 墓中人은 不冲이면 不發이라 하겠는가.

※ 身上鬼不去不安

午月 癸丑日占 妻病 (처에병점)

```
     萃卦            
                 應   
     比卦            
     父未 ‖ ―       
     兄酉 ‖ ―  口 ‖  
     兄申 孫亥 ‖  才卯 ‖ 世
                官巳 ‖
                父未 ‖
```

世爻에 鬼가 있으면 制去하지 못하면 不安하다 모든占에 世爻가 官鬼持世한 것을 무서워한다 만일 官職이 아니면 좋지 않다 가장 좋은 것은 日月의 動爻가 冲克을 하여주면 吉하게 된다. 그 이유는 무엇인가 世爻에 붙어있는 官鬼를 克去하므로서 편하게 된 소위라한다

점을 치러 온 사람에게 病이 난자 얼마나 되였는가 하고 물었드니 병난지가 三個月가량된다 하기에 나는 答하기를 卯木財가 旬空되어 있으니 出空된 明日에 액이 물러가리라 저 사람이 말하되 약을 마시지 아니하고 있노라 그러나 나는 무방하다 하였다. 이 卦亥水 子孫이 홀로 發動되어 世爻의 官鬼를 克去하니 따라서 明日寅日에 寅이 亥와 合하여 子孫을 合

辰月戊子日占小丹過海防盤阻 (적은배를 타고 바다로 지내가려 하는데 지장이 없겠는가)

```
咸    比
卦    卦
才子‖應  子戌│
兄戌│   才戌│
孫申×   兄申×世
官午×世  才亥孫
父辰‖   孫申官
兄寅‖   父午
     兄辰
```

起하게 되면 네가 근심이 없게 되리라. 果然다음날에 病이 물러갔다. 藥을 마시지 아니하여도 낫는다는 것은 卯木財星이 出空되기 때문에 그렇게 된 것이다.

世爻에 鬼가 있다하여도 근심이 없다. 첩첩한 申金이 世爻의 官鬼를 克去하니 鬼에 對한 근심이 없다. 卯日에 (無事하게 通關할 것이니 지장이 없다.

※ 德人卦而無謀不逐

덕이 卦에 들면 꾀하는 일이 이루어지지 아니함이 없다. 舊文에 德은 德이니 天地가 그 德을 合해야한다 하였으니 主事爻가 天干 地支와 上下가 相合됨을 말한다 占驗에 있다.

戊月 己酉日占 文書(문서점)

```
    小畜
蠱   卦
 卦  兄卯│
兄卯│ 孫巳│
父子孫巳│ 才未‖應
才未‖應 才辰│
才辰│  兄寅│
兄寅│  父子│世
才丑父子│世
```

五爻가 子水文書를 動出하였고 世爻가 辛丑土를 變出하여 相合을하니 戊子日에 文書가 이루어지리라. 그러나 나는 多事한 論理라하겠다 野鶴이 이르되 鬼谷子 三才論 舍文辭에 五行으로 禍福을 論하는 것을 보아도 地支를 쓰지 天干配合하여 쓴다는 것은 듣지 못하였다. 天干으로 休凶을 定하는 것은 天干地支를 配合하여 全用하고 저 하는 것이니 周天甲子卦에 四十八爻로서 그치게 되니 不分明하다 하겠다. 乾의 內卦에 甲을 쓰고 地의 內卦乙을 쓰는 것은 十干의 首가되고 乾의 外卦에 壬을 쓰고 坤의 外卦에 癸를 쓰는 것은 十干의 尾가 된다. 乾의 內卦는 子를 써 坤의 外卦와 相合이 되고 坤의 內卦未를 쓰는 것은 乾의 外卦와 相合을 의미하니 二老上下가 서로 陰陽이 配合되어 이리저리 엇갈려 맞혀보는데 六子卦가 包含되여 있고 甲乙의 다음 丙丁을 쓰는 것은 小男 小女니 艮과 兌라한다. 戊己를 쓰는 것은 中男 中女니 坎과 离며 庚辛을 쓰는 것은 長男 長女이니 震과 巽이라 한다. 上下干支 配合을 쓰는 法이라 하겠다. 그래서 渾天甲子의 禍福吉凶이 다 地支의 生克制化 合破刑冲으로서 판단을 하게 되였는데 원측 天干으로서 吉凶을 판단하는 것이 每卦마다 쓰는 것이 당연한가. 그런데 어찌 이 小畜卦가 蠱卦로 變하여 五爻動에 巳火가 子水文書를 變出하고 世爻가 子水父母에 文書가 되는데 酉日이 生하며 化出된 丑土와 相合이 되어있을 뿐아니라 첩첩한 文書가 破에 旺動하여 있으니 支相合이 아니라도 이루어지기 어렵다고 말을하기 어렵게 되여 있어 내가 말하는 것은 모두 論說이 많다는 것이다.

※ 忌臨身而 多阻無成

忌神이 世爻에 있으면 막히는 일이 많고 이루어지는 일이 없다. 忌神은 卽忌神이니 모든 점에 持世하는 것이 좋지 않다. 가령 官職占을 치는데 子孫을 忌神이라 하겠으니 子孫이 持世하면 求官에 이루어지지 아니한다. 財占에는 兄爻가 忌神이 되어 兄弟가 持世하면 求財하나 얻지 못한다 野鶴이 말하되 이 이론이 극히 모르지만 我의 경험에 依하면 兄弟가 持世하였어도 財爻를 化出하면 財를 얻고 父母爻化出되면 父母를 만나게 된다.

巳月 丙申日 求財 (재물을 구함)

未濟　　　　　昇卦
　　　兄巳 ―　應　兄巳 ―
　　　孫未 ‖　　　孫未 ‖
　　　才酉 ―　世　才酉 ―
　　　兄午 ×　　　孫辰 ‖
　　　　　　　　　父寅 ‖
　　　　　　　　　才酉 ―

이 卦가 午火忌神이 世에 있으나 酉金財星을 化出하니 酉日에 財를 얻었다.

申月 戊午日占 領文 (문서를 영수한다)

益卦　　　　　家卦
　　　兄卯 ― 應
　　　孫巳 ―
　　　才未 ‖
　　　才辰 ×　世　才辰 ‖
　　　兄寅 ‖　　　兄寅 ―
　　　父子 ―　　　父亥 ―
　　　　　冲

이 卦가 世爻에 辰土財가 動하여 亥水文書를 化出하니 辰土가 忌神이지만 世爻가 文書를

가지고 있기에 辰土가 合이 되는 날인 酉日에 文書를 얻으리라 그날 어떻한 사람이 父의 占을 쳐. 역시 이 卦를 얻었다. 그래서 亥日에 父를 만나리라 그것은 무슨연고 인가. 動爻가 變化를 克하지 아니하는 연고라 내가 이미 얻은 경험이라 不得不 쓴다하지만 後人에게 가르칠 法은 아니다 모든 점에 忌神이 持世하면 막히는 것이 많고 이루어짐이 적다. 世爻가 아니면 忌神이 되기에 不成한다.

午月己酉日占 求財(재물을 구한다)

未濟
  兄 巳 —應‖
  孫 未 ‖
睽 才 酉 —世—
  兄 午 —
  孫 辰 —
  兄 巳 父 寅 ×

구재점에 가장 兄弟持世를 싫어하는데 이 卦 忌神이 世爻에 臨하고 당황하니 財가 없겠다 多幸이 寅木父母가 動하여 世를 生하니 金銀이 아니라 寶物이니 金銀을 求하면 얻지 못하나 寶物은 반드시 얻으리라 果然寅日에 술잔과 소반과 비단등을 出空되는 寅日에 얻었다.

※ 卦遇凶星避之則吉

卦가 凶星을 만나면 피하므로서 吉하게 된다. 古書에 用神이 空亡을 만났을때 日月動爻의 沖克이 온다하여도 避하게 되는 것이니 空亡이 되므로 其沖克의 害를 만나지 아니하는 것이다. 이 이치는 占에 경험이 된다.

未月 壬申日占 子近病 (자식의 近病)

姤　　　　大過
□　　　　父未
申　　　　父戌
　　應　　兄申
午　　　　官午
酉　　　　兄酉
　　世　　孫亥
亥　　　　父丑

父母가 旺動되여 用神爻의 無氣한 亥水子孫을 克하니 근본 凶兆라한다. 그러나 用神爻가 旬空이 되므로 避하고 있는 상이다. 丙子日에 회복하리라 丙子日에는 旬空이 벗어지고 亥水가 子에 帝旺을 만나는 연고라 한다. 野鶴이 말하되 이 論理는 이치가 아니다. 모든 점에 가장 악한 것이 忌神인데 이미 卦中에서 動하여 禍가 싹이 텄는데 用神이 靜한자는 冲을 맞는 날에 害를 입고 用神이 動한자는 合을 만나는 날에 傷害를 만나고 用神이 破가 나면 破가 나가는 달에 해를 당한다 하였으면 用神이 空된자는 出空日에 吉凶을 당하게 되는 것인데 이 卦는 아직 空이 나가지 아니하였기에 避하게 되여 있지만 반드시 出空하면 害를 당하리라. 내가 얻은 경험은 元神이 卦中에 動하고 用神이 空되는 날에 禍를 얻고 忌神이 卦中에 動하였으나 用神이 空되는 날에 재앙을 만난다. 내가 여러차례 占쳐 시험결과는 近病에는 空을 만나면 出空하는 날에 바로 완치된다 이 占만은 空을 論한 것이 며 占쳐 시험결과는 近病에는 空을 만나면 論할 것도 없다. 近病에 用神이 空을 만나면 日月動爻니 剋害를 不拘하고 用神이 出空하는 날에 바로 완치된다 이 占만은 空을 論한 것이

214

지 克을 論한 것이 아니라 한다. 이 姤卦와 大過는 子息의 病占에 近病이라는 것을 깨닫지 못한것이다. 그러나 이 占이 空을 만남으로서 남게 된다.

※ 父逢忌殺敵之無傷

父가 忌하는 殺神을만나 대적하드래도 傷害됨이 없이하라 원괘에 忌神父가 動하면 모든 일이 不利하나 만일 日月動父의 生扶를 받으면 대적을 할수있게 되여 弱하지 아니하므로 成事하게 된다. 나는 이 이론이 옳다고 본다.

申月乙未日占 脫役(징역을 면하겠는가)

　　損卦　　　　　節卦
應 ×＝＝ 世
才子官寅　　　才子戌＝＝
　　　兄戌＝＝　　兄丑＝＝
世 —
　　　兄丑＝＝　　官卯 —
　　　官卯 —　　　父巳 —

世父가 丑土에 있고 子水財爻가 動하여 寅木을 扶助하고 木鬼가 動하여 世文를 克한다. 그러나 기쁜것은 日辰에 未土가 있고 五爻에서 戌土를 變出하여 世爻를 扶助하니 寅木鬼와 대적을 하게 되므로 傷身되지 아니하겠다.

野鶴이 이르되 이法은 後人에게 傳하면 아니된다. 一個의 未土가 扶身하는데 어찌 傷身하는 鬼의 土兄을 돕지 아니한다 하겠는가 寅木鬼가 動되였다 하여도 月建에서 月破가 되고 未日에서 墓가된다는 것을 알지못한 것이다. 寅木의 鬼가 破가 되고 또 墓에 들어가니 子水가 비록 生한다 하지만 不生의 나무가 回頭克이 되어 水木이 다 枯渴한 것이다. 그래서 뒤에 無事하게 된 것이다 戌土와 未土가 生扶하여 준다는 것은 錯誤라 하겠다. 하물며 戌土가 扶助할 수가 없으니 내가 正卦의 한예를 들어 比較한다.

辰月乙未日占 月令(이달신 수)

```
泰    ‖ ‖ 應
卦  孫 酉 ×   ‖ ‖ 世   口
豊    父午 才亥 ─
      兄丑   兄辰   官寅 ─
            兄丑   才子
```

世爻를 辰土月建이 돕고 丑土가 動하여 回頭生을 하고 比肩이 와서 도와준다 하여도 寅木鬼가 動하여 克을 하니 旺相한 世爻를 도와주고 북돋아주니 相敵된다고 하지만 그러나 辛丑日에 와서 그凶을 본것이다. 잘못되었고 한마디로 上官을 촉노하게 하여 당한 것이다.

그러나 多幸한 것은 그일이 식어버리기에 解救되리라 解救된 것은 日月의 土가 도와준데에 因한 것이다.

※ 主變休囚怕見刑冲克害

主事爻가 休囚하며 刑冲克害되는 것이 무서웁다 世事爻나 世事爻가 旺相하면 刑冲克害의 爻라도 대적할 수 있지만 休囚되면 前篇에 말과같이 克害刑冲은 秋霜이 殺草라 한것과 같다.

※ 用爻變動 忌遭死墓絶空

用神爻가 變하고 動하면 死墓絶空되는 것이 무서웁다 古書에 死墓絶空은 陷井에 빠지는 것과 같다 하였으니 用神爻가 動하여 化墓 化絶 化空 化死되면 公事의 大小를 불문하고 루어지지 아니한다. 病占에는 死亡한다는 것을 의심할 여지가 없다 내가 얻은 경험으로는 化墓 化絶되어도 動하여 旺相되고 月日에 있거나 日月의 도움을 받으면 大害는 없다. 化墓된 것은 冲開되는 日月에 成事되고 化絶된 것은 生旺을 만나는 日月에 成事한다 化空은 空이 나가는 날에 謀事가 이루어진다. 近病은 出空하는 날에 바로 회복한다.

※ 用化用有用無用

用神이 用神으로 되면 쓸듯하지만 쓸데가 없다. 古書에 用爻는 動하는 것이 不可하고 또 는 化出되여도 化去하며 혹 傍爻에서 나와도 일이 되지 아니하므로 비록 있으나 없는것 같 다. 一般占 病占에 더욱 싫어한다.

野鶴이 말하되 이 이론은 이치가 아니다 用神爻가 用爻를 化出하면 化進神과 같은데 어찌 좋지 아니하다 하는가 반대로 모든 病에 吉하다 他爻에서 動出된 자가 다시 비겁의 도움을 얻는데 어찌 無用이라 하는가 太過者는 損之斯成을 알지 못하는가 또 이르되 用爻가 중첩

되면 墓庫를 얻으므로써 成事한다 用爻가 많아도 傷損되는 날 또는 墓庫되는 날에 이루어 지니 無用이란 말은 잘못된 것이다. 이것도 당연히 削除하여야 된다.

※ 空化空 雖空不空

空이 空으로 化하면 비록 空이되나 空이 아니된다. 내가 얻은 경험에 依하면 空이 空으로 化하면 空이 化하면 空이 아니된다 하였으니 動하면 空이되지 아니함이다 禍가 되고 福이 되는 것은 空이 나가는 月日에 발효한다.

※ 養主孤疑 墓多暗昧

養이되면 여호같은 의심이 나게 되고 墓가되면 어두운 일이 많다. 이는 長生沐浴十二運 星을 말하는 것인데 나는 生旺과 墓絶만 본다. 其他는 맞는 율이없다 生旺된자가 墓絶로 되면 일이 막히고 用神이 動하여 墓로 化하면 久病이나 近病이나 昏迷한 상태에 빠진다 用神이 旺相된자는 冲開하는 날에 成事되고 用神이 休囚되며 刑冲克害를 만난자는 회복되기 어렵다. 近病은 회복되고 久病은 凶하다 失物占에는 잡고저하면 멀리 도망가 찾어보기 어렵고 身命占에는 정신이 흐려 일이 부진도 되고 도적을 깊이 감추어보기가 어렵고 혼인占에도 되지 아니할 상이다 만일 動爻가 化墓되며 回頭克하면 암매혼체의, 상이니 凶兆라 한다. 回頭克을 싫어하는 것이 바로 이것이다. 化養 化胎 化沐浴 化病등은 맞지아니하는 까닭이다 削除하여야 한다.

※ 化生旺化 禍福有三

生旺으로 化하여도 禍福의 三種이 있다. 生한자가 動爻에서 長生으로 化함이다. 亥水가 動하여 申金을 化出하면 長生으로 化한 것이고 또는 回頭生으로 化한다 酉金은 그렇지 않다 沐浴으로 化하여도 回頭의 生이 되니 이 두개의 生은 動爻가 有氣하고 旺相爻로 化하면 모든점이 다 기쁘게된다. 旺者는 第五位의 長生됨을 가르킴이다 申金이 酉金을 化出하고 亥水가 子水를 化出하며 寅木이 卯木을 化出하고 巳火가 午火를 化出하는 것인바 모든占에 亨吉하지 아니함이 없다. 오직 土가 申에서 寄生되고 子水가 辰戌未土가 進神으로는 되지 아니한다 動하여 子水爻를 生하면 化旺이 되고 丑土가 子水를 化出하면 化旺이 되고 또 化合이 되어 모두 吉하게 된다.

※ 化官鬼化吉凶有二

官鬼로 化하면 吉과 凶의 二種이 있다. 動爻가 官鬼를 變出하여도 吉凶이 두개가 있는 것은 무엇인가 功名占을 할적에 世爻가 旺相하며 혹은 日月에 있고 혹은 日月이 生扶하여 주고 動하여 變出된 官星이 損傷함이 없으면 官職을 얻을징조라 하겠다. 만일 世爻가 休囚 하고 克을 받으며 動하여 變出된 官星이 鬼로 變하여 오직 어려울 뿐만아니라 王家에 祿을 먹는다는 것은 浮夢에 지나지 않는다.

戌月甲寅日占 候選何時得缺(선거에 어느때 당선 하겠는가)

```
益      蹇
卦      卦
 應      
父子 兄卯 ┃
  孫 巳 ┃
   才 未 ‖ ×世
官   才 辰 ‖  兄寅
   破 兄 寅 ‖
   才 辰 父子 ┃
```

世爻가 月破가 되고 寅日이 傷克을 하고 또 上爻에 動出된 卯木이 克을 하니 克은 있어도 生은 없고 世爻가 變出된 官星이 鬼로 變하니 次年寅月에 死亡하였다. 그러기에 당선도 되지 못하고 끝을 맞치니 오직 神이 恨命을 告하여 위기에 당도하니 功名을 바랄수가 없다.

巳月 壬申日占 開店貿易(무역하는 점포를 개설)

```
  坤
  卦
   剝
官寅 孫酉 ×世
   才亥 ‖
   才丑 ‖ 卯 ‖應
      官卯 ‖
      父巳 ‖
   官寅 兄未 ‖
```

生氣를 얻는 것은 財爻라 하겠으나 此卦財爻가 月破가 되니 비록 子孫이 動하여 財를 生한다하나 財를 모을수가 없다 하물며 世와 子孫이 同一한 鬼로 變하니 營運이 어려울 뿐만 아니라 올가을에 官災가 있으리라 果然 八月에 子女가 도박을 하여 官에 잡혀가 刑杖을 맞다가 死亡하였다. 이것은 酉金子孫이 鬼로 變한 연고라 한다.

※ 忌回頭之克我

회두克되는 것을 싫어한다 爻가 動하여 克으로 化한자는 金爻가 動하며 비록 變하여 金을 克하고 木爻가 發動하며 金을 變出하여 木을 克하는 것을 回頭克이라 한다. 남어지도 이 法을 推知하라.

學子가 이르되 내가 보는 경험은 回頭克이면 病占이나 壽命占이나 年運占에 十에 九는 死亡을 하게된다. 名利占을 하는자 家宅占을 하는자도 敗亡하게 된다. 그 연고는 무엇인가 그 사람의 限命이 다된 것이다. 自己가 無知하여 名利를 求하는데 급급하면 神이 數가 다 되었다는 것을 알려주는 것이다. 어찌 딴것을 경계하여 탐을 내지 아니하면 험난한길은 밟지 아니하려하여도 回避하기 어려우니 어찌 그 정당하게 사는것을 보존하리요 神이 告함이 이 뜻이라 한다. 오직 官鬼가 持世하고、子孫이 回頭克으로 化하면 四種의 경험이 있으니 現在官員으로서 占이 이와같으면 自身이 死亡하거나 子息을 傷하게 된다. 한말로 결정하여 근심을 막는데에 좋은 것은 子孫을 化出하여 身邊의 官鬼를 克去하므로 근심이 없게된다. 士度인이라면 自身이 死亡하거나 子息을 傷하거나 官職을 삭탈당하거나 夭青하게 된다. 만일 이런 回頭克을 얻으면 다시 再占을 하여 前般占과 合하여 決定한다. 만일 父母占을 할적에 父母가 巳午火爻가 되는데 亥子水爻를 化出하여 回頭을 하면 父母가 壽를 하지 못할 징조니라 다른것도 이 이치를 推定하라.

克을 代出하는 것이다.

酉月 己丑日占 師尊官事 (스승의 관직)

震卦　兄子 ‖ 應
　　　父申官戌 ×
　　　才午父申 ‖
屯卦　官辰 ‖ 世
　　　孫寅 ‖
　　　兄子 ―

申金父母가 用神이 되는데、日墓에 들어있고 또 回頭克이 되니 現在重罪에 처리하여지겠다. 저사람이 묻되 減等되겠는가 내가 보기는 감등도 아니되고 刑도 없지 아니하리라 今年 이 辰年이라 年支가 相生되기에 午火가 旬空에 들어있지 아니하며 父母爻가 靑龍를 가지고 있으니 절대 刑厄를 當하지 아니하리라 午年에 出空되면 善終을 못하리라 이 사람의 四柱를 보아도 壬辰 戊甲戌寅 甲寅이니 養神制殺格이 되므로 今年丙運에 들어가니 倒食이 奪食의 運인바 多幸히 七月의 旺金이라 丙運이 얻지 金을 消滅하겠는가. 그러나 丙年 丙月에 烈火가 金을 克制하게 되여 있으니 前卦와 正히 付合된다. 前卦午火에 空이 나가는 해가 된다. 그 뒤에 들으니 官災에는 관계가 없었고 丙年 丙月 丙日에 肺疾痰으로 死亡 하였다 한다. 이것은 六親의 代占을 하였지만 回頭克이 되니 이 四柱運命과 이卦와 付合되는 점이 있다.

※ 勿反德而扶人

德을 배반하지 말고 사람을 도와주라 古法에 相生은 他人이 나를 生해주는 것이 좋고 相克은 좋지않다 내가 他人을 克하는 것은 역시 좋다 만일 彼此兩家의 일을 占칠때에는 應爻가 世를 生해주는 것이 좋다. 만일 財占은 財가 世를 生하는 것이 좋고 官占을 하는데에는 官이 世를 生하는 것이 좋다 世가 가서 他爻를 生하면 自己의 기운을 설기하기에 좋지 않다.

※ 惡曜孤寒怕日辰之倂起

나쁜것은 用神이 休囚衰弱하여 고단한데 日辰이 克되는 것이 무서웁다는 말이다 刑冲克害의 爻를 惡曜라하니 모든 支神의 凶殺은 아니라한다. 대개 이爻가 動하여 用神爻를 冲克하면 이 支神이 孤立되여 도움이없으며 休囚無力하면 用神을 傷하는 것이다. 그러나 用神이 旺하면 能히 대적하게 될것이니 반드시 지장이 없다 하여도 역시경하게 된다. 오직 무서운 것은 日辰動爻가 他爻의 惡을 도우니 세차게 惡을 도와주면 禍가 크게된다. 前篇月建日辰章內에 가장 他爻에서 克制를 해온다는 것과 同一하다.

※ 用文重疊喜墓庫以收藏

用神爻가 중첩되면 墓庫가 수장하여 주는 것이좋다 古書에 用爻가 중첩하여 있는데 日辰의 動爻가 損시키여주든지 그렇지 아니하면 墓庫를 만나 수장된 연후에야 成事한다.

丁丑日占 財(재점)

어떤 사람이 말하기를 卦內에 두개 財爻와 六爻에 兩財가 化出되어 있으며 또 日辰이 財를 가지고 있으니 財가 太過함으로 世爻에 辰土字가 있어 財庫가 되며 墓庫로서 庫藏이 되어 財를 얻으리라 나는 이렇게 본다. 여러번 경험하고 시험하여 보았으나 本卦中에 庫가 있고 없는 것을 따질것없이 다음으로 오는 財庫의 月日에 得財하게 된다.

```
     盆
萃   卦
卦      口應
才未 兄卯
     孫巳 ─ ×
才未    ‖世
    冲
    才辰 ‖
        兄寅 ‖
        才未 父子 口
```

午月戊午日占 (何日雨) 어느날 비가 오겠는가

```
升
垣 卦
   官酉 ‖
   父亥 ‖
          ×世 ─
孫午 才丑    官酉 ─
             父亥 ─ ‖應
             才丑
```

友人이 卦를 가지고 나에게 묻되 父母가 動하지 아니하고 丑土의 財가 午火를 化出하여 回頭生을 하니 끝까지 큰가뭄이 계속될 해인가? 나는 壬戌日에 비가 오리라 友人이 말하되 父母가 月建에 있으면 비가 旬內에 계속내리지만 子孫이 月建에 있는데 비가 온다는 것은 무엇인가 午火子孫이 月建에 아울러 日辰의 旺이 극도에 되여 있으니 이것은 用爻가 重첩되여 있으니 收藏되는 戌日에 비가 오리라 果然 戌日申時에 비가 왔다.

丑月丙申日占終身功名(종신전에 功名하겠는가)

```
既濟  ‖應ロ‖
泰卦      兄子 戌
          兄官 申  ‖世×‖ ─
          兄亥 父 亥  官 丑
                  冲
                  孫寅 孫 卯 ─
```

이 사람은 富者집 아들로 나이겨우 十六歲에 終身功名占을 친 것이다.

나는 이卦를 보고 그 夭壽할 것을 알고 말을 하지아니하고 功名을 못한다 하였다. 그러나 功名이 아직 이르다 鬼가 첩첩하여 世를 克하니 도리여 病이 있으리라 二十歲를 지내야 이官鬼의 厄을 벗어나리라 재차 또 묻되 終身功名에 무슨연고로 귀가많아 世를 克하는가 내가 말하기를 神이 夭壽된 것을 알려준 것이다. 그래서 功名은 되지 아니한다 알려준 것이다. 저사람이 묻되 언제 厄이 있겠는가 내가 말하기를 今年太歲가 丑에 있으니 十九歲辰年을 넘기어려우리라 저사람이 말하되 辰年에 戌土를 冲去하면 어찌되는가 내가보기는 辰土가 鬼인데 鬼가 많으니 墓庫의 收藏되는 해를 가르킵니다 果然 辰年戌月에 死亡하였다.

※ 事阻隔無間發

일이 막히게 되려면 間爻가 動한다 古書世應中間에 두개의 爻라 兩間爻가 動하면 일이막히는 예가 많다 世應中間에 있어 動하면 兩家의 일이 막히게 되므로 彼此가 相通하지 못하게 된다. 또 이르되 世應中間에서 間爻가 發動하면 所營하는 일이 막히고 彼此 兩家이리라 그렇게 된다 이 兩爻인 間爻를 시험한결과 果然그러하드라 무슨 占을 할적에 彼此兩家이리라 그렇게 본다. 婚姻에는 間爻가 중매하는 사람이 되고 訟事占에는 中間證人이 되고 買賣하는 데는 소개자가 되고 꾸어주는 데에는 保證人이 되고 船舶이나 貨物車에는 싫은 물건이 되고 音樂과 풍류의 노리에는 樂器가 되고 出兒生産에는 母를 保하는 神이 된다 그러기에 世는 내가 되고 應은 상대방이 된다. 彼此가 서로 친하고저 하는데에는 間爻가 發動하여 저해함이 좋지 아니하다 만일 動爻가 世應과 合이 되거나 生이되면 이 사람들의 힘을 입을 수 있으니 내가 도움을 받게된다. 나를 이익시키면 내가 이롭고 他人을 이롭게 하면 他人이 이롭게 되며 나를 克하는 것이 되면 멀리하여야 된다 싫어하는바는 世應을 克하는 것이 니 일이 반드시 이루어지기 어렵다. 克世하는 자는 내일을 파괴하는 것이니 내가 해롭고 應을 克하면 他人을 해롭게 하는 것이니 해롭다 만일 兄弟라면 그 害가 적으나 그 일을 막히게 하니 財物이 손상되고 官鬼가 動하면 그 害를 입는다.

巳月庚辰日占 買宅(집을 사는점)

```
臨卦  ‖ ‖ 應
大狀  酉 亥
     孫 破
     才
  父午 兄丑 ×  ‖世
  兄辰 兄丑 ×  —
           官卯
           父巳
```

世爻가 卯木이고 應爻가 亥水이므로 世應이 相生되니 반드시 이루어진다. 보겠으나 亥水가 月破가 되고 또는 間兩爻의 丑土兄弟가 中間에 發動되여 파괴하기 어렵겠다 저사람이 말하기를 나와 단단한 약속을 하고 사람까지 쓴다는 부탁까지하며 合論이 되였다 그러나 나는 일이 이루어진다. 볼수가 없다 하였드니 果然저 사람의 친구가 와서 값이 비싸다 하여 계약이 해제 되었다 내가 볼적에 日辰까지 三重土가 克을하게 되지 말할 여지가 없다. 그리고 應이 가까운 편은 賣主의 신변사람인데 應爻를 克하니 賣宅을 파괴시 키므로 되지 아니한 것이다. 世爻에 각자운土도 應을 克하기에 賣主의 친友가 방해한 것이 다. 그러나 間爻가 動되였드레도 日月의 冲克을 받으면 成事될 수 있다.

※ 心退悔無世空

  마음이 물러가 뉘우치게 되는 것은 世가 空이된 탓이다 古書에는 主事爻가 되는데 만일 日月爻의 傷克을 입거나 世爻가 연고없이 스스로 空이되는 것은 반드시 心中에 게으름이 나서 스스로 前進을 못한다. 野鶴이 이르되 이 이론이 옳다 前에 無故勿空이라 하였다. 空

이 되면 깊은 못과 큰 구렁에 들어간 것같다 하였으나 大凶은 아니된다. 易林補遺에 世와 應이 함께 空이되면 月前에는 悔退되나 後日占出空되는 날에 다시 회복된다 하였다. 世空뿐만아니라 應空도 좋지않다 世나 應이 空되면 事體가 믿을 수가 없다 대개 動하여 空된 것은 除外하고 말을 한다.

※ 卦爻가 發動循看交重

卦爻가 發動하여 첩첩한가를 보라 古書에 動은 未來의 일인데 重動된 것은 過去의 일이라 한다. 나도 시험하여 보면 간혹 맞는 일이있다. 대개 主象이 일정하여 옮길수 없는 法이 되지만 우연의 합이되면 도로 주저앉는다. 그러나 꼭 그렇다 단정질수는 없다.

※ 動變比和當明進退

동이 比和로 變하면 당연히 進과 退한것을 밝히라 進退章을 보라.

殺生身 巽將吉斷 用剋世勿作凶看蓋生中 有刑害之兩防 合處 有克傷之一處

殺星이 나를 生하는 것은 吉하다하지마라 用神爻가 世를 克하여도 역시 凶하다 하지마라 일이 속히 이루어진다. 대개 生한 중에 刑害가 있으면 이 두가지 厄을 마지하여야 하克과 傷이 있는 것은 일렴으로하라 殺生身이란 日月의 動爻가 忌神으로 되여 世를 生하는 것이다. 그나마 凶殺이 되지 아니한다 하여도 吉하다 단정짓지마라 무슨일인가 忌神이 旺

하고 世爻가 衰하게 되어 무슨 이익이 있겠는가.

戌月丙子日占 父任雲南何時有信(아버지가 雲南에서 계시는데 어느때 소식이 있겠는가)

```
戌月丙子日      青 玄 白 巳 句 朱
臨卦           寅 ‖   ‖ 應
              才 亥   ‖  世
              兄 丑   ‖  ―
              兄 丑   ‖  ―
                     卯  ―
                     官  父
              孫       巳
```

朱崔巳火父母가 用神이 되는데 日辰子水가 巳火를 克하니 忌神이 되고 戌月이 火의 墓가 되니 역시 忌神이라 한다 이 巳火를 月墓 日克하니 소식이 아득하여 한정이 없다 世爻가 卯木인데 日生 月合을 하지만 무슨 이익이 있겠는가 殺이 몸을 生하면 吉하다 단정하지 마라 하는 말이 틀림없다 果然 소식이 없어 알아보았는데 四年이 걸려 아버지가 害를 만났다 는 것을 알게 되었다. 用神이 克世하면 勿作凶看이란 用神이 世를 克하여도 무관하다는 말이 다 古書에는 主事爻가 動하여 나의일이 반드시 쉽게 이루어지는 것이지 어찌 克이 되었다 하여 나를 傷할수있는가? 하였으니 世를 克하나 凶이되지 아니한다. 覺子가 이르되 이 이론이 전적 옳다할 수가 없다 내가 얻은 경험에 依하면 求財占에는 財가 用神이 니 財爻가 世를 克하면 반드시 財를 얻고 行人占에는 用神이 克世하면 바로오고 醫藥占에는 子孫이 用神이니 克世하면 반드시 병이 낫지만 이 몇가지 占外에는 用神이 克世하는 것이 좋지 아니함이 있다. 신수占에 官鬼가 克世하면 官災가 아니면 바로 禍가 되어 어찌 用克世는

勿作凶看이라 하겠는가.

丑月庚子日占 關差得否 (관을 넘어가는 심부름)

```
泰卦        明夷
            孫 酉 ‖應
明夷卦       才 亥 ‖
            兄 丑 ‖ ―世
            兄 辰 ―
            兄丑 官 寅 ―
                 才 子
```

관차는 官鬼로 用神을 하는데 辰土가 世에 있어 寅木官鬼의 克을 입었으나 世가 空이 되어있기 寅月에 길을 떠난다는 것이다. 그러나 그해 三月에 中途에서 死亡하였다. 어찌 用神克世에 勿作凶看이 될수가 있겠는가.

午月 丙辰日 遷居否 (이사점)

```
明夷卦
      兄 酉 ‖
      孫 亥 ‖世
      父 丑 ‖
      兄 申 ―
      官 午 ‖應
      父 辰 ×
      才 卯
```

宅舍占은 父母로 用神을 하는데 이 卦가 辰土父母가 動하여 世를 克하니 옮겨도 좋지 않겠다 저 사람이 말하되 이미 이사하였노라 내가 이르기를 現在는 지장이 없으나 가을철이 오면 이롭지 못하리라 어찌하여 그러한가 辰土가 動하여 卯木을 化出하니 가을이 오면 木

이 金에게 傷克을 입으면 辰土가 와서 世爻亥水를 克하기에 그러하다 果然 七月에 혈압으로 房에 넘어져 死亡하였다. 어찌 用神이 克世하드라도 凶이되지 아니하겠는가.

※ 刑害不宜臨用

刑과 害는 用神에 있는 것이 좋지않다 主事爻가 日月動爻와 三刑이면 일이 이루어지지 아니한다 物件을 占칠적에 좋지 않고 病占에 반드시 죽고 사람점에 근심이 있고 婦人占에 貞操가 불결하며 문서占에 破가되고 訟事占에 罪가 된다 그러나 動爻가 刑이나 害를 化出하여도 단형이지 三刑이 아니므로 여러번 겹쳐 보아도 맞지 아니한다.

※ 死絶豈可持世

死와 絶이 어찌 世를 갖겠는가 用爻나 世爻가 日辰에 絶되고 혹 絶로 化한자는 古書에 이르기를 모든일이 不利하다 하였다. 그러나 나는 볼때 休囚되여 克을 만나고 또 絶이된 자라도 旺相하면 일이 없다.

※ 絶逢生而事成

絶이 生을 만나면 일이 이루어진다. 즉시 用神이 혹 日辰에 絶되거나 絶로 化하되 日月 動爻의 生을 얻는자는 絶處에서 生을 만나는 것이니 絶逢生이라 한다. 寅日占에 酉가 用

※ 動逢冲而事散

動이 冲을 만나면 일이 흩어진다 三刑六冲장에 설명되여 있다.

神이면 酉가 寅에 絶이 되는데 만일 辰戌未月이나 혹 動爻의 辰戌丑未土를 만나면 土生金하

니 絶處에 生을 만난다는 것이다 다른것도 이것을 모방하라.

※ 如逢合住 須冲破以成功 若遇休囚必旺相而成事

만일 合을 만나 머무르게 되면 冲破를 만나므로서 成事를 하고 만일 休囚함을 만나면 반

드시 旺相하므로 成事를 하게된다. 應期章에 明示되어 있다.

速則動而克世 緩則靜而生身

속하게 되는 것은 動하여 世를 克하고 늦어지려면 靜爻로서 世를 生한다 이것은 行人占

에 쓰는 것이지 他占에는 쓰지 아니한다. 神이 動하여 世를 克하면 速히오고 用神이 靜하

며 世를 生하면 行人이 더디온다 만일 父母가 언제오는가 占이라면 父母가 動하여 世를 克

한자는 바로 돌아온다.

※ 父亡而事無事緖 福隱而事不稱情

父母爻가 卦中없으면 일이 질서가 없고 子孫爻가 보이지 아니하면 일이 되지 아니한다.

古法에 卦에 父母가 없으면 卦에 子孫이 없으면 기쁜일이 있지아니 한다

이론이 구구하다 대개 占치는 用神元神과 忌神 化神과 克害 刑冲 破墓 絶空 日月飛伏이

許多하니 오히려 正論이 없으므로 不當한 用爻를 찾을필요가 있겠는가 나의 판단은 가지와

잎이 많이나면 도리어 줄거리를 잡을수 없다는 뜻이다.

※ 鬼雖 孫災伏猶無氣

官鬼는 비록 재앙이되나 伏이되면 오히려 無氣한다. 天元賦에 이르되 無鬼論에 비록 이 치가 있다 하지만 실지는 論이많다 나는 平生 占을 쳐오는 동안 **官占鬼占 病占**에 당연히 쓸것은 쓰고 쓰지아니할 것은 쓰지 아니하였다.

※ 子雖福德 多反無功

자식이 비록 福德이나 많게되면 도리어 功이없다. 覺子가 이르되 用神이 많은 것을 어떻게 害하겠는가 그러기에 損之斯成과 墓庫以收藏이란 말을듣지 못하였는가.

※ 虎興而遇吉神 不害其爲吉 龍動而逢凶 曜難掩其爲凶

白虎爻라도 飛神이 吉神으로 되면 害를 하지아니하므로 吉하게 되고 靑龍이 動하여서도 飛神이 凶爻로 되여 있으면 凶을 없애기가 어렵다 이것은 六神章에 해명 되어 있다.

※ 元武爲盜賊之事 亦必官爻 朱雀本口舌之神必須兄弟

元武(玄武)은 盜賊에게 失物되는 것이 官爻에 있어야 하고 朱雀은 口舌의 神이나 兄弟 있어야 한다 이 논설은 어긋난이치이다 元武 朱雀 句陳 騰巳 白虎라도 世爻를 克하지 아니 하면 지장이 없다. 動하여 世를 克하면 다 凶하게 된다 兄弟나 관鬼를 논하지 마라.

※ 吉凶神殺多端 何如生克 制化之二理

吉과 凶된 神殺의 많은것과 生克制化의 一理뿐이라한다. 克과 害刑과 冲의 神을 日月 動

父神이 克制를 하면 그 뿌리를 다 뽑아야 하는데 만일 못다 뽑으면 將來 生扶되는 月日에 다시 禍가 된다.

卯月甲申日占病 (병점)

```
        謙         卦
  蹇卦       兄酉 ‖ 世
  父戌孫亥 ×
              父丑 ‖
              兄申 —  應
              官午 ‖
              父辰 ‖
```

亥水子孫이 申日에 長生이 되고 世가 日建의 生을 만나 戌土가 克을 한다 하여도 卯月의 土라 衰하여 있는 土이기에 救助가 無妨하다 그러므로 丁亥日에 나섰다 卯木이 비록 戌土를 克하나 도리어 相合의 뜻이 있다. 亥水가 비록 長生을 만나 旺하지만 巳月日建을 만나면 亥水를 巳火가 克破하고 戌土를 生助하니 옛말에 풀을 베이되 뿌리를 뽑지 아니하면 싹이 전과 같이 자라난다 하였다 그와 마찬가지로 病이 다시 再發하여 死亡한 것이다 回頭克은 무서운 것이다. 임시는 좋으나 끝까지 좋은 수가 없다.

※ 害克不重 枯木猶有逢春

해나 극이 되여도 과중하지 아니하면 枯木이 오히려 봄을 만난것 같다. 世와 用文가 有氣한데 만일 日月의 冲克을 입으면 現在는 克傷을 만났으나 他日에 生을 만나면 再發한다.

子月丁亥日自陳(자기의 앞날)

歸妹 　　應
　　　兄戌 ▬▬
　　　　　父申 ▬▬
　　　　　　　官午 ▬
解　　世
　　　父丑 ▬▬
　　　官卯 ▬
　　　才巳 ▬
　才寅官巳

巳火官星이 冬節에 극도로 休囚되어 있는 中子月亥日의 水가 첩첩히 冲克을 하니 功名을 전하기 어렵다. 저사람이 말하되 도리어 직업을 개혁하였으니 降職을 하겠는가(말하기를 이미 降職된 것은 巳火의 官星이 動한 것이 아닌 것이고 이미 生으로 化되였지만 克이 심하지 아니하므로 뿌리가 남어있다 하물며 月建이 世 合되나 官은 傷하지 아니하였고 몸이 動하지 아니하므로 留任하리라 果然 寅日에 降職해서 留任하였으니 이 것은 日月이 官星을 冲克하나 害가 重하지 아니하니 오직 枯木이 봄을 만나 再發한 것과 같다 卯年占쳐 巳年에 原職으로 회복되었다.

※ 水木順宜尋根

　물과 나무는 뿌리를 찾는것이 좋다 대개 身命占 家宅占 功名占 先塋占 貿易占 등에 대하여 오랜 장래를 계산하는 占에는 用神도 重要하지만 元神을 겸하여야 할 것이니 用神은 事體가 되고 元神은 일의 근본이 되어야 하므로 用神이 비록 旺하나 元神이 傷克을 입으면 물이 源泉이 없는것같고 木이 뿌리와 잎이 없는것과 같으니 其他 金火土도 一般이니 이이치로 미루어 보라.

午月 庚寅日占 掣籤 得何處(점대로 먼곳으로 가면 얻을 수 있겠는가)

```
大畜           中孚
官 寅 ―        官 寅 ― 世
    ×應 ‖      才
父 巳 才 子    兄 辰 兄 戌  ロ ― 世 ―
破 兄           官 寅 才 子
兄 丑
```

世爻가 寅木官星을 띠고 있으니 반듯이 東이라 하겠으나 廣東은 아니고 바로 山東이라 艮丑寅이라 하겠으나 아쉬운 것은 子水의 應爻가 月破가 되고 絶로 化하니 취임하지 못하리라 彼人이 묻되 어찌 그러한가 내가 보기에는 財는 養命의 근원이 되고 朝庭에 祿이 되는데 財가 絶地에 있으니 財가 없고 祿이 없으며 寅木이 水의 滋生이 없으니 凶한 징조라 하겠다. 저사람이 말하되 다른날 목욕재개하고 정성드려 再占한 케로 감정하는 것이 어떻겠나가 내가 말하기를 좋다 하였다.

甲午日에 再占하여 아래와 같은 占卦를 얻었다.

```
臨   節
卦酉     孫酉
 ×應   兄戌才亥
卦亥=    兄丑
 =丑      兄卯
 =丑     官巳
 |世
 |卯
 |巳
```

내가 말하기를 前卦와 卦名만 다를뿐 그 이치는 同一하다 또 亥水財爻가 回頭克이 되니 到任이 어려울 뿐만 아니라 올가을이 위태우리라 이 사람이 娶妻하려 南쪽 都市에 왔지만 섯달에 연고가 있어 成婚을 못하였다 그래서 四月에 하기로 연기하였는데 뜻하지 아니한 아버지가 國事犯으로 罪를 얻어 또 成婚이 못되였다 午月己丑日占에서 어느달에 成婚하겠는 가 하여 占을 쳤는데 火澤睽卦를 얻기에 나는 이 혼인이 끝까지 成婚이 아니되리라 하였다 그런데 日後에 아버지가 罪를 대리로 하겠다는 進言을 하고저 하노라 하기에 내가 말하기를 公의 功名도 이루지 못하고 또는 혼인도 이루어지지 아니하는데 이제 孝誠을 다=하여 가고저하나 가을 재액이 위태우리라 그래서 나의 말을 믿고 가지 아니하였으나 果然 七日에 설사병을 얻어 고생하다가 약을 마시고 조금나어가드니 다시병이 再發하여 갈증으로 끝에 가서는 死亡을 하였다.

※ 動爻何妨空破

動爻는 어찌 공파라도 무방한가.

戌月己巳日余占南(내가 南으로 가고저 占을 쳤다)

大壯　父戌官巳▯應‖
大有卦　父未‖　▯│世─│
　　　　兄酉─│
　　　　父辰─│
　　　　才寅─│
　　　　孫子

應爻官星이 나를 生하는 官貴가 相生한다는 것은 비록 기쁘다 하겠으나 不足한 것은 巳火가 墓로 化하니 나를 生하는 官이 이미 墓에 들어가니 어떻게 나를 生하겠는가 六冲이 六冲으로 變하니 불길한 의심이 난다.

亥月甲辰日占(다시 再占하였다)

大有卦　　　─│應
大畜　　　破巳　父未‖　▯│世─│
　　　官　父戌　兄酉─│
　　　　　　　　父辰─│
　　　　　　　　才寅─│
　　　　　　　　孫子

이卦가 巳火가 世爻를 生하지만 月破가 되고 있어 나를 生하지 못하니 간들 무슨이익이 있겠는가 하물며 間爻가 發動하여 酉金兄弟가 되니 막히는 일만 있을뿐아니라 재물이 손해볼일이라 하겠기에 가지아니 하였다.

亥月甲寅日占(또다시 三次占을 하였다)

```
大有 ䷍
大壯卦 ䷠
父戌官巳‖
 官未 ―
 父酉辰―
 兄父寅―
 父才
 孫子
```

연속 세차례 占을 쳐 비로소 내가 기다렷노라 이번에 가려한 것이 明年 三四月에 마음대로 갈것이다. 巳火官星이 動하여 世를 生한다 하여도 現在 파가되고 衰하여 墓에 들어가니 明年三月에 辰土가 戌墓를 冲開하면 되고 또는 巳月에 巳火가 月建의 힘을 얻으면 不破不空되며 旺相하게 되여 世를 生하게된다 그래서 巳日에 길을 떠나 中途에서 전에 서로 알든 친구를 만났듯이 그 사람이 말하기를 우리 어머니가 돌아가시어 집에가는 길인데 同行하면 어떠하겠는가 하기에 同行을 하기로 하여 가는 길에 저사람이 노자가 멀어져 내가 여비를 쓰게되어 前의 第二課大有의 大畜卦에 酉金兄弟가 發動하여 損財라 同行하는 사람이 있게 되는 것을 비로소 깨달었다 奇門一部가 있는데 날더러 抄本하여 가다팔아 가지고 노자하지 아는 곳이 있어 들어갔드니 大有의 大壯卦라 나의 친구에게 말하기를 내차례 하기에 한이를 초하다가 또 占을 쳐보니 大有의 大壯卦라 나의 친구에게 말하기를 내차례 나이 卦가 나오니 이책을 사가지고 가라하여 떠날길을 재촉하는 뜻이기에 바로 떠나서 목적지에 오니 二月이 되였드라 어느날 將軍府中에서 장군이 묻되 내가 江南撫軍으로 있는데

來將의 功名이 어떻게 되겠는가 나에게 묻기에 占쳐 酉年占에 艮의 觀卦를 얻었기에 酉年에 이 임이 된 것인데 今年三四月에 原品으로 起用되리라 하였다.

卯月戊戌日占 目下功名陞否(현재 증진하지 못하겠는가)

```
   离    □ ─  □ ─
震  巳 ∥  未 ─  酉
   孫戌  兄孫  才官亥
                孫丑
                父卯
                孫辰
```

离卦가 變하여 六冲으로 變하며 世爻가 墓로 化하고 亥水官星이 回頭克을 입으니 크게 흉한징조라 하겠으니 승진을 바래지 말고 刑厄을 방지하라 將軍이 말하되 이것은 우리의 조카라 한다. 初年 二十九歲때 都間에서 당신에게 물어보니 四十九에 險厄이 있나 하였는데 이제 四十九歲이니 어떠한 險厄이 있겠는가 내가 이卦의 前後를 비쳐볼 때 現在 조심하여야 한다 하였다.

어느날에 藩司署中에 藩墓가 나를 向하여 묻되 이本府 府尊이 과오로 退職을 當하였으니 보직되겠는가 보라하기에 占卦를 쳐보았다.

卯月 庚子日占

漸卦　｜應－　｜｜　｜　
　　　官卯－　父巳－　兄未｜｜
　　　父巳｜｜　兄未｜｜　孫申｜｜
　　　兄未｜｜　孫申｜｜　父辰｜｜

子孫이 持世하였고 應爻가 祿位에 있으니 이미 他人에게로 갔다. 後職이 만번이나 어려웁다. 潘臺가 나에게 喜消息을 알려주니 어떠하겠는가 내가 볼적에는 희소식을 알려준다하여도 이卦의 해석은 기쁜일이 없겠다. 府尊이 말하되 오늘은 정성이 不足하였으니 내일 청할것이니 우리 官署에 와서, 占을하여 주라는 부탁이 있었다.

卯月辛丑日占

晋卦　官巳｜　　
　　　父未｜｜　
　　　兄酉｜世　卯｜｜
　　　父亥｜　　官巳｜｜應
　　　才丑｜｜　父未｜｜

今日卦도 昨日卦와 같다. 世爻가 破되며 墓에 들어가고 官星이 둘이 나타나 空이된다. 저사람이 고지듣 지아니하기에 다시 一卦를 再占하여도 좋다하여 占을 쳤다.

恒　｜應　　
大過　才戌｜｜　官申×　孫午｜
　　　官酉　　父亥｜世　　
　　　破　　　才丑｜｜

내가 보기에 喜悅이란 벼슬길은 이미 잃은 것이니 速히 구원을 얻어 西方으로 가면 再任

되리라 저사람이 무엇을 보고 그러한가 世爻가 官星을 가졌으나 破가 되고 墓에 들었으니 잃어버린 것을 찾노라 多幸히 五爻官星이 進神으로 化하였으니 再任될 官運이라 하겠다.

卯月甲辰日占 道臺在省 占母病(도지사가 도청에 있으며 母의 病에 대한 占을 쳐본다)

夬卦　　　口世ーー　巳父
大壯　兄未ⅱ　酉ーー應
　　　孫酉　孫亥ーー
　　　才亥　兄辰ーー
　　　兄辰　官寅ーー
　　　官寅　才子ーー

巳火父母가 寅木의 下에 伏되여 있으니 飛來生伏이 되고 月建이 또 父母의 元神이 되리 巳月에 完全히 회복되리라 果然酉時에 집사람이 아뢰되 어제 어떠한 官吏가 의원을 보내주어 老大人이 약을 자시고 효과가 있기ⅱ시작한다 하였다. 의원이 長期治療를 하여 四月에 完全히 나아버렸다 酉時에 소식을 들은것은 酉金子孫이 持世하였기 그러함이다.

卯月丁未日

```
既濟  ䷾
卦  子 ∥應
屯  戌 ∣
卦  申 ∥
   兄  口世∥
   官  亥 ∣
   父  丑冲卯
   官辰 兄  官
            孫
```

官事는 제쳐놓고 病厄이 위태롭다 三月에 不測之禍를 조심하라 官事占에 病을 이야기하느냐 하지만 病이 아니면 발에 病이 있어 行動도 어렵거니와 일어나지 못하리라 나가 나의 病을 의심하고 있나 내가 말하기를 官事이상 病이 번져 악화되니 重大事라 하겠다. 이괘가 有病無病을 論할것없이 世爻의 休囚가 극도에 달하였으며 日辰이 克하고 動하여 火로 變하여 又墓로 化하고 回頭克이 되니 만일 病이 아니면 위태로운 凶厄이 있을 것이다.

卯月庚戌日占 開鐵有否(철광을 시작하는데 철이 있겠는가)

```
益  卦  ∣應
中孚卦  卯 ∣
   兄  巳 ∥
   孫  未 ∥世 寅 ×
   才  辰 ∥  子 ∣
   才  卯
       兄  父
```

破財의 象이다 旺相한 兄弟爻가 動하여 世를 克하고 化進神이 되여있으니 財를 뺏어가는 상이니 크게 財物을 파하리라 저사람이 말하되 이미 開鑛한지가 두달이 되였는데 五處鑛에서 費用이 수백양이 들었다. 그러나 財가 없으니 실패라는 말인가 내가 보기에 兄이 動하여

進神이 되니 틀림없는 破財의 수이지만 어찌 中止하겠는가 저사람이 말하기를 이왕 그렇타면 中止하는 것이 옳지 않겠냐 公이나를 처음보아 믿지아니 하지만 한달만 나의 靈占이라는 것을 알면 스스로 中止하리라 내가 이지방에 와서 두달사이에 여러 占卦를 처보았으나 맞지 아니함이 없다。三月에 將軍의 조카 昔年에 陣中에 前進아니 하여 罪를 받는다는 예언과 都司이 三月六日에 발을다쳐、힘줄과 맥이 고장나 十八歲에 死亡하겠당 예언한 것과 四月에 道臺老夫人의 病이 낫게된다는 예언과 江南撫軍의 原品起用된 것과 府尊의 後職 또는 西慶陽商人이 開鑛할적에 샘물이 솟아난것을 보고 中止한 事實이 있어 三四五月에 다한날이 없고 일이 뜻과 같지 아니한 것은 前에 火天大有卦가 四次를 連하므로서 巳火의 官이 世를 生하여 巳月官貴에 應하게 된 것이 있기에 吉凶의 信報가 있다는 것을 알었노라 日月만 가지고 해석하는 것이 아니고 전적 사람의 通變에 있다 내가 깨우친 것은 多占의 힘에서 있다 연거푸 四次占에 내가 역시 이一行이 있어 損財되는 것을 내가 경험에 어긋나지 아니함을 告하노라。

※ 大匠誨人 必以觀矩 學者決斷靈機

各神에게 기도하면 사람을 가르치고 學者는 靈機로 단결하여야 한다는 것을 가르치라 옛성인이나 賢人들이 사람에게 占하는 法을 먼저 가르쳐도 動과 靜과 旺과 衰와 生扶와 拱合과 刑冲과 克害와 破와 墓의 絶과 空의 種別의 關節을 방관해 넘기면

不可하다 하였으니 글을 열심히 보면 촉물법을 알게되고 통달되여 기틀을 따라 應變이나 오게 된다 爻象이 하나가 이루어지면 바로 禍福을 알게되고 쓸것은 쓰고 못쓸것은 버리게 될 것이니 기동에 가풀을 발라 피파만드는 식을 하지 말 것이라 한다.

※ 筮必誠心 子日不忌

점을 성심으로 한다면 어찌 子日을 싫어하겠는가. 天下에 일이 없으면 心中에 나오지 아니하는 것이다. 기왕 動心되여 神을 求하면 至誠으로 하여야한다. 그러기에 정성이 있으면 形體가 나오고 形體를 모으면 밝은 것이 나타나고 마음에 정성스럽게 求하면 반드시 쉽게 나타나 보인다. 古法은 子日에 占을 아니한다 하였다 그러나 黃金策에서는 自己의 정성에 있지 子日에 관계가 없다 하였다.

※ 占勿二念 早晩何妨

占치는데 두가지 생각이 없다면 새벽이나 밤중에 무슨관계 있겠는가 一念의 정성은 天地를 응할 수 있으니 二卦의 用神은 鬼神을 부릴수가 있다. 만일 心中에, 두세가지 일은 가지고 占을치면 그 정성 자체가 어긋났으니 어찌한가지라도 응해 주겠는가 생각이 많으면 마음이 어지러우니 그래서 바로 정성이 안들기에 맞지아니 한다. 정성들여 한다면 早晩이 무슨관게가 있겠는가 二念을 조심하라 二念이 있으면 영험스럽지 못하니 맞지 아니한다. 뒤에 어떤 사람이 먼저 求財를 할 생각을 하고 다음에 丈人의 病占을 하는 생각을 가져 二念으로 占을 쳐 아래와 같은 卦를 얻었다.

辰月乙丑求財

隨　　　　　否
才戌　才未×應
　　　　　官酉ー
　　　　　父亥ー
才辰＝世
兄寅＝＝
才未　父子ロ

又占 大人病

蹇
孫子＝＝
父戌ー
兄申＝＝世
兄申ー
官午＝＝
父辰＝＝應

만일 本人의 財占이면 만반의 財니 모두가 財라 반드시 得財하리라 後卦大人病占은 父母가 日月에 있으니 죽지아니한다 하였는데 이 두가지 일이 이사람의 생각에 따라 神이나온 것이다. 前卦가 丈人의 病에 依하였기 財가 動하면 父를 克하기 辰日에 大婦人이 死亡하였다. 辰日에 死亡한 것은 辰土財文가 墓가 되므로 大婦人이 死亡하였으니 用神이 중첩에 墓庫收藏이라 하드니 이 이치에 해당된 것이다. 뒤卦는 반대로 되여 兄弟가 世를 가지니 재물을 얻지 못하였다. 만일 神에게 留意하지 아니하면 앞뒤가 맞지 않는다. 前卦는 求財後卦는 婦人病이지만 반대로 된 것이다. 一念一卦로 되어야지 早晩이 상관없다 그러나 두세가지의

※ 我事不可命人

　나의일에 사람을 시키여 占하지 아니하는 것이좋다. 내마음에 있는 일을 發說하지 아니하여야 하니 다른 사람이 대리로 가면 我의 일념으로 占치는 것을 다른 사람도 一念이 있으니 그러기에 二念이 되는 것이다. 현재 官에 있는 사람이 하부직원에게 명하여, 代占을 쳐오라하면 맞지 않는다.

卯月 戊戌日占主人目下有災晦否(주인이 현재 재앙이 없겠는가)

```
  比卦         咸卦
  才子戌 ‖應    ―
  兄申 ×       才戌
  孫申 ×       官卯 世‖
              父巳 ‖
              兄未 ‖
```

　이卦를 本人의 생각으로 害가없겠는가 묻는 占에는 子孫이 世를 克하여 身邊의 鬼를 克去하므로 근심이 없어지니 가장 좋다 그러나 家人이 主人占을 하게되면 父母가 用神이 되고 官爻로써 兼用을 하게 되는데 巳火父母가 空이되며 戌日에 墓가 된다. 그리고 官이 비록 月建에 있으나 첩첩한 金을 當해낼수가 없다. 現在는 비록 무사하나 가을이 오면 특별 험한액이 없겠는가 이괘가 필경 관부일을 응한 것이니 自己의 생각이라 世爻가 용신이 되

일을 마음에 품고 밤중에 神을 求한다 하는것은 생각의 착오가 된다.

면 子孫이 世를 克하는 그 근심을 풀수가 있으리라 甲日 소식을 들으니 어떤 사람이 上司에게 가서 저 사람을 게고하였으니 송사가 이루어지지 아니하였다. 만일 家人이 主人占을 친것으로 단결한다면 하늘과 같이 멀다 이 卦로 풀이하면 간혹맞지 아니한다 主人의 생각이 응되지 아니하고 家人의 생각이 응되는 것이므로 내일은 스스로 하여야지 他人을 명하여 占하는 것은 用神을 취하기 어려워 반드시 맞지 아니한다.

※ 他具誠心 特欲問神 讓我先占 恐神不讓 我具誠心 早巳擧念我 讓他占 神必應我

他人에게 성심을 갖추어 특별히 신에게 묻고저 하면 나를 양보하여 먼저 점치게 하는 것이니 신이 양보하지 아니할까 두려웁다 내가 성심을 갖추면 일찍 나의 생각을 들어줌이니 他人에게 양보한다 하여도 神이 반드시 나에게 응하리라.

辰月 癸未日欲占 功名且讓尊長而占子病(功名도 하고 싶고 존장에게 양보도 하고 싶으며 자식의 病占을 함)

姤卦　渙卦
父戌 ∥
兄申 ∥　□應□
父未 ∥　官午 ∣
官午 ∣　父酉 ∣世
　　　　孫亥 ∣
　　　　父丑 ∥冲

本人占 功名(본인의 벼슬占)

履卦 兄戌 ― ―世― ― ―應
　　　孫午 ― ―丑― ― ―卯
　　　父　　　　　官　　官巳父

만일 前卦로 子息의 病占을 보았다면 그 자식이 반드시 죽으리라 어찌하여 그러한가 亥水子孫이 月日에서 傷克이 되고 世爻가 暗動하여 子息을 傷克하며 元神酉金 또 午火의 파괴를 입으니 忌神은 旺하고 元神은 衰하기에 반드시 死亡한다 하였다. 어찌 本人의 생각을 들어 前卦가 功名에 應한다는 것을 어찌 알겠는가 午火가 動하여 世를 生하며 世도 動하고 官도 일어났으니 五日에 昇進하리라 하였는데 필경에는 다음卦가 아버지가 子息占 하는데에 응되여 다음날에 子息의 病이 낮으니 이것은 日月이 申金子孫을 生한 것이다.

巳月辛巳日占（父母病占을 하려하다가 뜻밖에 上官長을 만나 양보하여 占卦를 본 것이다）

井　　父子 ‖ 口世 ‖ ― ― ― ―應
　　　昇父　　才戌　官申　官酉破父亥才　丑

이卦는 官長의 占이라 이동수가 있겠다 申酉의 官이 함께 空을 만나 日月의 空을 만나고 또는 克을 만났다 그러나 현재는 不能하지만 多幸히 戌土가 動하여 官星을 生하니 가을철에 반드시 이동되리라 어찌 이卦가 前人의 占에 응되었던가 父母의 病占卦라 戌土財가 動

하여 亥水父母를 克하고 亥水父母爻가 日破月破가 되며 元神 申酉金이 空되며 克을 입으니 戌日에 父가 死亡하였다. 官長이 官府에 간뒤 직접 자기가 나가 占을쳐 아래와 같은 卦를 얻었다.

乾　　　　　―世―
家人卦　父戌―囗―
　　　　　兄申―　應
　　　　父未官午―囗―
　　　　　孫辰　寅―
　　　　　父丑才　孫子―

寅과 午二爻의 財官이 함께 動하여 世爻와 三合이되며 官局을 이루니 만일 父病으로 판단한다면 火局이 父母를 生하니 어찌 죽겠는가 다만 官長의 功名에 應함을 알지 못함이다 世爻가 六爻에 있어 서울특별시로 이동을 하였다. 이 두卦가 不靈하니 어찌 神이 양보함을 좋아하지 아니함을 알수있다. 後人은 前人의 卦를 얻은 것이다.

※ 他事由化 動念愼勿提他

다른일은 다른것으로 인하여 생각이 움직이는 것을 삼가 제시하지 말라 他의 마음에 있는 일이 미처 생각이 동하지 못하여 占을치면 내일을 다른 사람에게 제시하여 주는 것이니 다른 일은 다른 사람의 占을 친다하여도 나의 생각이라한다 어떤 사람이 아버지가 子息의 功名占을 쳐 아래와 같은 卦를 얻었다.

250

午月 辛酉日占

萃卦
遯卦

父戌 父未 ×
　　　 兄酉 ─ 應
　　　 孫亥 ─

兄申 才卯 ×
　　　 官巳 ╶╴世
　　　 父未 ╶╴

이 자식이 十一歲때 아버지가 다른 占을 치며 장차 功名이 있겠는가 하였으니 만일 이 자식을 생각하고 친占이면 官星이 世를 갖고 夏火가 당왕하며 未土父母 文書가 動하여 化進神하니 將來의 功名이 有望하다 그러나 비록 아버지가 子息占을 하였다 하나 이것은 아비의 占이 나온 것이다. 父動하면 子를 克하는 것이니 이자식이 未年에 죽었다 그리고 財가 化克이 되니 그妻도 七月에 死亡하였다 대개 未年에 子息이 死亡한 것은 未土父母가 動하였는데 未年을 만나 子息을 傷하고 七月에 傷妻한것은 卯木財爻가 申에 絕이되여 그러한 것이다. 내가 이제 他人 子息을 가려냈으니 내가 남의 占을 친다하여도 나의 생각이 먼저 이러하니 조금시간이 지난 뒤에 他人의 생각이 날때 생각을 일으켜占치면 바로 他人의 생각이니 맞게되리라.

※ 我占必以直告 切莫昧己

내 占은 반드시 바로 일러주지 우물 알송달송하지 않을 것이니라 이러한 일들이 너무 많으

未月 癸亥日占 流年(유년점)

```
     艮  ―世=  ―
卦   寅  子  戌  申=應=  午=  辰=
     官  合  才  兄   孫   父   兄
```

니 일일히 들어 말하기가 어렵다. 婚姻할 일이 있으면 月令占을 쳐야하는 것이다. 功名占을 치려하며 流年占을 치고 現在 官府에서 있으며 他人의 이동되는 것을 바랜다는 말을 아니하고 자기가 在任中에 길흉만 묻고 있다. 시험점을 하며 功名을 묻고 혁신하려하며 功名을 묻고 이미 子息은 나가고 없는데 子息이있겠는가 묻는 일이 허다하다.

이사람이 이미 軍에가며 流年을 占치는데 流年占에 功名이 나타나 있다. 문득 功名인지 아지못하고 官祿으로 하는 것이 가장 좋겠다. 官星이 持世하였기 그러하다 만일 流年占이라 면 官이 鬼가 되어 官鬼持世가 좋지 아니하다 하였드니 저사람이 말하기를 누구에게 任官 할 것을 부탁하였는데 되겠는가 안되겠는가를 아지못하여 묻노라 내가 말하기를 이卦 官星 이 世에 있어 亥에 長生을 얻으니 官이 이미 이루어졌다. 亥水가 財가 되고 明財가 旺하여 官을 生하기에 그러하다. 果然 申日에 文書를 入手하였다 申日이란 寅木官星이 持世하였으 니 靜하였기 冲을 만나는 날이라 그렇게된 것이다. 만일 流年占으로 하여 鬼로서보게 되면 하늘과 같은 먼 차이가 난다.

子月 乙酉日占 現任吉凶如何 (現在在職하고 있는데 吉凶이 어떠한가)

需
卦　才子 ‖
　　才兄　戌 ‖ ＝世＝
　　　　　申 ｜
　　兄孫　辰 ｜
　　孫兄　寅 ‖ ＝應
　　　　　子 ｜
　　　　官才

이 公이 中央에 榮轉할 자리가 있으니 갈 수가 있겠는가 하며 겸하여 現在의 吉凶을 부르니 榮轉은 子孫持世하므로 안 되고 現在의 在任中吉凶도 子孫이 持世하니 休官할 운이라 하여 내가 公에게 승진이든 이동이든 모두 되지 아니한다 하였다. 現在 休官의 징조라 단정 지으면 역시 現在 상태에 비교하면 하늘과 같이 멀다 아니하겠는가.

午月辛丑日占 因父母有病故問流年 (父母의 病을 물으며 겸하여 묻는다)

益　　　卯 ｜應｜
無妄　兄巳 ｜
　　　孫午才未 ×＝世＝
　　　　　才辰
　　　　　兄寅 破子
　　　　　　　父

買賣人占流年은 自然히 財父로써 重하게 여기는데 이 卦가 財가 旺하며 世를 갖고 父가 動하였으니 財를 얻으리라 만일 母病으로 보면 가장 財父의 發動을 싫어한다. 財가 動되면 父母를 克하기에 그 母가 甲辰日에 死亡한 것이다. 辰日이란 世父辰土에 出空되는 날을 가르킴이다. 뒷사람들은 流年이나 月令占을 할 적에 먼저 이 이치를 깨우쳐 두 가지에

※ 占遠應近 務必留心

틀림이 없이하라 此卦가 得財하겠다는 것을 어찌 비웃겠는가.

먼것을 占쳤는데 가까운 것이 應하는 것을 반듯이 마음에 두기를 힘쓰라 天下의 이치가 動하는데에서 나오니 무슨 기미가 있으면 動하게 되는 것이다. 대개 占하는자가 일이 目前에 있어 마음과 神이 情을 통하여 두마음이 서로 느끼게 되니 점을 치는 사람이 精神을 모아야한다. 그러므로서 吉凶을 판단할 수가 있다. 만일 일이 없으며 혹 後運을 占치거나 혹 점에 관계도 없는 것을 장난으로서 묻는다면 占쳐주는 사람이 부득이 응해주나 두마음이 서로 통하는 점이 없기에 卦가 막연하여 卦멀어지는 품이 遠事를 近事라 하여 나오는 수가 있고 가까운 일을 멀다하여 나오는 수가 있다.

未月丙辰日占得財(재물점)

咸卦　　大過
父未‖　應
兄酉‖　　父未‖
孫亥‖　世　兄酉‖
　　　　　孫亥‖
官午‖
父辰‖　　孫亥官午‖
　　　　　父辰‖

이사람이 일이없이 家中에 항상 실업자로 놀고 있으니 고충이 있다 재물이 이뒤에 감추어져 있는듯하다 어느때나 직업을 얻겠는가 내가 말하기를 卦中에 鬼가 子孫으로 變하였으니

니 現在子孫에 이롭지 못할 일이 있으리라. 저사람이 말하되 少女가 혼역병을 하는데 꽃이 피여 있노라 내가 말하기를 亥日을 조심하라 하였드니 果然亥日에 死亡하였다. 저 사람이 묻되 어느해에 財物을 얻겠는가 神이 알려주기를 現在少女가 亥日에 죽는다하여 午火鬼가 亥水子孫으로 變하게 하였다는 것뿐이다.

辰年酉月甲辰日占本日月 (이달의 월신수)

```
       遯
           父戌 ㅣ
           兄申 ㅣ 應
   姤      官午 ㅣ
           兄申 ㅣ
           官午 × 世
    孫亥   父辰 ㅣㅣ
```

世文午火가 亥水를 化出하니 回頭克이 되고 또는 辰年이라 앞으로 오는 午年 子月에 死亡하리라 月令占에 壽元이 나타나니 가까운 점을 쳤는데 먼것이 응되여 나왔다.

申月戊辰日占 貿易(무역)

```
   比          井
        才子 ㅣㅣ 應
        兄戌 ㅣ
        孫申 ㅣㅣ
   孫酉  官卯 × 世
   才亥  父巳 ×
        兄未 ㅣㅣ
```

먼 財物을 얻겠는가 世爻卯木이 動하여 酉金을 化出하여 冲克을 하니 八月에 死亡하리라

오직 운세가 이미 끝났다 그런데 어찌 明年일을 묻는가.

※ 占此應彼 必須詳察

이것을 占치는데 이것이 응이되니 반드시 자상하게 살펴보라 즉시 占卦象이, 나오면 반듯이 자상하게 살피여 조사하여야 한다. 卦가 所問된 바의 일을 응하지 아니하고 반대로 묻지 아니하는 일을 응하는 수가 있다. 그 연고는 무엇인가 神이 小事는 노아버리고 大事만을 알려주기에 그러하며 小吉한 것은 노아버리고 이것을 노아버리고 저것을 응하며 저것을 노아버리고 大凶을 응하기에 그러한다. 그리고 나의占을 하는데 他人을 응하여 他를 점치는데 我를 응하여주기에 旦夕의 화복이 장차오는 기틀의 動이 卦에 나타나므로 그 신은 알고 이것을 가르쳐 주는 것이다.

巳月己未日占 小廝病(젊은마부의 病占)

比卦 蹇卦
才子⚋應⚋ 戌⚊
官申⚋   申⚋
孫申⚋   卯×世⚋
       官巳⚋
       父未⚋
       兄未⚋

이卦는 小子의 病에 응하지 아니한 것이다. 올가을에 功名에 지장이 있으리라 저 사람이

문되 어찌하여 그러한가 내가 말하기를 世爻卯木官星이 申金子孫을 化出하여 克하는 것을 보고 아노라 저사람이 말하기를 小子의 일을 묻는데 어찌 功名의 일을 말하는가 내가 이르기를 신이 항상 이와같이 작은 일은 노아버리고 大凶을 알려주는 것이니 모든 일을 조심하라 하였드니 果然七月에 官災에 걸려 削職되였으니 이占이 他를 응한 것이 아니고 나를 응한 것이다.

申月 戊寅日占 身病(신병)

坤　　＝世×
卦　酉
　孫＝亥　
比　丑　＝應＝
　才　卯
　官＝巳＝
　父
兄＝未＝
　戌

世爻酉金이 비록 寅日에 絕이 되지만 多幸히 가을이 되여 自身이 自然旺的하여지니 지장이 없으나 九月에 妻妾의 危病을 조심하라 亥水財爻가 戌土의 回頭克을 받기에 그러한다 저사람이 말하되 나의 病이 甚히 重한데 내가 위태롭지 아니하는가 내가 말하기를 子孫이 持世하니 약을 아니먹어도 나으리라 果然그병은 낫고 九月에 妻가 죽으니 또 나의 占에 他人이 應된 것이다.

卯月丙午日占 小人口舌(적은 아이의 구설수)

```
乾   青玄
需卦  ㅁ巳白
冲   孫子 父戌 世ㅣ
    兄申 ㅣ 句
    兄申 官午 ㅣ 朱
       父辰 應
       才寅 ㅣ
       孫子 ㅣ
```

이占卦는 口舌占을 쳤는데 무슨 吉卦를 얻는고 公이 이르되 어느곳에 무슨 길사가 있는 가 내가 말하기를 靑龍天喜가 文書를 갖고 世를 가졌으며 世爻官星이 일진에 있어 世를 生하는데 금년 太歲가 巳에 있으며 歲君이 世를 生하니 비상한 기쁨이 十日이 못가서 있겠다 公이 이르되 小人의 口舌은 일어나지 아니하겠는가 내가 말하기를 神이 大喜를 아뢰니 小人은 구설, 잠적되고 만다. 果然 戊申日에 起用된다는 보고를 듣자 小輩는 형적이 없어졌다 申日을 응한 것은 寅木財星이 空을 마졌는데 申金이 寅木을 冲起하여 三合火局을 이룬 연고라한다 만일 자세하게 살피지 아니하면 口舌이라 해결할 것이니 잘못된 해석은 하늘같이 멀다하겠다.

未月 丁未日占 母病(모의병)

```
  坤卦
剝    孫酉×世
  官寅  才亥‖
     兄丑‖ ‖應
       官卯
       父巳‖ ‖
       兄未
```

이 卦에 母의 病이 나타나지 아니하고 子女의 재앙이 나타난다 저사람이 이르되 어찌하여 그러한가 내가 이르기를 母親의 近病인데 六冲卦를 얻으니 바로 나으리라 그러나 좋지 아니한 것은 卦中에 子孫이 나타나 兒로 變하니 厄이 있으리라 저사람이 말하되 初生兒가 있는데 난지가 두달이라 한다. 그래서 八月을 조심하라 하였는데 果然 八月에 그 자식이 驚風이 나서 다시와 占을 쳤다.

酉月 丁卯日 占 子病

```
既濟    ‖應
     子戌 ‖
革  兄申× ‖世
     父亥 ‖
     兄丑 ‖
     官卯破
```

卯木 子孫이 月破가 되고 또 申金이 動하여 傷克을 하는데 비록 日辰의 도움을 받으나 그러나 卯日을 넘기 어려우리라 彼人이 말하기를 卯日에 구조가 되지 아니하겠는가 내가 말하기를 前날占에 母의 病은 낫는다 하였고, 八月에는 子息이 죽는다 하였는데 이제

또 이 卦가 凶하니 어째서 구제되었는가 果然卯日에 子息이 죽었다 卯日은 破가나가는 날이기에 그러함이다 나의 친구가 극빈하기에 돈 몇만원을 가지고 가서 친구를 주었드니 친구가 무엇을 계약하였는데 二十만원이 不足한데 財를 구하면 해결되겠는가 하여 一卦를 얻었다.

丑月甲申日

```
同人   ─應□
卦  孫戌 ─ 申 ─ ║世═
离  孫未才 兄午 ─ 亥 ─
            官亥   丑═
            孫卯 ─
```

日辰이 財가되여 世를 生하니 반드시 구하리라 언제나 되겠는가 今日에 얻으리라 친구가 말하기를 현재까지 얻지 못하였는데 어데서 구하겠는가 내가 비로소 그말을 로내가 준돈이 바로 이것이로구나 神이 반듯이 現在준 돈을 가르쳐줌인데 어찌 저사람에게 물어보는가 내가 친구에게 다시 占卦를 쳐보라하여 再占하여 离卦를 얻은바 兄弟가 世를 갖고 之冲卦로 되니 이것을 보고 먼저 얻었든 돈은 내가 준것을 應한 것이고 뒤에 친卦는 전적 영향이 없으니 財를 구할 수 없다. 저것을 占친것이 이것을 應한 것이다.

李我쭈이 이르되 黃金策의 千金賦를 先生이 성의 껏지은 것이다. 그런데 옛날 한사람이

260

㊽ 天 時

※ 天道旱澇不時 易爻陰晴可測

天道는 天時를 시험하는 자는 目前天時의 陰晴을 보라 추리하여도 人間의 禍福을 판단하는 五行法에 떠나지 아니하는 것이니 天時의 경험을 얻어야 하고 人事도 경험을 얻어야 한다 내가 처음占쳐 天時의 공교함과 그 微妙한 肯趣를 얻어 배운 것이 다음 청을 안다.

※ 子孫日月星斗 動則萬里晴光

子孫은 날과 달과 별과 태양이 된다. 動天도에 가믐과 큰 물이 때가 없으나 易爻에서는 비오고 개는 것을 추량할 수가 있다. 古法에서는 개고 비오는 점을 스스로 그 術을 시험하는데에 경솔하게 함은 不可하다 鬼神에게 告하여 가뭄에 비를 求하고 장마에 개는것을 求하는 것을 비로소 占치는 것이 可하다 그러하나 나는 그렇지않다. 試術로 하는 것이 정당하고 옳다 무엇인가 卦가 微妙하기에 初學者는 알기가 어려우나 人事로써 시험을 取하면 萬里가 개는 빛이 된다. 黃金策에 이르되 財가 動하면 八方이 게인빛을 보게된다. 그렇지 않다. 子孫이 發動되면 萬里에 구름이 없다. 子孫은 財의 元神이되니 財動하면 비록갠다 하여도 만일 休囚되고 空破되거나 혹 나타나도 動하지 아니하면 반듯이 크게 개지 아니하야 뜬구름과 엷은안개가 낀다.

卯月 甲午日占 晴(비가 개이겠는가)

```
    大壯
  戌 ‖ 申 ×   ― 世 ―
夫 兄  孫   父 午    ― ―
  孫 酉     兄 辰    ― ―應
            官 寅
            才 子
```

申金子孫이 動하여 進神으로 化하니 申酉日에 비가 개 푸른 하늘이 씻어논것 같이보이리라 혹이 말하되 경험해본 결과 기특하고 공교한 데가 있는데 이卦는 쉽게 나타나 보이는 것은 무엇인가 나는 말하기를 처음배우는 사람은 알기쉬워 얕은데로 부터 깊은데로 들어가야한다 오묘한 이치는 뒤에 기록되여 있다.

※ 父母雨雪雹霜 發則八方潤澤

父母는 비 눈 우박 서리가 된다. 발동하면 팔방이 윤택하게 된다 대개 占에서 종별로 나누어 비는 것이 좋으니 혹 개기를 요구하고 혹 비오기를 요구하고 혹 서리오기를 구하고 혹 눈오기를 구하는 것은 전념의 한생각으로 神에게 告하여야 한당. 地域別로 나누어 빌되 城內에 비 아니면 개는것 혹 어느고을 혹 어느성 그렇지 아니하면 天下가 어느날 개지아니하고 어느날 비오지 아니하겠나하여 그땅을 지적하여 占치는 것이 옳다. 나는 법에 父母는 天地가 된다. 天地가 막히면 日月이 가리어 감추어진다함은 이치에 근사하다 나는 법에 父母로써 濃雲重霧라 보는데 父가 동하면 子孫이 傷하게 되므로 日月을 가리우게 된당. 그러기에 父母爻가 發動하면 구름과 안개가 하늘을 가리고 日月을 가리워 감추면 비가 오게 된당.

巳月 甲戌日占 何日雨 (어느날 비가오겠나)

```
        小過   旅
        卦     卦
    父戌 ×  官巳
    兄申 ‖   ‖ 世
    官午 ‖   兄申
    兄申 ‖ 應 官午
    官午 ‖   父辰
    父辰 ‖   冲
```

연일 크게 가뭄이 연속되였으나 戌日 卯時占에서 어느날비가 오겠는가 비로소 辰時에 구름이 일어나며 辰時말 자시초에 천둥과 비가왔다 辰時란 戌日이 辰父母를 冲하여 暗動하여 우뢰와 비가 동시에 온것은 戌父母가 巳火鬼를 化出한 연고라한다.

※ 妻財天氣晴明 財動克父而 救子孫所以主晴

처제는 天氣점에 날씨가 개는 것으로 되니 財가 動하여 父母를 克하므로 子孫을 구조하게 되기에 갠다는 것을 주장한다.

酉月乙巳日占 本日陰晴(오늘 구름이 끼겠는가)

```
升卦  酉 ∥     世
      亥 ∥
官    丑 ×         應
父
孫 午 才  酉 ∣
          亥 ∣
恒卦   官  丑 ∥
       父
       才
```

丑土財가 動하여 午火子孫을 化出하였으니 牛日은 구름이 끼고 半日는 개는 빛이 있다. 그러나 午時뒤에 부터는 해가나며 구름이 없겠다 亥水父母가 암동되여 비가올듯 하기에 구름이 끼였으나 財가 動하여 子孫을 化出하였기 午後부터는 子孫의 時間을 만나 구름한점없이 맑게갠 것이다.

※ 官鬼 雷霆 霧電

官鬼는 우뢰며 안개며 번개도 된다. 官鬼는 父母의 元神이 되니 動하면 父母를 生하므로 우뢰 안개 번개 검은 구름우뢰가 되는 것인바 春夏秋冬이 모두 그렇다 볼수가 없으나 때에따

巳月丁卯日占 何日雨 (어느날 비가 오겠나)

```
恒卦        大過卦
  應=       才戌 ||
  申×       官申 |  世
  午 |      孫午 |
  酉 |  世  官酉 冲
  亥 |      父亥 破
  丑 ||     才丑
```

世爻 酉金官鬼가 暗動되고 申金官鬼가 明動되여 進神으로 化하는 今日申時에 벼락을 쳐 놀라게 하며 먼데로부터 큰 비가 이곳까지 많이 오겠다 어떤사람이 말하되 亥水父母爻가 月破로 되여 있으니 비가 오지아니할 것 아닌가 그렇지 않다 父母爻가 動하면 비록 日月의 破가 되여도 역시 비가 온다.

※ 應乃太虛 逢空雨晴難定 世爲大塊受克天變非常

應은 하늘이니 空을 만난다 하여 비오고 개는 것을 단정짓기 어렵고 世는 地球가 되니 克을 받으면 비상한 天變이 있게된다. 覺子가 말하되 비는 父母爻를 보고 개는 것은 子孫爻와 財爻로 보는데 世應에 무슨관계가 있는가 나는 항상 비오는 점 개는 점이 一卦에 나타나지 아니하면 兩卦를 兩占하되 六爻에 動되지 아니하면 반듯이 그動되는 것을 얻은 뒤에야 단정한다 그것은 무슨 연고인가 雨晴을 정하기가 어렵다 그러면 사람의 피흉취길도 역시 그러한가 내가 대답하기를 나는 단정짓기가 어렵다。世爻가 克을 받는다 하여 天變이 된다는 것은 우연의 이치이니 어찌、한두卦의 맞는 것을 보고 법을 할수가 있겠는가 내가 占쳐 얻은 경험은 官과 父와 兄弟들의 克世함이 적지아니하나 天變을 보지 못하였으니 이두글귀는 삭제하여야 마땅하다。

※ 若論風雲 全憑兄弟

바람과 구름은 전적 兄弟에 있다 兄弟가 發動하면 비록 風雲이라 하지만 구름이 담담하고 바람이 경한것은 갠것도 아니고 비오는 것도 아닌상이니 兄이 動하여도 日月이 雲中에 서 나왔다 들어갔다하니 잠깐 나왔다가 잠깐 들어가는 상이다。

午月丁亥日占 今日陰晴(오늘의 구름끼고 개는것)

```
    遜     ∣∣應∣∣
否   父 戌  申  ∣∣
    兄 申  午 ∣∣世∣∣
    官 午  兄
       才卯 官
          父 辰
```

혹시 이르되 兄이 動하면 風雲이라 하였는데 오늘 도리어 구름만 끼여있다。내가 보기에는 申時에 日色을 보리라 저사람이 이르되 어찌하여 그러한가 내가 말하기를 金兄爻가 구름인데 卯木財爻를 化出하니 雲霧中에 日色을 變出할 상이다 果然終日토록 구름이 끼어있드니 申時에 해빛을 보고 다음날 卯時에 크게 갰든것이다.

※ 更詳四季推詳 配五行參決

다시 四季節을 추산하여 五行을 配合하여 참고하여 단결지으라 黃金策에 父母爻는 四時에 비라하지만 金水에 있어야 비가 많이오고 火土에 있으면 비가 적고도 오래가지 아니한다 하였다. 覺子가 이르되 四時에 衰旺을 論할것없이 父爻가 水에 있으면 비가 많이 오고 火土에 있으면 비가 적다하나 나는 衰旺을 論하지 마라 한것이다. 巳午未月에 火土가 당영한 때 大雨가 오게 될려면 火土의 父母發動을 만나야 되니 衰旺을 따짓는 것은 不可하다 아무리 陰雨連旬이라 하여도 五行을 참작하여 단결하되 火土는 비가 적다는 것은 古法에서 틀린말이다. 어째서 삭재하지아니할 것인가 다시 우순것은 子孫으로서 서리와 눈을 본다하였으니 子孫이 서리와 눈이 된다면 겨울에는 子孫으로 보고 日月을 무엇으로 보아야 하겠는가 옛賢人들의 이치가 틀린 말이니 어찌깨우쳐 살피지 아니할 수가 있겠는가.

子月己亥日因連雪何日晴(언일 눈이 오니 어느날에 개겠는가)

辰月 己卯日占 今日陰晴(오늘의 흐리고 갬)

```
觀   比
卦   卦
     孫子 才卯 ┃
         官巳 ╏╏ 世
         父未 ╏╏
         才卯 ╏╏
         官巳 ╏╏ 應
         父未 ╏╏
```

兩爻가 火鬼가 暗動하였으니 오늘 도리어 음침해있으리라 卯木財爻가 子水子孫을 化出하였으니 내일 卯時에 반듯이 개리라 果然다음날 卯時에 구름이 개고 日月에 있고 亥日이 도와 旺하게 하니 이렇게 되기에 갠다하는 것이다. 만일 子孫이 서리나 눈이 이된다면 개지아니할뿐만아니라 눈이 八尺이 왔는지 이런 중에 개는것을 보아도 子孫이 서리가 되고 눈이 된다함은 말이 아니된다.

※ 晴或逢官爲 烟爲霧

개어있을 적에 官鬼를 만나면 연기도 되고 안개도된다. 古書에 卦에 개일징조로 되어 있는데 爻中에 官鬼의 爻가 動하면 반듯이 깊은 안개나 깊은 구름이나 혹 사나운 바람이나 어둠컴컴하거나 하고 겨울철에는 크게 춥거나 하며 여름에는 크게 더웁거나 하니 결론은 바람이 맑고 화하는 날이 아니된다.

屯　臨

兄子 ‖
兄亥 官戌 ‖ 口應
　　 父申 ‖
　　 官辰 ‖
孫卯 孫寅 × 世
　　 兄子 ∣

寅木子孫이 進神으로 化하니 오늘 크게 갠날씨가 되지만 五爻에 戌土官鬼가 動되였으니 戌亥時에 반듯이 검은구름이 끼리라 果然 戌亥時에 구름이 끼여 별빛을 보지 못하였다. 만일 官鬼가 動하였으니 一日間으로 본다면 어긋난 이론이다.

※ 雨而爲福　爲電爲虹

비가오는데 子孫을 만나면 번개가 되고 무지개가 된다 비올것으로 되여 있는 卦에 子孫이 動하면 번개빛이 아니면 彩色의 무지개가 있다. 그러나 나는 역시 아니라 주장한다.

辰月 丙辰日占 晴 (갬)

困卦　　　比

父未 ‖
兄酉 ∣　 兄申 孫亥 口應 ‖
孫亥 口應 官午 ‖
官午 ‖　 父辰 ‖ 世
父辰 ‖ 世
才寅 ‖

이卦에 二爻辰土가 父母로 되며 日月建의 辰土가 巳火를 化出하니 비가올 징조라 한다. 그러나 亥水子孫이 動하여 申金을 化出하였지만 내가 보는 법은 무지개라 할수없고 申時에 하늘이 열려 亥時에 크게 개리라 果然 亥時에 萬里에 구름이 없었다. 子孫을 日月星辰이라 하지 어찌 번개나 무지개라 하겠는가.

※ 三合成財 間雨難堪八卦

三合財를 이루면 八卦에 비가 오겠는가를 묻지마라 三合財局이나 子孫局은 갠다고 보고 三合父局은 비라보고 三合鬼局은 黑霧가 되며 번개와 우뢰가 된다.

※ 五鄕連父 求晴怪殺臨空

五鄕에 연거퍼 父母가 있는데 개는 것을 바란다면 괴이한살이 空에 들어있다. 古書에 父母가 空이면 비가 없고 子孫및 財父가 空이되면 비가온다라 하였다. 그러나 내가 볼적에는 父母가 休囚되고 動하지 아니하면 비를 바래 볼수가 없다. 만일 空을 만나면 바랄수가 없다는 것은 말이 아니다 父母爻가 動하여 空을 만나 不應되드라도 冲空되는 날이면 비가오는 것인바 百發百中된다. 財와 子孫이 空이되여도 이 이치와 한가지로 미루어 보라.

※ 財化鬼不久

재가 鬼로 化하면 개고 맑으나 오래가지 못한다. 古書에 財가 鬼로 化하면 陰晴을 定할수가 없다라 하였다.

巳月 甲寅日 連日晴何日雨 (연일 개고 있으니 어느날 비가 오겠는가)

既濟 ‖應
卦 子戌‖
寒 兄 ―
   官申‖世
   父冲亥‖
   兄 丑‖
   官 卯― 口
     官辰 孫卯

財가 鬼로 化하니 陰晴을 未定이라 이 卦가 卯木子孫이 辰土鬼로 化하니 어찌 陰晴을 未定한다 하겠는가. 다만 卯木이 子孫이니 卯日에 개는것을 아지 못하는가 辰土鬼가 變出하였기 辰日에 天象이 變하여가며 개지 아니하리라. 내가 보기는 辰日에 구름이 끼기 시작하여 巳日에 반듯이 비가 오리라. 어째서 巳日에 비올것을 아는가 卦中에 申金父母爻가 暗動되여 合을 만나기에 辰日에 天變하고 巳日은 大雨라는 것을 아노라 그러기에 子孫과 財爻가 鬼로 化하여 갠들 오래가지 아니함을 아노라 父母가 動하여 子孫으로 化하고 財로 化하면 오래가지 못하니 申金은 休囚金이며 日破인데 큰비가 온다는 것이 日辰이 寅木인데 寅木이 申金을 冲하면 陰晴이 아니된다. 定하기 어렵다 筆者所見은 巳月火旺이고 의 문된다. 그리고 金이 巳에 長生이라 그렇게 단정한지 모르겠으니 이치에 들맞는 듯하다.

※ 父化兄 風雨靡常

父母가 動하여 兄으로 化하면 비바람이 시끄럽다 父가 兄으로 化하고 父가 鬼로 化하고 或 卦中에 父도 動하고 兄도 動하면 風雨가 大作한다. 前後를 논하면 動이 먼저가 되고 變

은 뒤가 된다. 兄이 父로 化하면 먼저 바람이 불고 뒤에 비가오며 鬼가 父로 化하면 春과 夏에는 천둥을 먼저하고 비가 뒤에온다. 覺子가 이르되 鬼가 動하면 비록 雷電이라하나 우뢰는 적고 검은구름이 많다 꼭 어떠한 것을잡어 말하기가 어렵다.

※ 母化子 雨後晴明 弟化孫雲開出日

父母爻가 子孫으로 化하면 비온뒤에 맑게 개고 兄弟가 子孫으로 化하면 구름이 걷히며 해가 난다 古書에서는 父母가 子孫으로 化하면 긴 무지개를 드린다 하였다.

午月乙卯日占 因連日雨本日亦雨何日晴 (연일 비가오니 오늘도 비가오면 어느날 개겠는가)

```
     復       謙
     卦       卦
     酉×     
父 亥 ‖     孫 寅
兄 丑 ‖ 世 × 兄 丑
官 亥 ‖     官 丑
父 丑 ‖     官 辰 孫 卯
             口應
```

내가 나의 친구에게 오늘 酉時해가 서쪽으로 떨어질때 붉은 바퀴를 보리라 그리고 明日에 다시 구름이 끼리라 저사람이 말하되 어찌 그러한가 내가 말하기를 上爻酉金父母가 子孫으로 化하니 오늘 酉時에 해를 보게된것은 初爻卯木이 辰土鬼로 化하므로 내일아침 辰에 음침한 구름이 끼리라 果然酉時에 햇빛을 보고 다음날 구름은 끼여 있었으나 비는 오지 아니하였다.

父持月建 必然陰雨連旬

父母爻가 月에 들어 있으면 반듯이 陰雨가 連旬나리게 된다。고서에 父母가 月建에 있으며 動하면 비가 그치지 아니한다라 하였다。

午月 丙午日占 何日雨 (어느날 비가오는가)

```
大壯            ䷡    ䷮    困
兄戌 =           口世            昇卦
孫申 =
父午 一          口應
兄辰 一          兄亥
官寅 一          父午  =應
                才辰  一
妻丑 =          官寅  =
                孫寅
                兄丑 才子 破冲
```

申月 丙辰日 占 何日雨 (어날비가오는가)

前卦는 午火 父母가 動하여 未時에 一陳의 大雨가 오다가 酉時에 바로개고 뒤卦는 申金 父母가 動하여 庚申日에 비가오고 辛酉日에 半日은개고 半日은구름끼다가 亥時에는 맑게겠다 前卦는 父母爻가 月建과 日辰에 들어있고 後卦는 父母爻가 月建日辰을 만나 生旺하니 旺한것이 이 이상더 旺할수가 없으나 風雨가 連旬되지 아니하니 하물며 다른卦는 어찌되겠는

※ 兄坐長生 擬定晴風累日

兄弟가 長生에 앉으면 往風이여러날 불게 된다.
辰月戊申日占今日陰晴 (오늘의 구름끼고 개는것)

中孚　卯 ― ―　世
小畜卦　巳 ― ―　　兄丑
　　　　官卯 ×―　兄未
　　　　兄丑 ― ―　應
　　　　官卯 ― ―
　　　　父巳

丑土가 動하여 進神으로 化하고 月建에서 長生되어 衰旺으로 論한다면 이상 더 旺한다 하겠는가 그러나 往風은 불수가없고 여러날 陰雲만 될따름이다 兄이 動하여 進神으로 化하여도 往風을 보지못하니 무슨 往風이라 하겠는가 나는 말하기를 未가 動하여 進神으로 化하면 往風이라한다.

※ 父財無助 旱源有常

父母爻와 財爻의 도움이없으면 가뭄과 장마가 항상있으리라 古書에 官鬼가 空되거나 伏이되거나 또는 父母爻가 무기하고 財爻가 旺하게 動하면 반듯이, 가물고 子孫이 空되거나 또는 妻財가 無氣하며 父母爻가 旺動되면 반듯이 장마진다고 하였다 두번째 日月의 生扶를 만나면 큰물로 잠기게된다. 覺子가 말하되 만일 거듭旺衰된것은 어떻게 논하는가 이것은 이치

가없다 내가 三十餘 年占 처얻은경험에 依하면 天時占에는 每日占을하여야한다 常時가 장

마철에는 鬼가 動해도 비가오고 兄이 動해도비가오고父와鬼가 休囚하여 無氣하여도 動하면

비가온다 그리고 가뭄에는 父母爻가 月建을가져도 짙은구름이나 짙은안개가 끼거나 그렇

지아니하면 먼지나 잘정도 비가온다 그러기에 章後에 父母가 發動하면 風雨가 연속되고

中에서 父와鬼가 亂動하면 雨水가 連綿不絶이라하였다.

※ 福德世市刑이면 日月必蝕

子孫爻가 刑을 띄고있으면 반듯이 日食이있다. 이것은 特別占에 日月을 論한것이니 陰晴

占卦에 결부시키면 어긋난 판단이라한다.

雨彙妻位以逢冲

비는 妻財爻가 冲맞는것을 싫어한다. 비占을 할적에 父爻가 動하지 아니하고 妻財가 暗

動되면 도리여 晴明하게된다 갠점을 할적에 子孫과 財가動하지 아니하고 父母爻가 暗動되

면 도리여 비가온다.

※ 晴利父官而化退

개는데에는 父爻와 官爻가 退神으로 化한다 古書에 개는것은 父母爻가 墓에들어가고 官

鬼爻가 墓에들어가고 或動하여 墓로化하면 반듯이 맑게갠다 나는그렇게 보지아니한다 父母

爻가 墓에들어가도 墓를 冲開할때 바로비가오고 父가 動하였드래도 退神으로 化하면 개

된다.

丑月戊辰日 久雪占晴 (오랜눈이왔는데 언제개겠는가)

隨卦
震
才未 ‖ 應 ‖
官酉 ‖
父亥 ―
才辰 ‖ 世 ‖
兄寅 ‖
父子 ―

鬼가 退神으로化하니 눈이 장차 그치리라 果然 酉時에구름이 흩어지고 하늘이열 렸다父爻가 退神으로 化하여도비가 장차그치고 兄이動하여 退神으로 化하여도 구름이 장차흩어진다 子孫과財爻가 化神으로되면 갠다하여도 오래 가지 못한다.

※ 子伏財飛 淡雲輕霧

子孫이伏되고 飛神에財가있으면 엷은구름과 경한 안개가 낀다 古書에 子孫이伏되고 財爻의飛神이되면 햇빛이 쨍쨍난다하기에 갠다하지만 만일 子孫이 休囚空伏되면 陰晴의상이된다 나는 이이치가 옳다고본다 선편 前章에 妻財가 發動하면 八方에서 갠빛을 보게된다하였으니 나는 그말을고쳐 子孫이 發動하면 萬里에 개빛이 난다하겠으니 이뜻과 同一하다.

※ 父衰鬼旺 小雨濃雲

父爻가 쇠약하고 귀가왕하면 비가적고 깊은⹀구름만낀다. 비오는점을하는데에는 父母爻로 보는데 父母爻가 動하지아니하고 또 暗動도되지 아니하며 官鬼만 動하면 반듯이 빽빽한 구름과 두터운안개가끼고비는 오지아니한다 오직爻中에 父母爻가 變하면 쇠약을 불구하고 비가온다.

※ 卦値暗冲雖空有望

卦가 暗冲을 만나면 비록공이되여도 바래볼수가있다 父母와 官鬼가 고요하여 空을만나 建의 冲을만나면 비가오고 子孫과 財爻가 靜하여 空을만나 日建의 冲을 만나면 개이게 되고 木이 兄弟나 鬼에 있어 靜하드래도 月建의 冲을만나면 바람이 불게된다 兄弟가 空이되여있는 데 日辰의 冲을만나면 경한 바람과 엷은안개가 낀다.

巳月己卯日 何日晴(어느날개겠는가)

離卦
巳 |世||
未|| |
酉 | 應|
亥 | |
丑||
卯 | 父
兄孫 才官孫

酉金財爻가 旬空이되는데 今日 日辰이 冲動하였으니 다음날辰日에 合이되기에 개게된다 과연 겠다.

※ 福興被克 冲則成功

子孫爻가 動되였드래도 克을 받으면 冲을 만나므로 일이이루어진다 子孫이 動하여 回頭 克되면 動爻의 冲去 하는날을 만나므로서 겐다父母爻 財爻가 動하여 克으로 化한자도 이와 한가지로 본다.

丑月甲戌日占 (어느날비가온다)

豫 震
卦 才戌 ‖世‖
　　官申 ‖　‖
　　孫午 ｜　｜
　　才辰 ‖應‖
　　兄寅 ‖　‖
　　　才未父子口

子水父母가 動하였으나 未土의 回頭克을하니 丑日에 未土를 冲去하고 子水를 合起시키면 비가오리라 覺子가 말하되 고서에서는 爻가 合住하면 모두 功이없다하였으나 틀리는말이다 合住된 父爻를 冲開하면 비가온다하였는데 合住된 財爻를 冲開하는 日時 반듯이갠다하였으니 어찌 無功한다하겠는가 그러기에 삭제하여야한다.

※ 木動生風 風伯肆雪

木爻가동하면 바람이불지만 세차고 사나운 바람이 분다 古書에 兄弟가 木에 있어 動되면 巽風이라하여 세차고 사나운 바람이분다라 하였다. 覺子가 이르되 木이 動하면 바람이나는 것이니 震巽에만 있지 아니한다. 子孫과 父母에 임하고 財官을 만나도 다 바람이 있게 되지 兄에 임하여 化進神하는데에 바람이 크게 일어난다는데에 있지 아니한다. 바람이 적은 것도 水로 化하고 火로 化한데에는 있지 아니한다.

金空則 伯雷母施威

金이 空되면 천둥이 위엄을 베풀수 없다. 金鬼가 動하여 空을 만나면 今日의 日辰에서 冲을 만나거나 뒤로 冲空되는 날이거나 또는 旬空이 나가는 날에 반듯이 천둥을 하게된다 金이 空이면 울이고 金이 金으로 化하면 빠른 천둥과 벼락이 있다. 火鬼가 動하면 번개라 한다.

※ 動而合 靜而冲 勿臨月破

動爻가 合되고 靜爻가 冲되면 月破를 만나지 마라 父母는 비라하고 官鬼는 빽빽한 구름 우뢰와 번개라 한다. 子孫爻와 財爻는 갠다하지만 動하면 合을 만나야 하고 冲을 만나야 하지만 靜하여 月破를 만나면 응하지 아니하나 動되여 破를 만나면 破가 나가는 날에 효력이 있게 된다.

辰月癸卯日占何日雨(어느날 비가 오겠는가)

蹇卦
孫子‖ー
父戌ー=世ー
兄申‖
兄申=
官午‖應
父辰

卦中에 辰父 戌父 父母가 月建에 있으니 明日 辰日에 靜하여 있는 戌土父母를 冲動시키면 반듯이 비가오리라 나는 이렇게 본다. 戌父가 月破가 되였기 비가 온다 하지만 陰雲뿐일 것이다. 果然다음날 陰雲을 보았다.

沖則應塡則最喜動

沖이되면 응하나 메꾸면 실하게되니 가장 동됨을 기쁘게 여긴다. 사람들이 空이되면 공이없다 하지만 動空을 아지못한다 개고 비오는 占에 沖空의 날이면 메꾸어지는 日字에 응하게 됨이다.

未月丙午日占 何日雨(어느날 비오겠는가)

離卦
旅卦　兄巳 │世║
　　　　　孫未║
　　　　　才酉 │
　　　　　　　│應
　　　　　官亥 │
　　　　　孫丑║
　　　　　父卯 │

謙卦
艮卦　口世║
　　　官寅║
　　　才子║
　　　兄戌║應
　　　孫申│
　　　父午║
　　　兄辰║

辰孫卯木父母가 動하여 旬空에 있으니 己酉日에 비가 아니오면 卯日에 반듯이 비가 오리라 어찌 兩日을 정하는가 내가 말하기를 再占하여 전에는 離卦를 얻어 동하지 아니하였으나 이卦가 도리여 前卦와 相同한 점이있으니 네가 다시 一卦를 再占하여 보랑.

甲寅日에 陰雲이 있고 卯日에 반듯이 비가오며 辰日에 개리라 저사람이 어떻게 아는가 내가 말하기를 寅木鬼가 動하여 旬空을 만나니 空이 나가는 날에 하늘이 변하게 되고 卯木

의 父爻가 辰土子孫으로 變出하기에 卯日에 비온다는 것을 알고 辰日에 갠다는 것을 안다 과연 寅日에 검은 구름이 끼고 卯日에 큰비가 왔으며 辰日에 크게 갰다 그러기에 動하면 공이 되지 아니한다는 것을 알 수 있다.

※ 雨遇財興 欲雨須待財墓絕

비는 財爻가 動된것을 만났을때 비가 오게하려면 財爻의 墓가 絕되는 날을 기다려야 한다 비오는 점은 父母爻나 官鬼爻가 動하여야 하는데 父나 鬼가 동하지 아니하고 財爻나 子孫爻의 動을 만나게 되면 財나 子孫爻가 墓나 絕에 들어가는 날 비가 오게 되고 개는 占을 하는데에는 財와 子孫爻가 動하여야 하고 父母가 動되였으면 父母爻가 墓나 絕에 들어오는 날에 개는것을 얻으리라.

戌月 丙午日占 何日雨

坎卦
兄子‖世
父戌‖
才午✕應
官辰○
父酉
孫寅‖

혹시 묻되 今日비가 어떻게 되겠는가 財爻가 動하니 크게 가뭄이 올징조가 아닌가 나는 말하기를 그렇지 아니하다 午火財爻가 酉金父爻를 化出하니 당연히 비가 오리라 하겠는데

月建이 午火가 되기에 戌日를 기다려 午火가 墓에 들어가므로 비가 오게된다. 果然 酉日에 天變하여 戌日에 비가 왔으니 午火가 戌墓에 들어가는 연고라 하겠다.

※ 晴逢子動望晴只待逢生

개이는것은 子孫이 動하므로써 바라보게 되니 다만 子孫의 生됨을 기다리라 개는점은 子孫이나 財가 동한것을 얻어야 하고 비가오는 것은 父爻가 動하여 長生을 만나는 날에 응하게 된다.

卯月丁亥日占 何日雨(어느날 비)

渙卦
坎
官 卯 ㅣ 世
父 巳 ㅣㅣ
兄 未 ㅣㅣ 應
孫 午 ㅣ
兄 辰 ㅣㅣ
孫 寅 ㅣㅣ
父

卯木 父母가 動하여 卯에 있으니 合되는 戌日에 비가오리라 이것은 卯木父母가 日辰에 長生되였기 그러함이다.

※ 競發父官連朝猛雨

父母와 官鬼가 서로 다투어 發動되면 연일 아침에 사나운 비가 내린다 卦中에 父母와 官鬼가 중첩하여 있으며 鬼가 父로 變하고 父가 鬼로 變하며 父가 兄으로 化하며 兄이 父로

化하는 連日占에 子孫爻나 財爻의 發動爻를 보지아니하면 連旬風雨가 오게된다.

午月乙卯日占何日晴(어느날 개는가)

```
晋   ㅁ ‖
歸妹 父戌官巳 ‖ 世 ‖
     父未 ‖   卯 ×
     兄酉 ‖   才巳 × 應
     才卯官巳
     官巳父未 ‖
```

父母와 관귀가 첩첩하였으니 연일 아침 비가오고 바람불상이다 다음날 또 占하였는데 鬼와 父가 함께 動하여 四十餘日 비가 끝치지 아니하였다.

※ 多逢財子 累日晴明

財와 子孫을 많이 만나면 여러날 개게된다.

未月甲午日占 何日雨

```
屯卦  孫卯兄子 ×
中孚   官戌 ―應
      父申 ‖
      官辰 ‖
孫卯孫寅 × 世 ―
      兄子 ―
```

大旱에 구름과 무지개라도 바라는데 卦中에 父母가 동하지 아니하고 子孫이 첩첩하여 進神으로 化하였으니 (그 木爻가 墓에 들면 비가 오겠는가 하기에 오지 아니한다 하고 他人을 시켜 다시 占쳤는데 財가 動하고 子孫이 動하기에 다시 그 이튿날 占쳐도 父나 鬼가 動을 불수가 없었다. 그래서 그 가뭄이 계속됨을 알수있는데 果然 두달이나 비가 아니왔다.

※ 卦得反吟 晴雨終須反復

卦가 반음을 얻으면 개고 비오는 것이니 왔다갔다 한다.

辰月 庚寅日占 何日晴

觀　　　　　　　升
　口口　卯
酉孫才　巳
　　　亥
　　　父未 ‖ 世
　　　才卯 ×
　　兄酉官巳 ×
　　孫亥父未 ‖ 應

卯木財星이 나타나니 明日에 반듯이 개리라 다만 卦에 內外 反吟을 얻으니 갰다가 도리어 비가오니 다음날도 겠다가 또 비가 왔다.

※ 文逢伏象 旱潦必待冲期

卦爻에 伏吟을 만나면 가뭄과 장마는 冲하는 期間을 기다리라 伏吟卦는 動하였으나 動한 것같지 아니하다 子孫爻와 財爻가 動된자는 반듯이 개이게되고 父爻가 動되면 冲開되는 날 반듯이 비가온다.

辰月 甲戌日占 雨(비오겠는가)

```
大壯  震
卦   兄戌∥
    孫申∥
    父午│ 世
    兄辰兄辰
    官寅官寅
       才子│ 應
```

비를 占치는데는 父母爻가 動하지 아니하고 兄과 鬼가 同動하며 木이 動하였기 비는 아니오고 바람만 있다 바로 當日申時에 寅木을 冲開하니 나무가 부러지는 狂風이 불었다 寅木이 動하여 寅木으로 化하니 伏吟은 冲開를 만나야 하기에 申時에 冲을 만나 바람이 분 것이다.

※ 合父鬼冲開 有雷則雨 合財兄克破無風晴

父와 鬼가 合이되면 冲開하므로서 우뢰와 비가 있고 財와 兄이 合되였을 적에 克破시키면 바람도 없고 개지도 아니한다. 父母가 合되면 근본비가 아니오지만 만일 鬼의 動을 만나면서 合된 父母爻를 冲動하여 주면 천둥을 한뒤 비가 온다. 兩卦中에 鬼의 動爻가 없이 他爻가 父母를 冲動한자는 반듯이 비만온다. 他爻들이 冲動함이 없으면 冲開하는 날을 기다려 비가 있게된다. 財나 子孫兩爻가 合을 하여도 역시 이치만은 同一로 해석한다. 覺子가 이르되 合된 鬼와 父를 冲開하여 주면 비가오지만 財爻의 子孫爻의 合된 것을 冲開하여 주면 반듯이 개게된다. 반듯이 천둥하고 바람부는 것은 우연이라 하겠으니 꼭그렇다 할수

牛晴牛雨 卦中財父同興

牛은 개고 牛은 비가 오게 됨은 卦中에서 財爻와 父母爻가 함께 動한 연고라한다。妻財父母가 同動되고 혹 子孫과 鬼爻가 同動되면 반듯이 牛이 개고 牛이 비온다 하였다。古書에 내가 볼적에 이 이론이 틀렸다 다만 각각 그 應되는 시기를 아지 못한 것이라 하겠다。

戌月癸卯日占 (어느날 개겠나)

訟 兌
卦
口 ‖ 孫戌
才申 ‖ 孫未
兄午 ×
兄午 ‖ 孫辰
父寅 × 兄巳

子孫과 父母爻가 함께 動하여 寅木父母가 動하여 巳火兄를 化出하니 一日이나 陰雨가 오다가 戌時에 하늘이 열리니 별을 보았다。戌時에 갠것은 戌土子孫이 時를 만난 연고라한다 又雨又晴 父上母子皆動

다시 비가 왔다 다시 개는 것은 爻에 父母와 子孫이 동하여 있다。

巳月 丙申日占 何日得雨(어느날비)

가 없다。

285

```
臨   蒙
卦   卦
官寅孫酉×
才亥兄丑  應
兄丑官卯
官寅父巳  世
```

卦中에 父母와 子孫이 함께 動되였는데 巳火가 空되여 있으니 亥日에 巳火를 冲하면 空이 벗어지는 亥日에 비가 오리라 그리고 그날 酉時에는 개리라 酉時를 應한 것은 上爻가 酉金子孫이 動出된 연고라 한다. 前卦에 父母와 子孫이 함께 동하였는데 後卦도 父母와 子孫이 動하여져있다. 覺子가 말하기를 이 두 卦의 陰晴을 動하는데 각각 그때가 있으니 牛雨牛晴을 들어 말할 것이 있겠는가.

※ 若知占遠應近可稱爲神

만일 먼것을 占쳐 가까운 것이 응하는 것을 알게되면 可히 神이라 하겠다.

酉月初五日戊子日中秋月(八月에 비)

```
小過   
卦  戌 ‖
豊  父 申 ‖
卦  兄 午 ‖ 世
   官 申 ‖
   兄 午 ‖
   官 破 ×應
   才 卯 父辰
```

卦中에 辰土父母가 發動하니 中秋에 비가 오리라 다만 應이 一爻에 있어 辰土가 動하였으니 이날 辰日에 비가왔다. 그래서 壬辰日 中秋에 개겠는가 占을 쳐 아래와 같은점 卦를 얻었다.

```
小畜            中孚
兄卯 |   |      兄卯 | |
孫巳 |   |      孫巳 | | 應
才未 | | 應     才未 | |
才丑 | |        兄寅 |   | 世
兄寅 |   | 世   父子 |   |
父子 |   |
```

癸巳日 다시占쳐

```
屯卦            中孚
孫卯 兄子 × |   兄卯 | |
    官戌 |  應  孫巳 | | 應
    父申 | |    才未 | |
    官辰 | |    兄寅 | | 世
孫卯 孫寅 × 世
    父子 |
```

이 그괘는 것을 알 수 있다.

한卦는 財가 動하고 한卦는 子孫이 動하였는데 아울러 父와 鬼의 動을 보지 못하니 반듯이 그괘는 財가 動하고 한卦는 子孫이 動하였는데 아울러 父와 鬼의 動을 보지 못하니 반듯이 그개는 것을 알 수 있다. 果然中秋에 달이 밝어 별이 드물게 보였다.

識得卜日 應時方得其奧

시험하여 占치는 날에 응되는 시점을 알았으며 방향으로 그 오묘함을 얻었다.

辰月癸巳日占 甲午日竪造此日雨否 (이날 집짓는데 비가 오지 아니 하겠는가)

遯卦
咸卦

```
父未 ―     父戌 ― 應
兄申 ―     兄午 ―
官午 ― 世   兄申 ＝
         官午 ＝ 世
         父辰 ＝
```

父母로써 비를 보는데 父母가 動하였으니 비가 오지 아니하겠는가 내가 볼적에 오늘 申戌時에 비를 볼 수 있으나 明日午日에는 비가 오지 아니하리라 果然今日 申時에 비가 왔다. 저 고객이 묻되 어찌하여 申時에 비올것을 어찌아는가 내가 말하기를 戌土가 申生되니 申時에 비올것을 알았노라 또 묻되 비가 오래오지 아니하겠는가 父母가 退神으로 化하니 비가 오래가지 못하고 내일에 반듯이 비가 개리라하였드니 果然 다음날 비가 개였다 野鶴이 말하기를 혹시 나에게 묻되 動이 있어 合을 만나면 어느날로 단정하는가 내가 말하기를 옛 사람들이 多占의 法을 알지 못하여 그 이치에 밝지 못하므로 오단하는 그러함이다 天機누설을 즐기지 마라 이것은 전적 사람의 通變에 있다. 聖人이 가르치는 法을 세워 天時占하는 법을 사람에게 가르치되 人事도 역시 풀이법은 일반이라 하시였다. 만일 子孫이 持世하여 發動되면 天時占에는 해가 쟁쟁하게 나고 공중에 구름이 한점없이 걷친다 그러나 墓絶日에는 어두컴컴하여 해빛이 없다 身命占에는 열열하고 墓衰의 年을 만날때는 재앙이온다. 그러기에 내가 말하는 우선먼 저 사람을 가리키는데 天時占으로 因

하여 人事占에 결부하여 경험한다는 것이다. 어떤 官長이 무슨일이 있어 급한 것이 조석에 있어 占을치는데 子孫이 持世하면 근심이 없게되며 사면을 얻게 된다.

酉月丙子日占何日雨 (어느날 비)

```
       小家
       卦
臨        父寅 ‖
       官子 ‖ 世
       孫戌 ‖
       兄午 ‖
       孫辰 ―
       兄巳 父寅 ×應
```

才酉

上下에 寅木의 父母가 動하였으니 寅日에 반듯이 비가 오리랑

再占何日雨 (재占처, 어느날 비)

```
       大壯
       卦
泰        兄戌 ‖
       孫申 ‖ 口
       父午 ―
       兄辰 ―
       官寅 ―
       才子 ―
```

前卦도 寅木父母가 동하였으니 당연히 寅日에 비가오고 그 이유는 이 卦午火父母가 寅木에 長生되니 역시 寅이라한다.

寅日占 (또 비점)

```
隨  屯
卦  卦
才未‖  ㅁ  才未‖
官酉│     官酉│
父亥│  父亥│  官申│
才辰‖
兄寅‖  兄寅‖
父子│  父子│
```

또 亥水父母가 動하였으니 寅日에 비가 오리라 어찌 그러한가 亥水父母가 動하여 合을 만나는 날이니 역시 寅日에 비가 오리랑.

至寅日五更又占 本日何時雨(寅日 새벽에 또 占쳐 언제 비가 오겠는가)

```
睽     履
卦     卦
父巳│  父巳│
孫申 兄未×─┤世 兄未‖
       孫酉│  孫丑‖
       兄丑‖  官卯│
       官卯│  父巳│應
       父巳│
```

내가 前三卦가 寅日에 비가 온다하였는데 이卦 未土가 動하여 申金子孫으로 變하였고 一爻가 獨發되였으니 未時에 반듯이 비가 오고 申時에 크게 개리라 내가 맑은 새벽에 저 사람을 慰安하려 가서 공의 占卦에 子孫이 持世하였으니 근심이 없게되리라 공이 나의 占卦가 영함을 알지 아니하기에 시험하여보라 未時에 비가 오고 申時에 개리라 제공이 우리 집에서 머무르고 있다가 未時初 비가 못하는군 이제부터 근심이 없게 되리라 남으로부터 未時에 큰 비가 오고 申時에 구름이 개어지고 하늘이 열리니 얼굴에 희색이 나며 참귀신 같은 卦라하였다. 내가 말하기를 天時를 아는데 어찌 人事를 모르겠느는가 공이 마음을 너그럽게 가져 半月만 있으면 사면을 받으리라 하였는데, 과연 溫情으로 사면을 받었다.

혹시 말하되 未土의 兄이 동하였는데 비온것을 어찌 未時라 지정하는가 내가 말하기를 神이 이미 寅日에 비온다 지정되여 있는데 今日 再占에 또 갠다 알려주니 申金子孫이 變出하여 겐다는 것을 가르쳐 주는 것은 全的 靈機通變에 있다.

辰月丙子日因雨晴(비가 언제 개겠는가)

姤卦
```
 巽卦
  兄卯 ― 世
  孫巳 ―
孫午 才未 ×
  官酉 ―   應
  父亥 ―
     才丑 ‖
```

又占雨

```
乾卦  姤卦
父戌 ―
兄申 ―
官午 ―    應
        冲
兄酉 ―
孫亥 ―
孫子 父丑 ×  世
```

又占 雨(비)

無妄卦

才戌 ｜
官申 ｜ 世
孫午 ｜ 冲
才辰 ‖
兄寅 ‖
父子 ｜ 應

집에 담장을 하고저 하는데 連日비가 왔다 언제나 개겠는가 이卦가 三卦를 合하여 判決하여 보건데 癸未日에 반드시 개리라 前卦는 未土가 財가 午火子孫를 合古法으로 보면 財文와 合住하면 개지 아니한다 하였지만 내가 얻은 經驗에 依하면 子日占卦에는 子가 午火를 冲開하니 未土가 作合키 不能하므로 未日에 반드시 갠다하였는데 역시 갠다하였다 第二卦는 丑土父母가 비가 되지만 子水子孫을 化出하니 역시 갠다하겠다 역시 未日이 丑土를 冲開하면 丑土父母와 子水와 合을 保하게 되여 당연히 未日에 개고 第三卦 午火子孫이 子日의 冲을 만나 暗動이 되고 動하여 未日과 合하게되면 역시 未日에 개게 된다. 果然未日에 개이므로 萬里에 갠빛이 보였다.

寅月 癸酉日 連日雨占 (연일 비가 오니 언제 개것는가) 何日晴

坎卦
　　子‖世
　　戌｜
　　申‖應
節卦 兄
　　官 父
　　才午‖
　　官辰｜
　　才巳孫寅×

寅木 子孫이 獨發하니 亥日에 개지 않고 寅日에 반드시 갠다. 그리고 亥日이란 것은 動

이 合을 만나기에 그렇게 되고 寅日은 日辰의 旺扶를 하여 주기에 그러하나 이卦는 한가지만 들어 말할 수 없다.

또 어떤 사람을 시키여 占을 쳤다.

```
夬
卦    ‖ —世口 — —
需   兄未  酉  —應—
卦   孫酉  亥  辰
      才亥  辰  寅
      兄辰  寅  官
      官寅  —   才
      才子  子
              孫申
```

前卦에 寅木子孫이 動하였기 갠것이고 또는 亥日에 역시 寅과 合되여 그런 현상을 나타냈으며 이卦도 亥水財爻가 動하였음으로 亥日이 의심이 없는데 하물며 旬空을 만나 空이나 가는 날이니 그러기에 果然 亥日에 크게 갰다.

申月己卯 日早上天陰占 今日雨(아침, 일즉 구름이 끼였으니 오늘 비).

```
夬卦   ‖ 口世 — —
大壯   兄酉  亥   — —應—
       孫亥  辰   寅
       才   兄   官
          寅  才
             子
          孫申
```

하늘에 구름이 끼어 雨神에게 물었드니 비가 온다 가르쳐 주지아니하고 酉時에 크게 갠다 하기에 나는 신의 뜻을 의심하였다. 비가 이미 오고 있는데 비가 오래가지 아니하여 酉

時에 개리라 하였다. 과연 午未時에 적은 비가 있다가 申時에 구름이 벗어지기 시작하드니 酉時에 크게 겠다 이런 卦가 항상 많으니 후인들은 비가온다는 것으로 알고 있겠지만 神이 비온다 알려준 것이 아니라 갠다고 알려준 것이다. 혹시 누가, 묻는다면 酉金爻가 動하고 動하여 沖을 만나니 散이라 하겠으며 또는 退神으로 化하는데 어떻게 갠다하겠는가 내가 말하기를 旺한 金이 어떻게 散이되며 申金이 月建에 있으니 어떻게 비가 물러간다 보겠는가.

卯月甲辰日 天陰占雨(구름졌는데 비가 오겠는가)

乾　艮

　　官寅 ─世 ×
　　　　才子 ×
　　孫申 父
　　父午 兄戌 ×
　　　　孫申 ─應
　　　　父午 ×
　　　　官寅
　　　　才子 兄辰 ×

지금부터 四日間이나 구름이 끼여있어 개지 아니하니 오늘개지 아니하겠는가 하고 묻기에 나는 이렇게 말을 하였다 辰土 兄이 子孫財를 化出하고 子孫財爻가 申에 長生되니 申酉時에 반드시 개겠고 明日巳日에 혹 비오다가 午未日에 반드시 큰비가 오고 申日에 크게 개리라 혹시문되 어떻게 하여 아는가 내가 말하기를 一爻 辰土兄이 動하고 連動된 四爻가 父化鬼 兄化父하기에 연일 개지아니하는 것이다. 第五爻 子水財爻가 申金子孫을 化出하

巳月朔日庚辰日占 一月陰晴 (사월 초 하루날 庚辰日에 점쳐 한달간의 비오고 개는것)

坤　　師
孫 酉 ‖世‖
　 亥 ‖
才 丑 ‖　　應
官 卯 ‖‖
　 巳 ×
父 巳
兄 辰
兄 未 ‖

에 구름한점 없이 겠다.
기에 申日에 반드시 개리라 果然 연일 혹 구름끼고 혹 비오고 혹 개다가 申日에 와서 萬里

혹시 이르되 父母가 月建을 갖고 있으니 구름끼고 비가 連旬오지 아니하겠는가 이卦巳火
父父가 辰土兄을 化出하였으니 비바람이 치고 이달에 큰 장마비는 오지않겠는가 내가 말하기
를 書中에 비록 이같은 말이있지만 내가 시험한 결과 그렇지 않다 明日巳日에 반드시 비가
오나 他日에는 비가오지 아니하리라 果然 다음날 巳日에 비가 조금왔다 前篇에 내가 陰雨
連旬이란 틀린 말이다. 한말을 後人은 명심하여야 한다.

巳月辛卯日占次日陰晴

　　　　　　　咸
　　　　　　逅　　父未 父戌
　　　　　　口　　兄申 ―應
　　　　　　　　　官午 ― 兄申 ―
　　　　　　　　　　　　 官午 ‖世
　　　　　　　　　　　　 父辰 ‖

혹시 말하되 戌土父母가 未土父母를 化出하니 明日에 반드시 大雨가 오지 아니하겠는가 내가 보기는 神이 가까운 것을 아뢰고 먼 것을 아뢰지 아니하니 今日未戌時라 하겠고 明日에는 비가 없으리라 果然當日未時에 비가 조금 오고 戌時에 큰 비가 또 오고 亥時에 겠다.

酉月 丙戌日因連日陰雨占何日晴 (연일 陰雨인데 어느날 개겠는가)

小過　　　　　　貫
才寅父戌 ×　　　才卯父辰 ×應
兄申 ‖　　　　　官午 ‖
口世 ―　　　　　兄申 ―
官午 ―　　　　　官午 ―
父戌 ―　　　　　父戌 ―應（？）

卦中에 父와 鬼가 亂動되였으니 今日에 반드시 큰비가 있으리라 多幸히 初爻辰土父爻가 卯木財星을 化出하고 戌土父爻가 寅木財星을 化出하는 明日寅卯時에 개리라 果然 다음날 寅卯時에 하늘이 열렸다.

卯月癸巳日占 連日雨何日晴 (연일 비가오니 어느날 개겠는가)

比　　　　　革
卦　　　　　卦
才子 ‖應　　才戌 ―
兄戌 ―　　　才申 × 兄申 ×
孫申 ‖　　　官卯 × 世 ‖
官卯 ‖世　　父巳 ―
父巳 ‖　　　兄未 ×官卯 兄未 ×

卦中에 兄과 鬼가 亂動하여 連日 큰 비가 있었는데 多幸히 申金子孫이 亥水財爻를 化出

하니 申日에 반드시 개리라 果然申日에 갰다 巳火父母爻가 日辰의 旺을 띄고 있으니 申日과 合이되면 주저않게 되고 또는 申金이 父母의 元神인 卯木官鬼를 克制 하기에 申日을 말한다.

卯月癸卯日占 何日雨 (어느날 비오겠나)

小過卦   遯卦
父戌 父戌 ××
兄申 兄申 ××
官午 ｜ ｜
兄申 ｜ ｜ ‖
官午 ‖ ‖
父辰

戌土父爻가 戌土父爻로 化하니 이것은 伏吟卦라 한다. 明日辰日에 반드시 비가오리라 그 이유는 伏吟卦다 伏吟卦는 冲開하여야 되기에 그러하다 果然다음날 辰巳時에 비가 왔다.

子月甲申日連日大雪何日晴 (연일 큰 눈이 오는데 언제 개겠는가)

損卦   臨卦
口應 ‖
官寅 ‖
才子 ‖ 戌 ‖
兄戌 ‖ 丑 ‖ 世
兄丑 ‖ 卯 ｜
官卯 ｜
父巳 ｜

寅木鬼가 動하였으니 木動하면 바람이나겠는가 變出된 酉金子孫이 있으니 今日亥時까지 큰 바람이 불고 來日酉時에 개겠다 果然 亥時까지 바람이 불고 다음날은 눈이 갰다.

巳月丁亥日連日雨何日晴(연일 비가오니 어느날 개겠는가)

屯　　　　口
噬嗑　　才巳兄子
　　　×ㅣ兄戌官未
　　　×申父官辰
　　　　父酉孫寅
　　　　官辰兄子
　　　　孫寅
　　　　兄子

外卦父母가 父母를 化出하고 鬼爻가 鬼를 化出하여 連日風雨의 象이다。上爻子水가 巳火 財星을 化出하였으니 巳日에 개이게된다 혹시 뭇되 鬼가 旺하여 退神으로 化하여 進神으로 化하였는데 어찌하여 그러한가 내가 보는점은 父化父 鬼化鬼한것은 神이 나에게 連日비가온다는 것을 나타낸것이고 巳日에겐다는것은 神이 나에게 알려준것이니 衰旺과 進退를 말하는 것은 通變을 아지못한사람이다。

申月丁未日占 何日晴(어느날개는가)

復　　　　應
旣濟卦　孫酉ǁ
　　　兄戌才亥×ǁ巳父ㅣ世
　　　　　兄丑ǁ
　　　　才亥兄辰×ǁ寅官
　　　　　官寅　巳父
　　　　　才子

辰土兄이 亥水財爻를 化出하였으니 亥日에 반드시개나 오래가지는 못하리라 어찌하여 아는가 五爻亥水財爻가 戌土兄를 變出하였기에 아노라 과연 亥日에 하늘이열리고 戌時에 또 다시 비가왔다。

卯月壬寅日占 何日雨 (어느날비)

否卦
觀卦

父戌 ― 應
兄申 ―
父未官午 ― 世
　　　才卯 ‖
　　　官巳 ‖
　　　父未 ‖

혹시 午火鬼가 未土父를 化出하여 當日에 비올징조인가 그렇지 아니하면 子丑日에 冲開하면 비가올것인가하기에 나는 이렇게말하였다 子丑時에 冲開하므로 비가 오게된다.

未月庚子日占 何日雨

困卦
噬嗑卦

官巳父未 ✕ ロ
父未兄酉 ✕ ロ
　　　孫亥 ― 應
　　　官午 ‖
才寅父辰 ✕ ロ
孫子才寅 ✕ 世

內卦辰土父母가 動하여 寅木才爻를 化出하니辰日에 비가오리라 그러나 큰비는없고 未에는 酉金兄弟가 未土父母를 化出하였으며 未土父母가 巳火鬼를 化出하였으니 未日에 큰비가오리라 과연 辰日에 小雨가오고 未日에 大雨가왔다.

또 寅月甲申友約亥日春遊 子曰連日雨雪遊現畵興 友曰今早 占得 亥水子孫動者亥日必晴豫

占

또 正月甲申日에 친구와 亥日에 봄놀이를 가기로 약속을 하였는데 요새 연四日이나 비와 눈이 오니 어찌구경하고 노는흥을 다할수있겠는가 하였드니 친구가 말하기를 占쳐 亥水子孫動爻를얻었으니 亥日은 반드시 개리라 하기에 그래서 내가 직접占 一卦를 해보았다.

晋卦 ー ー 官巳
噬嗑 ー ー 父未
　　 ー 世 兄酉
　　 ー ー 才卯
　　 ー ー 官巳 ×應
　　　　 孫子 父未

내가 말 하기를 子日에 개고 亥日은 개지못하리라 친구가말하기를 나의 占에 亥水子孫이 發邊되고 兄의占에는 子水子孫이니 필시亥水日에 개리라 나는 아니다 저사람은 兄占도 亥水子孫이 子日에 왕하니 亥日에개리라 그래도 나는 亥日이 아니라하였는데 果然亥日에 눈이 왔고 子日에는 크게겠다.

㊾ 身　命

一生의 運命占

諸書占身命 謂妻財子孫 一卦能包壽夭窮通 六爻彙盡 殊不知父子財官兄弟 各有相忌相傷 若以一卦而 彙斷者 即如父母旺的 雙慶之徵 又曰父旺子傷 豈世之有父母者 此無子司之人也 又曰

見兄則 才莫能聚 又爲克妻之神 又曰兄弟文 與紫荊並茂 倘値旺兄持世克妻耶耗財耶 手足無傷耶

※ 모든글에 身命占을치는데 妻와 財와子孫을 말함인데 一卦에 壽와夭와 窮과 通이 포함되여있는것을 六爻內에 겸하여 다갖추어 노았다 오직 부와 子와財와 官과 兄弟에 각각 되어있는것을 아지못하는가 만일 一卦로서 겸하여 보게되면 바로 싫어하고 서로 상해되는것이 父母가 旺相하면 둘다 경사스러운 징조이지만 父母가 旺하면 子孫을 상하게하니 어찌 父母가 있어 왕하여 子孫의 뒤를 이을 사람이 있겠는가 다음날 兄을 보면 才를 모을수가 없게 되여 있으니 妻를 克하는 神만 될뿐아니라 兄弟文는 무성한 가시덩쿨을 이르는것같다고 보겠다 만일 兄이 持世하면 妻를 克하고 財物을 파괴시키니 또는 手足을 傷하게 함이 있다.

易林補遺有曰 兄動 妻亡財耗散 執此論者世之 貧人寒士 盡比失偶之人 至於 財官子孫 皆同此論 不暇細辨勢必謙而斷者 卽先賢猶在執此問之 知亦無縱置線 覺子曰 豫今得其法者 分占之法也 占父 占兄弟 男占 一卦占 終身財福如何 占終功名有無 占終身夫妻偕老占 占終身 子孫及 壽元宜分占

※ 易林補遺에 兄이 動하면 妻가亡하고 財가 파괴되고 흩어진다 하였으니 이논법으로 보면 이세상에 가난한사람과 寒士들은 모두 짝을 이른사람뿐이라 하겠으니 財나 官이나 子孫까지도 이와같은 논법이라하겠으니 세밀하게 형세를 分하여 結斷이 되였을 것이다 先賢들이

終身財福占

福財旺相 鍾鳴鼎食之家

※ 福과 財가 왕상하면 떵떵거리는 富者의 집이 되리라 古書에 富하고 壽하는 것은 世爻가 왕상하여 상함이 없다 하였다. 覺子가 말하기를 財占에는 財가 旺相하는 것이 좋고 壽命長短 占을 하는데는 홀로 世爻가 重하다는 말을 듣지못하였는가 財福이 왕하지 아니하여도 世爻가 혼자 旺하면 바로 富도하고 壽도한다 이이론을 가지고도 世爻만 旺相하면 壽도 長短할 뿐아니라 모두다 富貴하는 사람이라한다. 종신 財福점에서는 世爻와 財爻와 子孫爻三者가 하나라도 실함이 없어야한다. 이렇게 되면 福祿이 면면하다 財나 世가 旺하지 아니하는 자는 먼저는 富하드래도 뒤에는 가난한 사람이 된다. 무엇인가 子孫은 財의 근원이라 하겠으니 물이 근원이 없는 것같으니 끝에가서는 말라붙게 된다. 財는 旺하나 福子孫이 空이 되면 영화가 오래가지 못한다 世와 福爻가 旺相하고 財爻가 旺하지 아니하면 財는 없으나 幸福한 사람이라 한다. 財가 없는데 어찌 幸福이 있으리요 이사람이 잘되는 사업을 한다하여

도 앉어서 끝나는 행복이지 大發할 줄을 알지못한다. 혹 財를 他人에게 의탁하여 관장하지만 허황함을 아지못하고 어려움이 있을것을 아지못한다 財와 福爻가 旺相하고 世爻가 旺하지 아니하면 겉으로는 부자나 속으로는 가난한 사람이 된다. 覺子의 말이 以上은 不旺을 논한 것인데 범위가 넓어 단정키 어려우나 殺이 없어도 休囚되면 下旺이라 하고 空破墓絶도 不旺이라 한다. 財福이 旺하고 世爻가 不旺하여도 뒤에 生旺의 해를 만나므로 다시 旺相하게되니 財福과 영화가 있을 날이 있으며 相福이 兩旺하되 世가 無氣하는 자는 去하지 못하게 된다. 만일 비록 衣食이 豊足한다하면 不具者가 되거나 疾病이 있거나 혹 官災가 있게된다. 財福이 兩旺하고 世爻가 실함하면 다시 흉하게 되니 비록 백만장자라도 오래가지 못하리라 財와 福神이 비록 不旺하나 有氣하게 되면 좋고 만일 실함한자는 凶兆라 하겠으며 財福이 실함하면 바로 살림이 기울어지게 된다. 勤爻가 空이나 勤爻가 破가 되여도 무방함은 공이나가고 破가 나가는 年月에 다시 좋게되는 까닭이다.

※ 財世休囚 竈釜生塵之宅

財와 世爻가 休囚하면 부엌과 가마에 먼지가 나는 집이라 한다. 世爻福爻三者가 무기하여 혹空되고 혹破되고 혹墓絶되며 혹勤爻가 凶으로 變하면 衣服이 없고 식량이 없는 사람이 된다. 世爻가 日月의 氣를 얻었으나 財福이 실함한자는 이사람이 몸이 강하나 적은 역량과 적은기술로 초조한 생활을 하게 되고 世爻福爻가 有氣하고 財爻가 무기한자는 비록 가난하나 幸樂하게 되고 世爻와 財爻와 福爻가 靜하면 싸우는것은 없으나 항상 손에서 돈이 놀고 혹 남을시켜 財를 관장하게 하고 만일 日月動爻의 生扶를 얻는자는 너무욕심이 많다.

卯月甲申日占終身財福

```
復卦        顧卦
    破 酉 ×
官寅 孫
    才 亥 ‖ 應 ‖
         兄 丑 ‖
         兄 辰 ‖
              官 寅 ‖ 世
              才 子 |
```

五爻의 財爻와 一爻의 子水世爻가 申日에 世生이 되는 當令은 되지못하였으나 月建의 生은 되여 좋다. 그러나 좋지아니한 것은 酉金福神이 破가 되고 絶로 化하니 平生에 衣食은 적지아니하나 크게 成家하고 蓄積은 못하리라 이 사람이 三十七歲에 점포에 들어가 금궤를 맡어 七十一歲까지 잘먹고 잘지내니 이것은 財爻가 持世하여 長生에 있는 원인이다 그리고 四子를 두었다. 古法에 卦中에 子孫이 破가 되고 絶로 化하면 無子라 하였다. 黃金策에 이르기를 世爻가 休囚하면 가난하지 아니하면 단명한다 하였다. 내가 보기는 貧者는 財福에 있고 夭壽者는 世爻에 있으나 요수라하지 아니하면 바로 가난하다는 것은 卜易의 이치라 볼수없다.

世居空位 終身作事無成

世爻가 空을 만나면 종신토록 하는 일이 이루어짐이 없다. 古書에서는 世空을 크게 싫어하니 百事가 一生동안 이루어짐이 없다 하였다. 그러나 나는 이말이 타당하다하나 旺과 動을 分別하여야 한다. 世爻가 旺한데 空이된다는 帶旺은 非空이라 하였으니 動하여 空이 된다는 空이 아니되고 日辰의 冲을 만나도 空이되지 아니한다. 卦中에 만일 財福이 日月의 旺을 얻으면 空이 되드래도 空이 나가는 해에 발연 발복하는데 이루어 짐이 없다 하겠는가.

戌月辛亥日占 終身財福 (一生의 재복)

觀卦　　　比卦
官卯　　×應｜
父巳　　才子　戌｜
兄未　　兄　　申‖
　　　　孫　　卯‖ 世
　　　　官　　巳‖
　　　　父　　未‖

世爻가 비록 空이 되나 月建과 合이되고 亥日이 生을하며 子水財爻가 動하여 世를 生하니 卯年에 成家하리라 占卦도 卯年에 成家된다 하드니 이 사람이 市場에 나가 附子와 黃蓮 藥材를 장사하여 家蓄이 數千에 達하고 黃金數萬兩을 얻어 부자가 되였다 이러한 데도 空이되면 作事無成이라 하는 말은 되지 아니하는 소리라 하겠다.

※ 酉月辛未日占 終身財福

顧卦　酉官

兄寅 ∥
父子 ∥ 世
才戌 ∥
才辰 ∥ 應
兄寅 ―
父子 ―

財爻가 持世하여 비록 未日이 도와주나 좋지 아니한것은 旬空이 된다. 또 卦中에 火의 生을 받지 못하니 身命占에 가장 이점을 싫어한다. 그래서 成家하기 어렵다 이사람이 二十歲부터 五十歲까지 동분서주하였으나 一事가 이루어짐이 없어 빈곤하게 살다가 外方에 나가 生死를 아지 못하였으니 平生에 과연 每事不成이 되였다.

※ 身入墓鄕到老求謀多戾

世爻가 묘에들면 늦도록 경영하는 일이 어긋남이 많다. 世爻의 三墓中 다만 一墓라도 어 休囚되고 무기하면 그 사람이 술취한 것같고 지랄병하는 것같어 영리하지 못하며 동정 과 행동이 상쾌하지 못하며 모든 일이 이루어짐이 없다. 覺子가 이르되 世爻가 日月에 있 거나 혹 日月이 生扶하거나 墓가 動하면 吉로 化한다. 墓에들면 沖되는 墓年을 만나지 아니 하면 기복이 많고 혼미하나 墓를 沖開하는 해를 만나면 가뭄에 싹에 비를 맞는 것같다. 옛 말에 福이 오면 마음이 영리하여진다 하였으니 두번째 財福이 있어 相生하며 혹 財福이 旺 相한다면 自然부자가 된다. 그러기에 墓中之人은 不冲不發이란 말이 있는데 어찌 늦도록 이루어짐이 없고 어긋남이 많다 하겠는가.

午月丙戌日占 終身財福(一生의 재복)

節卦
子 ‖ 戌 ‖ 應
兄 官 父 官 孫 才
申 丑 卯 巳 世

旺財가 世爻에 있으니 自手成家하였다. 世爻가 月辰戌土墓에 들어 있기에 發展이 없어 술을 마시고 도박을 하여 이루어짐이 없으니 亥年에 와서 鑛山을 시작하여 黃金을 많이 얻어 一朝에 갑부가 되였다. 野鶴이 이르되 古法에 墓는 冲開之年에 發福한다더니 이卦의 冲世하는 해라 하겠다.

卦空衰弱 根基淺 爻象豊隆命運高

卦宮이 쇠약하면 근기가 얕고 爻象이 풍융하면 運命이 높이 발전한다. 爻象이 흉융하면 身命占에 가장 중요하는데 世爻財爻福爻가 生扶함을 얻으면 자연이 運命이 높이 發展하게 되지만 卦宮이 쇠약한자는 根基가 천박한 사람이 된다. 그러나 卦宮이 極旺하다 하여 좋다 할 수가 없다.

若問成家 嫌六冲之卦

만일 성가할 수 있겠는가? 물을때는 六冲卦를 싫어한다. 古書에 六冲를 만나게 되면 하는일이 이루어짐이 없어 시작을 하여도 끝을 맺지 못한다. 前卦가 六冲하면 前三十年은 살

寅月 乙巳日占 財福(재복)

大壯卦
兄戌 ‖
孫申 ‖ 世
父午 ㅣ
兄辰 ㅣ
官寅 ㅣ 應
才子 ‖

아가는 길이 답답하고 後卦가 六冲이면 後三十年 살아가는 길이 한적하게 된다. 만일 兩卦가 六冲이 되면 六十年의 運數가 적막하게 된다. 世와 財福에 있는데 世와 財福이 無氣하면 六冲의 作用이 더 거세다는 것을 알수 있다.

이 卦가 世와 官과 文이 旺하였으니 그 人品才質을 알수 있다. 그래서 近來하는 일이 무엇인가 물었드니 향교에 출입을 하고 있으나 집이 가난하여 行醫를 하고저 하는데 財福이 어떠한가 내가 말하기를 卦中에 官과 父가 旺하니 寅年에 기회를 만나리 그리고 午年에 文官에 合格을 하리라 저 사람이 말하기를 당신이 나의 뜻이 없는것을 아지 못한다 하기에 내가 말하기를 財福을 묻지만 神이 가르쳐 주기를 당년에 成功한다 하였다. 果然 寅年에 의사를 하다가 부자집 할아버지와 좋아하게 됨으로 할아버지가 학교 진학을 뒷받침을 하여 주어 午年에 考試에 合格되고 할아버지와 친구의 뒷주선으로 판검사를 하였다. 그런데 아버지의 喪事로 벼슬을 사직하고 집으로 돌아왔으나 빈주머니로 왔다. 寅年에 貴人을 만난것은 空이 나가는 해가 되고 午年에 발전은 世爻가 旺해진 해이며 관운이 오래가지 못한

要知創業喜六合以成爻

것은 六冲卦가 된 소치이며 주머니가 빈것은 子水財爻가 絶이 되기에 그러한 것이다.

※ 요컨데 업을 일으키게 되는 것을 아는것은 기쁜 六合卦가 이루어짐이다. 古書에 신명점에서 六合을 얻으면 봄바람 和氣가 나는 것같고 좋은 사람들과 어울려 놀게되고 피하는 일이 반드시 이루어지며, 앞뒤가 맞어들어가며 一生에 이익이 많고 百事가 마음과 같다 내가 보기에 春風和氣라든가 百事가 如意하는 것을 꼭 단정하기는 어렵다 반드시 用神을 겸하여야 할 것이다. 卦象이 吉한자는 吉하다고 하겠으나 爻象이 凶한자는 合되여도 이익이 없다.

動身自旺 獨力撐持

※ 동이 되므로 旺된 世爻가 動하면 혼자의 힘으로 개척하여 나가게 된다. 古書에 世爻가 日辰을 만나지 못하면 動爻가 生扶하여 주면 스스로 강하고 스스로 旺하게되니 이런 사람은 自手로 成家하게 된다. 여러번 시험하여 보았지만 財爻가 世를 가져 강하고 왕되면 많이 成家하는 것을 보았으나 만일 兄이나 父가 官鬼가 世를 가지면 成家를 못하고 겨우 기술로 살아갈 따름이다.

申月壬子日占 終身財福(一生의 재복)

泰卦 ═應═ 口世─ ─
臨 酉 亥 丑 辰 寅 子
   孫 才 兄 兄 官 才

世父辰土가 旺하며 子水財爻가 子日辰에 旺을 타고 있으며 아울러 刑이나 傷이나 冲이나 克됨이 없으니 自强自旺이라 하겠다. 이 사람이 집안이 차츰 나아가는 편인데 도박을 좋아하여 남의 것을 탐내는 성질이 있다. 그래서 將來에 이루어짐이 있겠는가 하고 묻기에 내가 말하기를 兄弟가 持世하였으니 영구한 복이 없겠고 또는 世爻가 가을철을 만나 退神으로 化하였으니 長久할 수 없다. 果然몇해 뒤에 丑年이 오면서 死亡하였다.

衰世遇扶 因人剋立

※ 世爻가 衰하여있는데 도와서 붓들어줌이 있으면 남과 아울러 사업함이 좋다. 여러번 점쳐 경험하였으나 世爻가 무기해도 日月動爻를 하나라도 만나 生扶해주면 반드시 좋은 사람이 끌어주는 것을 만날수있으니 역시 財爻가 持世하는 것을 要한다. 혹 日月動爻가 財로 되여 世를 生하면 因人成事하나 만일 兄弟持世하면 겨우세월이나 보낼 따름이다. 그러나 日月이 世를 生하거나 貴人이 世를 生하면 官祿을 얻는다.

丑月丙辰日占 終身財福 (一生의 財福)

未濟
睽　兄巳　―應∥
　　孫未　―
　　才酉　―　∥世
　　兄午　―
　　孫辰　―
　　兄巳　父寅　×

兄弟가 世를 가지니 재물을 소비하는 신이다 비록 寅木의 生을 얻으니 재물이 모여지지 아니한다 그러면 무엇을 하여야 되겠는가 하고 묻는다 내가 말하기를 木生火하니 木火通明의 의상이 되고 있으니 영리하고 특수한 재주가 있으며 朱雀이 父母爻에 있으니 墨筆生活하는 것이 좋겠다 하였다. 뒤에 叔父가 命帽를 쓰라하여 이로부터 업을 시작하여 財物을 모으지 못했으나 叔父가 이끌어주기에 겨우 식생활을 하고 지냈다 이렇게 된것은 寅木父母爻가 世를 生하기에 墨筆生活을 하게된 것이다.

日時合助 一生得小人心 歲月沖克牛世末占君子德

※ 일시가 합하여 도와주면 一生에 적은 人心을 얻고 年月이 충극하면 반세에 君子의 德이 흡족하지 못하다 世文의 旺과 衰를 論할 것없이 歲나 月이나 日이, 한곳만 生扶해 줌이 있으면 벼슬을 하여도 임금의 은총을 받고 君子들과 서로 친하게 되며 아래사람들이 충성하고 공경하여 준다. 平人은 貴客이 도와줌을 얻는다 또 이르되 父母가 生하면 年上人의 은혜를 받고 兄이 와서 克을 하면 兄弟같은 사람에게 해를 받는다. 그러니 한가지로만 가지고

논할수가 없다. 世爻가 有氣는 하나 日月動爻에게 하나라도 冲克을 받으면 上位人에게 멸시 당하고 동료간에 불화하며 손아래 사람들에게 비방을 받는다. 만일 太歲五爻가 冲克하면 임금에게서 멸시당하는데 만일 世爻가 休囚되면 더 심하다. 平人이 이와같은 경우에는 관의 귀인도 없고 친구간에도 멸시당하고 손아래 사람들에게 사기를 당하는데 世爻가 休囚되면 더 심하게 된다.

遇龍子而 無氣纔 清高亦是寒儒

※ 青龍에 子孫爻를 만나드래도 무기하면 겨우 清高한 듯하나 역시 가난한 선비에 지내지 아니한다. 青龍이 子孫爻의 持世를 언드래도 뜻을 세우고 富貴한다 할 수 없는데 子孫이 無氣하면 아무리 세상에 뛰어난다하여도 寒薄한 사람에 지내지 못한다.

酉月癸丑日占除功名外何事可 (벼슬길을 제외하고 무슨 일을 하면 좋은가)

```
        白 巳 句 朱 青 玄
                伏寅才
姤  父 戌 ｜ ｜ ｜ ｜
卦  兄 申 ｜ ｜ 應 ｜
    官 午 ｜ ｜ 酉 ｜
遯  兄 午 孫 亥 ｜ ｜
卦  官 午 孫 丑 ｜ 世
    父
```

財星이 二爻下에 伏神으로 되여 空을 만나며 內外에 財가 없으니 財物을 모을수가 없다. 그리고 子孫이 靑龍文를 만나 비록 持世는 못하였으나 平生을 淸高하게 지내며 非義면 不取하므로 부귀에 관심을 같이 아니하며 저 사람이 말하기를 父母의 재산은 있으나 동생에게 주어버리고 기술이나 배워 山水를 즐기며 놀기가 원이노라 내가 말하기를 亥水子孫이 鬼로 變하고 財文가 또 空이되니 세상을 등지고 故鄕에서 벗어날 사람이라 하였드니 이 卦가 잘 맞는다 하며 내나이 四十三歲인데 二十一歲때 妻가 死亡한뒤 이제까지 처를얻지 아니하였고 子女도 없노라한다. 나의 卦가 잘 부합됨을 알렸다 그 뒤에 이사람의 종적을 알아보았드니 慶南 馬山에서 十餘年 집에서 글만읽다가 太山에 들어간 뒤 종적을 모르고 말었었다 覺子가 이르되 내가 보기는 父나 子나 兄이나 財나 官鬼가 각각 서로 싫어하는 것이 있으니 한卦도 決定짓기 어렵다 이러기에 分占을 하는 이치를 얻은 것인데 그러나 財占을 하지 아니하여도 卦中에서 旺財가 나타나고 功名을 묻지 아니하여도 卦中에 旺官이 나타나며 現在에 妻를 克하고 子를 克하는 것도 占에 지정을 아니하여도 卦中에서 먼저 刑傷이 나타나니 할수없이 分占하여 자세하게 살피지 아니할 수가 없다. 혹은 말하기를 먼저 占은 어째서 하는가 그러면 겸단한다는 말인가 내가 말하기를 이 이치는 俗人에게 함부로 가르쳐 주지 아니한다. 占치러 오는 사람에 따라 그 신기가 動하기 마련이다. 아무리 친하다 하여도 骨肉지친만 같지 못하고 사람이 뜻을 얻는다 하여도 名利에 지나지 아니하는 것이니 신에게 묻는 일을 고하지 아니하여도 묻지않은 重大事를 먼저 고해준다. 이패가 자손이 靑龍을 만나니 淸高한 손님이고 子孫이 鬼로 變하니 뒤가 궂길 사람이고 겸하여 財가 伏하여 空이되니 이것은 俗世를 떠나는 상이다 이일은 福遇靑龍이 淸高之客이란 말에 正合 된다. 이렇게 나타나 쉽게 보이니 무슨 별점을 하고 또는 再占할 必要가 있는가 그렇지 아 니하면 財가 空亡이 되여 妻妾의 空이라 아니할 수 없는 것이다.

逢虎妻而旺强 雖鄙俗偏爲富客

※ 妻財가 白虎를 만나면 旺하고도 강하며 비록 鄙俗하지만 富者는 된다는 것이다. 古書에 白虎가 財를 가지며 世爻에 있으면 그 사람이 비록 예의는 모르나 집안이 부유한 것은 러차례 경험이있다. 또 旺을 制服하면 조폭한 文墨이라 한다. 그러나 이것은 이치가 아니 다 旺財라도 재극을 만나면 이것은 장래의 파괴가 온다. 어째서 文墨이라 말할 수 있겠는 가.

午月丙子日占財福(재복)

明夷
豊卦
　　　父酉‖　靑玄
　　　兄亥‖　　白
　　　才午│世　巳　句
　　　　　　　　│　朱
　　　兄亥│　　　　應
　　　官丑‖
　　　孫卯│

世爻가 白虎에 있어 旺財를 化出하고 世爻를 生하나 속인도 아니며 農場을 하고 있는데

식구와 家畜이 豊盛하였다. 戌年占卦에 子年에 損財가 있으리라 하드니 子年을 만나 벌레가 곡식을 다 갈가먹어버리고 全家族이 전염병으로 고생을 하고 家畜들이 病으로 다없어져 버렸다. 子年에 응된것은 原來前年占에 日辰이 子日이므로 午火財를 沖하였으나 그 당시에 午月火旺이라 대적이되여 무사하였으나 子年을 만나 前卦의 子水가 沖을 도와주므로 冲克이 중하게 되여 破財한 것이냐.

※ 父母爻가 世를 가지면 신고하고 힘드는 일이 많고 鬼가 世를 가지면 질병이 떠날새가 없고 兄을 만나면 財를 모을수가 없다. 子孫을 만나면 自身이 형액에 걸리지 아니한다. 黃金策에 父母나 官鬼가 持世하며 끝에가서는 수고로운 일만있고, 疾病에 걸린다 하였으니 다 이치에 해당되지 않는다. 古書에 貴人占을 할적에는 이法으로 보면 아니된다. 貴人은 官을 위주로 하기에 그러하다.

父母持身 辛勤勞碌 鬼爻持世 疾病綿纏遇兄則 財莫能聚 遇子則身不犯刑

酉月 壬辰日占 知將來不貴或有財福(自己 장래에 관운이 없는것을 알고 財福은 있겠는가

恒卦
才戌ǁ應
官申∥
孫午∣
官酉∣世
父亥∣
才丑∥

功名을 묻지 아니하는가 하였드니 저사람이 말하기를 생업에 의욕이 있는데 무슨 功名을

316

생각하겠는가 내가 말하기를 이卦가 財生官旺하니 틀림없는 官運이라 하였더니 저 사람이 말하기를 하늘에서 떨어지는 官이 있을런지 내게 官이 없으리라 하기에 再占할 것을 말하였다.

噬嗑　　　　　否
　　巳 ｜　孫 巳 ｜
　　未 ×世　才 未 ×世
官申酉 ｜　官 酉 ｜
　　辰 ‖應　才 辰 ‖應
　　寅 ‖　兄 寅 ‖
才未父子 ×　才未父子 ×

世爻 未土를 갖고 財爻가 申金官星을 變出하였으니 前卦는 旺財가 生官하고 이卦는 世爻의 未土財가 官星을 化出하니 出世를 可期한다. 世爻가 空에 있어 出空하는데 出仕하리라 하였더니 果然 卯年에 援護廳에 들어가 巳年에 兵務를 맞고있다가 係長이 되고 未年에 湖南으로 再任되였다.

古書에 官鬼가 持世하면 질병이 旺盛한다하지만 이사람은 貴人인데 만일 疾病이라 논하면 어떻게 되겠는가.

巳月 己丑日占 終身財福 (일생의 재복)

歸妹　　　　　臨
父 戌 ‖應
兄 申 ‖　父 丑 ‖
父 午 ｜ 口 丑 ‖世
　　丑 ‖世　父
　　卯 ｜　才 卯 ｜
　　巳 ｜　官 巳 ｜

卦中에 財福이 旺하지 아니하고 官과 父가 兩旺하는데 어찌 功名을 묻지아니하는가 하였드니 저사람이 말하기를 功名의 생각은 이미 사라졌노라 내가 말하기를 世爻가 月辰에 있고 月建이 官을 生하니 功名을 하게 되리라 그리고 巳午年에는 富貴하리라 하였드니 果然 午年에 官職을 얻었으니 어찌 父母가 持世하면 신고하고 애로가 있다 하겠는가.

父母臨身 勞碌貧寒

※ 父母가 世에 있으면 애로가 있고 빈한하게 되는 사람이라 한다. 혹시 말하기를 黃金策上噬之宗에 身命占을 할때、父나 子나 財나 官을 겸하여 판단을 하는것은 이치가 아니다 하였다. 覺子가 이르되 功名占에는 父母가 持世하면 작 가문인이 되고 財福占에는 신고애로가 있고 官이 不旺하고 父가 旺하면 비록 官祿은 없으나 이름이 있고 문학을 잘하는 사람이다 衰하여 冲克을 만나면 公門에서 밥을 먹는다 하여도 凶이 많고 吉할 일이 적다.

子月乙未日占 終身財福(一生의 財福)

兌卦

父 未 ‖ 世
兄 酉 ｜
孫 亥 ‖ 應
父 丑 ‖
才 卯 ｜
官 巳 ｜

木卯財星에 未日의 墓에들어 있고 巳火官星이 休囚하여 無氣하니 名利가 이루어지지 아니 하리라 그러나 아까운 것은 旺한 父母爻를 가졌기에 재주가 높으나 쓸데가 없다. 그리고 卦가 六冲을 만나니 一事가 이루어짐이 없다。 그후에 그 재주를 아깝게 여겨 벼슬을 하라 권유도 받었으나 가지 아니하고 數十年을 가난하게 살다가 親友가 湖南道知事로 가는데 따라간뒤 그 종적을 아지 못하였다。

午月 壬寅日占 終身財福 (一生의 財福)

豊卦
官 戌 ‖ ‖ 世 ―
　　申 ― 午 ―
父 午 ― 亥 ‖ 應 ―
　　冲　丑 ‖ 卯 ―
才 兄 官 孫

古法에 財占에는 世를 克하는 것이 기쁘다 하였는데 現在才가 世를 克하니 반드시 財를 얻으리라 終身占에서 財福은 좋지아니하다。 財父가 世를 克하니 平生에 財로 인한 어려움과 또는 財로 因하여 해를 보겠다。 父母가 世를 가지니 편한날이 없고 또는 日寅이 休囚한 중 日冲을 만나나 日破로 되여 벌이 꿀을 만드나 남에게 주는 모양과 같겠다。 果然 이사람이 農業을 하며 밭갈기에 죽을 힘을 다하여 조금 성공을 하였으나 큰 자식이 父母의 명령을 거역하고 도박을 하여 가산을 탕진하고 스스로 목을 메여 자살하므로 人命과 家産이 일시에 亡하였다。 그리고 午年이 되여 午火가 世爻申金을 克하며 寅日이 冲을 하였기 火克입으므로 自身이 死亡하였다。

兄父臨世財耗貧寒

兄弟가 世爻에 있으면 재물이 모자라서 빈하게산다. 古書에 兄을 만나면 財를 모으지 못한다 하였다. 이글 해석에서는 兄弟가 世를 가지면 妻妾을 克하고 一生동안 財를 모으지 못한다 하게되니 克妻破財라 하였다. 이것으로 보면 妻를 傷하며 빈곤한 사람이라 한다.

가령 가난한 사람은 妻와 해로하고 富者는 상처한다 하겠으니 어떻게 판단할 것인가 그러기에 나는 分占을 하라하는 것이다. 이 이치가 타당하다 하였다. 覺子가 말하기를 財福占에 兄弟가 世爻를 가지면 비록 부자는 아니된다. 하겠지만 역시 쇠왕을 보아야한다 旺하면 가난하나 義를 좋아하고 衰하면 병이 많고 日月이 生扶하면 가난하나 즐겁게 살고 日月이 財가 되여 世와 合하면 富者는)되나 교만하고 旺하여 騰巳나 白虎나 玄武에 世가 있으면 사나운 도적 또는 사기꾼 아울러 흉악한 사람이 된다. 世爻가 衰하여 句陣 朱雀 玄武를 만나면 남을 배반하고 쌈을하는 건달이 되고 克制를 받으면 하천한 사람이며 남의 종이 된다 合이되고 도와줌을 얻으면 윗사람이 끌어준다 하겠으니 전적 사람의 통변에 있으니 그 경중을 보아 판단하라.

官旺無破 公門異術資生

※ 官鬼가 旺하되 파가 없으면 公門에 드나들며 술수로 돈을 벌어 생활한다. 官鬼가 世를 갖었으나 휴수무기하면 질병이 떨어지지 아니하고 만일 世가 유기한 사람은 公門에 기술자도 채용되고 日月動爻의 도움을 만나면 貴人이 도움을 받게 되므로 貴客과 친하게 되여 성

가하게 되지만 財가 무기하고 空이 되면 有名無實하게 된다.

財弱有扶 商買百工事業

※ 재가 弱하나 도움을 얻으면 商業을 하지만 鐵工事業을 하게된다. 財爻福爻가 스스로 와 旺相하면 혹장사나 또는 농업을 하거나 生産으로서 富가 만족하게 된다. 財爻福爻가 衰弱한 財가 世를 갖드래도 日月動爻의 生扶와 아울러 合助를 얻은자는 연속발복하게 되므로 年年 히 풍유하게 되고 工藝家가 되드래도 공교한 大工이 된다.

慕道修行 皆爲子孫持世

도를 트게되고 얌전한 행실을 갖게되는 것은 子孫의 持世가 되여있다. 子孫은 활발한 물 이라 하겠으니 世에 있어 孤立無助하고 財가 실함함을 만나드래도 고상한 뜻이 있게 되므 로 道僧이 되는 수가 있다. 이것은 出家할 생각이 있는 사람에 해당한 것이다. 그리고 누 구나 一生에 官刑을 범하지 아니하게 된다.

家傾名喪 乃因官鬼傷身

※ 가산이, 기울어지고 이름을 상하게 되는것은 官鬼의 상신으로 인하여 발생한다 대게 官 鬼의 克世를 만났는데 世爻가 旺相한 사람은 刑厄수가 많고 남에게 암해를 많이 입으며 혹 疾病으로 고생을 하게된다. 그러나 鬼가 旺하고 世가 衰하면 傷身할 뿐만 아니라 경가파 산을 한다. 그러니 財福을 묻지말고 피할곳을 찾는 것이 좋은 法이라 하겠다. 만일 世爻가

辰月 甲寅日占 終身財福 (一生의 재복)

中孚卦　　節卦
口巳 ｜
兄未 ∥ 世
○兄丑 ∥
官卯 ｜
父巳 ｜ 應

財子　官卯
　　　父巳
　　　兄未
　　　　　官卯
　　　　　父巳

動하여 鬼로 變하며 世를 克하고 日月官鬼가 또世를 克하면 다시 더 凶하다. 世父未土를 辰月建이 도와주므로 有氣하다 하겠으나 日辰의 官鬼가 世를 克하고 卯木官鬼가 子水財文를 化出하여 鬼를 도와주니 이런 경우를 官鬼가 傷身이라 한다. 財福을 무를 必要가 없다 하였드니 저사람이 묻기를 피하는 方法이 없는가 내가 말하기를 九月十月에 出門하지 아니하면 피하는 길이라 하였다. 果然九月에 官府에서 이 사람을 시키여 세금을 바치고 오라하기에 代理를 사서 보냈는데 代理人이 가다가 中途에서 害를 만나 죽었다. 이런 法을 써서 역시 화를 피하였다.

卯月癸未日占終身財福 (일생의 재복)

革卦　　家人卦
官未 ×　孫卯
父酉 ｜　父酉
兄亥 ∥ 世　兄亥
兄亥 ｜　官丑 ∥
官丑 ∥　孫卯 ｜ 應
孫卯 ｜ 應

外卦 世와 日과 月이 三合官局을 하니 吉卦라 하겠으나 좋지아니한 것은 世爻가 回頭克이 되였으며 上六爻의 未土가 또 克을 받기에 그러하다 現在는 木旺節이므로 無妨하나 丑月에 合局을 冲開하면 不宜한다 그러나 혹 酉月에 卯木을 冲開하여도 不測의 災殃이 있으리라 果然 酉月에 死亡하였다.

卯月戊子日占 此功名終身還是別有功名(공명을 종신토록하는데에 별다른 功名이 있겠는가

```
      朱 青 玄 白 巳 旬
大過   ▬ ▬ ▬ 世 ▬
卦     才未 破酉
井     官 ▬ ▬ ▬ 官
       官申 父亥 酉
       父亥 才丑 應
```

卦中 酉金官星이 月破에 있으니 바로 이것은 現在의 官이다 破가 되엿을 곳이 없는데 多幸이 世爻가 申金官星을 化出하여 回頭生이 되니 今年에 별도의 감투가 있겠다. 그러나 특별한 보직이 있겠노라 來方人이 말하기를 어찌하여 그렇게 되겠는가 내가 말하기를 玄武가 亥水父爻에 발동되였으니 도적을 잡어 안민지책으로서 官을 얻으리라 저사람이 말하되 내가 무슨 그러한 장기가 있겠는가 저사람이 또 묻되 그러면 언제 내가 말하기를 寅年에 官을 얻어 申年에 出仕하게 되리라 果然 뒤에 도적의 괴수를 잡어 寅年에 功으로 武官職을 얻고 다음 文官으로 고쳐 申年에 파출소소장으로 되여 年年승진 하다

가 子年에 官署에 정년퇴직으로 물러나게되여 또 占을 하여 보았다.

卯月 辛丑日占 後運功名(후운까지 功名하겠는가)

```
     歸妹      
     卦   戌 ‖ 應   
 震       申 ‖      
         午 │   丑 ‖ 世
     父   卯 │
     兄   巳 │
   才寅才   
     官
     父
     官
```

내가 말하기를 특별이 멀리와서 앞날을 바래보는 占을쳐 吉卦를 얻으므로서 發展한다면 좋겠는데 마음과 일이 어긋져 좋지아니하므로 發展을 못할 뿐아니라 물러가 쉴 징조라 하였 드니 公이 묻되 무슨일인가 내가 말하기를 月建의 財가 卦中에 나타나 世와 父를 長上의 災를 면키어렵고 또는 自身도 危險을 免하기 어려우리라 과연 寅年에 父喪을 당하고 卯年 에 관직을 정리하고 돌아오든 길에 中途에서 病을 얻어 死亡하였다。丑土 父母가 世를 가졌 는데 첩첩한 卯木이 있어 相克되기에 父의 自身이 그러함이다.

㊿ 壽命(수명)

世爻旺的 求亨長年 身位休囚須防夭折 凡占壽元 獨以世爻 爲根本世 爻或旺或相 或臨日月 生扶 乃動爻生扶 或動而化生化旺 回頭生者 乃大壽之徵也 世爻休囚防於冲克之年 再有刑毁

324

克害者 動而逢合逢値之年 靜而逢冲逢値之年 皆在應期章內斷之 休囚隨鬼入墓 衰逢助鬼之傷 皆爲凶兆 世動化退 化鬼乃化回頭之克 化絶 化墓 化空 兄恐 不多時 皆於應期章內決之

世爻가 旺的하면 영원히 장수형락하고 世爻가 休囚하면 短命하게 됨을 조심하라 대게 수명을 占치는데에는 단 世爻로서 근본을 하니 世爻가 혹 旺하거나 혹 相하거나 혹 日月의 生扶를 얻는다 長壽할 징조라한다 世爻가 動하여 生으로 化하고 旺으로 化하며 回頭生을 얻는자는 크게 動爻의 生扶를 얻거나 또는 動爻의 生扶를 얻거나 혹 動하여 合을 만나는 해에 조심하여야 한다. 두번째 刑傷克害가 있으며 世爻가 休囚되면 冲克되는 해를 조심하여야 한다. 應期章을 보라 休囚하여 鬼를 따라 墓에 들고 쇠하며 鬼가 도와주는 해에 凶이 있게되니 應期章內에 死하게 되는 징조가 된다. 世爻가 動하여 退神으로 化하고 鬼로 化하여 回頭克이 되며 절로 化하고 묘로 化하고 공으로 化하면 다만 좋은 시기가 있지 아니한다. 모두 應期章內에 의하여 단결지으라.

辰月乙巳日占 壽(오래살겠는가)

中孚卦
    官卯 ∥
    父巳 ∥ 世
    兄未 ∥
    兄丑 ∥
    官卯 ∣ 應
    父巳 ∣

世爻의 未土를 巳日이 生하여 주고 月建이 도와주니 子孫들이 七十上壽를 祝賀하겠으니

長壽하리라 내가 보기에는 古法에 一爻가 五年을 관장하고 二爻가 五年을 관장하니 六爻에 三十年이라 한다。그래서 또 三十年 하여 一生六十年을 본다는 것이다。내가 參十餘年을 占쳐 시험하여 보았으나 맞지 아니하여 폐지하였다。다만 世爻의 衰旺을 보아 長短을 말하는 것은 사람을 속이는 法이다 그래서 나는 쓰지아니하고 此卦를 占친뒤 二十年後에 再占을 하면 公의 年이 五十三歲가 되리라 그런데 七十一歲時에 서로만나 壽元占을 해보자 하여 占을 칠적에 내가 公의 占을치며 二十年後쳐보라 하였드니 公이 웃으며 다시 占을하여 보았다。

申月巳卯日占

損卦　□應∥
　　　官寅　才子∥
臨卦　才子　兄戌∥世
　　　兄丑　兄卯□
　　　官寅　官卯
　　　　　　父巳│
孫酉

이卦가 二爻에 鬼가 動하였으니 公의 壽가 오래가지 못하리라 鬼가많아 요동하니 좋지아니하다 今年太歲가 子年에 있으니 八年이 지낸뒤 未年에 그때라 하겠다 저사람이 말하기를 어찌 그러한가 내가 말하기를 未年에 鬼가 墓에 들어가고 世爻가 破를 만나는 해라하였드니 과연 未年 七月에 死亡했다。

巳月己酉日占 壽 (수명)

```
          大畜 ▭  ═應═       泰
             官寅  ═ ═
             才子    ─戌
             兄辰  ─ ─世
                ─世─寅官
                ─ ─  子才
             孫酉═ ═  兄
```

世爻에 寅木의 鬼가 있으니 늦게 災殃이 많으리라 世爻가 休囚되며 또 日克을 만나나 今年太歲가 辰年이 되기에 지장이 없으리라 그러나 申年이 絶이 되므로 不吉하다 하였는데 未年에 鬼가 墓에 들어가니 고질 病으로 木旺正月에 死亡하였다.

元神宜於安靜

元神은 안정이 되여 있는 것이 좋다. 壽命占에는 世가 뿌리가 되고 元神은 자양하여 주는 것이 되어 旺하여 靜하는 것이 좋고 동요되는 것이 좋지 아니하다 무슨연고인가 다른점을 치는 데에는 元神의 動하는 것을 좋게 여긴다. 그 이유는 動하면 유력하기에 그러함이다 壽命占에는 發動됨이 좋지 아니한다. 動하게 되면 그 효력이 한계가 있기에 그러함이다. 만일 元神이 墓絶의 해를 만나거나 元神이 冲克을 만나는 해에 凶厄이 오게 된다.

亥月丁卯日占 壽 (수명)

姤卦　小畜卦
父戌 —
兄申 —
父午 — 口應
兄酉 —
孫亥 —
父丑 × 世
孫子

世父가 丑土와 子水와 合이되고 應父의 午火가 生을 하니 世父가 生을 받으니 長壽하는 징조라 그러하나 도리어 좋지아니함은 火가 動하여 土를 生하는데 子年에 午火를 冲去하면 그때가 두려웁다 果然 子年에 死亡하였다. 子年에 응한것은 世父가 動하여 合을 만나는 해가 되며 午火를 冲去도 하지만 合이되여 生을 받지 못함이다.

申年辰月乙卯日占　壽(수명)

中孚卦　睽卦
官卯 —
父巳 — 世
兄未 × 兄未 — —
　　　　 兄丑 — —
孫酉 — 官卯 —
父巳 — 應

世父未土가 月에서 旺하고 卯日이 克을하나 相敵되기에 무던하다 그러나 不宜한 것은 巳火가 動하여 世를 生하고 있는데 今年太歲가 申에 있으니 亥年에 巳火를 冲하면 不利하리라 後에 戌年에 死亡하니 巳火가 墓에 들어가는해라 그러하다.

忌神最怕動搖

※忌神爻가 동요시키는 것이 가장 무서웁다 忌神이 動하지 아니하면 平安하나 動하면 限期가 있으니 좋지않다 合을 만나는 해가 아니면 克하는 해를 만나는 때 不利하다.

寅月己酉日占 壽

剝卦　　寅　—　　×世戌×
無妄卦　才寅　　　兄申　孫子戌×
　　　　　　　　　官午　父
　　　　　　　　　　　　才卯　==應
　　　　　　　　　　　　官巳　==
　　　　　　　　　　　　孫子　父未×

孫父가 申金을 化出하여 回頭生을 하나 좋지 아니함은 寅月이 申金을 沖破하고 또는 戌未二土가 動하여 水를 克하니 生이없다. 卯年을 조심하라 果然卯年에 死亡하니 戌土가 合을 만나는 해라한다 土가너무 旺하니 土의 克年이 되기에 發效함도 된다.

酉月癸亥日占 壽

泰卦　　　酉　==應
明夷卦　孫亥　==
　　　　才丑　==
　　　　　　　世丑　—
　　　　　　　兄辰　—
　　　　　　　兄丑　官寅　—
　　　　　　　　　　才子　—

이卦 寅木鬼가 動하여 世를 克하니 寅年에 病으로 고생하다가 辰年에 死亡하리라 辰年은 辰土가 墓를 만나는 해라 한다.

子月乙亥日占 終身財福(一生의 재복)

```
節卦    中孚
兄子 ×      孫卯 ㅣ 世
官戌 ㅣ 應   父巳 ㅣ
父申 ㅣㅣ    兄未 ㅣㅣ
官丑 ㅣㅣ    兄丑 ㅣㅣ 應
孫卯 ㅣ 世   官卯 ㅣ
才巳 ㅣ     父巳 ㅣ
         兌隨
```

財를 묻기전에 壽命을 무르라 巳火世爻가 日月의 沖克을 만나는데 어찌 子水가 克을 더 하는가 三十之才丑年을 만나면 水厄을 조심하라 저사람이 묻기를 무슨연고인가 내가 말하기를 坎宮에 水日辰을 만나고 月建의 子水가 동하니 그러하다.

丑年卯月辛卯日楊友借一人占流年(楊氏의 친구가 一人과 함께와서 유년을 묻는다)

今年六月에 만일 水中의 險한 일이면 나무로인한 災厄이 있으리라 卦中에 日月이 世를 克하며 寅卯木이 또 극을하니 世爻가 旬空이 되여 있으므로 現在는 무사하나 六月에 世爻가 空이나가면 群木의 傷害를 克하기 어려우리라 楊友가 말하기를 이사람이 郭氏인데 前歲 占에서 今年이 不利하다 하였는데 이제 이卦도 이와같으니 果然 좋지아니 하겠는가 數가數

330

와 合하니 어찌할 수 없는 일이라 하더니 果然 六月에 主人을 따라 園林으로 피서를 갔는데 二十九日에 某人이 말하기를 네가 六月에 반드시 死亡한다 하며 밥아홉 그릇과 접시 일곱개를 빌려와 고사하라 어찌 죽기를 원하는가 조금있다가 옷을 가리고 물위에가 홀로 木船 위에 올라서 세수하다가 배가 이미 부두를 떠나는데 부두에서 한사람이 소리질렀다 이상한 점이 없는가 어떤 사람이 네가 水中에서 죽으리라 어제배가 부두를 떠나드니 끝에가 떠한 일인가 그 사람이 마음이 급해 손으로 배를 끓어도 배가 움직이지 아니하드니 함은 어서는 물속으로 내려가밀고 잡아당기다가 배가 엎어지므로 나무에치어 죽고 물에 빠져 죽었으니 어찌 數가 아니랴 古法에 流年占할적에 財가 世를 克한자는 財로써 판단한다는 것이니 나는 木多하여 克世하므로 木의 害를 입는다 하였다. 千金賦에 卦가 凶星을 만나 피하다라하였는데 이 卦는 忌神이 요동하여 世爻가 空亡까지 되였으니 피할수가 있겠는가.

午月己丑日占 壽

否卦　遯卦
　　　　　句
父戌―　　朱
　　　應
兄申―　　青
官午―
兄申才卯× 玄
　　世
官巳‖　　白
兄未‖　　巳

이 卦로서 壽를 정하기가 어렵다 世와 妻財가 함께 回頭克을 하니 간간 傷妻수가 있으니 再占을 하여 보라.

比 卦
才子 ‖ 應
兄戌 ‖
孫申 ‖ 世
官卯 ‖
父巳 ‖
才子兄未 ×

屯

未土의 卯木庫가 動하였으니 隨鬼入墓라 前卦와 同應되는 점이 있으니 自身의 壽라 하겠다 年月을 단정키 어렵다 하였드니 저사람이 바로 판단해 달라 하기에 내가 말하기를 卯木을 만난다는 卯年을 응할는는 말할수 없다. 卦中에서 年月을 정하기 어려우니 卯木이 卯木을 만난다는 지 冲을 만나는 해에 응할 는지 絶되는 申年에 응이될 는지 墓가 되는 未年에 응할 는지 알수 없으니 다시 또한번 점을 쳐본다.

噬嗑 口
臨
才酉 官子 ‖
孫戌 ‖ 世
兄午 ‖
孫辰 ㅣ
兄巳 父寅 × 應

이 卦가 그해를 얻은 것이다. 上下에 寅木이 動하여 世를 克하니 木墓의 未年이라 저사람 이 말하기를 凶事가 없겠는가 내가 前卦 木이 金에 傷을 입고 玄武가 動되였으니 도적을 조심하라 後申年에 성이 무너져 亡하니 木이 絶되는 申年에 발효한 것이다。

⑤1 吉 凶

聖人作易 原令人趨吉避凶 若使吉不可趨 凶不可避 聖人作之何益 世人卜之何用 或曰 年災月災 可以避之 死生如何能避 余曰 安于正寢 雖有可避 方亦不須避

※聖人이 易을 만드실적에 원칙은 吉한 것을 따르고 凶한 것을 피하게 하였다。 만일 吉을 따를수 없고 凶도 가히 피할수가 없다 하면 聖人이 역을 지으시여 무엇을 어익하게 하고 世人에게 占은 무엇에 쓰게 하겠는가 혹시 이르되 年災나 月災도 가히 避할수가 있으며 死生도 어떻게 피할수 있을가 하기에 내가 말하기를 자기의 正寢에서 편히 있는 것이 비록 피하는 길이 있다 하겠으나 역시 피하지 못할 것이다。 소康節先生이 임종시에 弟子를 부르고 그뒤에 목욕을 하고 옷을 갈어입으니 여러 弟子들이 울면서 先生은 어찌 神을 오지 못하도록 하여 피하는 방편을 쓰시어 天年을 즐기지 아니하시는가 先生이 말하기를 杜 程夫子의 우수움이 두렵지 아니하면 할수있으나

神仙되기를 요하는 것이 심히 어려움이 있나니라 그러기에 피할수 있으나 피하지 아니한다。 만일 占쳐 물에 죽는다는 占卦를 얻으면 물을 가까웁게 하지말고 刑을 받아 죽는자는 犯法된 것을 어기지 못할 것이니 凶으로 化함이 있지아니하면 吉하게 되리라 하였다。

卯月 壬寅日占索債

益卦
中孚

— 應 —
卯 巳
兄 孫
才未 ‖ 世
才辰 ‖
兄卯 兄寅 ×
父子 —

이 사람이 강을 건너 돈을 받고저 여러차례 환금독촉 하였으나 받지 못하고 재물을 받을 수 있는가 없는가 하고 묻기에 내가 이卦를 보니 本日 日辰 寅木이 動하여 進神으로 化하여 世를 克하고 世爻가 空亡에 들어있으며 日月의 動爻가 克을 하니 반드시 危亡의 禍가 있겠으니 이때를 지나서 가도 늦지아니하리라 저사람이 가고져 하기에 내가 가지말라 하여가지 아니하였으나 그사람이 얼마후에 강변에 갓다가 되돌아와 나를 向해 절을하며 자기를 살려준 은인이라 하기에 어찌 그러한가 물었드니 저사람이 말하기를 이른 아침에 큰배네 척이 江을 떠나 中間에서 문득 큰 바람이 일어나 배가 엎어져 시체가 분두에 가득차 있었다. 나를 가지말고 머물라하기에 변을 면하게 된것입니다 하였다. 이와같은 구제법이 없으면 어떻게 내가 살수있겠는가 하고 치하하니 피하는 방법도 있다는 것을 알게 되였다.

最忌官鬼克世

※가장 무서운 것은 官鬼가 世를 克함이다. 대범 防患占에 世를 克하면 좋지않다 獨鬼가 世文를 克하면 다시 凶하다 火鬼는 火災요 木鬼는 木害요 水鬼는 沉溺의 근심이 있고 土鬼

는 바위와 돌에 傷身할 위험이 있고 金鬼는 劍刃이나 독기의 災殃이 있고 白玄은 盜賊兵卒의 災가 있고 蛇雀은 官非와 火厄을 조심하고 句陳은 田土와 刑厄의 災가 있고 靑龍이 비록 吉神이나 克世하면 亦是 凶象이니 혹 酒色으로 亡身한다. 혹 기쁜 가운데 禍가 일어나는 수가 있다. 만일 五行六神으로 定하고 다시 八卦도보니 乾兌는 寺廟이 되고 金屬에 속되여 坎兌은 水에 관한 災니 弓弩을 잡지마라 离는 火災가 되고 또 蟹鼈가 되고 震은 舟車의 도적이 되고 巽은 婦女의 奸이되며 坤艮은 郊野山林이며 또 老婦나 妖童의 의혹이 된다. 모든 門類가 많으나 變通하는 법은 이 사람에게 있다.

丑月庚子日占 夢解

```
益           巳 句 未 靑 玄 白
           ─應─
     中孚   兄 卯 ─ 巳
           孫 才 未 ‖ 才 辰 ‖ 世 寅 ×
                    兄 卯 ─ 父 子 ─
```

이사람의 꿈은 一身의 血이 河水에 들어가 씻으니 血은 財라한다. 洗去하는 것은 破財의 징조다 이제 此卦의 玄武發動을 보니 進神이 되며 克財克世할 뿐아니라 몸에 木害를 조심하라 巽은 木이고 木이 動하여 進神이 되면 世爻를 克하니 避함이 좋으리라 내가 말하기를 木이 內卦에 있으니 出外하면 避하게된다. 그리고 巽은 少女니 女子를 탐내지 마라 저사람이 말하되 시기가 언제인가 交春正月을 避하라 客人이 말하되 해가 저물었으니 어찌 멀리 갈수 있겠는가 멀리갈수가 없겠노라 하드니 果然 正月亥日에 妾의 집에서 자다가 도적이 들어와 木器로 몸을 傷한 것이다. 만일 妾의 집에서 자지 아니하였으면 傷身할 염려가 없으리라.

獨宜福德隨身

홀로 福德은 몸에 있는 것이 좋다. 꿈을 점치는데 漂洋江을 지나가고 險한곳을 지내고 關을 넘어가는데 또는 전염병을 防止 잘못하여 毒物을 먹이거나 먼 이웃에서 불이 일어난 것과 仇害를 방지점 避難占 盜賊점 孤身을 夜行하는 占店廂에서 자는점 入山占 仇人誂詐占 이미 大罪로 지정된점 不毛地에 드는占 大凡 一切의 憂疑驚恐防患은 모두 子孫持世를 함이 좋으니 혹 福神이 卦中에서 動하면 吉하니 古書에서 子孫來하여 動함을 얻으면 飛殃과 橫厄이 化하여 먼지같이 없어진다 하였다.

午月丁亥日占(꿈에 夫가 울기에 내가 따라간 일이 있다.

```
未濟          
      兄子 ‖應 ▢
臨    兄亥 孫戌
      父申 ‖     ▢世 ×
      官丑 兄亥
      孫卯 官丑
            孫卯  |
```

世爻와 亥水가 비록 日辰에, 다다르나 어찌 重重한 土가 克制하니 이제 겨울에 위태함을 조심하라 果然九月에 小産으로 成勞하여 十二月에 死亡하였다.

戌月戊申日占(꿈에 어머니가 죽어 보이기에 울며 따라가 보았다)

漸卦
官 卯ー ー應
父 巳ー
兄 未‖ ー世
ー
孫 申‖
父 午‖
兄 辰‖

凶夢이 相同하나 生死가 各別하다 前卦는 世爻가 變하여 鬼가 되므로 十二月에 죽고 이 卦는 子孫이 持世하니 끝에 가서는 凶함이 없으리라. 來客이 이르되 비록 子孫이 持世하여 吉兆가 되나 月破를 만나면 月破가 나가는 날에 근심이 없게되고 旬空이 되면 出空되는 날에 근심이 없게 되나 모두 虛疑空憂라 한다. 만일 巳月庚辰日防患占에 夬卦를 얻어 子孫이 되나 空을 만나기에 空想을 終終하다가 또 乙酉日에 占쳐 武妄卦 午火子孫持世를 얻었는데 夬卦의 午火子孫持世를 얻었는데 夬卦의 坎이기에 일이 결정난 것을 알았다 저 사람이 말하되 일이 반복되여 不結하기 巳酉에 또 占쳐 節의 坎이기에 일이 결정난 것을 世下에 巳火가 變出되고 寅木子孫이 또 旬空인데 다행히 卦變하여 六冲 에 내가 말하기를 世下에 巳火가 變出되고 寅木子孫이 또 旬空인데 다행히 卦變하여 六冲 으로 되기에 決定이난 것이다. 果然 申寅日에 決定이 났다.

克在內 世在外 宜於外避

※ 克이 內卦에 있으며 世가 外卦에 있으면 外避함이 좋고 克神이 外卦에 있어 動하여 世를 克하면 집을 나가서 避하는 것이 좋다 하여 避함이 좋고 克神이 外卦에 있어 動하여 世克하여 避함이 좋다

寅月丁未日에 占流年 (一生占)

噬嗑
巳 | | 世 | |
孫 未 ‖ 世 |
才 酉 官 ‖ 應 |
睽 辰 才 寅 × 應
兄 卯 兄 | 父 子

今秋에 반드시 危險하리라 寅木動爻가 月建에 있어 進神으로 化하나 이때에 木이 茂盛한 榮華를 탐내 克하지 아니하나 六七月 衰墓하는데 土木의 厄을 조심하여 避하라 그런데 外方으로 가야 避하리라 또 묻되 何方이 吉한가 지금은 西方으로 가고 六七月에는 東方으로 가라 六七月에 木이 衰하기에 反對되는 東으로 가야 이사람이 出門하여 捱가가 七月 七日에 또 凶夢을 얻어 初八日에 다시 東으로 갔는데 그곳이 二八日에 地震이나 房壁이 무너져 人口가 傷하였으니 이사람만 혼자 免하였다.

卯月己未日占

履卦
戌 | 兄
兄 申 | 世 孫
孫 午 | 才
才 丑 ‖ 兄
兄 卯 | 應
父 巳

내가 東海를 지나다가 문득 暴風이 일어나 물이 출렁거리며 파도가 높은데 배를 타고 가다가 湖內배위에서 擲錢占하여 天澤履를 얻어 子孫이 持世하였기 근심이 없게 되였는데 조금있다가 一陳太風이 불며 배를 언덕으로 보내주었다.

申月戊日占 사람에게 고소를 당하므로 是非가 안되겠는가.

旅卦
兄 巳 ┃ ┃
　 未 ┃ ┃ 應
　 酉 ┃
才 申 ┃ ┃
才 午 ┃ ┃ 世
兄 辰 ┃ ┃

子孫이 持世하니 무슨근심이 있겠는가 是非가 아니된다.

世在外克在外宜於家居

※世가 外爻에 있어 外剋이되면 집에 있는 것이 좋다. 世爻가 忌神과 같이 다 外卦에 있으면 出行을 하지 말고 집에 있으며 避하는 것이 좋다. 世와 忌神이 內卦에 있으면 집에 있는것이 不可하니 外避함이 좋다. 出行章에서 이르되 路上(五爻)에 官鬼가 있으면 外出을 하지말고 宅中에 鬼가 있으면 집에있지 마라 하였다.

未月丙子日占 종업원이 해가되지 않겠는가.

解

震

才戌 ‖
官申 ― ‖ 應
孫午 ‖
孫午 ‖ 世
兄寅 才辰 ×
父子 兄寅

회사종업원이 變心한 것을 알고 그뜻을 알수없어 占을 한것이다. 占에 職員은 財가 되는 것은 凶이다 다만 防患하는 것이 문제가 된다. 忌神인 酉金寅木이 世文辰土를 克하니 未月은 木墓가 되고 七月은 木의 絕地가 되니 이 두달이 敗路되므로 社長은 外出하여야 免禍하리라 하였드니 社長이 별장에 가서 휴양한지 半月에 직원이 도주하였다. 그런데 一婦는 따라가고 一婦는가지 아니하였는데 남어있는 一婦가 말하기를 원래 도망간 사람은 사장을 害하고 도망하려 하였다. 그래서 社長이 外出하므로써 害를 입지 아니하였다 한다. 이것이 避凶의 法이 아니겠는가.

避患於生世之方 趣吉於 福神之地

※患難을 피하고저 하면 生世方으로 가고 吉을 맡코저하면 福神의 地로가라 대범 避兵 避盜 避瘟養病 避是非는 生世方이나 子孫方으로 避하는 것이좋다. 卦中에 子孫이 發動하면 克世 生世 持世를 不句하고 함께 吉이된다.

巳月戊辰日 流兵을 防한다.

睽臨

```
父巳  孫酉×朱
才亥  ‖  青  應
孫酉  兄丑× 玄
兄丑  ‖  白  巳旬
         官卯  ｜ 世
         父巳  ｜
```

流兵의 害가있어 到處에서 災殃을 만나는데 어떠한자가 易을보고 終日 초조하고 근심을 하기에 내가 그 연고를 물었더니 저사람이 말하되 巳酉丑이 合局을 지어 世爻를 克하고 또 騰巳를 갖고 있으니 鬼가 卦中에 있어 萬里나 도망갈수없다 하는 것이다. 그래서 내가 웃으면서 아무리 兵과 賊과 同居한다 하여도 근심이 없다. 저사람이 묻되 어찌하여 그러한가 내가 이르되 子孫이 金局을 이루어 身邊의 鬼를 克하니 무슨 근심이 있겠는가 저사람이 이르되 酉金子孫이 巳月에 生하니 化한 巳火로 克을 論하면 어찌 生이라 하겠는가 내가 말하기를 丑辰二土가 酉金을 相生하니 어찌 克을 논하겠는가 果然뒤에 여러번 流兵을 만났으나 避하는 수도 있고 혹 피하지 못하여도 놀라게 되는 경우는 없었다. 癸未年에 占쳐 이卦를 얻어 庚寅年까지 오는데 地方에 큰 定向이된 것이다. 내가 말하기는 子孫은 福神이니 믿을수가 있다. 世上에 글을 보다 論理에 도달하지 못하면 吉이나 凶에 투철하지 못한자가 있다. 이법은 나혼자 주장하는 바이다.

巳月 丙戌日(通鄕하는 避亂占)

乾卦 —世口—
大有 父戌 申 —應—
　　　　　午 辰
　　父未兄 孫　父
　　　　　　　寅
　　　　　　才　孫子

子孫이 水에 속되였는데 金이 動하여 生하니 北方이 吉하리라 하나 나는 그렇게 보지 아니한다. 兄이 動하여 回頭生을 받으니 破財할상이다. 午火가 시기를 얻어 世를 生하니 南方으로 避해가면 吉하게 되리라 그래서 내말을 듣고 南으로 避하였는데 果然 도적이 北으로 부터와서 불을 지르니 마을이 타고 또는 家屋과 곡식이 타서 재가 되였다. 申金兄이 動하였기 破財된 연고라 하겠다. 生方이 吉이되 子孫方도 역시 吉하다 하나 旺과 衰를 分別하라 火는 鬼라하지만 나를 生하니 무슨 꺼리낌이 있겠는가.

世遇生扶 百年正寢 身遭克害五類推詳

※世爻가 生扶를 만나면 죽을적에 正寢에서 죽고 身이 克害를 만나면 五行으로 살펴보라 終身占을 할적에 結果가 어떠한가 世의 旺相을 얻거나 혹 動하여 吉로 化하면 다 疾病이 없는 것으로 본다. 다만 世爻가 克制刑冲을 만나면 五行이나 六神으로 판단하니 五行의 克을 받으면 疾病이라하고 六神이 凶하면 橫亡이라 한다. 火는 金을 傷하는 肺經病이고 土는 水를 克하니 腎이 傷한다 水가 火를 克하면 心臟이 傷

하고 金이 剋木을 하면 肝疾이고 脾가 허하고 胃가 약한것은 다 木旺이 刑冲하는데에 있고 腸이 損되고 허리가 아픈것은 仇神이 發動된 것이다. 겸하여 騰巳면 心驚이고 靑龍이면 酒色이고 句陣은 腫腸이고 朱雀이면 巓任이고 白虎면 血災요 玄武는 氣腦요 白虎나 玄武에 金鬼는 도적과 兵戈를 면하기 어렵고 水鬼에 靑龍이나 玄武면 멀리 江湖나 池井으로 가는 것이 좋다. 騰巳에 木鬼면 官刑에 걸리고 火鬼를 띄면 火災를 조심하고 騰蛇에 木鬼면 목 매달아 죽고 句陳에 土鬼면 刑務所로 간다. 卦에 神이 나타나면 자세하게 보라.

未月 癸亥日占 罪가 판명되었음.

```
         白  句  朱  靑  玄
     中孚 蛇  虎  雀  龍  武
         ┃   ┃   ┃   ┃   ┃
         巳  ┃   世 ┃   應
  臨     卯  ┃   丑 ┃   卯
         孫 官  父  兄  兄 官
         酉 卯  巳  未  丑 卯 父
         才 官        世     巳
         亥 巳
```

木鬼가 白虎에 있으니 교수 刑으로 定해졌다 다만 多幸한 것은 世爻가 月建에 臨하니 木鬼가 비록 動하나 酉金의 回頭克을 입고 外卦가 反吟이니 일이 반드시 번복이 되기에 교수 形으로 定해 졌으나 罪가 고쳐져 뒤에 再審하여 다시 살게되였다.

㊷ **父母壽元**(부모의 수명장단)

壽命 祖父祖母占에 母는 分占함이 좋다. 古書에 이르되 陽爻는 父가 되고 陰爻는 母가 된

다 하였으나 내가 시험한바 맞지아니한다.

父臨日月椿晚歲榮華 母値破萱草殘年 顧萱

父爻가 日月에 있으면 椿庭의 晚年榮華가 있어진다. 父母爻가 旺相하여 日月에 있거나 日月動爻가 生하거 나動하여 吉로 化하면 길이 亨通하고 오래산다 父母爻가 休囚하고 또 刑傷克害를 만나면 晚年에 病이 많고 長壽하기 어렵다.

丑月庚子日占 父母壽

姤卦
父戌 ｜
兄申 ｜ 應
官午 ｜
兄酉 ｜ 世
孫亥 ｜
父丑 ∥

또 母의 壽占

大壯
昇 兄戌 ∥
孫申 ∥
父午 ｜ 世
兄辰 ｜
官寅 ｜
兄丑 才子 ∥ 應

丑月 庚子日

前卦는 두개의 父母가 나타났는데 月建丑土 用神이 旺하고 子日이 丑과 合이되니 잎과

뿌리가 깊은 격으로 父親이 茂盛하다. 後卦는 午火父母가 動하였으나 日冲을 입고 初爻子水가 또 動해있으니 午火父母는 있고 生이 없다. 初爻子水가 水를 化出하니 合을 탐하여 克을 하지 아니하나 丙子年을 조심하라 그런中에 太歲冲을 加하니 이따가 不宜한 것이다. 癸酉年에 占쳐 乙巳年에 오니 三十餘年後에 尊翁을 만나 尊翁에게 健否를 물었드니 나는 건강하나 妻는 子年에 死亡하였다 한다. 만일 古法으로 보아 陽이 父가되고 陰은 母가 된다하면 前卦는 丑戌이 兩現하였으니 丑土인 母가 旺하는데 어떻게 죽겠는가 만일 이와 같이 판단하면 하늘과 땅 차이가 된다.

卯月 庚寅日占 母壽

```
蹇卦        謙卦
            孫子 ||
孫戌  父戌    ||  口
兄申  兄申   — 世
官午  官午    || 應
            父辰
```

卦中에 兩父母가 나타나니 戌土를 取하여 用神을 하는데 봄의 旺節이니 休囚가 된다. 卯戌이 合되나 日月이 同克을 한다. 克과 合을 論할 것없이 酉年에 占쳐 戌年辰月에 死亡하니 이것이 動을 만나는 해가 應된 것이니 辰日이 戌을 冲한달이라 한다.

酉月庚申日占 祖母의 壽

蒙
渙　父寅 ｜
　　兄巳官子 ×
　　孫戌 ＝世＝
　　兄午 ｜
　　孫辰 ｜ ＝
　　父寅 應

寅木父母가 秋節이므로 잎이 말라떨어지는데 또 申金의 冲을 만나고 五爻의 子水가 發動하였다 하나 巳에 絶이되니 無根之木이 되므로 오래가지 못한다。午年은 子水를 冲去하면木이 生을 얻지 못하니 遠行을 하지말라 과연 午年에 元神子水를 冲하니 死亡하였다。

巳月乙酉日占 父의 壽命

巽　　　　　姤
卦 ｜世 ｜　　兄卯 ｜
　 ｜　　　　孫巳 ｜
　 ×　　　　孫午才未 ×
　 ｜應　　　官酉 ｜破
　 ｜破　　　父亥 ｜
　 ＝　　　　才丑 ＝

亥水父父가 月破에 있고 未土가 傷克을 하는데 비록 酉日이 卯木을 冲動하여 木이 土를 克하나 土가 旺하고 木은 衰하여 오래가리라 볼 수가 없다。 果然 本年 冬至子月에 子水가 火를 冲去하니 未土가 와서 亥水를 剋하기에 死亡하였다。

卯月丙寅日占　祖母壽

中孚卦
官卯 ┃┃世┃┃
父巳 父未 ┃┃ 兄丑 ┃ 官卯
兄丑 兄卯 ┃ 應 官巳 ┃ 父
官卯 父

巳火父母를 日月이 生하니 크게 壽하리라.

丑月 庚申日 父病占

歸妹卦　伏孫
震　父戌 ┃┃ 應申
　兄申 ┃┃ 世
　官午 ┃
　父丑 ┃┃ 世卯
　才寅 才卯 ┃
　官巳 ┃

卦를 미처 풀기前에 家人이 와서 말하되 老大人이 이미 세상을 떠났다 하므로 그 아들이 急하게 가고 말었다. 그래서 내가 卦를 자세히 보니 丑土父가 月建에 있고 또 午火가 暗動하여 相生하니 木이 비록 動하여 土를 剋하나 木이 退神이 되였으며 申日에 絶이되니 어찌 救함이 없겠는가 하고 내가 바로 그집에 가보았드니 北人土俗이 臨終된 床을 펴고 명복을 비는데 내가보니 목에서 가늘게 숨을 쉬고 있기에 내가 白生礬를 물에 타서 입을 열고 먹였드니 다시 살아나 十三年을 더 살았다.

⑤ **兄弟運**

兄爻旺相 或臨日月 或日月動爻　生扶　又動化吉　長枕大破和睦致祥

※兄父가 旺相하여 혹 日月에 臨하고 혹 日月動爻가 生扶하며 또 動하여 吉로 化하면 한집에서 크게 和睦하고 경사가 난다. 兄弟占에 分明하는 것이 좋다, 혹 兄弟가 不睦하겠는가 將來 和好할 것인가를 볼수있고, 兄이 비록 많다하나 將來에 나를 도와주겠는가 兄弟가 있겠는가 兄弟가 壽하겠는가를 판단하라.

兄弟旺相 遇生扶紫荊竝茂 弟位休囚兼受 鴈序分飛

※형제가 旺相하여 生扶를 만나면 紫荊이 성하는 것과 같고 弟位가 休囚되고 休囚하면 없는것 같고 將來를 물어보아도 없게된다. 兄弟가 오래 살수있겠는 가를 물을적에 한이 있으니 休囚되고 空破및 日月動爻의 刑克을 만나거나 動하여 凶으로 化하면 모든점이 不吉하다.

申月丙辰日占 兄弟가 和好하겠는가。

大有 ──應
卦 ──
乾 ──
  官巳──
  父未×─兄酉
  兄申──世
  父辰──
  才寅──
  孫子──

兄弟가 月建에 臨하였고 또 未土 父母가 動하여 相生되고 또 化出된 兄弟를 生한다。兄弟가 비록 많으나 申兄이 도움을 받는다 무슨연고인가 神非의 기틀이 動에있고 動하여 變

出된 兄이 月建에 臨하여 出象하다 三兄弟中 申生이 科申을 하여 第一가는 兄弟가 되였다。

卯月戊辰日占 兄弟

```
       震卦      兌卦
才戌 ‖世    官未 ×
官申 ×     父酉 —
孫午 —     兄亥 —應
才辰 ‖應   
兄寅 ×     
父子 —     
```

내가 이卦를 보고 무슨일로 占치는가 물었드니 저사람이 말하기를 兄弟가 四人인데 아직 分家를 아니하고 있으니 將來 和睦하겠는가 서로 不睦하겠는가 당분간은 같이 살겠는가 묻기에 내가 말하기를 이卦가 크게 凶하고 凶이크니 不測의 禍가 있다. 內卦兄弟가 動하여 進神이 되였으나 酉金官鬼가 動하여 進神되여 冲克하고 震卦가 兌卦로 變하여 回頭克이 되니 極히 凶하리라 壬午年에 占쳐 甲申年에 兄弟四人이 동시에 피해를 입었는데 大小男女가 賊營에서 被殺되니 申年을 應한것은 木이 申에 絶됨이다.

未月 辛酉日 兄弟가 도리어 나쁘지 않겠는가。

```
既濟        革
兄子 ‖應    兄亥
官戌 ×世    官丑 ‖
父申 ‖      父卯
       兄亥
       官丑
       孫卯
```

※兄弟가 비록 있으나 도움을 언지 못한다。 亥水兄爻는 申金父母가 動하여 生하나 하나는 도움을 받으나 弟는 生을 받지 못한다 應爻에 子水가 비록 出現되였으나 旬空을 만나므로 반드시 도움을 언지못한다。 과연 兄弟가 狂症이 있노라 내가 묻기를 異腹 소생이 아닌가 저사람이 말하기를 어찌하여 아는가 내가 化出된 父母爻를 보고 아노라 그리고 子水兄弟가 空에 臨하니 힘을 언지 못한다。 저사람이 말하되 亥水가 持世하였는데 어찌 도움을 언지 못하겠는가 내가 말하기를 四爻申金의 化出된 亥水가 이卦에 微妙하니 네가 어찌 힘을 언겠는가 알아보니 과연 異母가 낫는데 父가 死亡하니 도움을 받을수가 없다。 내가 목격하였으나 成人後에는 어찌될 것인가 를아지 못하였다。 古法으로 卦에 父母가 없으면 兄弟가 있으나 異母의 象를 내가 알지못하겠는가라 하였다。

(54) 夫婦章

夫婦之占 亦須分別 或占妻壽 或占夫婦偕老否 或占夫婦和睦否 或占妻有傷刑破敗否 占妾占婢 一卦只占一人 不可槩問

※夫婦의 占에 역시 分別이 있다。 혹 妻의 壽命占을 하거나 혹 夫婦가 偕老하거나 혹 夫婦가 和睦하거나 혹 妻가 刑傷破敗가 있거나 妾이나 종이나 모든 占을 할적에 한사람씩 占을 쳐야지 여러개문의 하는것은 不可하다。

財爻生身 可遂唱隨之願 應爻合世堪爲附和之神

※財爻가 生身하면 唱隨의 願을 이룰 수 있고 應爻는 世爻와 合되면 附和의 神이라 느껴주 있다. 黃金策에 應爻로써 妻를 하는것은 무슨연고인가 그 身命章中에 父, 子, 妻, 財, 兄, 官, 鬼一卦로 겸하여 판단한다 여러번 財로서 妻를 하는데에 어느 爻가 財帛이 되든지 부득 불應爻로 妻位를 하나 맞기도 하고 맞지도 아니하여 끝에가서는 應爻로 妻를 하였다. 應爻가 妻가 된다는 것도 하여 보았다 전적 이치가 아니라 할 수 없다. 그러나 妻는 財爻가 重하고 應爻는 다음이 된다. 財爻는 旺相하고 應爻는 空破가 되면 길이라고 단정하며 應爻 가 旺相하고 妻財爻가 空破되면 凶이라 단정할지 모르나 應도 旺하고 財도 旺하면 吉하고 또 吉하다 應도 破가되고 財도 破가되면 凶하고 다시 凶하다 그래서 應爻는 父和라 한다. 財爻가 旺相하여 日月에 臨하거나 日月動爻가 生扶하거나 動하여 吉로化하며 世爻와 相生 相合되면 偕老하고 만일 和睦함을 볼적에는 힌머리가 되도록 反目이 없으며 잘산다 妾이나 奴婢도 同斷한다.

財動化凶, 失履遺簪之嘆

※재가 동하여 凶으로 화하면 신과 미녀를 잃어버리는 탄식이 있다. 兄弟가 世를 가지면 상처의 슬픔이 있고 財가 動하여 凶으로 化出되면 즉 ①鬼로 化하나 回頭克으로 兄爻 化하거나 ②退神이 되거나 ③絶로 化하거나 ④墓로 化하거나 空으로 化하는 類는 무슨 占

을 묻든간에 不拘하고 모든것이 破敗된다. 혹 兄弟가 卦中에서 動하거나 日月이 兄弟에 臨하면 財를 傷하고 혹 兄이 財爻로 化하면 妻妾의 壽를 물을적에 오래살 수가 없다.

旺兄財衰終續反目 剋財財退 必主生離

※재가 쇠하고 兄이 왕하면 夫婦가 不和하고 財를 克하고 財가 退神되면 夫婦간에 서로 원수보듯 한다. 兄弟가 世를 갖고 財가 退神으로 化해도 反目하지 아니하면 생이별한다.

酉月辛巳日占 將來夫婦和睦

泰卦 ||應||
　　酉 亥 丑　
　　孫 才 兄 辰 寅 ―世
　　　　　　才 官 才 子

兄爻가 持世하여 克妻를 하나 多幸이 亥水가 財爻인데 酉月이 生하여 주니 財가 克害 기 어렵지 아니하는가 저사람이 말하되 現在는 不和하나 將來는 좋지아니하겠는가 내가 이르기를 巳日이 亥水를 冲動하고 또 馹馬에 臨하고 財에 馬가 臨하여 暗動되니 반드시가나 무릇기 어려우니 生離別할 상이다. 이사람이 스스로 十餘次나 占을 처 보았으나 兄弟持世가 아니면 財가 退神으로 나오는데 이것이 運命이라 끝에가서 生離別하였다. 黃金策에서 이르되 世는 一身의 本이 되고 應이 百歲의 妻가 된다라 하였으니 이卦가 世應相生하니 夫婦偕老한다는 K氏의 판단은 千里나 틀린다.

戌月癸卯日占 夫婦가 刑克이 있지 않겠는가.

```
 旅   蹇
 卦   卦
 巳×  □      月
 未   □應    破
 酉   申  ∥
 申   午  ∥世
     辰
兄   官子兄
孫   孫戌孫
才   才  才
```

世爻가 相生할 뿐아니라 또 世爻와 合하니 百年大吉하리라 하였다. 그러나 世爻가 空破되니 合하고저 하나 財爻가 退神되니 果然 聚妻하여 入門한 後和氣가 없으므로 끝에가서 이별하였다.

應財受制結髮難偕老 動妻旺相續絃壇許白頭

※應爻나 財爻가 制克을 받으면 결혼하여 偕老하기 어렵고 妻財가 動하여 旺相하면 結婚후 正妻가 되고 日月動爻의 冲克을 입으면 動하여 凶으로 되면 결혼하나 파탄이 있고 만일 他爻가 旺相하고 혹 動하여 吉로 化하며 他爻에 財가 變出하여 旺相하며 世爻와 生合하면 再娶의 妻나 도리어 흰머리가 되도록 偕老한다. 만일 財爻가 應爻에 臨하지 아니하면 正卦의

財로 正妻를 하고 變爻의 財는 再聚가 된다.

妻若克身 非刑傷必然妬悍

※ 妻가 世를 克하면 刑이 없다하여 반드시 질투하지 아니하면 사나웁다 妻財가 世를 克하며 休囚空破가 되거나 刑傷이 없다 하여도 墓絶이 되거나 혹 動하여 凶으로 變하거나 혹鬼를 따라 墓에 들어가는데 이중에 하나만 해당이 되여도 夫命이 夭亡하게 된다. 財가 旺하여 世를 剋하는데 世爻가 有氣하면 비록 刑傷이 없다 하여도 悍婦를 만나게 된다.

應財生世 非內助 卽獲外財

※ 應爻財가 世爻를 生하면 內助를 못받드라도 바로 外財를 얻게된다. 卦中에서 다만 財爻를 만나 世爻와 生合하면 和美하는데에서 그치지 아니하고 妻家에서 財力을 얻는 수가 있다. 그렇지 아니하면 內君이 착한 살림을 하게된다.

巳月丁未日占 夫婦偕老하겠는가

```
    無妄    觀卦
    才戌 ‖  ―
    官申    ―
    才未  孫午  □世 ‖  □
             才辰
         兄寅 ‖  □應
         才未  父子
```

全卦에 財爻가 世爻곁에 變出하고 未土가 世爻와 相合하니 이 未土의 財가 正妻가 되며

日月生扶를 만나니 偕老할 뿐아니라 또 얌전하다 과연 此公의 美妾이 十餘人인데 正夫人이 어리므로 시기도 없다。夫妻가 同甲인데 妻가 八十一歲에 卒하고 夫는 八十二歲에 卒하니 만일 世應相克으로 보면 天地의 차가난다。

(55) 子孫章

凡問子嗣 須明告之 或有己子 後還生否 或問現在之子 將來可保長年否 或從不生育終有子否

우선 자손을 묻거든 告하여 밝히라 혹자식이 이미 있거나 뒤에 도리어 낫겠는가 혹 현재의 子孫을 뭇거나 장래의 長年을 보존하겠는가 혹 生育을 못하겠는가 끝에 가서 자식이 있겠는가를 보는데 易에서는 未來를 告하는 것이지 已往을 고하지 아니한다。바로 天時占에 神報가 將來의 장마와 가믐을 이야기 하지。昨日의 陰晴을 말하지 아니한다。내가 입을 함봉하고 물어보라。가령 從前의 자식이 있다 하드래도 앞으로 가며 子息을 낳겠는가 뒤에 낳치 못하겠는가를 물을 적에 神이 현재 子息이 없는 卦를 나타내지 前에 있는 것은 가르쳐 주지 아니한다。從來의 有無를 나타내니 점치는 사람이 卦에 依하여 판단한다。내가 정성스럽게 占치면 현재子息이 있으리라 나타나고 將來에 두기어려우면 神이 無子라 나타낸다。내가 비록 있으나 神이 없다고 하니 神이어찌 거짓말하는가。

寅月癸亥日占 子孫多少

坤卦　　　　艮
官寅　孫酉×世
　　　才亥 ∥
　　　兄丑 ∥
孫申　官卯× 應
　　　父巳 ∥
　　　兄未 ∥

鬼가 子孫으로 變하고 子孫이 鬼로 化하니 이와같은 것을 하나만 만나면 다 子息이 없다 이卦가 두개가 나타나니 子息이 없을 징조라한다. 저사람이 말하되 少年에 子息이 없어 려운데 五十後에 연거퍼 四子를 낳는데 長者가 六歲라 한다. 내가 말하기를 이卦象이 보존 하기 어렵다. 저사람이 기뻐하지 아니하였다. 그런데 婢妾이 극을 해서 三五年內에 모두 죽어 生하면 죽고하여 九子가 죽었는데 이사람이 죽은뒤에 조카로 立子하여 世職을 이었다.

賢兒

福德旺隆 育兒賢德 福德即子孫爻 若旺遇生扶 或臨日月 或帝旺長生於日 或動而化吉 必産

※福德이 旺하고 높으면 어린자식을 기른다 福德은 即子孫爻니 만일 旺이 生扶함을 만나거 나 혹 日月에 있고 혹 帝旺長生에 있으며 혹 動하여 吉로 化하면 반드시 얌전한 아이를 낳 게된다.

子孫이 衰弱하면 어리석은 子息을 둔다 子孫父가 衰弱하고 被克되거나 休囚하여 無氣하거나 혹 墓絶空破되고 혹 動하여 鬼로 化하거나 혹 日月動父의 冲克을 만나거나 혹 父가 子息으로 化하고 父가 鬼로 化하고 鬼가 子孫으로 變하고 혹 父母가 持世하면 다 生을 주장하나 不存된다 子가 動하여 空을 만나면 不碍되니 必히 冲空되는 해에 子息을 얻게 된다 覺子가 이르되 黃金策에 子孫이 兄으로 化하면 生兒하나 不肖하다 鬼가 兄으로 化하면 回頭生이 되여도 不肖한다. 또 이르되 鬼로 化하면不肖하니 百無一活되므로 어찌 不肖하지 아니하겠는가.

申月 辛卯日占 子孫

復
酉 ‖ ‖ 應
孫 冲 亥 ‖ ‖
卦 才 丑 辰 ‖ ─ 世
  兄 兄 寅 ─
  官 才 子

世가 吉을 띄고 있으며 子孫이 喜扶하니 鶴鳴子和를 뜻한다. 이卦에 申金月建이 子孫으로 되며 世를 生하니 有子할 징조라 한다. 上爻酉金子孫을 日辰이 冲動하여 生世하니 子孫으로 遠方에서 子息이 來家한 象이다. 저사람이 기뻐하며 말하기를 내가 三十七才인데 十八歲에 子息을 두었다가 亂으로 인하여 잃어버리고 지금까지 자식을 두지 못하였노라 내가 말하기를 기쁘게 子息을 두었다가 亂으로 인하여 잃어버리고 六爻가 暗動하여 世를 生하니 자식이 반드시 돌아오리라 그러면 언제 만나겠는가 명년이 甲辰年이니 酉金과 合되니 定然히 뜻을 얻어돌아오리라 果然 다음해 六月에 父子가 相逢하였다.

財化子 可辨正出庶出

※財가 子孫으로 化하면 적자와 서자를 잘 분별하라 財는 있으나 子孫이 없는것은 變出된 爻를 보니 變爻의 子孫은 庶出이라 한다. 正無所出이면 定得偏生이라 하였다.
卦에 子孫이 있으며 變爻에도 子孫이 있으면 이런것은 論하지 아니한다. 이때 變爻의 子는 晩子라 한다. 正庶도 이미 自己가 난 자식인데 賢愚를 보되 正卦의 子는 正出이요 變爻의 子는 庶出이니라.

巳月 己酉日占 子息을 두나, 기르지 못하니 將來에 자식이 있겠는가.

```
  貫  ┃
  卦 寅 ┃
 無 官   應
 妄 孫 申 才 子 ×
 卦 父 午 兄 戌 ×
   兄 辰 才 亥 ‖
         兄 丑 ‖ 世
         官 卯 ┃
```

內卦 亥水의 財가 即正妻인데 五爻의 子水財가 克을 받으니 再娶의 妻라고 볼 수 있겠고 變出된 申金子孫이 반드시 生子라 하겠으나 다만 五爻子水가 역시 戌土의 克을 입으니 비록 長生이 되나 酉日이 生하니 多病할 징조라 한다. 卯年에 占쳐 巳年에 妻가 죽으니 바로 冬月에

娶妻하여 子息은 얻었으나 이 女子 역시 月中에 病을 얻어 오래 病席에 누워 있었다.

子化子 須知本宮他宮

※子孫이 子孫으로 化하면 本宮과 他宮을 알아야 한다. 子孫이 子孫으로 化하면 경험을 얻는 것이 둘인데 少年에 無子하나 이런 卦를 얻으면 자식을 많이 얻고 子孫이 나타남을 얻으면 子息도 많고 孫子가 많고 老年에 無子하는 사람은 他人의 자식을 입양하는데 分別을 잘하라 他宮에서 化出된 사람은 異姓의 子息을 데려오고 本宮에서 化出한자는 族中에 入養한다.

子月戊戌日占 現在子息이 있는데 도리여 子息이 있겠는가.

屯卦
兄子 ‖ ―
官戌 ‖ ― 應
父申 ‖

節卦
官卯 孫寅 ×世 ―
父辰
孫卯 兄子

子孫이 子孫으로 化하고 또 月建의 相生을 만나니 子息만 많을 뿐아니라 또 孫子가 많다 저사람이 말하되 命中에 몇이나 있겠는가 古書法에 其理에 不合되면 사람을 속이는 것이라 他人이 말하되 古法이 어찌 어긋됨이 있는가 내가 말하기를 水一火二木三金四 土五數라 하나 五數역시 거짓이라 文王은 百子라 하니 어찌 정할수가 있겠나 내가 말하기를 많고 적은 것은 旺相으로 보고 賢愚를 보는 것은 別로 一卦를 쳐 旺相하면 어질다 그래서 여러번 試驗하였으나 어긋나지 아니하였다. 寅木子孫이 動한 것은 現在의 子孫이고 化出된 卯木子孫은 將來의 子孫이라 目下에 몇이나 되는가 他人이 말하되 三人이라 한다. 내가 말하기를 現在 三位이나 뒤에 十餘年內에 一子를 얻되 그中에 卯生이 있을 것이다. 그리고 卯木子孫이 月建과 相刑이 되나 日辰과 相合하여 刑中世而合하니 自然 榮貴하리라 이자식이 十四歲에 入學하여 後에 大科를 하였다.

巳月 丁酉日 子息이 있겠는가 없겠는가.

未濟　　　節
卦　　　　卦
官子兄巳 ▭應
孫戌孫未× ▭
才申才酉 兄午 ‖世—
　　　　孫辰
　　　　兄巳父寅×

이사람이 여러차례 딸만나니 끝에가서 子息이 있겠는가 하였드니 內卦 辰土子孫이 空이며 克을 입으니 無子하겠다. 多幸이 外卦未土子孫이 化出하니 일직이 양자하는 것이 좋겠다 저사람이 말하기를 妻兄의 子息이 있는데 심히 총명하며 내뜻에 들어오고저하나 可한지 알수없다. 하기에 내가 이르기를 異官에서 化出되니 他官의 子息이라 異姓의 子息이 該當되므로 果然異姓의 子를 양자로 定하였다.

亥月庚子日占 子孫이 있겠는가 없겠는가.

屯卦　兄子 ‖ ―應
　　　官戌 ‖
　　　父申 ‖
節　　官辰 ×世
　　　孫卯― 孫寅―
　　　　　　 兄子

來客의 나이 六旬을 넘었는데 出産한바가 없으니 스스로 易理를 아는자가 이卦를 얻어 크게 기뻐하면서 世爻가 子孫이되고 또 子孫이 月建과 合되고 日辰이 또 生하니 자식이 반드시 많다한다. 어찌 子孫이 子孫으로 化하나 自己가 난것이 있겠는가 이듬해 三月에 공이 죽으니 後에 姪孫으로 뒤를 이었다.

父占子知其易養 子臨貴難曰成名

父가 子息占을 하여 쉽게 기를 수 있는가를 알수있고 子息이 貴에 임하면 成名하기 어렵다. 父가 子息占에 쉽게 기르게 된다는데 굿칠것이 아니라 富貴라 판단하기가 어렵다 子孫이 휴수되어 官星이 克制하는데 子息이 休囚하면 어찌 祿을 먹고 쉽게 기를수 있겠는가 도 알기가 어렵다.

子孫이 旺相하고 혹 動하여 吉로 化하며 日月에 임되고 혹 日月動爻가 生扶하며 혹 長生帝旺이면 다 成人이라 하고 만일 休囚되고 空破되고 動하여 凶으로 變하면 물거품이나 바람앞에 등불과 같다.

子孫의 富貴는 旺相하는 中 또 生扶를 만나면 自然히 富貴한다 만일 科甲 科名으로 판단하면 사람을 속이는 것이다. 黃金策에 이르되 子息이 貴를 띄면 스스로 登天하는 날이 있다 하였다. 또 이르되 祿貴가 父에 다다르면 初年에 相拜가 되고 貴祿이 子孫에 臨하여 鬼로 化한자는 化鬼가 아니고 이것을 化官이라 하니 登天相拜라 한다. 내가 경험한 바에 하면 天乙貴人에 아울러 祿이 있고 貴馬가 있다 하는 것은 丁巳日이 亥水子孫을 보는 것이니 이와같으면 貴人과 馬가 同宮한 것이라 하지만 다 효력이 발생되지 아니한다. 그러나 有祿하고 貴人馬가 없으면 믿을 수가 없다. 내가 지낸 경험에 依하면 子女占에 子孫이 鬼로 化하면 萬個에 하나도 사는 일이 없다.

亥月 丙辰日占 子息을 쉽게 기를 수 있겠는가.

姤卦   旅卦
父戌 ―□ ―□
兄申 ― 應
官午 ―
父未兄午 ――
官午父亥 ―□ ―□ 世
官午 ―
父亥 ―□
亥丑

亥水子孫이 月建에 臨하고 五爻에 兄이 動하여 相生되니 旺하다 만일 吉神으로 論하면 丙日의 亥가 貴人이 되니 貴氣 이에 더 할수없다. 그러나 어찌 子孫이 鬼로 變하니 次年 五

月에 죽었다. 黃金策에 官鬼가 傷함이 없으면 曹彬이 印을 取한 것이니 封爵을 받는다라 하였다. 覺子가 이르되 官鬼가 傷함이 없으면 반드시 이 子孫父가 被傷 被克되고 休囚無氣 하면 官鬼에 克傷을 받는다. 이와같이 衰弱한 子孫이 能히 封爵을 받는다 하여도 나는 믿지 않았다.

※또 이르되 父身에 煞이 있으면 車胤이 이름을 나타낸다. 覺子가 이르되 父가 子占을 하는데에는 父가 忌神이 되니 或 動하거나 或 旺하면 반드시 克子하게 되니 救死해 즐거움이 없다. 이러기에 어떻게 이름을 날릴 수 있겠는가 혹시 이르되 嬰兒의 自占에 어떻게 할것 인가 내가 이르되 어린아이는 아무것도 알지 못하는 어린아이니 富貴占을 한다는 것은 전적 사람의 一念에 있는 것이다. 三五歲의 어린아이가 부귀를 알게되는 생각이 움직이겠는가 하물며 身命 後章에 있기를 嬰兒의 占치는 造化가 있으니 짐짓 代占치 아니함을 알게 된다

又曰貴有煞車 胤顯名

代占六親 不宜世爻化鬼

※六親을 代占으로 할때는 世爻가 鬼로化하는 것이 좋지 않다. 먼저 世爻를 代占을 보니 비록 六親占이라도 항상 自身의 凶을 帶出하고 있으니 世爻가 鬼로 化하거나 回頭克을 하거나 休囚되거나 空으로 化하거나 墓絶이 되거나 隨鬼入墓가 되거나 日月이 同克이 되거나 他人의 일을 묻지말고 스스로의 厄을 조심하라

常問父母亦有彙應子孫

※항상 父母를 물어 볼적에 역시 겸하여 子孫도 응되나니 父母의 占卦中에 兄弟 兒孫 妻妾이 刑傷의 帶出하거나 또는 父母 兄弟 妻妾 兒孫에 應함이 있으니 알지 못하는 사이에 상대방이 응한다. 이 이론이 앞에 자기를 表明하니 神報가 告함이라 한다.

내가 여러번 占쳐 이런경위를 여러번 보았다.

李我平이 이르되 黃金策의 身命章에 父子 官鬼 兄弟 妻財를 비록 槩論은 不當하다 하나 그 이치가 조금 아까읍게도 어긋짐이 많다. 金鏡微塵에서는 不宜有라 하였고, 易胃에 비록 分占의 뜻이 있으나 논리가 타당성이 적다. 만일 壽夭를 물을적에 破나散이나 沖이나 空이면 夭壽한다. 占驗에 戊子命이 亥日占에 뒤에오는 午에 한정되여 亥에 絶되니 이것이 끝난 것이다. 亥日이 아니면 어데서 絶限을 찾을것인가 平生占驗에 果然영험이 하나 둘이 없겠는가 後法에 生死를 알지 못한다라 하였다. 어떻게 日時까지 알수 있다는 것은 믿어지지 아니한다. 또 貴에 靑龍은 文翰이되고 虎는 武衙가 된다하니 龍虎로 文武를 定하는 周易이 이치가 있는가 또 이르되 三爻가 守牧이 되고 五爻가 臺省이 되면 初爻와 二爻는 어떠한 職位인지 아지 못한다는 것이 애매하다 그러니 後學이 무슨 법으로 하겠는가 詳細한 것을 反復하여 通明하는 것이 敎人의 法이라 하겠다.

56 學業

儒業者 父母世世爻 同旺終須 變化成龍 日月動爻 相生 定是王家儲器

※선비의 일은 父母가 世爻에 있어 함께 旺하면 끝에 가서 變化하므로 龍이 된다라 하였고 日月의 動爻가 旺相하므로 王家에서 棟樑之材인 職位를 갖는다 世爻와 父母爻가 모두 旺相함이 좋으니 혹動하여 吉로 變하거나 혹 父母가 持世하여 日月動爻와 世爻가 相合되면 龍을 얻고 鳳을 얻게되니 發展한다는 것은 日時가 指定되나 다름이 없다.

財動卦中 靑燈不久 子孫持世 自首無成

※재가 卦中에서 動하면 中途에 學業이 中斷되고 子孫이 持世하면 白髮이 되도록 벼슬을 못한다. 財가 動하여 克하면 文章이 讀書하는가 中途에 廢하고 子孫이 動하면 無官의 變이니 白首되도록 成名을 못한다.

九流者 財與官旺 道重人欽 兄動世衰 有毁無譽

※九流術士는 財와 官이 왕하면 道가 높아 사람에게 칭찬을 받고 兄이 動하며 世爻가 衰하면 명예훼손이 많고 명예도 없다. 財가 持世하고 官이 持世하면 좋으니 財官의 世爻가 좋다는 것이다. 兄이 卦中에서 動하거나 兄爻가 持世하면 호구지책이 어려우니 成家할 수 없다. 覺子가 이르되 옛부터 九流術士는 다 官鬼로서 吉하다 하였다. 天師의 집에서는 鬼神을 마음대로 몰아낼 수도 있고 불러올 수가 있으니 治鬼를 한다. 무당이나 道術家들은 다

子孫旺으로써 능히 治鬼를 할 수 있으니 반드시 子孫持世 및 子孫發動이 되니 吉하다 하는 것이다.

百工은 財로써 用神을 하니 子孫이 元神이된다. 가장 兄爻의 持世를 싫어하는데 兄爻가 旺動하면 욕을 볼 뿐 아니라 終身토록 苦生을 한다. 以外해설은 복서비전을 보고 求財章과 한가지로 판단하라 以上은 世爻가 空破 墓絶 休囚되면 모든 일이 不成한다. 世가 만일 休囚되고 또 隨鬼入墓 아울러 日月動爻의 克을 받거나 혹 動하여 鬼로 化하고 絶로 化하고 剋으로化하면 오직 學業만 이루기 어려울 뿐 아니라 不測의 禍를 칭량치 못한다.

㉗ 治 經

文旺官興 王家棟樑 世空財動 蓮華寒儒

※문서가 왕하고 官이 흥왕하면 王家에 棟樑의 재목이 되고 世가 空되고 財가 動하면 쑥대나 회초리 같은 寒儒가 된다. 官이 持世하였는데 父가 動하여 相生되고 혹 日月이 父母臨하여 生世하거나 혹 官爻가 旺相하거나 父爻가 持世하거나 世爻가 動하여 吉로化하니 飛龍이 昇天變化하는 징조라 한다. 世가 空이 되고 世가 破가되며 動하여 凶하다. 혹 子孫이 持世하며 父母나 官鬼는 空破가 되면 정성드려 再占을 하라.

酉月丙子日占 이번에 무슨 經을 배워야 과거하겠는가.

盆
觀卦
　　　青玄
兄卯│句
　　應
孫巳║白
才未║巳
才辰║世句
兄寅║口朱
才未父子

卦中에 旺官이 合世하나 좋지아니한 것은 初爻朱雀의 子水인 文章이다. 未土의 回頭克을 입으니 改經하는 것이 좋겠다. 그러면 무슨경이 좋은가 내가 이르기를 古法에 있는데 나의 占이 不驗하니 무슨경이 좋을듯한가하고 再占하여 본것이다.

再占卜易經이 어떠한가.

同人　│應
卦戌　│
孫申　║世
才午　│丑
兄亥　│卯
官孫　破
父

旺官이 持世하여 비록 吉하나 文書가 月破에 臨하니 再占을 하라.

再占書經이 어떠한가.

豊卦
離卦
才巳官戌×
父申║世
才午│冲
兄亥│
官丑║應
孫卯│

旺한 文書가 持世하고 官이 動하여 生하며 當日의 子月이 午火를 暗動하여 合을 傷하니 此經이 相宜하다 下給시험에는 壬子가 午火를 冲去하면 高發하게 되리라 果然 子年科甲하여 中間벼슬을 하였다.

⑤⑧ 延 師

※ 父爻旺相 就而而正焉

父爻가 旺相하면 바른대로 나아간다 父爻가 선생님이되고 또는 詩書가되니 延師하여 受敎하여도좋다 바로 이文가 用神이되니 旺相함이좋고 흑 日月이 臨되여 動하며 吉로化하면 좋다한다. 만일 空破되고 休囚되고 墓絶이되며 動하여 凶으로化하면 되지아니한다.

世位相生 博文善誘

※ 世爻와 相生되면 博學多識하다 父旺하며 世爻와 合하면 成人도 될 뿐아니라 有德한다. 만일 世爻를 克하거나 世爻가 得地하면 責成의 功이있다. 世가 만일 休囚되면 반드시 尊師에게 累를 끼친다.

※ 父爻入墓中 懶敎訓

父爻가 墓中에 들어가면 敎訓을 게으르게한다 父爻가 三墓에 들거나 絶이되면 敎師가 엄하지 아니한다.

※ **財臨世上** 儒弱不嚴

재가 世上에 임하면 유약하므로 엄하지않다 財爻가 持世하면 내가 父母를 克하니 만일 스승이 엄하지아니하거나 그렇지아니하면 내가 스승을 능멸한다 ※ 鬼化文書 克世 訟由守學

鬼가 文書로化하며 배움으로 因한訟事가 생긴다.

鬼가 動하여 父爻로 化하여 世爻를 沖克하면 다른날에 반드시 爭訟하게된다. 即 日月動

爻가 鬼爻를 制服하면 역시 서로 좋지아니함은 무엇인가 神兆의 機가 動하므로 目前에 비록 制限함이 있다하여도 他日에 鬼가 生旺되는때를 만나면 반드시 재앙을본다 오직 鬼가

하여 父로化할뿐만아니라 다만 世를 克하고 혹世爻가動하여 凶으로 變하면다 下宜하다.

爻가 世爻를 生扶하거나 動하여 吉로 化하면 長進되니 青出於藍이라 한다.

月이 世爻를 扶하며 日이 도와주면 青이 쪽에서 나온 형상이다.

푸른것이 쪽에서 나와도 쪽보다도 더욱 푸르다는 뜻이니 선생에게 배웠으나 선생보다 더 훌륭하다는뜻이다 世爻가 旺相하고 혹 父母나 혹 官星이 持世하거나 日月動

※ 月扶世爻 日助青出於藍쪽람(쪽의 종류)

※ 動衰變旺 先惰後勤 動旺變衰 先勤後惰

動하여 衰하였으나 旺으로 變하면 먼저는 게으르나 뒤에는 부지런하다 旺하였으나 弱한것으로 變하면 먼저는 부지런하나 뒤에는 게으르다 世爻가 衰하였는데 生으로 化하고 旺으로化하고 日月進神으로 化하면 뒤에는 부지런하고 父爻가 旺하고 空破墓絶로化하고

※三合連年 受敎 六冲半載難需

三合이 년과 연하면 가르침을 받고 六冲이면 半年을 머무르기 어렵다. 世爻가 父爻와 日月이 三合이되면 同情하니 父子가 連年이 受業하게된다 그래서 始終이 如一하다 卦가 六冲을 얻고 혹 世爻가 父爻를 克하고 父爻가 世爻를 克하면 彼此가 一年의 功을 거두기 어렵다 延師하는데 世應이 相生 相合하고 應이 좋고 相克相冲이 되면 不宜한다.

應이 世를 生하면 내가 이익을얻고 應이 空破가되면 자리가 이루어지지 아니 한다. 應이 動하면 他人의 마음이 變하고 世가 空이되면 내가 뜻이 없다. 覺子가 이르되 世應이 爲主인데 父爻가 缺할 수가 없고 父가 旺하고 子孫과 相合되면 좋고 父가 動하여 子孫을 剋하면 이익이 없으니 해가있고 子가 動하여 化克되여도 不宜하다. 子動하여 鬼로 化하면 速히 사절을 하여야한다.

寅月戊午日占 子縱師 자식이 스승을 따라감

旅卦　離
兄巳 ｜
孫未 ‖ ―應
才酉 ｜
才申 ｜
兄午 ‖
父卯孫辰 ×世

退神으로 化하면 뒤에는 게으르다 父爻가 父로化하면 글을잘하고 父가 財로化하면 病이많고 父가 鬼로化하면 貴를하고 父가兄으로化하면 財를 貪하여 利를 좋아한다.

子動하여 化克하니 不宜하다. 따라가도 되지아니한다 뒤에 스승이 꾸짖으니 도망을가다가 다리에 미끌어져 左足이 부러졌다.

㉙ 救 名

※野鶴四 凡占小考 當見占得吉卦 後竟道考 無名何也 神之應近而 不應遠 己應 府縣之有名也 必須占縣考 再占府考 又占道考 俱得吉卦者 許之 內有一卦而 不吉者勿望道考而成名也

野鶴이 이르되

小考占을 하되 일찍 占에 吉卦를 얻되 뒤에 道考를 合格하지 못함은 무슨연고인가 神이 가까운 것을 應하고 먼것을 應하지 아니 한것이니 이미 府縣에서 合格하여야하니 반드시 縣에서 合格되고 다음 府에서 合格하고 다음 道에서 合格하여야하니 모두 吉卦를 얻으면 科甲을 하게된다 그러나 셋中에서 하나만 不吉하여도 道에서 合格이되는것을 바랠수가 없다.

㉚ 童 試

※父旺官興堪期首選 官衰父發亦許掄收 父가旺하고 官이 興하면 首席合格을 기할수있고 官이 衰하드래도 父가 發動하면 合格할수있다。官星이 持世하며 日月動爻가 相生相合하면 首席合格을하고 父爻가 持世하여 日月動爻와 相生相合하여도 역시官星이 有氣하면 合格할수 있다는 것이다。

※ 子興財發於卦中 難遊詳水

子孫이 興旺되고 財가 卦中에서 發動하면 벼슬길에서 놀기가 어렵다. 世가 空破되고 겸하여 墓絶이되면 다시 技藝를 배우라 子가 動하면 官을 剋하고 財가 動하면 父를 剋한다 혹 父가 持世되였다 하여도 다 좋지않다 世가 혹 空破되고 墓絶되고 혹 日月動文의 冲克을 만나며 動하여 凶으로 變하면 뜻을 이루기 어렵다.

※ 父旺遭傷 收而復棄 冲中逢合 見棄後收

父旺하나 傷害를 만나면 하고저 마음이있드래도 버려버리고 冲中에 合을 만나면 버릴 생각이있어도 다시 시작한다. 父母가 相旺하나 休囚空破 墓絶로 化하고 回頭克으로 化하며 冲克을 입으면 처음에시작하나 끝에가서는 버린다 世와 父文가 動하여 冲을만나고 만일 日月動文를 얻어 相合하면 冲中逢合이라하니 반드시 取할수가 있게된다.

※ 父衰變旺 愈出愈奇 文化退神日長 日短

父가 쇠하나 旺으로 變하면 더욱 진출되고 더욱 기특하나 文書가 退神으로 化하면 날로 취하는듯하나. 날로 퇴보된다 父가 衰하여 動하고 旺으로 化하며 回頭生으로 化하여 進神으로 化하면 文章이 뜻을 얻어 前보다더 진보나 退神으로 化하여 不宜하다. 墓絶 혹 回頭克 이되면 학교에서는 아무리 工夫를 잘하나 시험장소에와서는 암매해진다.

亥月 丙戌日占 道考(도에서보는시험)

```
豊    革
卦
      官戌 ‖
      父申 ×世      父酉 ―
      才午 ―        才亥 ‖ 應
      兄亥 ―        兄丑 ‖
      官丑 ‖ 應     官
      孫卯 ―        孫卯 ―
```

父爻가 持世하여 進神으로 化하고 日辰이 官星이되여 世를生하니 文章이 發揮되여 首席 合格을하였다.

卯月 壬子日占 道考

```
小畜
卦           伏酉官
         兄卯 ―
         孫巳 ― 應
         才未 ‖
         才辰 ―
         兄寅 ― 世
         父子 ―
```

子水의 父爻가 日辰에 臨하고 旺한 文書가 持世하니 佳作이 定然하나 得意하나 다만 좋지아니한것은 酉金官星이 月破에 臨하고 伏藏되여 不露되였으나 多幸히 辰土의 飛神과 合이되니 三月에 應試하여 合格을 하겠다. 果然 三月에 合格되였다.

辰月 丁巳日

```
革卦
既濟
      官未 ‖
      父酉 ―
      兄亥 ― 世
      官丑 ‖
      孫卯 ― 應
      父申
```

父가 衰하여 旺으로 變하니 吉하다 이卦가 世父亥水를 月이 克하고 日이 冲하니 다행이 回頭生이 되어 뒤에 合格하였다.

⑥ 歲 考

※父宜旺相 最忌休囚 官宜生身不宜克世

父母父가 旺하는것은 좋고 休囚한것은 싫어한다. 官이 世를 生하는 것은 좋고 世를 克하는 것은 좋지않다. 父父가 世父와 旺相이 되고 또 動父의 生扶를 얻고 또 動하여 吉로化하며 전적 破敗가없으면 우수한 성적 초월하고 時에 合格을 하게된다 만일 이 두개의 父가 旺하고 生을 만나고 旺하여 扶함을 만나고 刑冲이없이 克破되며 다음 한개라도 刑冲을 만나고 다른 世父가 刑冲을 받으며 世와父가 함께 剋을 받으면 마음과 어긋남이 있다.

野鶴이 이르되 이法이 옳다고본다 要는 사람의 通變에있으니 그 父와世의 兩父輕重을 보고 말할것이니 卦가 全美한것은 世와父가 同旺하여 生扶가 있고 刑克이 없어야한다. 上卷에 生扶가있고 六冲 變冲反吟 變克 化絕을 얻으면 이미 破敗된것인데 父父가 克을 받으면 救助가 어렵다.

覺子가 이르되 이것은 父父가 旺變 하는데에 월등한 差가있다. 易胃에 이르되 卦가 進神이 되면 上等으로 合格하고 退神이 되면 下等으로 合格이 된다라 하였다.

申月 乙巳日占 歲考(시험)

```
       大過
昇  卦
孫巳 才未 ×　ㅁ 　 －世
才未 官酉　　　　－
     父亥 冲　　　－
     官酉　　　　－應
     父亥　　　　－
     才丑　　　　‖
```

財가 動하면 父를 克하니 不通의 論이라 그러나 이卦는 亥水父가 持世하고 申月이 生하니 文이 旺하고, 身도 旺하는 중 巳日이 冲하니 暗動이되고 未土財文가 비록動하였으나 기쁘게 酉金이 生助하여 酉金이 世를 生하니 接續相生한다 그래서 歲考에 合格이 되었다.

野鶴이 이르되 첫째 卦가 六冲을 만나고 變冲을 하며 六文가 亂動하고 文이 旺하면 도리여 平等하게된다. 만일 文이 衰하며 克을받으면 世文가 休囚하여 凶으로 變하니 졸렬하게 된다.

※飛神 無助 身無克 榮辱無施

飛神을 도움이 없고 世에 克이없다 하여도 榮辱이 베풀어 짐이없다 父文가 出現하여 不旺不衰하며 生扶가 없고 克制가없고 世文가 冲克을 입지아니하면 可히平等하다 하겠다.

※伏藏旺相 世遭傷 賞罰普見

伏藏하여 旺相하며 世가 傷害를 입으면 賞도있고 罰도있다.

午月 乙卯日占 歲考(시험)

泰卦　≡≡ ≡≡ 應
　　　孫酉 才亥 兄丑 ‖
　　　　　　　　兄辰 ― 世
　　　　　　　　官寅 ―
　　　　　　　　才子 ―

午火月建이 父母가 되고 卦中에 巳火가 寅木下에 伏藏되여 旺하여 飛神인 寅木의 生을 받고 六合을 만나나 日辰이 克世함이 不宜하다. 그러나 결국 三等合格을 하였다.

⑫ **增位職章**

(벼슬의 등급인 地位)

覺子가 이르되 廩을 占할적에 만일 그 秋訣을 얻지못하고 靈을 바랜다는 것이 稀少하다한다 어찌하여 그러한가 廩占은 財로 用神을 하는데 文章이 忌神이 된다. 歲考에 겸하여 廩을 묻는다는것은 아지못한 소위라하겠다 만일 父母가 旺하여 傷克을 받고 財가 休囚되면 어떻게 職位를 얻겠는가, 나는 法이 있다. 먼저 歲科의 吉凶占을 치고 두번째 一卦를 占쳐 廩을 묻는것이 바로 秘法이다. 전적 財로 用神을 하니 財父가 持世하고 혹 動하거나 하여 世를 生하면 吉하게되니 求財占과 同一하다.

승진占에 兄弟持世를 두려워하니 兄父가 發動하며 財父가 空破 墓絶이되면 動하여 凶으로 變하거니 다 잃어버리게된다. 만일 관귀나 兄父가 世를 克하면 輕하다 한다. 革職되고 重하면 역시 罰을 받게 되니 三合兄局이면 역시 革廩이 된다.

㉓ 考遺才章(歲考同一)

※ 官爻持世 生世 我必蒙收 父母空破墓絶化必見用

官爻가 世를가져 生를하면 내가 반드시 蒙收하게되고 父母가 空破되고 墓絶되고 다른 사람이 合格한다 만일 世爻가 克을 받고 空破 墓絶되고 혹 動하여 凶으로 化하며 혹 子孫이 持世하거나 혹 動하여 卦中에 나타나면 낙제를 한다. 父母가 世를 生하고 世를 가지면 吉하다 그리고 休囚 空破되면 凶하다.

㉔ 소원성취

父爲用神 衰者宜生旺之日 旺而靜者 逢値逢冲之日 動而逢値 逢合之日 空與入墓必待冲開 破與旬空須期塡棠

父가 用神이되니 衰하면 生旺日이 좋고 旺하여 靜한자는 冲을만나는 날이되고 動하면 合되는날이 되고 空이나 入墓는 冲開하는 날이고 破와 旬空은 空破가나가는 날에 成功한다 내가 경험한바에의하면 내가 근심하는일이 있다하여도 만일 子孫 持世나 子孫의 날을 만나는날에 發案되고 마음이 기쁨이있게되는 것은 官星이 持世를 하거나 官鬼의 日에 掛榜하게 된다.

㉕ 武官試驗

官星이 用이되니 父母爻는 다음이 된다. 만일 世爻를같고 日月을 얻거나 歲君의 五

父와 生合되는자는 首席合格을한다。官과 父와 世가 三合이되면 君王에게 은총을 받고 世와 官父간에 한개라도 空破 墓絶 刑冲 克害를 만나 動하며 凶으로 變하면 不詳한 징조다。

歲君五父에 官鬼가 世父를 冲克하면 不測의 災殃을 당하게 된다。

※ 父旺官興 姓標虎榜

父가 旺하고 官이 興하면 姓名을 虎榜에 걸게된다。父와 官이 持世하며 旺相하여 日月에 臨하고 혹 日月動父가 生扶하며 動하여 吉로 變하면 龍虎에 登名하게된다。

※ 子財搖動名落孫山

子孫이 動하고 財가 動하면 이름이 孫山에 낙방된다。子孫이 財父와 持世하고 卦中에서 動하면 끝에 가서 낙제 된다。

※ 兄弟乃 奪=標之 變客

兄弟가 奪標하는 變客이라한다 俗話에 兄弟父가 興하면 上榜키 어렵고 兄父가 持世함을 보고 動까지되면 다 不吉하다。 그러나 喜忌가 있는 것을 아지 못한다。喜란 卦中에서 財父가 同興되면 喜하다 兄이 動하여 財制를하고 卦中父官이 兩動하면 喜하다 兄父가 持世하고 父가 動하고 世를 生하고 兄弟가 持世하여 日月에 臨하며 혹 旺相하고 두번째 官父의 旺相함을 얻고 후官이 動하여 父를 生하고 父가 動하여 世를 生하면 科名을 더 하게되나 輪元이 不能하면 奪魁하므로 兄弟는 奪標의 客이라한다。 覺子가 이르되 卦中에 官鬼와 子孫이

※ 日月爲制殺之將軍

일월은 制殺하는 將軍이 된다 官星이나 父母나 世爻가 하나라도 動爻의 制克을 입으며 혹 回頭克으로 化하여도 만일 日月이 冲하며 克하면 制克하는 神을 얻으면 得意를 하게 되므로 惡煞를 制去하는 將軍이라한다 만일 世爻가 旺相하고 官父兩爻가 그中하나라도 伏藏되여 나타나지 아니하드래도 日月의 飛神의 冲制를 얻어 伏神이 튀어나오면 首席合格을 할 수 있다. 만일 官이나 父나 世爻가 하나라도 不旺한데 日月의 生扶를 얻으면 역시 이와 같이 合格한다.

※ 三合無冲 連登甲第

三合이 冲이 없으면 연거푸 科甲을 한다. 官과 父와 世爻가 父局이나 官局으로 合成하였는데 日月의 冲破을 만나지 아니한자는 科甲에 連登된다. 만일 兄弟局을 合成하고 日月의 生扶를 만나고 官星이 旺해도 合格될수가 있다. 子孫局이 됨은 싫어하니 不吉하다 財局을 合成하면 비록 不美하다고 하나 吉한수도 있다.

卯月 甲申日占 會試

```
艮   │世
卦 寅
   官寅    ▯應
   父巳 才子×
   兄戌 ‖
   兄辰 孫申 ▯應
        父午 ‖
        才子兄辰×
```

寅木의 旺한 官星이 世를 같고 申日이 冲을하니 暗動이되며 또 日辰의 申子辰三合財局이 世父를 反生시키니 首席으로 合格을 하였다.

※ 六爻競發、空趙科場

六爻가 모두 發動하면 科場에 가보아도 허사가된다. 이것이 옳은이치라한다 古書에 이르기를 六爻가 競發되면 功名이 慌惚하여 이루기가 어렵다라 한다. 내가 功名占을 많이하여 보았으나 卦象이 一成하여 旺父가 生身하거나 旺官이 持世하면서 成功을하고 無成된자는 子孫이 持世하거나 發動하나 혹世가 破되거나 官이 되거나 혹 六爻가 冲破也되거나 하기에 不成한다.

※ 出現無情 難遂靑雲之志

出現하니 무정하면 벼슬의 뜻을 이룰 수가없다. 父와 官星이 비록 出現되었으나 만일 世와 生合이아니되고 혹 持世가아니되며 혹 世父가 空破되면 이익됨이없으나 혹 父와 官星이 世父와 生合이되었어도 日月動爻의 冲克을 입으면 역시 무정하게된다.

※ 伏藏有用終辭白屋之火

藏되면 伏有用할 수 있으나 끝에 가서는 가난한 사람이라 한다. 官과 父가 하나라도 卦에 들지 아니하면 伏神을 써야 한다. 만일 伏이 旺相하고 혹 日月이 飛神을 冲去하며 伏神을 生起시키면 科甲에 成功한다.

※ 太歲作官 終登黃甲

太歲官星이 되면 끝에 가서 科甲을 한다. 太歲는 人君의 父가 되니 官이 太歲에 臨하여 世와 動合되면 신하가 임금을 대하는 것과 같으니 科甲을 하는 것은 틀림이 없다. 太歲가 父에 드는것이 좋고 역시 發動함이 좋으니 혹持世하면 좋다는 것이다. ※日月冲克世 且守靑燈

日月이 世父를 冲剋하면 방에서 공부만 하다 만다 卦中에 官과 父가 비록 旺하고 世父가 休囚되고 空破되고 墓絶되며 動하여 凶으로 變하고 혹 日月이 克을하여 冲破하면 求名함이 나에게 있으나 내가 이미 위치를 잃어버리니 어떻게 승진할 수 있겠는가

※ 卦過六冲此去難題應塔

卦에 六冲을 만나면 벼슬길에 이름을 걸기 어렵다. 父가 六合을 만나면 혹 승진할 수 있다.

午月 丙辰日占 鄕試

合

兌卦

```
父未 ‖ 世
兄酉 ｜
孫亥 ｜ 應
兄丑 ‖
孫卯 ‖
父巳 ｜  官
```

舊書에 六冲을 만나면 即散이라 하였으나 내가 보기에 이卦가 비록 六冲이나 世와 父爻가 다 旺地에 있으니 다시 再占을 하라.

臨卦
```
孫酉 ‖
才亥 ‖ 應
兄丑 ‖
兄丑 ‖
官卯 ｜ 世
父巳 ｜  口
官寅 父巳
```

이 卦 官星이 持世하여 비록 旺하지아 니하나 初爻官星이 出現하고 父를 生하여 旺하게 하고 前卦와 付合이 된다 반드시 合格하리라 果然 合格을 하였다. 用爻가 欠되여 一卦를 再占하되 두번 모두 吉하면 吉로 단하고 復卦가 凶한자는 凶하다고 推斷한다, 또한 六合卦를 얻어도 官과 父와 世가 旺할을 要하니 三者가 得地하였는데 用爻하나의 失陷이 있어도 비록 六合이라도 無益한다.

※父旺官衰終須下第

父旺하고 官이 衰하면 끝에가서 낙제한다 父爻가 旺相하고 官이 空破되고 墓絶에 臨하거나 動하여 凶克으로 變하면 비록 훌륭한 문장이라도 끝에 가서는 成功 할수 없다.

※ 父衰官旺堪許(허락허)登科

父가 衰하고 官이 旺하여도 科甲을 할 수 있다. 官父가 旺하여 世를 生하고 持世되며 父爻가 衰하면 官祿은 좋으나 文은 不足한 편 인데 그러나 成功할 수 있다.

※ 應合日生必資 추천

應과 合되고 日을 生하면 他人의 추천을 받는다. 官과 父가 兩旺하고 世爻가 不旺하나 혹 日月扶助를 얻고 應爻가 動하여 世爻와 生合하면 반드시 推薦으로 성공을 얻는다.

※ 動傷日克 還守鷄窓

動爻에 傷하고 日이 克이되면 도리여 鷄窓을 지킨다. 應爻動爻가 비록 世爻와 生合되고 應爻動爻가 日月의 冲克을 입으면 천거를 하여준다하여도 功이 없다.

※ 世動化官 化克蝶夢堪憂

世爻가 動하여 官으로 化하고 克으로 化하면 소망이 꿈에 지나지 않는다 世와 官이 鬼化하여 月이 도와주면 科甲의 길에 오르게된다. 또 이르되 世가 動하고 空으로 化하나 用神이 旺하면 興한데 鬼로 變하여 蝶夢으로 靡成한다 라하였다. 또 이르되 世가 動하고 鬼로 化한것도 두가지 경험이 있으니 卦中에 父母가 旺相하고 世爻가 化出된 官星이 回頭克되고 卦身을 말한다. 그러나 내가 시험한결과 다 믿을수없었다. 오직 世爻가 以上은

卯月 戊辰日 考試

离　　　　口世×ㅁ
卦　　兄巳　　　ㅁ應=
既濟　　　孫未　孫酉ㅣ
　　　官子　　　官亥
　　　孫戌　才申　孫丑
　　　才　　　　　父卯

舊書에 身과 官이 鬼로 化하고 月이 도와주면 科甲을 한다라하였다. 卦身이 官父를 얻으면 반드시 科甲에 有望한다라하였다. 만일 出現됨을 얻고 發動된것가 官父를 化出하고 또 月建의 生合을 얻으면 반드시 科甲을 한다 覺子가이르되 이卦가 巳가 卦身이되고 또 世爻가 子水官星을 變出하니 이말에 正合된다. 科甲에 合格을하지 못할뿐아니라 壽命을 保存하기 어렵다 무슨연고인가 變出된子水의 鬼가 回頭克世를하니 길에서 客死한다.

가 化出하여 世를 克하면 다시 凶한다。
世가 아니되고 官으로變하면 바로 科甲을 하게된다。世爻가 休囚되고 克을 입으면 動하여
官星을 化出하고 鬼로 化한것이니 오직 科甲을 하지못할 뿐아니라 또 災危를 보니 鬼爻

酉月 丁巳日占 考試

```
小過 卦  父戌‖
泰      兄申‖
        父丑官午─□世─
        兄申─
        才寅官午×
        孫子父辰× 應
```

世文 午火官星이 丑土를 化出하니 文章과 官이 兩旺하는데 丑土爻가 旬空되니 出空된 午歲에 考試를 合格하고 丑年考試首席合格을 하였다. 來客이 묻기를 世動하여 空으로 化하고 用이 旺하면 傷春夢이라한다 그러나 이 卦는 어찌 世動空化가 아니겠는가 그러나 午年登科하고 丑年에 發甲되니 어찌 一場春夢이라하겠는가 소위 化空되면 出空의 해에 成功을 하게 된다고 대답했다.

※ 身興化旺化生龍池變化

身이 興하여 旺으로 化하고 生으로 化하면 龍이 물속에서 變化를 한다. 世爻가 旺相하고 動하며 官星을 化出하여 回頭生合하면 官鬼로 되는 것이 아니라 官으로 變한다.

卯月 乙未日占 會試

```
    觀卦    履卦
            才卯─
            官巳─
官午父未×世‖  才卯‖
才卯官巳×    
官巳父未×應
```

未土父母가 月建에 臨하여 持世하고 午火官星을 化出하며 回頭生世를하니 二爻巳火가 또 世를 生하는 中 初爻未土가 拱扶를 하니 首席合格을 하였다.

※ 世退官星化退 窓下襄螢

世爻가 退神되고 官星이 退神되면 窓밑에 주머니속에 들어있는 반듸불과 같다. 世와 官이 俱旺하되 안에 하나라도 進神되면 吉하므로 반드시 合格을 한다. 그러나 좋지아니 한것은 世가 退神으로 化하면 시험장에 와서 막히게되므로 合格할 용기를 잃는다. 父爻가 退神이되면 學文이 날로 모자라지고 文章이 차차 잊어버리게된다. 官이 退神으로 化하면 白首가 되도록 이루어짐이없다. 進退章을 參考하라.

※ 乾卦 如天亦要官父兩旺

乾卦는 하늘과 같으니 역시 官과 文이 兩旺함을 要한다. 雷聲은 진동하는것과 空破가 있는것을 싫어한다. 舊書乾 震 一卦는 바로 吉하다하였으나 내가 시험한 결과 官과 文이 兩旺 하므로 吉하나 그렇지아니하면 吉하다 할 수 없다.

※ 衰旺克冲輕重 須宜細玩 墓絶空破 應期章內詳之

衰와 旺은 克冲의 輕重을 자세하게 살피라 그리고 墓絶空破는 應期章內에 자세하게 설명이있다. 前의 應期章을 익숙하게보라 各門各類에 應期를 묻지 아니 하여도 종류를 보면 생각이 나므로 마음을 따라 입으로 應할 수 있다. 또한 用神이 衰하여도 뿌리가있고 旺하

⑥ 昇進후보 (승진이나 候補)

官爵榮身宜持世　財祿恩養　最喜生身

官爵의 榮身은 持世에 따라있고 財祿과 恩養은 生身하여 주므로 기쁨이 있다. 旺官이 世를 갖고 日月動爻가 官星이되며 世爻와 生合하고 世爻가 發動하여 官星을 化出하고 化出된 官星이 世를 生하면 다吉하다 다시말하면 財가動하여 官을 生하면 美缺을 얻고 官이 日月에 臨하면 반드시 昇進하게 된다.

※ 子孫持世　休望榮轉官　破空　勿思陞選

子孫이 持世하고 子孫이 卦中에서 動하면 昇進의 榮轉을 바라지 마라 官位가 空破되면 堂選을 생각지 마라 子孫이 持世하고 日月動爻가 官이 空破 墓絶에 臨하고 動하여 凶으로 變하면 昇進의 뜻을 두는 것이 아직 시기상조다.

※ 雨露承恩　合中逢合

비와 이슬같은 은혜를 얻는 것은 合中의 合을 만난다。 世와 官星이 三合官局이되여 生世하거나 혹世가 局中에 있으며 혹 官星이 持世하고 日月動爻가 相合되면 六合卦를 만나고 卦가 六合으로 變하면 다 承恩의 날이 된다.

申月乙亥日占(缺得否)

```
節井
 卦卦
 父子 ‖  ―世
 才戌 ‖   應
 官申 ―  ㅁ
才丑官酉 ―
    父亥 ― ×
   孫巳才丑
```

內卦 巳酉丑이 官局을 合成하여 應爻를 生하고 生世를 하지 아니 하므로 出現無情이라 한다. 이 缺이 얻지 못하리라 저사람이이 말 하되 어찌하여 얻지못하는가 내가 대답하기를 官이 應爻를 生하니 不得한다. 과연 얻지못하였다.

※ 風雲未際 冲上逢冲

바람과 구름을 시기를 만나지 못하면 冲이 또 冲을 만나는것이다.) 世와 官이 旺하지 못하고 또 六冲이 되며 官이 혹 日月이 相冲하고 혹 卦가 六冲이 六冲으로 變하니 風雲未際의 시기가 된다.

※ 風雲未際 冲上逢冲

元神衰靜 洩氣爻 搖問當選以無期

元神이 衰하고 고요하여 洩氣가 되면 昇進을 묻지마라 기한이 없다. 가령 官爻가 木이라 면 水爻가 衰하고 火爻가 發動하면 이와같으니 남어지도 이것을 모방하라.

※ 世爻發動 官化進神 望榮除而在卽

世爻가 發動하며 官이 進神으로 化하면 榮華를 바래는것이 바로 여기에 있다. 世爻가 發動하며 혹 動하여 吉로 化하고 혹祿馬貴人이 世에 臨하며 官이 動하여 吉로 化하고 世爻

※ 世官破而 伏望 世福空而亦昇

와 生合되면 다 官服을입고 승진을 기다리게 된다.

世와 官이 破되면 바라지말라 世와 福이 空되여도 역시 승진된다. 世가 月破에 臨하고 官星이 持世하면 승진하지 못할뿐 아니라 또 다른변괴를 방지하라 子孫이 持世하고 旬空을 만나면 역시 승진을 못한다하여도 三兩日內에는 반드시 승진함은 무슨연고인가 子孫이 空이 되여 아직 出空이아니되였기에 官을 克하지 아니한다. 野鶴이이르되 過去에 占쳐 三人이나 함께 官을 얻은 뒤 다 바로 죽었다고 기술되였다.

申月 戊寅日占 得差否

```
    卦 夬
    兄 未 ‖ ―世―
    孫 酉 ―亥― 
    才 亥 ― ―應―
    兄 辰 ― ―
    官 寅 ― ―
    才 子 ― ―
```

子孫이 持世하니 이差가 얻지 못하리라 世爻가 空되니 어찌 得할수없겠는가 三月內에 差를 얻는다는것을 알지못했는데 가다가 中途에 死亡하였다 그연고는 무엇인가 三日內에 得差는 子孫이 出空을 못하였기에 그러하고 中途에 死亡한것은 世爻가공된 원인이다.

寅月 庚辰日占 差得

需卦
才子 ‖　‖世
兄戌 ―　―
孫申 ‖　‖
兄辰 ―　―
官寅 ―　―應
才子 ―　―

野鶴이 이르되 不驗된 卦는 마음에있어 이卦를보고 깨우친바가있는데 古卦의 差卦가 이卦와 비슷하여 역시 子孫이 持世하며 旬空을 만나니 다만 三兩日에 있어 된다하나 得缺된지 兩日이 되지 못하여 亡하였다.

辰月丁丑日占 起用

漸卦　　　　觀卦
官卯 ― 應　　才卯 ‖
父巳 ―　　　父巳 ―
兄未 ‖　　　兄未 ‖世
官卯 ―　　　孫申 ‖
父午 ‖　　　
兄辰 ‖　　　

이卦가 前二卦와 大同小異하다 前二卦는 子孫이 持世하여 旬空을 만나 發動하지 못하고 이卦는 動하여 官으로 變하니 하물며 三兩日에 子孫이 出空을 못하여 반드시 얻으리라 果然 起用을 얻어 길을 떠나 六日만에 家內에서 子息이 死亡하고 倒任된 八個月만에 終任되여 자신이죽고 子息이죽으니 이것은 應과 世와 子孫이 鬼로 變함이다。野鶴이 말하되 後二卦는 내가 경험을 얻은것은 前卦不靈으로인하여 刻刻留心한연고나 이제 사람들이 잇어버리고있으면 어찌 精奧함을얻겠는가

隨官入墓世旺者官昇 助鬼傷身 身衰者禍至

官이墓를 따라 들어가되 世가 旺한 자는 官에 昇進되고 鬼를 도우면 몸을 傷하고 몸이 衰하면 禍가온다. 古法에 隨官入墓면 助鬼傷하므로 몸을 傷하니 다 凶하게된다 라하였다. 그러나 내가 여러번 시험 하였지만 世가 旺하면 끝에가서 승진되고 世가 衰하면 不吉 하다 助鬼傷身은 元神이 함께動하면 官에서 승진하고 世가만일 休囚하면 반드시 禍가 온다.

寅月 乙未日 占 昇進

```
          比    ×應─
          卦    才戌─
   觀        子申∥∥世
   卦        兄卯∥∥
       官卯   孫卯∥
              官巳∥
              父未∥
              兄未
```

卯木旺官이 持世하고 子水財가 動하여 相生하니 비록 未日에 墓가되나 多幸이 世爻가 도움을 얻으므로 亥月에 昇進하였다.

亥月 辛酉日占 何日補職

```
蹇卦     需卦
孫子 ‖     孫子 ‖ 世
父戌 ―     父戌 ―
兄申 ‖ 世   兄申 ‖
兄申 ―     才寅 官午 ×
官午 ‖     孫子 父辰 × 應
父辰 ‖ 應
```

寅木財爻가 午火의 鬼를 生하고 火鬼가 世를 克하니 助鬼傷身이 된다. 多幸이 辰土가 申金을 生하니 午火가 生을 탐내 泄을 받는다。今年 겨울에 昇進하리라 辰土에 化出된 子水가 空亡이되기에 十一月에 空이 出한연고라한다.

※ 古以晋昇爲吉又云屯蹇爲凶

古法에 晋卦 昇卦는 吉이 되고 屯卦 蹇卦는 凶이된다。晋昇 二卦는 여러번 경험이있으나 世爻가 得地를 要한다。만일 失陷되면 역시 不吉하다 屯卦蹇卦는 世爻가 旺하면 무엇이 나쁘겠는가 이篇戌月辛酉日占에 世爻가 旺相하니 끝에가서 昇進을 하였는데 어찌 蹇卦라하여 나쁘겠는가

⑥⑦ **昇巽何方**

※ 官金而應西土木官應於東 水北 火南 土昇中土此古法也

官이 金이면 西를 應하고 土木官은 東을 應하고 水는 北 火는 南 土는 中央土니 이것은 모두 古法이라한다 내가언은 경험은 木官은 東方을 應하고 金官은 비록 西方을 應하나 역시 江西西區를 應하니 사는곳에서 東西南北을 나누라。

未月 巳巳日 往在京都

歸妹 ‖應‖ ー ‖世ー ー
解 父戌 兄申 官午 父丑 才卯 才寅官巳

現在 嶺東에 있으며 참으로 職變을 정하는데 이卦 巳火官星이 되였으니 變動이있으리라 저사람이 묻기를 어찌하여 그러한가 내가 말하기를 巳火官星이 南方이라 반드시 都門의 南이라 하겠다. 果然 그렇게 될 것이라 또는 初爻가 內地가되고 五 六爻가 邊缺이된다 初爻가 應된것은 世와 官星이 初爻에 있기에 그러고 五 六爻를 應하게되려면 혹 世爻가 五六爻가 官星이되거나 혹 六爻에 있거나 世가六爻에있고 官이 五爻에 있거나 혹 官星이 持世하여 五六爻上에있는 것이다. 만일 二三四爻에 있으면 五行으로 澤하라.

丑月 癸亥日占 昇進何方

蠱卦 兄寅 ー應ー
  父子‖ 戌‖ 才 官酉ー世ー 父亥ー 才丑‖

이卦에 酉官이 持世하니 西方을 轉任하고 다음해에 選任하리라
寅月甲戌日 官昇何方

```
震 卦  ║世║
才 戌  ║申║
官 午   ─
孫 辰  ║應║
才 寅  ║
父 子   ─
```

前卦는 酉官이 持世하니 西方이라 하였다. 이 卦도 역시 官이 申金에 있으니 西方으로 본다. 다만 世爻가 六爻에 있으니 邊方이라 가리라 그러면 正西인가 하고 묻기에 나는 正南이라 하였더니 과연 영남으로 전직하였다. 野鶴이 이르되 그 地方을 물어볼적에 경험이 있으나 그 缺을 가르치지 말고 물어보라 缺을 내가 얻겠는가 部屬을 얻겠는가 科道를 얻겠는가에 대하여 詞林을 얻겠는가 持世하면 반드시 얻고 官星이 動하여 世爻와 生合하면 반드시 얻고 官星이 持世하면 반드시 얻고 世가 破되고 官이 空되면 다 얻지못하고 子孫이 持世하고 子孫이 發動하면 얻지못하고 官이 應爻에 臨하면 얻지 못하고 三合官局이 應을 生하면 얻지 못하나니라

㊿ 在任吉凶

※ 官旺財興 仕道顯赫 子搖兄動減俸休官

官이 旺하고 財가 旺하면 벼슬길이 빛나고 창성한다. 子孫이 動하고 兄이 動하면 減俸되거나 休職을 하게 된다. 官이 旺하여 生扶함을 만나고 혹 動하여 吉로 化하면 世가 旺하고 財旺하며 혹 財가 動하여 世를 生하면 住民들이 그 德을 찬양하여 주고 벼슬길에 파란이 없게 된다. 또는 官이 日月에 臨하여 世爻와 生合하거나 三合官局되여 世를 生하거나 혹 官이

星이 世를갖고 日月이 生扶하며 歲五爻가 서로 生合하면 君王의 은총을 받고 또는 昇進한다 兄弟가 世를 갖거나 兄爻가 發動하면 財物이 破損되고 減俸하게 된다. 子孫이 持世하며 子孫이 中間에서 動하면 삭탈官職될 우려가 있고 官星이 休囚하였는데 도와주는 것이 있드라도 子孫이 動하여 制克하면 降級을 한다.

※ 官旺兄興清風兩神 父發鬼旺恩露三錫

官이 旺하고 兄이 興하면 清風이 두소매에서 감돌고 父爻發動하고 鬼가 旺하면 王에게 恩榮을 받게 된다. 兄動하면 減俸되니 財가 損된다하지만 한가지만 가지고 말할수가 없다. 만일 官星이 旺相하면 도리여 官이 清正하므로 非義면 不取하는 것이지 財가 없는 것이 아니다. 官星이 旺相하고 財가 空破에 臨하여도 역시 위와 같다. 旺한 父가 世에 臨하고 官이 動하여 歲五에 臨하고 혹 日月이 生扶하면 外方에서 벼슬을 하는 사람이라도 반드시 內職으로 昇進한다.

※ 兄鬼安寧地方少事 兄鬼亂動於卦中 旱澇兵蝗 地方不寧之兆

兄과 鬼가 安寧하면 地方에 일이없고 兄과 鬼가 卦中에서 亂動하면 가뭄과 장마가 兵亂과 虫害가 있어 地方이 不寧할 징조라 한다.

※ 日月冲克 誹謗多招

日과 月이 冲되고 克되면 시비를 많이 불러온다. 日月이 官을 克하고 혹 世爻를 克하며

朱雀과 騰巳가 世를 克하는데 世爻가 休囚되면 禍가 不輕하다. 世爻가 旺相하여 구조가 되면 幸苦가 많으나 조심하면 免厄이 된다. 官鬼가 世를 克하거나 世가 旺하고 官이 衰하면 반드시 비방이 있고 世가 衰하고 鬼가 旺하며 騰巳나 朱雀을 만나면 대기발령을 받는다.

※ 化進神 冲變合 加官贈爵

進神으로 化하며 冲이 合으로 變하면 官을 더하고 벼슬을 더한다.

世爻가 旺相하며 官이 化進神되고 官星이 旺相하며 世爻가 進神으로 化하고 世의 官이 得地하며 財가 進神으로 化하면 昇進榮轉의 징조라 한다.

※ 爻反吟 入三墓 反復昏庸

爻가 反吟이며 三墓에 들이가면 엎치락 뒤치락하여 어둡고 용열하게 된다. 卦가 反吟이면 몸을 움직여도 편안하지 못한다. 만일 世와 官爻가 旺相하면 일정한 승진이라하지만 世爻와 官星이 衰하면 降等되거나 벌을 받기도 한다. 世와 官星이 冲克을만나면 不測의 禍가 있다. 世爻가 休囚하여 克을입고 墓로 化하거나 入墓되면 일이 반복된것이 많고 또는 재앙이나 시비를 본다. 世에 煞이 있으며 化墓하거나 入墓되면 몽롱하고 답답하게 된다.

※ 世破鬼空 官不久 身衰化鬼命盡當危

世爻가 破되고 鬼가 空亡 이되면 오래 있을 수가 없고 身이 衰하여 鬼로 化하면 목숨이 단명하는 危厄을 당한다.

世爻가 破되고 空되며 官이 空破되면 在任中 편한날이 없고 世衰한 중 動하여 鬼로 化하고 回頭克으로 化하면 壽命이 위태롭다. 혹 官爻가 回頭克 되여도 그러하다.

※ 官而驛馬 必爲榮轉

官星이 持世하여 明動되고 暗動되여 驛馬에 加臨되면 반드시 榮轉을 한다. 日月動爻가 財를갖고 生扶되면 榮轉中 利를얻고 卦中에서 兄弟가 發動하며 日月動爻가 世爻를 刑克하면 辛苦한다.

※ 官合龍興 恩命至

官이 動된 靑龍과 合이되면 王의 恩榮이온다. 靑龍의 官星이 世를갖거나 혹 日月에 臨하며 日月動爻가 世爻와 生合되고 世爻가 歲五爻에 臨하고 혹 歲五爻가 世爻와 生合이되며 혹 世官이 三合되면 다 吉兆라한다. 大位면 임금의 特惠를 입고 平位는 昇進하게 된다.

※ 財臨虎動 計音來

財가 虎動한데에 있으면 부고소식이 오게된다. 財爻가 持世하며 卦中에 財가 動하고 혹 父母爻가 休囚空破되면 혹상복을 입게 된다.

寅月 壬午日 在官平安

頤　　　
噬嗑　卦　寅 ‖ ×世 ‖ ‖ ―應
　　　　子 ‖ 戌　辰　寅
　　　　兄　父　冲　子
　　　　　　冲　才　才　兄
　　　　　　官　酉　　　父

어떤사람이 이卦를 가지고 와서 나에게 묻기에 올해 在任하고 있는중 世爻가 鬼로 變하니 심히 근심이 된다. 世爻戌土기 비록 休囚되였으나 午火가 生을 하니 自身은 무사하다 그러나 父母의 服을 입게되리라 財에 白虎가 아닌데 어떻게 孝服이라 하겠는가 내가보기는 午日 이 子水父를 冲動하였는데 戌土 財爻가 克하고 世가 空官으로 化하기에 九月에 應하리라하 였드니 과연 八月에 父가 死亡하였다.

辰月己丑日占 在任 吉凶

　　中孚　卦　卯 ― □ 　
　　損　　官　巳　未 ‖ 世 ‖ 卯 ―
　　　　　才子　父　冲 丑 ― 巳
　　　　　　　　　兄　官　父　應

兄爻가 世를갓고 丑日辰이 世를冲動하니 今年겨울에 움직이게되나 損財가 적지아니 하리 라 저사람이 묻되 무슨일이 있겠는가 내가말하기를 父母爻가 子水의 回頭克이 되니 今年겨 울에 喪服을 입으리라 不意中六月에 移動이있고 子月에 訃音이 와서 歸家하였으니 破財하고 父傷을 當하였다.

※ 財旺官空 且自堆金於白屋

財가旺하고 官이 空亡되면 스스로 金을 白屋에 싸게된다. 財가 旺하고 世가 旺한데 官이 月破 旬空에 臨하며 혹 日月冲克을 입으며 動하여 凶으로 變하면 官은 썩은나무에 가지가 마른 것과 같다. 그러나 財가 旺相하면 白屋의 當翁은 되지만 王家에 祿은 먹지 못한다.

※ 妻搖鬼旺 定然執玉拜丹祿

妻財가 動하고 官鬼가 旺하면 王家에서 祿을 얻게된다. 世와 官星과 財星三個가 하나라도 失陷하지 아니하여야 한다. 만일 財官이 兩旺하나 世爻가 失陷하면 혹 어쩌다 官을 얻었다 하여도 安亨할 福이 없다. 만일 世나官이 兩旺되나 財星이 失陷되면 혹 官祿을 얻으나 財가 없다.

丑月 乙卯日 援例 (才를 써서 이름을 얻기 위함)

豫卦　　否卦
才戌　　才戌 ×
官申　　官申 ×
孫午　—應
　　　　兄卯 ‖
　　　　孫巳 ‖
　　　　才未 ‖ 世

財가 動하여 官을 生하나 世爻가 月破에 臨하고 破되며 日辰이 卯木의 克을 입으니 官이 형통하지 아니할 뿐 아니라 끝에 가서는 成功하나 喪身한다.

戌月 癸丑日占(돈을 들여 복직되겠는가)

```
困   卦
兌   父 未 ‖ — —
     兄 酉 ‖   應
     孫 亥 ‖ —
     官 午 —
     父 辰 —  世
     官 巳 才 寅 ×
```

이 公이 過誤로 인하여 落職된 뒤에 주선하여 外省으로 發令되였기에 내가 말하기를 世爻가 休囚되고 動하여 鬼로 變하니 就任이 不可하다 하였으나 듣지아니하고 가드니 正月에 疾病에 걸려 七月에 死亡하였다.

※ 재정자비 공용의 란?
(財靜子飛 空用意)

財가 고요하고 子孫의 飛神이면 공연히 用意하게된다. 子孫이 持世하면 財爻가 動하든지 아니하든지 다 行함이 不可하다 財가 空破하여도 역시 行함이 不可하다. 子孫과 財星과 官星이 同動하면 行함이 可하다 그연고는 무엇인가 子孫이 動하여 財를 生하고 財가 動하여 官을 生한 연고니라.

※ 兄與財動柱勞心

⑥⑨ 武 試

文試者 官文兩重 武試者 首重官父

文官시험은 官文을 둘다 중하게여기고 官시험은 首位로 官父를 重하게 여긴다. 世와 官星이 함께動하면 行하여도 좋다. 그 이유는 무엇인가 官鬼는 兄을 制去하기 때문인것이다. 만일 官星이 함께動하면 破耗의 神이니 스스로 그 財物을 허비하고 끝에가서는 成功하지 못한다. 兄父가 世를 가지며 혹兄父가 動하면서 兄이 旺한데 財가 動하여도 공연히 마음만 수고롭게한다. 兄父가 世를 가지며 혹兄父가 動하지아니하고 兄弟가 持世함을 만나며 兄父가 發動되며 財野鶴이 이르되 卦中에 官星이 動하지아니하고 兄弟가 持世함을 만나며 兄父가 發動되며 財父가 世를 갖고 兄으로 化하면 百에 하나도 이루어짐이 없다. 바보 이루어진다 하여도 뒤에 반드시 연고가 있어 끝에가서는 食祿의 方이 없다.

※ 世破官空 休指望

世父가 破되고 官이 空되면 指望을 하지마라 官이 旺하고 財가 旺하면 바랠수가 있다. 武官은 文을 重하게 여기지 아니하나 내가 항상 시험한바 官文이 兩旺하면 끝에가서 合格을 하나 그러나 財가 動하여 生官되여야 한다.

※ 試期病阻 乃因 官鬼傷身

시험치는 시기에 病으로 저해되는 것은 官鬼로 因한 傷身을 하게된다. 官鬼가 世를 克하인하여 가지 못하거나 그렇지 아니하면 災禍가 몸에 따라온다.

고 日月動爻가 世를 克하며 世가 動하여 鬼로 化하며 化克되면 시험장에 가고저하나 病으로

⑦ 武從軍

官宜旺相 不宜空破休囚

官爻는 旺相함이 좋고 空破되고 休囚되면 좋지않다. 財世의 兩爻가 刑冲剋害를 무서워하고 世와 官星이 다 旺하여 吉로 化함이좋다 財는 祿養이 되는데 어찌 日月의 刑冲을 좋게 여기겠는가 世文가 失陷되여 凶으로 變하면 몸을 保存하기 어렵다 官星이 失陷되며 動하여 凶으로 變하면 成功하기가 어렵고 財가 失敗하여 動하며 凶으로 變하면 양식이 없고 祿이 없으니 바로 官이 旺하드라도 부억아래서 연기가 없게된다. 오직 기쁨은 官星이 持世하고 財가 動하여 相生하며 財文가 持世하고 官이 動하여 相合하며 혹 官世가 日月에 임하고 歲月日建이 相生하며 혹 世가 動하여 吉로化하면 將來에 벼슬길에 오르게되고 百人之長이 된다. 覺子가 이르되 비록 판단이 그러하나 맞지 아니 함이 없다. 다만 저사람의 오는 뜻을 알아 만일 名利를 물을적에 이와 같이 판단한다.

※ 署印謀差 (원래와 同一하다)

財與官星 不可有一不旺 子孫兄弟 不可有 一而動搖

財와 官星이 하나라도 旺하지아니하면 不可하다 子孫이나 兄弟가 하나라도 **動搖**하면 不可하다 世가 旺하고 財가 空되면 修身함이좋고 官이 空되고 世가 破되면 다른사람에게 양보하라. 財를쓰는 것이니 援例와 같이 보라 世가 衰하고 隨鬼入墓되고 世가 動하여 克으로 化하고 鬼로화하고 子孫과 兄弟가 世를 가지면 謀署謀差가 모두나쁜 그 물에 걸리게된다.

※ 占 面聖上書 叩閣獻策條陳劾奏章

임금 님을 면대하며 글을 올려 어두운 일을 깨쳐주고 대책을 드리며 진정을 올리고 잘못을 아뢰는 것의 길흉을말함

※ 故文持世宜日月歲五以維持

旺한 文書가 世를 갖고 日月의 歲五를 유지하면 좋다.

父母가 文書나 章奏가되니 世를 갖거나 世와 合이 되면 上書하여도 인정을 받고 재차 歲의 五爻 아울러 日月動爻를 얻어 生合되면 의심할것 없이 인준된다.

※ 兄弟臨身 喜父母化吉而拱合

兄弟가 世에 있고 父母가 吉로 化하며 拱合됨을 기뻐한다. 兄弟가 持世하고 日月이 生하며 혹 世爻나 父母爻가 吉로化하며 혹世爻가 父母로 化하여 世를 生하면 임금님의 얼굴을 대하고 자기의 계획이 認定을 받는다.

※ 財爻持世 破文書

財爻가 世를 가지면 文書를 破한다. 財爻가 世를 갖거나 財爻가 發動하면 文書를 克破하니 上書하되 利益이 없다. 父母가 持世하고 財官이 動하면 기쁘다. 그연고는 무엇인가 財가 動하면 官을 生하고 官이 動하면 世를 生함이다.

※ 子福臨身防降罰

子孫이 世에 臨하면 降等이 아니면 罰을 받게 되는 것을 방지하라 子孫은 官을 克하는 것이니 官職에 있으며 上狀하나 좋지아니하다. 혹 持世되고 혹 發動되면 輕하면 降等이고 重하면 休官하게 된다. 無職人에 對하여는 兩論이있으니 來人의 생각을 잘 살피라 原來求名이면 成功을 못하고 禍가 있을까 두려워 하는 사람은 禍가없게 된다.

※ 世臨空破難以回天

世爻가 空破에 臨하면 回天하기 어렵다. 父世가 旬空月破를 만나고 絶에 있으며 絶로 化하고 三墓에 들어가면 認定을 보지 못할뿐아니라 일찍 천기를 아는 것이 좋다. 世가 動하여 凶으로 變하고 혹 歲五爻의 日月動爻가 世爻를 冲克하면 回天하기 어려울뿐 아니라 또 不測의 禍를 조심하라.

※ 子動臨身 力能折檻

子孫이 動하여 身에 臨하면 힘으로 能히 折檻을 한다. 혹시 말하기를 前說에 子動하여 克官하므로 不宜見이라하였는데 또 子孫의 持世가 좋다함은 무엇인가 野鶴이 이르되 일의 大

小를 보아 有職한官이 이일을 行하면 미리 헤아려 바로 進行하지 아니하면 과실이 없이 革職을 할 따름이다. 子孫은 即 官을 克하는 神이니 功名을 보존하고저 하거든 子孫이 發動되면 절대 行하지말라. 만일 條陳將相이 君非를 諫諍하여 進行됨을 얻으면 이름이 青史에 남을것이고 만일 不進되면 禍가 그 몸에 올 것이니 그래서 도리어 子孫持世를 기뻐한다. 그러기에 殿折進爭을 얻드래도 可히 안보되여 禍가 없으리라 古法에 乾宮의 子孫發動은 吉하게 된다라하였다.

子孫은 制鬼하는 福神이니 乾宮에 있으면 福神이 된다는 소리를 듣지 못했는가

巳年巳月 丁卯日占 劾奏

旅卦 ― ― ―應― ― ―世
　　　巳 未 酉 申 午 辰
　　　　　　　　冲
　　　兄 孫 才 才 兄 孫

野鶴道人이 이르되 어떤사람이 이 卦를 가지고 와서 나에게 묻기에 戰鬪를 하려면 그 害를 만날가 두렵다. 또 묻되 어찌되겠는가 應爻酉金이 巳年巳月에 歲月이 克하고 卯日冲하니 부터 衰해감을 안다. 또 묻되 傷은 있으나 求함이 없다. 그래서 彼人의 權勢가 至今으로 나에게 害가없겠는가 내가 이르되 子孫이 持世하였으니 무슨 害가 있겠는가 果然進行을 하였으나 干勢에 敗하였다.

※ 最忌官爻克世 猶嫌助鬼傷身

官爻가 克世를 가장싫어하니 오히려 助鬼하면 傷身될까 두려웁다。官鬼가 克世하면 凶兆가 있는데 재차 財가 動하여 鬼의 助함을 얻으면 그 禍를 免하기가 어렵고 世爻가 鬼로 變하며 動하여 回頭克으로 化하면 隨鬼入墓가 되고 卦가 反吟을 얻고 卦가 絶克으로 變하고 世가 冲克을 입으면 일이 重大하지 않거든 急하게 중단하는 것이 좋다。

※ 歲五生身 防受制 六爻慌惚且休行

歲五爻가 生身하면 制克받는 것을 조심하고 六爻가 흘란하면 休行하라 太歲가 世를 生하면 반드시 爻에 있지아니하면 能히 世를 生하랴 또 이제 해가 子年이라 卦中에 보와 子爻가 또 있는 것을 가르킴이니 비록 五爻가 生世하면 吉이 되나 역시 受克 空衰破絶을 조심하여야 할것이니 有生의 名보다 無生의 實이 된다.

申月戊辰日占 上書

中孚 損
卦   卦
官卯 ｜   父巳 ｜
父巳 ｜ 口   兄未 ∥ 世
兄丑 ∥ 世   兄丑 ∥
兄卯 ｜   官卯 ｜
父巳 ｜ 應

五爻巳火가 生世를 하나 좋지 아니 함은 巳火가 子水의 化克을 받으니 이글을 제출하지 아니 하고 그치는 것이 좋으리라 또묻되 害가 있겠는가 내가 말하기를 巳火가 비록 生世하지 아니하나 卦中에 世爻의 克이 없으니 利害가 없으리라 果然 뒤에 上書하였으나 成功되지 아니 하였다.

※ 父旺官生 叨蒙贈爵 旺官持世 平步登雲

父爻가 旺하여 官을 生하면 벼슬을 더하게 되고 旺官이 持世하고 官이 動하여 生하고 旺官이 持世하며 日月이 生하면 官上에 官을 더하고 士人은 몸이 臺閣에 오르게 된다.

※ 我念爲名 忌子孫之發動 我念爲利 忌弟兄以臨身

나의 이름을 爲하면 子孫의 發動을 싫어하고 나의 利를 생각하면 兄弟가 臨身함을 싫어한다.

午月 丙辰日占 上書保全功名

```
大壯  卦
      兄戌 ‖ ×
      孫申 ‖ 世
      父午 ‖
      兄辰 ‖
夬卦   官寅 ‖ 應
孫酉   才子 ‖
```

父母가 持世하고 月建午火文書가 極旺하나 다만 子孫이 發動進神되여 官을 傷하니 七八

月에 申金이 得令하면 功名이 무너지리라 과연 上書하여 成功을 얻지 못하고 削職되였다.

이것은 文旺하였으나 이익이 없다.

卯月辛丑日占 占貝文 辨懇開銷

```
訟    | |
卦  戌 | |
履  孫 申 | |
    才 午 世||
    兄 午 辰 |
      兄 孫 寅 ×
      兄 巳 父   應
```

※ 世旺官宗 憂心氷解 旺官持世喜照雙眉

旺父가 비록 世를 生하나 不宜하다 兄弟가 持世하니 上司에게 章奏를 반듯이 行하나 나의 재물이 破하게되리라 뒤에 果然 題辨하였으나 不成되고 開銷 하였다.

世가 旺하고 官이 높으면 근심되는 마음이 얼음풀리듯하고 旺官이 世를 가지면 기쁨이 두 눈썹에 비친다. 世와 官星이 旺相하면 무슨 근심이 있겠는가 거기에다. 두번째 日月生扶를 얻고 혹 世父와 官父가 日月에 臨하며 動하여 吉로 變하면 參劾에 무슨 근심이 있겠는가 이미 未結된 案이라도 근심이 없고 大計를 생각하나 근심이 없다.

未月戊申日占 吳軍粮已破參劾

408

```
豊      旅
        卦
才巳 官戌 ×
     父申 ‖ 世
     才午 ｜
     兄亥 ‖ 應
     官丑 ‖
官辰    孫卯
```

世爻가 日辰에 臨되고 月建이 生하며 動出된 戌官이 와서 相生하니 官爵이 병이 없다.

卯木子孫이 發動하여 官을 克함은 어떠한가 木이 申에 絶되니 有求됨이라 하였다.

世와 子孫이 動하면 世가 福으로 化하고 官이 空되고 鬼가 破도되면 變爻의 傷을 입는다

子孫이 持世하고 卦中에서 動하며 世가 動하여 子孫으로 化하고 官이 破되며 官이 空되고 破되며 動하여 回頭克으로 化하면 罷職休官하게 된다.

寅月丁巳日占 憲大計

```
     旅       亥官
明夷  卦
     才酉 兄巳 ▭
        孫未 ‖ ▭應
           酉才
           申｜‖
     父卯 孫辰 × 世
           午兄
```

子孫이 持世하고 回頭克으로 化하며 世가 역시 克을받는 중 外卦 巳酉丑이 비록 金局이 되어 伏神官을 生하나 역시 無用되므로 果然落職되였다.

※ **兄動財空 減祿罰俸**

兄이 動하고 財가 空되면 減俸하거나 罰을 받거나 한다. 兄弟가 持世하고 兄弟發動하여 혹 財가 破되고 財가 空되며 財가 動하여 凶으로 化하고 官爻는 旺相을 얻으나 罰俸이 될 따름이고 官이 失陷되면 名利를 함께 잃게 된다.

※ 身衰鬼克 貶責凌辱

身이 衰하고 鬼가 克하면 직책은 덜고 凌辱을 보게된다. 世가 衰하고 生扶를 만나지 못하며 또 歲五爻의 日月動爻가 刑冲克世하며 혹 官이 動하여 世를 克하고 혹 世가 隨鬼入墓하며 世가 動하여 鬼로 化하고 克으로 化하여 白虎와 騰巳가 世爻를 刑克하게되면 輕하여 減俸되는 罰을 받게되고 重하면 刑務所에 간다. 혹시 묻되 輕重을 어떻게 판단하는가 내가 말하기를 輕한 것은 求함이 있고 重하다는 것은 世爻가 休囚되고 또 刑傷冲克을 입는다.

※ 卦靜世空 官又陷林下閒人

卦가 고요하고 世가 空이 되고 官이 衰하면 林下에 한가한 사람이 된다. 世空하면 退休의 징조요 官이 空破되고 休囚되면 틀림없이 落職된다.

※ 世陷逢生殺興碍

世가 衰하나 生을 만나고 殺이 興하면 무슨 꺼리낌이 있겠는가 古法에 世가 動空되고 殺이 動하면 避禍의 징조라하였으나 나는 그렇지 않다고 본다. 忌神이 卦中에서 動함을 아지 못하고 世爻가 空된자는 世爻의 出空된 月日에 반드시 그 害를 만난다. 어찌 능히 하리요 오직 世가 空이 되였다 하여도 元神이 動하여 相生되면 卦中에 비록 忌神發動이 있다 하여도 지장이 없고 또는 世爻가 出空되는 날에 忌神이 도리여 元神을 生하고 世를 生한다.

※ 官陷世陷 身辱官存

官은 旺하고 世가 弱하면 몸은 욕되나 官은 보존된다. 古法에 身변의 伏鬼는 空이아니면 官職이 오히려 존속되고 凶兆를 만나나 官爻가 持世되고 혹 官이 世爻下에 伏되며 旺하면 비록 責罰이 있다. 하여도 오직 官은 보존된다. 野鶴이 이르되 世가 五爻의 克을 만나고 만일 旺官을 얻어 世爻와 生合하고 旺官이 持世하면 辱을 만나나 官이 회복된다.

丑月戊辰日占 防參劾

井　　　　　　世
　　子 ×ㅣㅣロ　應
中孚　戌　申
　卦　冲
兄卯 父　　酉
　　才　官
　　官丑　亥×
　　才　父
　　　　丑
　孫巳才

이 卦는 심히 특별하다 世가 空인데 日冲을 만나니 空이아니된다. 世爻가 克을 받지 아니하고 暗動하니 參論이 없다. 하나 離任은 免치못하리라 저 사람이 문의하기를 이미 參論이

없으면 무슨이임이 있겠는가 내가 말하기를 世爻가 暗動하니 動搖되리라 그리고 巳酉丑官局
이 應爻를 生하므로 이 官의 位가 他人에게가리라 그후에 과연 他處로 轉任되였다.

※ 身實官陷 位去身安

世는 實하고 官이 衰하면 位는 가벼우나 몸은 편안하다 世爻가 旺相하여 傷克을 받지 아
니하고 官이 破되거나 空이되거나 冲克 刑害를 입고 혹動하여 凶으로 變하면 官祿은 잃어
버리나 몸은 傷을 만나지 아니한다.

㊆ 養親告病辭官

(養親키爲하여 病을 告하며 辭官함)

※ 子世子興必能遂願 官克官世摠不如心

子孫世며 子가 旺하면 반드시 願한바를 이루고 官이 官世를 克하면 모두 마음과 같지 못
하다. 子孫이 持世하며 子孫이 發動하면 官의 누가 없으니 반드시 나의 한가함을 이루고
만일 官星이 持世하여 官이 動하고 克世하거나 合世하면 자기의 願을 이루게 된다.

※ 給暇不忌 反吟 須宜化退

휴가를 얻는것은 反吟 不忌하고 쉬고 싶으면 化退도 좋다는 것이다. 告病養親은 잠깐 歸
家하는 일이니 反吟卦를 얻으면 將來의 再任을 應하므로 不忌하고 오직 辭職하는 데에는
좋지 아니 하다. 現在의 屢辭反復이 아니면 將來에 歸家하는 것이니 만일 反吟을 얻으면

반드시 行하기 不能하다. 官이 退神으로 化하고 世가 退神으로 化하면 告暇辭官이 다 뜻을 이루게 됨을 얻는다. 世와 官星이 進神을 化하면 王家의 일에 얽히여 休暇를 얻지 못한다.

※ 修築修河, 一切營造, 公務防患

능을 수축하고 河川을 수축 일절 營造하는데 公務에 防患함.

※ 福持子動無憂 鬼克兄冲有患

子孫이 動하면 근심이 없고 鬼가 克하고 兄이 冲되면 근심이 있다. 子孫이 持世하여 子孫이 卦中에서 動하면 근심이 없으며 시작이 있으면 끝을 맺는다. 官鬼가 克世하면 근심이 있고 兄이 動하고 兄이 克하면 不宜하다.

※ 父世官生因公加爵

父와 世와 官이 生되면 공사로 인한 벼슬을 더하게 된다. 父母가 世를 갖고 官星이 動하여 世爻와 生合하면 반드시 公事로 因하여 벼슬을 더하게 된다.

※ 財興官旺 獲利榮名

財가 흥하고 官이 旺하면 利得도 얻고 영화스러운 이름도 얻는다. 官이 旺하고 持世하고 財가 動하여 相生하면 公事로 因한 利를 얻을뿐아니라. 榮名도 한다. 旺財가 持世하고 世가 動하여 化하여 財로 化하여 世를 生하면 위와같이 同斷한다.

※ 六冲 不久 六合堅牢

六冲은 오래가지 아니하고 六合은 단단하고 오래간다 工程은 父爻로써 用神을 하는데 用神이 不旺하고 혹 冲克을 받으며 또 六冲卦를 얻으면 반드시 오래가지 못하고 冲으로 化하여도 역시 그러하다. 또 世爻의 旺인가 아닌가를 보고 만일 休囚되고 克을 입으면 將來에 그 害를 만난다. 오직 喜한 父爻가 旺相되고 또 六合卦를 만나면 永遠堅固하다 野鶴이 이르되 六冲占에 公務工程에 初入하여 근심을 막는데에는 子孫動搖가 좋으나 子孫이면 근심이 없다. 그러나 功名에는 子孫이 動하면 官을 傷한다 어찌 子孫動하면 근심이 없으랴 子孫이면 初入工程은 兄이 動하므로 財가 損되니 兄이 動하면 罰金을 조심하라 要는 文이 動하고 六合이면 吉하다.

※ 僧官 道紀 醫官雜職은 陰陽으로 等官을 한다.

※ 僧道 配官 亦喜官文發動

僧道나 醫官은 역시 官과 文이 發動하는 것이 기쁘다. 舊係에 어찌 文書發動이 可하다 하는가 僧道醫官의 功名占은 子孫으로 用神을 하니 父가 動하면 子를 克子하여 不宜하다 野鶴이 말하기를 이것은 이치가 아닙니다. 만일 사람의 僧道醫人을 占치는데 子孫으로 用神을 하니 子孫이 旺相하면 道와 業이 높고 강하며 父母가 흥왕하면 愚柔虛弱하니 만일 僧道醫家道藝를 自占할적에 子孫으로 用神을 하니 子孫이 旺相하면 鬼伏龍降한다. 子가 動하여 官을 克

하니 무엇으로 用神을 할것인가 아니다. 官爻를 보고 官星이 持世하며 혹 日月動爻가 相生
하며 父母가 持世하고 혹 旺官이 相生하면 그 이름이 반드시 이루어진다.

※ 陰陽新職俱以子動爲嫌

陰陽新職은 함께 子孫을 凶惡스럽게 여긴다. 子孫이 動하여 子孫이 持世하면 반드시 成
功을 못한다. 俗家에 求名도 同斷한다.

※ 陰陽新職以子動爲嫌

丑月 丙辰日 僧官占名

既濟 屯
兄子 ‖ —應‖
官戌 — ‖世—
父 — ×
 兄亥官辰寅孫子兄

子孫이 持世하여 克官하고 官이 應爻에 있으니 이관이 他人에게 가리라 果然 革退되였다.

㊆ 功名到何昌級求財章

공명이 어느계급까지 도달하겠는가.

※ 古法 水一 火二 木三 金四 土五라한다. 官居火者 官居二品 官星屬水 一品之尊
古法에 水는 一이요. 火는 二요 木은 三이요 金은 四요 土는 五라한다 官이 火에 있으면 二
品이되고 官이 水에 있으면 一品의 尊位가된다. 野鶴이이르되 水는 一數에 끝이니 公
候에 到達되면 무엇으로 定할것인가 官이 九品인데 數가 五에서 끝이니 六七品이면 어떻게

定할것인가 그 法을 얻었으니 占으로 법을 가르쳐주겠다。 내가 公候인기 내가 將相인가 내가 一品인가 ㆍ入座한것인가는 旺官이 日月에 臨하면 날을 가르쳐 期日을 가르키고 官이 破되고 刑冲되면 終身토록 失望한다。 子孫이 持世하면 바래기가 이렇고 官이 動하여 生身하면 주머니 가운데에서 물건을 내는 것과 같다。 현재관직이 어메끼지 되겠는가 巳月乙卯日占 雷山小過卦에 午火官星이 持世하여 뒤에 果然 官이 僉事가 되였다。 또 子月乙亥日占에 官位가 次及인데 將來長官을 하겠는가 하여 연거푸 三卦를 占쳐 子孫이 持世되여 辭職하고 돌아왔다。

卯月 甲申日占 鼎甲을 하겠는가 再占

節
卦　　　　　應
兄子‖
官戌‖
父申∣
父申官丑×　　口世
才午孫卯才巳
官辰才

古法에 蹇은不吉하다하나 나는 用神을 重하게여간다。 이卦가 巳火世가 臨되고 卯月이 生하며 申日이 合하고 靑龍이 世를가지니 鼎甲을하게됨이 의심할바가 없다。 이제 科甲은 鼎甲이라하였다。 公이 이르되 어찌하여 그러한가 내가 이르되 世父가 辰土의 官을 變出하니 辰年에 鼎甲을 한다。 公이이르되 이 數가 나의 생각에 暗合된다 少年에 辰年에 응됨을 짐작하였다。 果然辰年에 首席合格을 하였다。

※ 子占父功名

父旺官動相生、日月作官星而生父母父旺化官 父官動而化吉 皆許成名

父旺官動相生하며 日月이 官星으로되며 父母를 生하고 父가 旺하여 官으로 化하고 父와 官이 動하여 吉로 化하면 成功하게된다. 財가 動하여 父를 生하고 子가 動하여 官을 傷하고 父官이 動하여 凶으로 變하며 日月이 官을 克하고 父를 克하며 혹 父와 官星이 衰하여 墓가되고 破絶되면 다 이익이 없다.

卯月 壬辰日占 父何時起用

澳卦

```
    ㅁ —世
父卯      孫
兄巳 ×
        —應
兄午 ×
孫辰
孫辰
父寅 ×
官子
```

內卦 寅木父母가 旺하고 子水의 官星을 化出하니 寅年에 起用되리라 果然 寅年에 部長으로 起用되고 뒤에 未年에 끝났다. 또는 이卦가 初爻가 寅木父가 動하니 寅年에 起用되고 上爻卯木이 動하여 未를 化하니 未에 墓가된연고라한다. 占할적에 未墓가 空인데 未年에 出空되므로 實墓의 年에 死亡한 것이다. 또는 用神이 重疊하면 墓庫를 만나므로 收藏이 된 다는 말과 똑같으다.

辰月戊申日占 父在京 入候補

渙卦

```
        才卯 ‖
        官巳 ‖ 世
        父未 ‖
        才卯 ‖
        官巳 × 應
        父辰 官巳
        父未 ‖
```

未土父母가 持世하고 巳火官이 動하여 生하니 果然 추천을 얻어 국회의원에 당선되였다.

巳月에 바로 당선되였다. 이것은 巳火가 世를 生한연고라 한다.

李我꾸이 말하기를 何時를 묻고 何地를 물을적에는 分占을 하여야지 一卦만가지고 兼하여 단정함은 不可하다. 兼斷한다면 가령 申金官을 만나면 七月에 승진이라 하고 分野로는 申이라 西晋의 땅이라 하겠으나 어찌 七月에 반드시 西方의 缺을 얻을것인가 法이 틀렸다는것이 현명하다. 八宮으로 离南坎北과 또는 二十八宿으로 分野를 定하고 또는 이땅에서 祿을 먹으면 祿으로써 方位를 定하라 易胃에 五行의 六神 八宮으로 經을 定하고 二十八 諸星으로 緯를하여 참고함은 옳은것 같으나 行하는것이 不可하다 五行의 六神 八宮및 宿은 亦是 近理하나 만일 六神에 殺星을 兼한다는 것은 妄談이라 한다. 가령 丁日占에 雷風 恒卦를 얻으면 酉金官星이 持世하니 반드시 兵權을 맡고 螣巳를 얻으면 螣巳는 馳昇 差遺의 官이되고 丁은 酉로써 支昌을하니 支昌은 翰林이 된다. 이法을 가지고 판단하면 酉官은 經이되고 螣巳支星은 緯가 되니 兵權과 翰林을 장악하니 差遺馳驛의 詞林이라 한다.

㉓ 求財章

※ 諸書之論求財 弗如黃金策 理眞論確 屢試屢驗 惜乎未經分別 今以前段爲總論 以後段分門 使後賢 易曉 內有屢試、不驗者刪之 余吊其驗者增之 財旺福興 公私補情財空福絶 上下違心

모든 글에 求財論이 黃金策 眞理의 確實論만 생각지마라 여러번 시험하고 後段으로 總論을 하고 여러번 경험 하였어도 어렵게 經을 分別치못하여 이제 前段으로 後段으로 門을 나누어 後賢으로 하여금 쉽게 깨우치도록 한것이다. 內的으로 여러번 시험하여 맞지 아니 한것은 삭제하고 내가 경험된 것만을 갖추려 增을한바 財와 旺하고 子孫이 興하면 公秘間에 有情 하고 財空되며 福이 絶되면 上下가 모두 내마음과 어긋진다. 위로는 國家에 이르고 下로 營謀에 까지 財로 用을하지아니 함이 없으니 公占秘占에다 財로써 用神을 하는데 子孫은 生財의 元神이 된다. 그러기에 함께 旺하여吉로化하고 또 生合하고 世와合하면 公秘間에 다 뜻을 얻는다. 만일 衰墓絶空刑冲克害를 만나 凶으로 變하고 日月의 冲破한자는 불길하다.

※ 有福無財 兄弟交重偏有望

福이있고 財가없으며 兄弟가 交重하면 편벽된 뜻이 있다. 兄弟는 劫財의 神이니 財占 에 가장싫어한다. 財와 兄弟가 同動되면 반드시 막히고 破耗되는 일이 있으나 만일 財가 靜하여 動하지않고 卦에 올라있지아니하며 子孫과 兄弟가 同動하면 또 기쁘게된다. 兄이動 하면 子孫이 生하므로 有望하다한다. 財爻와 兄爻와 子孫이 함께 卦中에서 動하면 다시 기쁘게된다. 그연고는 무엇인가 兄動하면 子孫을 生하고 子孫이 動하면 財를 生하니 그 이익이 甚히좋다. 또· 久遠한 源流의 利益이 있다.

※ 兄興財振 官文發動堪求

兄이 흥하고 財가 떨치며 官文가 發動하면 구하게 됨을 느낄수 있다. 兄爻와 財爻가 同動하고 官鬼가 역시 動하면 財를 얻게 됨은 官鬼가 兄弟를 克制하는 연고라한다.

※ 財福俱無 若守株持兔

財福이 함께 얻게됨은 守株持兔라한다. 財와 子孫爻가 함께卦中에 나타나지 아니하여 혹 卦中에서 나타나거나 또 休囚空破墓絶을 만나고 혹 刑克과 冲破를 입으면 守株함이좋으니 도모한들 이익이 없다. 覺子가이르되 日月의 財가 되거나 혹 伏되거나 旺하면 求할수가 있게된다.

※ 父兄文動 無殊 綠木求魚

父와兄文가 動하여 다른 변동이 없으면 산나무밑에서 고기를 구하는 격이라한다. 父가 動하여 福神을 克하며 兄이 動하여 財文를 克하면 이 二文가 卦中에서 動하면 도모함이있으나 물속에서 달을 건지는 형상이다.

酉月戊午日 求財占

革

```
官 未 ‖
父 酉 |   ―世
兄 亥 ‖
兄 亥 ‖
官 丑 ‖   ―應
孫 卯 |
```

卦中에 財爻가 나타나지 아니하고 亥水兄弟가 世를 가지며 父爻가 月建에 臨하여 兄弟爻를 도우니 橡木求魚格이라 財를 구하지 못한다.

※ 多財反覆必須墓庫以收藏

財가 많아 反覆하면 반드시 墓庫로써 收藏을한다. 卦中에 財가 日月에 臨하여 太旺하여 或 動變하며 함께 財爻가 되면 重疊하니 만일 求謀하면 뜻을 얻는다. 財爻가 入墓하는 날에 得財한다. 만일 水財神이 라면 辰日이 墓가되니 이날에 얻게 된다. 다른것도 이것을 본받으라.

※ 無鬼分爭 又怕交重而阻滯

귀 分爭이 없으면 또 交重하고 阻滯됨을 두려워한다. 兄弟는 爭奪 阻隔 耗財之神이니 官鬼가 動하여 制克함이 좋다. 이렇게되면 分爭의 근심이 없다. 卦中에 兄弟가 靜하면 또 鬼動함이 不宜하다 鬼가 動하면 財氣가 洩된다. 그리고 口舌수도 있다.

※ 兄如太過 反不克財

兄이 太過하면 도리여 財를 克하지아니한다 舊文에 卦中에서 一位 兄爻가 動한자는 利害

巳月 丙辰日占 求財

```
       未濟
        卦    □應 ‖
  旣妹                巳
        兄     ‖    
               未
        孫  ㅣ        ‖世
               酉
        才  ㅣ        ㅣ
               午
        兄            ×
               辰
        孫
               巳
        兄
               寅
               父
```

가 있다. 만일 兄弟文가 多動되면 도리여 劫財를 안당한다. 상대방이 말하기를 그렇지않다. 兄文가 많으면 兄文의 入墓를 기다려 兄文를 克損하는날에 반드시 그 財를 얻으니 太旺하면 損하므로 이루어지게 된다고하였다.

이卦가 月建의 世文動文變文가 모두 兄文인데 占친뒤에도 일이순수 하여 잘 되다가 九月에 兄文가 入墓되는달에 女亂으로 因하여 財物이 破耗되니 어찌 兄弟가 太過하면 도리여 劫財가 아니 된다는 말이 옳다하겠는가?

※ 世遇兄臨 必雜求望

世文가 兄에 臨됨을 만나면 반드시 求望하기 어렵다. 古法에 卦身이 兄文에 臨하면 求財가 어렵다. 내가 시험한 결과는 卦身은 不驗되기에 世文로 爲主를 한다. 兄弟가 持世하면 자기의 所望을 이루기 어렵다. 野鶴이 말하기를 전적 사람의 通變에 있으니 兄弟가 持世한다하여 忌함이 있으나 忌하지아니 함도 있다.

未月 丁卯日 借貸

晋卦
巳 ―應
父未 ∥ ―世
官酉 兄卯
兄冲才
官巳 ∥ 應
父未

兄弟가 持世하니 無財라하나 다만 기쁨은 卯日이 即財星이라 古法에는 財爻가 克世冲世하면 반드시 얻는다고 하였다 하물며 應爻未土가 旺하여 世를 生하니 明日에 반드시 얻으리라 果然 辰日에 財를 生하니 辰日은 世가 動하여 合을 만나는 날이라한다.

巳月 丁巳日占 求財

渙卦

既濟卦

孫卯兄子 ×應
官戌 ―
父申 ∥
才午兄亥 ▭世
官辰官丑 ×▭
孫寅孫卯

말일 久遠한 財라면 財를 얻을 수 없다. 만일 現在의 財라면 明日戊午日에 반드시 얻으리라. 그연고는 무엇인가 兄爻가 世爻에 臨하여 日破月破가되여 變出된 財를 克하지아니하고 하물며 月月이 함께 財를 剋하고 世를 冲하고 應爻가 逢空하니 明日에 冲空하면 財를 보내올 것이다. 과연 次日에 送來되였다.

巳月 戊寅日占 何占得財

离
豊卦

```
ㅁ世 ▭   ▭應 ▭
巳    亥    丑
孫戌兄 孫 才  官 孫
未 酉        卯
           父卯
```

酉金財爻가 不動하였으니 後日卯日이 酉金財爻를 冲하면 明日에 반드시 얻으리라 저사람이 이르되 兄弟가 持世하니 어떻게 財를얻겠는가 나는 이렇게본다. 兄爻가 動하였으나 墓로化하기에 財를 克하지아니한다. 果然 다음날에 얻었다. 野鶴이 이르되 兄爻가 持世하는데 世가 月破旬空 化墓를 만나고 日月이 財를 지어 世를 冲하거나 世와 合하며 혹 世爻와 兄弟가 財爻를 變出하면 財를얻는다 여러번 占쳐 경험을얻었는데 世가 兄弟를 가졌다하여도 이와 같은 유가아니면 이렇게 단정짓지 아니한다.

※ 財來就我 終須易 我去尋財必是難

財가 나에게 따라오면 쉽고 내가 財를 찾어가면 반드시 어렵게 된다. 舊文에 대범財爻를 만나 世爻와 生合되는 것은 財來就我가 되고 만일 卦中에 비록 財가 動함이 있으되 世爻와 生合되지 아니하다 내재물이아니다 野鶴이 이르되 이말은 財가 持世하니 어찌 財하지 아니하면 내재물이 아니 된다 하였으나 바로 前에 三卦가 兄爻가 持世하니 어찌 財와 生合된다 하겠는가 斷卦하는 사람이 靈機應變하여 그이치를 깨우치면 自然히 觸類彦通이 될것이니 하나만 가지고 단정지을 수가 없다.

※ 福變財生 利源滾滾

子孫이 變하여 財를 生하면 利源이 물흐르는 것과 같어 끝치지 아니한다. 財가 子孫이 動하며 生하여 줌으로 물이 근원이 있는 것과 같으니 그 利가 豊厚하다 子孫이 動하여 財로化하고 財가 動하여 子孫으로 化하면 모두 한가지로 본다.

※ 動遇空 身興遇破

世가 動하여 空을 만나고 世가 興하나 破를 만나고 世가 動하여 空破로 化하면 不吉하다 그리고 應이 日月에 있어도 쓸데가 없다.

※ 申月丁卯日占 出行見貴

```
同人        卦
 人  ―應― ―世―
 卦  戌 申 午 亥 丑 卯
     孫 才 兄 官 孫 父
```

官星이 世를 갖고 空이되니 出空되는 亥日에 官府로부터 財利가 내마음과 같이 얻으리라 과연 出空된 날에 官에서 財利를 얻으니 月建申金財爻가 世를 生한 연고라 한다.

※ 官持世 財動相生

官이 世를 갖고 財가 動하여 相生을 要한다. 財가 持世하고 官이 결함이없으며 다시 日月의 照臨을 얻으면 彼此가 多幸함이있으며 日月이 生世를 하거나 財를 生하거나 혹 世와 財爻가 日月에 있는것을 가르킨다.

※ 爲名宜父動 因利忌兄興

이름을 얻는데는 父母의 動이 좋고 利를 얻는데에는 兄이 興함을 싫어한다. 貴를 얻고자 하면 世와 官星이 相生되면 반드시 얻어볼수가 있으나 名利는 別占하여야한다. 만일 이름을 求하면 父와 官이 兩旺함이 좋고 利를 求하는데는 財와 福이 兩旺함을 좋게 여긴다.

申月 甲辰日占 謁貴求題薦

귀인을 만나서 취직을 求하는데 천거함을 얻겠는가

噬嗑卦

孫 巳 ㅣ
才 未 ㅣㅣ 世
官 酉 ㅣ
才 辰 ㅣㅣ 應
兄 寅 ㅣㅣ
父 子 ㅣ

文書를 要하는데 卦中에 財爻가 持世하며 父母가 克을 받으니 마음과 같지 아니하며 저 사람이 말하기를 財物을 얻겠는가 내가 말하기를 그렇지아니하다. 내가 온뜻이 원래 求名 인데 이 財爻가 持世하니 文書를 파괴하는 忌神이다. 財를 얻는다 말할 수 없다. 覺子가 이르되 사람의 財를 얻은것을 좋아하나 이卦는 財爻가 持世하였으나 문서를 破하니 천거를 못한다.

※ 六合六冲須看用 反吟化退枉奔馳

六合이되고 六冲이되면 用神을 보라 反吟이 退神으로 化하면 쓸데없이 분주하기 만한다. 爻가 六合을 만나면 역시 用神의 旺相을 要하니 혹 世와 財爻官爻가 相合하면 吉兆가 된다.

六沖이 用神의 克을 받아 失陷되면 凶하게 된다. 卦가 反吟을 얻으며 世가 動하여 退神으로 化하면 行動하기가 어렵고 가다가 돌아오게 된다.

※ 貴人謁貴 宜世應以相生 平人見貴宜官貴而相合

貴人이 貴人을 拜謁하는 것은 世應의 相生됨이 좋고 平人의 貴를 보는것은 官貴의 相合됨이 좋다. 그러니 官星의 持世를 要한다. 覺子가 이르되 마음에 貴와 求名을 묻는데는 官星이 持世하거나 生世를 하면 반드시 官을얻고 貴人을 拜謁하는 데에는 官星이 世를 生하거나 世爻와 相合되면 다 얻어보게되나 貴人을 보는데 官星을 보고 자못 成功이라 斷定할 수 있다. 貴人을 拜謁하는것은 世應이 相冲되고 財를 克하고 伏되여 空이되면 무엇이이익이 되겠는가 官鬼가 克世하고 世가 鬼로 變하면 더凶하다. 平人의 見法은 官이 克世하고 世가 鬼로 變하면 가지를말라. 가게되면 不測의 禍를 조심하라 財官이 生世하거나 持世하면 吉하게되니 現在 出行에 求財貴人은 出行章을 參考하라.

㉔ **貴人奔走効力求財**

貴人을 爲하여 奔赤하게 함을 다하여 求財함

가장중한것은 財官이 兩旺하여야하고 世應이 모두 空된것은 좋지 아니한다. 應은 官이 있고 世가 破를 만나고 應이 子孫에 있으면 내가 이익이되고 他人은 損害가 된다. 應이 財를 만나면 他人은 이익이 있으나 나는 損害가 된다. 兄弟가 持世하면 한가한 곳에서 安身

㉵ 開店各店舖

各種의 점포를 여는데

※ 世爲己 應爲人 大宜相合

世는 내가 되고 應은 他人이 된다. 함께 旺함이 가장 기쁘다. 그러기에 相合을 크게 좋아한다. 財는 근본이 되고 子孫은 집터가 되니 마음에 물건이 팔리겠는가를 물을적에 應은 소비자가 된다. 覺子가 이르되 來人의 생각에 있으니 彼此가 同心이 되는 것이다. 應이 世文를 生하면 내가 이익이 있고 世가 應을 生하면 他人을 이하게한다. 相冲相克하면 兩人이 情이 變함이 일 世應의 相生相合을 얻으면 彼此가 同心이 되는 것이다. 相冲相克하면 應文를 팔리는 물건으로 보니 應文가 世를 克하면 내가 저 사람에게 기만당하고 世가 應文를 克하면 他人이 나의 뜻을 따른다. 旺이 世를 克하면 暗中에 도적을 만나게되고 應이 官鬼로 되여 世를 克하면 官玄武에 있으며 兄文에 臨하면 應이 兄이면 他人의 累를 받고 世는 財요 應은 子孫이면 他人의 災나 口舌이온다. 世가 財요 應이 兄이면 他人의 힘을 얻고 世應이 空合되면 彼此가 착취의 마음이있다. 來人의 생각이 買賣에 重함이있으니

함만 갖지 못하다. 應이 世文를 克하면 他人과 反目됨을 우려한다. 世가 財星을 만나고 官星이 應에 臨하면 이루어지지 아니하고 世文가 空破墓絶을 만나고 動하여 凶으로 變하면 다 吉하지 아니하다. 應이 世를 克함이 없고 世文가 空破墓絶을 만나고 動하여 凶으로 變하면 世를 克하고 兄이 世를 克하면 災殃을 보아도 도리여 變하나 鬼가 世를 克하면 禍가 적지 아니한다.

應爻로써 顧客이라한다。應爻가 世爻와 生合되면 門前成功하게된다。世應이 相冲 相克하면 끝에가서 원수로 變하여진다。

※ 鬼作災非 須忌動 財爲活神畏刑冲

鬼가 災殃이나 口舌이나 動되는 것을 싫어하고 財는 活神이되니 刑冲을 무서워 한다。
鬼가 動하면 災厄을 불러드리니 世를 克하는 것을 가장 싫어한다。鬼는 卦中에서 나타나면서 비가 있게되니 鬼가 動하여 世를 克하면 災厄이 連綿하게된다。何神의 鬼가 克世하는가 家宅章을 보라 財는 資本이되니 衰墓 空破되고 動하여 凶으로 變하며 或 日月이 刑冲 害하고 世와 財가 俱空되면 開店하나 不成한다。

※ 鬼兄發動有制何防 隨墓助傷多凶小吉

鬼와 兄이 發動하나 制克하면 무엇이 해롭겠는가 墓를 따라 傷克을 도우면 凶이 많고 吉이적다。鬼가 動하면 口舌이나 官災가있고 子孫이 鬼를 制하고 或 日月이 鬼爻를 冲克하는 것을 制克함이라한다。覺子가 이르되 兄鬼를 만나 同動하면 不可하다。鬼가 動하면 災를 불러오나 鬼動하면 能히 兄爻를 制克하니 刧財가아니된다。兄弟는 阻隔破耗의 神이되고 小人도 된다。鬼動을 얻어 兄弟의 制服을 얻으나。世가 鬼墓에 들어감이 좋지않다。世가 動하여 凶으로 變하면 다 凶兆가된다 現在 貿易占에 비록 財動함이 좋으나 鬼爻의 克世를 만나면 또좋지아니하니 이것은 鬼가 몸을 傷하기에 그러하다。

※ 卦得反吟 多反復

卦가 反吟을 만나면 反復이 많다. 反吟은 가고저하나 가지못하고 가도 또 그치게 된다. 혹 어쩌다 開店이 되였어도 다시 이사를 옮기게 된다.

※ 冲中變合再重興

冲中에 合으로 變하면 재차 重興하게 된다. 父가 六合을 만나고 六冲이 六合으로 變하며 혹 世와 財文子孫이 함께 三合局을 이루면 開業한 뒤에 重興한다. 오직 六合이 冲으로 變하면 不宜하다. 현재는 잘된다 하여도 결국은 敗亡한다.

※ 合影不嫌兄弟 乏本內外無財

合影에 兄弟를 不嫌하는 것은 근본內外의 財가 없어야한다. 世應이 兄弟에 臨하면 不吉하다. 兄父가 發動하면 不吉하다. 만일 世父가 兄父에 臨하고 日月이 財星으로 되며 世와 冲合하면 도리여 吉하게된다. 內外에 伏이 되고 또 空이 되면 반드시 乏木이 된다. 이것은 여러번 시험한 결과 틀림이 없다.

⑯ 投機損益(투기행하여 損과 이익이 있겠는가)

※ 官若興隆 行主可千金之托

官이 興隆하면 행하는 主人이 千金을 의탁할 수 있다. 應이 만일 空破되면 受托人이 能함이 없다. 官이 旺하고 應이 旺하며 世父와 相合되면 그 사람에게 의탁을 할만하다. 만일

※ 世破應傷 遭他陷害

世文가 應文의 傷克을 입으면 他人의 모함에 빠지는 것을 만난다. 財가 兄의 克을 만나 면 서로 속이고 應이 世爻를 克하면 他人의 害를 만난다.

※ 兄動貨難保 子興物易交開

兄이 動하면 재물을 보존하기 어렵고 子孫이 興하면 物件을 交易하게 된다. 兄이 動하면 막히니 貨物을 보존키어렵고 子孫이 旺하면 財利가 豊亨하게된다.

※ 兄雀並搖難逃口舌

兄과 朱雀이 아울러 動搖되면 口舌수를 피하기 어렵다. 玄武와 鬼가 함께 發動하면 盜亂 을 조심하라. 朱雀에 兄弟가 動하여 世를 克하면 口舌과 官災수가 있고 玄武가 兄에 임하고 鬼가 動하면 盜賊을 조심하라.

㊆ 寶貨賣買 (무슨 물건을 사고팔아야 하는가)

※ 妻文 衰者 須停楊 財位當時可脫之

妻文가 衰하면 그자리에서 머무르게되고 財位면 그때에 도모할 수 있다. 積貨를 팔고저 할적에 좋지아니함은 財가 空破를 만나고 動하여 克으로 變하고 財가 衰함이다. 좋은 것은 靜하여 衰하고 空破되면 바로 奸陰한 小人이니 만일 財를 맡기면 사기를 당한다. 財가 旺하므로 팔수가 있다. 만일 春節에 占할적에 財文가 木에 속되니 旺財가 되기에 속

⑱ 買何貨爲吉

※ 古以金財而像珠寶玉石 水財以類魚鹽 火財陶冶 木財菓菜品 土爲五谷

古法에 金財는 珠寶玉石이라하고 水財는 魚鹽類를 말하고 火財는 陶冶의 物이고 木財는 과실 채소의 물품이고 土는 五谷이 된다. 野鶴이 이르되 五行論이니 경험하고 여러번 시험하였으나 맞지 아니한 다. 혹 맞는수도 있으나 흡족하지 못하니 法을하는 것은 不可하다.

未月戊申日占 何貨歸來得利(무슨 貨物을 가지고 와야 利를 얻겠는가)

```
   旅卦
兄 巳 ー        ー     應
孫 未 = ー 酉 才
才 申 =        ー 午 兄 世
                辰 孫
```

爻가 六合을 만나고 世應이 相生하니 此行에 뜻을 이루리라 만일 무슨 물건을 사야좋을 가 나는 말하기를 그法이 틀렸다본다. 다만 기쁜것은 吉卦를 얻으니 너의 뜻데로하라 그래 서 겨울에는 부채를사고 여름에는 털방석을 사면큰 돈을 얻으리라 뒤에 이사람이 檀香翠毛

를 사가지고와서 大利를 얻은것이다。 만일 古法을 가지고 판단한다면 이 卦가 酉金이니 金
財라 珠寶玉石을 사야하느냐 財가 玄武에 臨하였으니 魚鹽을 사야 옳으냐 確定할 수 없다。

※ 世逢兄何須開口 應空破難我心

世가 兄을 만나면 어떻게 입을 열겠는가 應이 空破되면 我心을 정하기 어렵다。 財가 만
일 空破休囚되면 바래기가 어렵고 子孫이 旺하면 財가 發할 수 있다。 財와 應의 兩爻가 좋
지 않은 것은 月破旬空이라 한다。 兄弟는 一爻라도 臨身하여 動한것도 不可하다。

未月 丁卯日占 借貸

```
      兌
      卦
震
卦
父 未 ‖  世 ∥
兄 申  兄 酉 ∣  應
        孫 亥 ∥
        父 丑 ∥
才 寅   才 卯 ∣
        官 巳 ∣
```

兌卦가 金인데 震木으로 變하니 金克木하는 卯가 된다。 卯木財爻가 退神이되고 酉金兄이
動하여 역시 退神으로 化하나 多幸이 財가 日辰에 臨하여 旺하니 不退된다 그러므로 明日
辰日에 酉와 合住되어 辰日에 얻으리라 과연 戊辰日에 借貸하였다。

㉙ **借貸**(빚을 놓고 빚을 받는것)

兄臨世 放則無歸 弟爻應索則不護

형이 世爻에 臨하면 빌려주어도 받지 못하고 弟爻가 應에 있으면 거두어드리지 못한다. 應鬼가 身을 克하면 의리가 없고 應財가 生世하면 틀림없이 갚는다. 世가 兄弟를 가지면 받을 수가 없고 官鬼가 克身하면 禍를 입게 된다.

※ 山野 禽獸 須尋福德 家畜牛犬 亦看子孫

山野의 禽獸는 子孫을 찾고 家畜牛犬도 역시 子孫을 보라. 家禽野獸를 勿論하고 子孫으로 用神을 하며 겸하여 財爻를 본다. 財爻가 持世하고 子孫이 動하고 生하여주며 혹 日月이 生助하고 혹 財가 動하여 子孫으로 化하면 吉象이라한다. 買賣畜養을 不拘하고 많고 많을 수록 더욱좋고 큰 이익이 있다. 子孫이 持世하고 財爻가 合世하면 역시 利益이 있다. 鬼가 子孫으로 化하고 子孫이 鬼로 變하며 子孫이 父로 化하고 父가 兄으로 化하며 兄이 持世하고 財가 空破에 臨하면 不吉하다.

丑月丁卯日 買馬 往南發賣(말을 사가지고 남으로 가면 發賣되겠는가)

```
  昇         卦        大有 卦
  巳 | |  應  兄 巳 | |  應
  未 | |      孫 未 | |
  酉 |        才 酉 |      世
  酉 |   世 ×  才 亥 |
  亥 |        官 子
  丑 | |      孫 丑
             官 子
```

內卦子孫이 비록 月建에 있으나 좋지 아니함은 動하여 鬼로 變하고 外卦子孫未土가 또 月破에 臨하여 있으니 買入함이 不宜하다. 그러나 多幸이 間爻에 酉金財星이 暗動되여 生世를 하니 말은 많이 살수가 있다 하겠으나 死馬가 많겠으니 財가 크게 損된다. 이득이 없다. 後에 말을 다섯마리를 샀는데 다죽고 겨우 二, 三필이 남었는데 값을 많이 받었기에 큰손해는 없었다.

※ 有有技鬪 力鬪 首重世應

기술 싸움이나. 힘으로 싸움에 있어 首位로 世應을 중하게 여긴다. 만일 싸워 이기려 하면 財를 얻어야하니 財爻를 兼用한다. 世爻가 日月財爻에 臨하거나 日月生扶하여 주거나 世爻가 動하여 吉로化하고 應爻가 財를 띄고 世를 生하여 주면 모두 내가 이긴다. 여기에 反對가 되면 相對가 이기게 된다. 만일 兄이 卦中에서 動하면 破敗할징조요 鬼爻가 世를 克하면 災厄이 相侵하게 된다. 역시 짐승의 싸움시키는데에도 子孫을 重하게 여기니 子孫이 旺하면 반드시 이기고 子孫이 休囚空破 刑冲 克害되고 卦中에 父爻가 動하면 상처를 입게 된다.

巳月 戊申日占 鬪鷄

```
漸          —應
巽 卯 —  ||  —世
  官 巳  未  申
  父  兄  孫  父午 ×
        才亥  兄辰 ||
```

子孫이 持世하고 日辰父母爻가 動하여 亥水를 制之하는 중 亥水가 月破가 되므로 午火를 制하지 못하니 우는 것이 不可하다. 저사람이 말하기를 어찌하여 그러한가 내가 말하기를 巳午時에는 午火父母가 當令되니 그러하다. 果然 아침에는 싸워서는 이기고 午時에 싸워 크게 敗하므로 破財까지 하였다.

⑧ 請會吉凶 및 婚姻

請會須宜財旺更宜世應相生

모임을 請하는 것은 財가 旺하여야 좋고 다시 世應相生됨을 좋게 여긴다. 卦가 六冲을 만나면 財가 비록 旺하나. 오래가지 아니한다. 六冲이 合으로 變하고 世應이 相克되여도 역시 이루어지지 아니한다. 六合이 六冲으로 變하여도 평탄하나 不吉하게된다. 財가 絶로 만나고 破로되면 속히 中止하라. 旺財가 持世하면 반드시 成會가 된다. 財가 破되고 空되면 出破出空時에 成會한다. 財가 伏되면 出現되는 달이요 財가 太旺하면 墓를 만나는 달이 요 財가 衰하면 生旺한 달이고 財가 回頭克으로 化하고 衰하고 靜하고 空破되고 六冲이 되면 散會하게되니 不宜하다.

覺子가 이르되 男家에서 女占을 할적에는 父母나 親友나 代占을 할적에 財로써 用을 하지 아니 함이없다. 女家에서 男占을 할적에는 官으로서 用神을한다. 官을 用하면 官이 生扶되여야하고 財를 用하는자는 財爻가 旺相하여야 한다. 이렇게 되면 兩家가 成婚을 하게된다. 古今의 諸書를 보면 財가 旺하면 父母를 傷克한다하였으니 財旺하면 좋다는 것을 아지못한다. 그래서 財가 不旺하여야 좋다라 하였다. 黃金策에 이르되 시아버지와 시어머니와 不合하고 불목하다는 것은 妻位가 交重된것이라 하였고 海庭眼에서는 財가 動하면 兩親이 喪亡한다 하였고 易冒에서는 財動하면 父母가 不旺하다 하였다. 내가 보기에는 動하므로 父母를 傷한다 하는데 가령 春節에 木財면 역시 왕하니父母를 傷하지 아니하겠는가 그러니 要는 女財男官兩旺이면 最吉한것이니 父母를 和合孝養하겠는가는 策에는 應을 妻位를 하였다. 易冒에서도 역시 應을 妻라하여 만일 旺相하면 賢良하고 發福할女라하였다. 應爻가 女家인데 應爻의 父母면 當貴家의 女라하였다. 그러면 應이 休囚하였으면 貧寒之家라하겠는가 이론만 주장함은 말이아니된다.

※ 男卜女 財要旺 女占男配 鬼宜興

男家에서 女家占을하면 財가 旺함을 要하고 女家에서는 男子配偶를 占할적에 官鬼가 興함을 좋게여겨간다. 男家에서 女占를 대리로 할적에 財로써 用神을 하고 應爻는 女家로 본다 財

는 旺相하여 動하며 吉로 化하는 것이좋고 應이 空破되고 爻世를 克함이 좋지 아니하다。女家에서 男子를 代占할적에 官으로써 用神을 하고 應爻로 男家를 보는데 官星이 旺動하여 吉로化함이 좋고 應爻는 空破 墓絶되며 克世함이 좋지아니 하다。男子가 自占妻할적에 財爻로써 用神을 하고 應爻는 墓絶로써 女身을보며 財와 應爻가 世를 生하거나 世와 合되면 大吉하고 世爻가 墓破絶空됨을 忌하고 財旺生身하나 應爻가 生世하고 財爻가 破絶되면 求하지말라 野鶴이 이르되 財爻應爻가 同來하여 世와 生合되시吉하다 보통 財爻를 重하게여기고 應爻는 참고로보라 黃金에 이르되 百歲之妻는 應이 重하고 財가 重하지아니하다。 함은 틀린말이라 하겠다。

子年 未月己未日占 自占婚

明夷卦

豊

父酉 ‖
兄亥 ×世
才午 丑破亥
　　　兄丑 ―
　　　官卯 ― 應
　　　孫

世爻가 丑土官인데 月破日破를 만나나 多幸히 化出된 財爻가 回頭生을 하니 目下에 비록 破가되나。 끌어가서 不破될 때에 成事하게되니 出破되는 明年丑年에 배필을 만나리라 果然亥年四月에 배필을 얻어 成婚하였다。

子月 癸酉日自占 婚

恒卦　戌才×應
　　　申官‖
變卦　午孫｜
　　　酉孫｜世
　　　亥父｜
　　　丑才‖

酉金官星이 世에있고 戌土財爻가 世를生하고 또 應爻가 相生인데 戌土가 旬空이 되엿으나 動이되므로 空이아니된다. 그러나 明日에 出空하는날 반드시 約婚하게 되리라. 果然次日 巳旺에 夫婦가 결혼하여 백년해로하였다.

寅月丙午日 女家代占 婚

旣濟卦　酉孫‖青
　　　　戌才×玄應
　　　　丑兄‖白
臨卦　　丑兄×七句朱
　　　　卯官｜世
　　　　巳父｜

覺子가 이르되 女家에서 男占을 할적에 官으로 用神을하고 應爻로 男家라함은 古法이니 이것은 死法이라 占斷이 사람의 通變에 있다. 이卦는 女家에서 男占을 하는데 卯木旺官이 持世하니 그婚이 반드시 이루어지나 應爻가 克을 받으니 男家에서는 좋아하지 아니하게 되였다. 要는 財官이 重한것이고 世應은 輕하다. 이것은 女家에서 男子占을 한것이니 財爻의 失陷을 이야기아니한다. 이 一卦가 男女兩人에 關係되였는데 財爻가 回頭克을 맞고 또 丑

土의 克을 받으니 어찌 능히 卯木의 官을 生하겠는가 男女가 能히 相合相生을 못하니 婚姻이 비록 이루어지나 끝에 가서 다른 變이 있으리라 뒤에 四月에 成婚하기로 하였는데 賊兵의 害를 입었다. 이것은 亥水가 四月에 破를 만난 것이고 玄武가 財를 만나 그러함이다.

※ 財値休囚 破散終非擧案之婚

財가 休囚되고 破散되면 끝에 가서는 혼담의 成事가 아니된다. 官이 衰墓 絶空되면 齊眉의 願을 이루기 어렵다. 財文와 官文가 墓絶空破됨이 좋지 않고 또 動하여 破로 화하고 散으로 화하고 克으로 化하고 鬼로 化함이 좋지아니하므로 夭折 貧寒한 運命이 된다. 男占에 財의 犯함을 忌하고 官文의 犯함을 忌하고 女占에 官文의 犯함을 忌하고 男女가 自占하는데 世文의 犯함을 忌한 것이니 모두 좋지않다.

※ 世靜空亡 動化退終須失望

世文가 靜하여 空亡되고 動이 退神으로 化하면 失望하게된다. 動하여 空이 되든자는 出空되는 月日에 成婚되고 靜하여 空이되면 끝까지 이루어지지 아니한다. 世가 動하여 進神으로 化하면 반드시 이루어진다. 그러나 만일 退神으로 化하면 成就되기 어렵다. 혹 應文가 靜하며 空破되고 退神으로 化하여도 같이 본다.

※ 應靜旬空 財化進風有良緣

應이 靜하며 旬空되고 財가 進神으로 化하면 일직이 良緣이 있다. 應空되면 他人이 不實

※ 世應皆空 徒費力 反吟多變事難成

世와 應이 공이되면 공연히 힘만허비하고 反吟의 變爻가 많으면 일이 이루어지지 아니한다. 世應이 함께공이 되면 종잡을수가 없고 反吟卦로 變하면 反覆이되여 이루기 어렵다. 野鶴이 이르되 空을 만나나 旺을 만나고 財와 鬼가 相生하면 먼저는 비록 成婚되기 어려우나 뒤에는 變하여 도로 이루어 진다.

巳月 戊子日占 婚

```
        恒  ×應=  口世口
   晋   卦  戌才   酉官
        巳孫  申官  亥父
              午孫  丑才
              卯兄
              巳孫
```

內卦反吟이란 反覆되여 變이 많었으나 應爻가 財에 臨하고 動하여 世를 生하니 八九月에 成婚하리라 하였드니 果然酉月에 成婚되였다. 世爻가 酉月을 만나 旺해지고 또는 反吟卯木을 冲破하기에 그러함이다.

※ 男占前 兄動卦中非配偶

男子가 占칠적에 兄이 卦中에서 動하면 配偶가 아니된다. 兄爻가 持世하거나 혹 兄弟가 發動하면 妻를 傷하니 阻隔神이 되여 婚姻이 이루어지기 어렵고 혹 成婚이 된다 하여도 刑克傷害를 면하지 못한다. 覺子가 이르되 내가얻은 경험으로는 兄이 持世하여도 財爻와 合이 되면 이루어지고 世爻가 兄을 가졌드라도 財爻를 化出하면 이루어진다.

※ 女卜前官爻持世 是良緣

女子가 男子占칠적에는 官爻가 持世하면 좋은 인연이 된다. 女子가 男子占을 할적에 子孫持世가 되면 좋지않다. 그 이유는 子孫이 發動하면 夫를 克하는 神이될 뿐 아니라 未婚者라하면 혼인이 不成한다. 귀혼者라면 喪夫하고 혹 再嫁한다. 오직 官星이 世를 갖거나 世와 相生 相合하며 世가 旺相한자는 婚姻이 이루어질 뿐 아니라 白髮階老를 한다. 卦中에 官鬼가 重疊하면 再婚하게된다.

※ 財官世應冲刑夫妻反目

財官世應이 되드라도 刑冲이 되면 夫婦가 反目을 하게된다.

巳月乙亥日 女占夫婦不和將來好和(여자가 夫婦占을 하는데 不和하겠는가 將來에 好和하겠는가

442

```
需卦 ≡  ─  ─
大過   子戌  ×世 ─ 口應
      才兄
   才亥 孫申 ─
      兄辰
      官寅 ─
   兄丑 才子
```

女子가 夫占을 하는데 子孫持世함이 좋지아니한다. 그러기에 克夫의 象이다. 그러나 다행히 寅木을 子水가 相生하기에 能히 傷하지 아니하나 不和할 상이다. 이제 應爻가 夫가되고 應이 子丑을 만나 作合을하니 훌륭한 방편이 되나 外卦水木相生을 만나니 兩人의 情이 좋겠다. 저사람이 묻되 果然뒤에 어떠하겠는가 내가대답하기를 兩人이 婚緣이 있다하여도 만일 死別이 아니면 반드시 生離別을 하리라 果然다음해 寅月에 이별하고 六月에 再娶를 한것이다. 그 이유는 寅木에 臨하고 世를 冲한것이다. 六月을 應함은 未土가 初爻丑土를 冲開하므로 子水가 그 寅木을 生한 연고라 한다.

※ 旺相爻 逢六合 彼此同心

旺相爻가 六合을 만나면 피차가 同心을 하게된다. 爻가 六合을 만나고 다시 財官이 旺相함을 要한다. 男은 財爻가 破墓됨을 싫어하고 女는 官星이 克絶됨을 싫어한다. 求婚하는데 現在는 이루어지지 아니하나 끝에가서는 이루어진다 六冲을 忌하며 또는 財와 官이 兩旺하지 아니하면 成婚이 아니된다. 만일 死別을 아니하면 生離別을 하게된다. 六合이 六冲이되면, 먼저는 成婚이 된다하여도 끝에가서는 이별한다.

戌月 庚申日占 이미혼인이 되였는데 이별로인하여 訟事가 되였다.

困卦
父未 ‖
兄酉 ‖ 應
孫亥 ‖
官午 ｜
父辰 ｜
官巳 才寅 ×世

　財父가 世를갖고있으니 아름다운 인연이라한다. 말라떨어지는 木이 日辰의 冲散을입으며 六合이 六冲으로 變하니 이혼할뿐만 아니라 訟事가 있게 되리라 처사람이 말하되 이미 간음을 하다가 고소를 하였는데 어떻게되겠는가 내가말하기를 世爻 變爻가 함께 三刑으로되니 두사람이 刑厄을 면하지못하리라 男子와 女子가 간음죄로 함께 刑罰을 입게되였다.

※ 古用咸臨節泰 忌逢暌革解离

　古法에 咸臨節泰卦를 쓰고 暌草解离卦를 만나는것을 싫어한다. 覺子가 이르되 易冒에 咸臨節泰卦는 合을 만나지 말고 冲으로 變함을 만나지 마라 財官이 衰하고 墓에 들어가드라도 凶이 되지 않지만 暌革解离卦는 凶이된다 라하였다. 그러기에 用神이 合으로 化하여도 좋은 것이 되지못한다. 이말은 用神이 卦象만 못하다는 뜻이다.

巳月丁卯日占 婚

泰 卦 ䷊ 應 ䷊ 世 ䷊
　　　　酉　亥　丑　辰　寅　子
　　　　　　　　破
　　　　孫　才　兄　兄　官　才

이 卦兄弟爻가 世를갓고 亥水가 月破이되고 子水財爻를 世爻가 克하며 日辰이 刑을한다。古法으로 보면 泰卦가 吉하다하나 어찌 이卦를 吉하다 하겠는가 不成婚한다。

再占

坤 卦 ䷁ 應 ䷁ 世 ䷁
　　　　酉　亥　丑　卯　巳　未
　　　　沖　破
　　　　孫　才　兄　官　父　兄

世爻가 休囚되며 日沖이 되며 月破에 臨하고 卦가 六沖이되니 大凶의 징조라 한다。아무리 泰卦라하여도 吉하지 아니함을 알 수가 있다。

※ 財化財 未必婚姻 兩度 鬼化鬼 難日相守百年

財爻가 財로 化하면 婚姻이 두차레나 이루어짐이 없고 鬼가 鬼로 化하면 百年을 지키기 어렵다。黃金策에 이르되 財爻가 重疊하면 거듭 新人을 맞는다。내가 여러번 시험하였으나 男家에서 女占을 할적에는 財爻가 重疊되고 旺相하며 世爻와 生合한자는 賢妻가되고 美妾이된다。 財爻가 財로 化하였는데 혹 應에 있으면 再取가 되거나 또는 婢妾으로 볼 수가 있다。오직 忌하는바는 爻中에 兄이 動되고 日月이 財爻를 沖克하면 花燭이 두세번이나 빛나게 된다. 女家에서 男占을 할적에 財爻가 財로 化하고 財爻가 重疊하며 世를 生하면 富家라 하겠다 不宜함은 官鬼가 動하여 鬼로 化한것이니 이와같으면 夫가 亡한다. 또는 鬼爻가 疊하여 世爻를 克하면 爭婚을 하게된다.

※ 應財世鬼 夫唱婦隨 應鬼 世財夫權妻奪

應은 財요 世는 鬼가 되면 男便 이하는 일을 婦人이 순종을하고 應이 鬼며 世는 財가 되면 男便의 權利를 妻가 뺏아간다. 世가 鬼를 갖고 應이 財를 가지면 陰陽이 得位함이니 夫婦가 和合하고 鬼가 應에 있고 財가 世에 있으면 妻가 夫權을 奪取해 간다.

⑧ **比婚子孫有無**

子孫旺相 或休囚而動及動而化吉皆主有子 子孫이 相生하거나 혹 休囚하드라도 動하여 吉로 化하면 다 자식이 있게된다. 子孫이 進神이되고 回頭生으로 化하면 반드시 子孫이 많이있게 된다. 그러나 子孫이 墓絶되고 動하여 鬼로 變하고 鬼가 變하여 子孫으로 化하거나 父爻가 子孫으로 化하거나 子가 父로化하여 動하며 子孫을 克하면 다 子息이 없다.

申月 丁丑日占 妾多하나 何人에서 得子하겠는가

革卦　夬

```
官未‖
父酉│—世
兄亥‖
兄亥│×—應
官丑‖
孫寅│—　　孫卯
```

孫卯木子孫이 申月에 絶이되고 鬼가 子孫으로 變하며 또 月破를 만나니 無子하리라 此人의 八字가 甲寅 甲戌 甲子 戌辰 純陽으로 되어 兵權이 赫赫하나 平頭煞이 重疊하고 疊첩한 魁강이니 亦是無子하리라 此人이 묻되 무슨방도가 없겠는가하기에 내가 말하기를 隱德을 싸라 하였드니 그 사람이 가난한 사람에게 양곡을주어 구재를하고 夫婦가 다리를 놓고 길을 내주어 자선사업을 하여 끝에가서 二子를 連生하였다.

⑧ 孕 胎

胎占을 하는데 產婦의 吉凶과 胎中의 男女를 측정하는데에는 分占을 하든 親占을 하든 代占을 하든 子孫으로 用神을 한다. 혹 子息이 母의 胎占을 할적에는 兄弟로 用神을 한다

※ 福神旺相 遇生扶 麟種兆瑞 子孫休囚逢破泡孕空虛

福神인 子孫이 旺相하고 生扶를 만나면 경사스러운 일이다 훌륭한 자식을 두고 子孫이 休囚되고 破散을 만나면 물거품과같이 空虛한다. 子孫이 日月에임하고 生扶하여 吉로化하면 잉태한 것이 分明하다. 만일 空破에 臨하고 散絶되고 혹 日月動爻가 刑冲克害를 입고 혹 動하여 鬼로變하고 絶로化하며 혹 鬼가 子로 變하고 父가子孫으로 變하며 父로 化하면 水泡風燈이된다. 오직 空이되는 것은 不妨하다.

※ 子化子 雙生有准

子孫이 子孫으로 化하면 쌍둥이를 나으리라 확실하다. 子孫이 動하여 子孫으로 化하고 혹

卦中에 子孫이 多動되고 혹 旺相한 子孫이 動하며 他爻가 變出되어 旺相한 子孫이면 쌍 태라 한다 卜筮秘典에 이르되 子孫이 兩旺되면 雙胎라 하였다. 覺子가 이르되 兩動하고 兩旺 확실히 맞는 육효이다. 그러나 內卦에 한개라도 衰함이 있으면 一死一生되고 一陰一陽이면 一女一男이요 兩現되나 하나라도 不動되면 그렇지않다.

※ 陽變陰 男女可辨

陽爻가 陰爻로 變하면 男女를 가히 분별할 수 있다. 六爻가 靜하면 먼저 卦의 包象을 보 게되니 陰이 陽을 包하면 生男하고 陽이 陰을 包하면 女를 生한다. 陰包陽卦는 坎 大過 小 過 咸卦 等이고 陽包陰卦는 中孚 臨 損 益 卦 等이니 그 이외는 아니다. 六爻가 靜한데 만일 卦가 아니면 子孫을 보게되니 陽이면 男이 되고 陰이면 女가 된다. 卦에 動爻가 있으면 비록 卦泡가 있으나 不用한다 神兆는 기틀이 動에 있다. 兩爻動爻중에 上爻를 보되 만일 하면 女가 되고 陰이 動하면 男이 된다. 兩爻動爻중에 上爻를 보고 만일 三爻가 發動 中爻를 보고 卦中에 多動이면 來意가 不誠함이다. 他日에 再占하라 바로 바로 連占하면 맞 지 아니한다.

辰月戊辰日占 男女

小過卦　　　　豫卦
父戌 ‖　　　　父戌 ‖
兄申 ‖ 世　　　兄申 ‖
官午 ―　　　　官午 ‖ 應
兄申 ―　　　　兄卯 ―
官午 ‖ 應　　　官午 ‖
父辰 ‖　　　　父辰 ‖

너의 來意가 도리여 妻孕의 平安과 男女인가 묻는것이다. 저 사람이 兩事를 물으니 내가 말하기를 日後에 다시 分占을 하라 그러나 이卦가 兩事를 물었지만 兄爻가 動하여 變出된 財爻를 克하지 아니하니 락태로 근심할 염려가 없으리라 卦中에 陽이 動하여 陰으로 變하니 必然 生女하리라. 과연 壬申日에 生女하였다. 그리고 産母도 平安하였다. 覺子가 이르되 妻가 平安하겠는가 하는 占과 男女의 占은 分占함이 좋다. 後日에 겸문하며 同斷할적에 臨裵하여 危急할때 男女의 占 처본다는 것은 不可하다.

辰月戊子日占 女人 自占 生産

艮卦　　　　剝卦
官寅 ―世　　　才子 ‖
才子 ‖　　　　孫戌 ‖ 應
兄戌 ‖　　　　父午 ‖
孫申 ―應　　　兄辰 ‖
父午 ‖
兄辰 ‖

이 女人이 難産하여 이미 一日一野가 되였다. 내가볼때는 明日申時에 出生되리라 저사람의 男便이 묻기를 어떻게 아는가 내가 말하기를 卦中에 申金子孫一爻가 動發하였는데 自占

에 鬼가 持世하니 明日申時에 子孫이 出現하리라 그리고 身邊의 鬼를 克去하니 근심이 없으리라 혹시 이르되 어찌 今日申時가 아닌가 내가 오늘이 子日이므로 午火를 冲動하여 金을 克하기에 不能한다 또묻되 男인가 女인가하기에 나는 이렇게 말하였다. 네가 易理를 아지 못하는가 이卦로 미리 男女를 定할 수 있겠느냐 神卦는 사람의 생각을 따르는 것이니 이것을 占치면 이것이 應하고 저것을 점치면 저것이 應한다. 한가할 적에 男女의 吉凶을 물으라. 이때의 性命이 呼吸하는 사이에있으니 이것으로 족하다. 神이 生産을 나타낸것이고 男女를 말하지 아니한것이다. 그러나 次日申時에 生男을 하리라 이卦가 陽動變陰하니 兼斷하면 易理를 아지 못하는 사람이다.

⑧ 出 行

※ 人愛利名 奔馳道路 風波不測 占卜當先 世爻旺相 宜行 應若空亡宜止

사람이 名利를 爲하여 분주하게 道路로 달리는데 풍파를 측량치 못한다. 먼저占을쳐 世爻가 旺相하면 가는 것이 좋다. 應이 만약 空亡되면 가지않는 것이 좋다. 世는 出行人이 되니 生旺有氣하면 吉하며 化로 化하면 더욱 좋다. 應이 回頭가 되고 傍人이 되고 他人이된다. 만일 休囚空破하며 動하여 凶으로 되면 가도 좋지 아니하다. 만일 空破 墓絶이 되며 혹 動하여 鬼로 變하며 絶로 變하고 回頭克으로 화하면 이익이 없다.

※ 世應傷位 不拘遠近 相宜應克世爻公私 皆主不利

世가 應爻를 傷하면 遠近을 不拘하고 좋으나 應爻가 世爻를 克하면 公私간에 다 不利하게 된다. 내가가서 他를 克하면 가는 곳마다 通達되고 應이와서 世爻를 刑克하면 行하는 것이 不可하다.

※ 八純動在處皆凶、兩間齊空獨行則吉

八純卦가 動한 곳에 있으면 다 凶하고 世應中間兩爻가 空이되면 혼자가는 것이 좋다. 六冲卦가 動하여 冲으로 變하고 世爻가 休囚하며 克을 입으면 간다하여도 이루어지지 아니하니 有始無終된다. 兩間爻는 同行人이니 動하여 克世하면 반드시 그 害를 입는다. 그리고 動하여 兄爻에 臨하면 나의 財를 破한다. 그러나 나와 生合되면 吉하게 된다.

※ 靜遇日冲必玄 動逢合住而留

靜爻가 日冲을 만나면 가도 좋고 動하나 合을만나면 머무르게된다. 世爻가 暗動하면 반드시 가게되고 靜爻면 冲을 만나는 날에 가게된다. 世爻가 動하여 合으로 化하고 日月動爻가 合한자는 반드시 事故로 막히는 일이 있어 가지 못한다. 覺子가 이르되 應을 冲開하면 이 날에 가게된다.

※ 官鬼交重災禍重

관귀가 첩첩하면 재앙이 거듭거듭있게된다. 玄武에 鬼가 動하면 도적의 근심이있고 朱雀에 鬼가 發動하면 訟事나 口舌이있고 白虎에 鬼가 發動하면 전염병을 얻고 騰巳에 鬼가

發動하면 風波가 있으며 놀낼일이 생기며 句陣에 鬼가 動하면 막히는 일이 생기고 靑龍에 鬼가 發動하면 도박을 하지말고 鬼가 震乾에서 發動하면 交通事故를 조심하고 鬼가 兌坎에서 發動되면 風波가 염려되고 坤艮의 鬼가 發動되면 山間이나 平野에서 재앙을 만나고 巽离에서 鬼가 發動하면 火厄이나 山林에서 災殃을 만난다.

※ 福德發動患殃消

복덕인 子孫이 發動하면 근심과 재앙이 소멸된다. 出行占에 子孫發動을 만나거나 子孫이 持世하거나 世가 子孫으로 化하면 旅程萬里에 百禍가 自消한다. 그리고 子孫이 世를 克하여도 역시 吉하다.

※ 父克世爻 風雨舟車行李

父가 世를 克하면 風雨를 만나게 되고 그렇지 아니하면 舟車로 가게된다. 父母가 世를 가지며 動되고 혹 父가 動하여 世爻를 冲克하면 舟車로 가거나 혹 風雨를 만나게 된다. 그러나 世가 旺하면 무방하나 休囚되여 凶으로 化하면 좋지않다.

※ 兄冲世爻 花月破耗災非

兄이 世爻를 冲하면 花月로 因한 破耗가 있거나 그렇치 아니하면 재앙이 있게 된다. 財爻가 持世하고 兄爻가 冲克을 하면 花朝月夕으로 因한 無端 浪費가 있거나 小兒輩의 欺暗으로 因한 損財가 있게 된다.

※ 交吟化退 中途返

反吟이나 退神으로 化하면 中途에 돌아오게된다. 卦가 伏吟을 얻고 世가 動하면 冲開하는 月日에 가게되고, 卦가 反吟을 만나면 가다가 中途에 돌아오게된다. 世가 冲克을 입으면 크게 凶하다. 六冲卦가 世는 靜한데 世가 空이면 능히 갈수가 없다. 鬼가 墓에들고 世가 만일 入墓되고 世文가 休囚되면 돌아오지 못할징조라 한다.

※ 六合化冲 不吉 六冲化合方亨

六合이 冲으로 화하면 좋지않고 六冲이 合으로 化하면 형통하게된다. 六合卦가 六冲으로 變하며 克絶되면 집에 있드라도 凶危를 免하지 못한다.

⑧④ 行 人

行人의 歸期는 遠近이 있으니 應月을 가까웁게 보면 日로 따지고 멀면 月로 또는 年으로 따진는다. 그리고 行의 否泰는 別途로 一卦를 만들어 판단한다.

※ 世克用前 人未動 用爻克世必然歸

世爻가 用爻를 克하면 사람이 아직 움직이지아니하고 用爻가 世를 克하면 반드시 돌아온다. 占치는데에는 用神에 관계에 있으니 親人이면 兄弟로 볼수가 있고 아는 정도면 應爻로 用神을 한다. 世가 用神을 克하면 돌아올 뜻이 없다. 用神이 世를 克하면 돌아오는 날을 손꼽고 돌아오는 것을 알 수 있다. 用神이 墓絶空破되면 돌아올 마음이 묘연하다. 또 暗動

되면 빨리 돌아온다. 伏藏되면 出現하는 날에 돌아오고 合을 만나는날에 動하여 進神으로 化하여도 돌아오지 아니한다. 用神이 退神으로 化하면 바로 돌아온다. 動하여 合이 되면 막히는 일이 있어 오지 못한다. 動하여 鬼로 化하여도 厄이 있다. 卦가 反吟이 되고 世가 空이 되면 危厄이 있게된다. 鬼가 動하여 克으로 化하여도 厄이 있다. 動하여 鬼로 化하면 밖에 있으면 危厄이 있게된다. 用神이 靜하여 休囚空破되면 돌아올 생각이 없다. 動空 旺空되면 出空이나 冲空하는 달에 반드시 돌어온다. 卦가 克絶이 되거나 反吟卦가 되거나 用神이 冲破克이면 다 돌아오는 것을 바라기 어렵다.

用神이 三合하면 冲開하는 月日에 오고, 卦가 六冲이되면 行人이 無期하여 돌아오지 않는다 用爻가 靜하면 冲日에오고 用爻가 墓에 있으며 開墓의 日에 오고 用爻가 病이 없으면 돌아온다고 본다. 用爻가 病이 있으면 밖에있드라도 不安하다. 野鶴이 이르되 用神이 墓絶空破되고 受傷한것을 有病이라한다.

酉月 戊申日占 母가 在外한데 언제 오겠는가

旅 艮
兄巳 |
孫未 ||
孫戌才 酉 | 應
才申 |
兄午 ||
孫辰 || 世 伏卯父

이卦 卯木父母를 日月動爻가 冲克하니 반드시 不安하리라 또 묻되 오지아니하겠는가 用神이 伏藏되나 受克하니 不來하며 또 六合이 六冲으로 變하니 오지 아니 한다。 果然뒤에 오지 아니하고 在外하며 平安하였다。

亥月 甲子日 僕이 何日에 돌아오겠는가

革卦
官未 ‖
父酉 ‖ 世
兄亥 ‖
　　　兄亥 ― 午才
　　　官丑 ×應 卯
　　　孫寅 官孫

夬卦

卦象으로 본다면 반드시 돌아오지 아니한다。 어찌하여 그러한가 午火財爻가 伏되여 있으며 日月의 克을 입으니 그렇다。 그러나 世空하면 속히온다라하였으니 己巳日에 오리라 巳日은 冲空되는 날이고 또 巳火가 역시 財星이라 果然 巳日에 왔다。

未月 戌戌日占 伯父가 何日에 오겠는가

屯卦
兄子 ‖ 應
官戌 ―
父申 ×
　　　兄亥 ― 應
　　　官辰 ‖
　　　孫寅 ‖ 世
　　　兄子 ―

隨卦

父母가 用神이 되는데 克世하면 速至하니 七月에 오리라 그렇지아니한다。 亥水가 變出되였으니 十月에 오리라 果然 亥日에 왔다.

丑月 庚午日占 父가 멀리 갔는데 언제 돌아오겠는가

履卦 戌 ｜ ｜世 ｜
　　 申 ｜ ｜
　　 午 丑 ＝
　　 丑 卯 ｜ 應
兄 孫 父 兄 官
　　 　 巳
　　 　 父

이날이 午日이며 午火가 父母가 되며 世를 克하니 今日 申時에 오리라 果然、이날에 돌아왔다.

寅月 癸亥日占 主人이 何日에 오겠는가

大畜卦 寅 ｜ ｜
小畜 　 子 ×應 ＝
　　 　 戌 ｜ ｜世
　　 　 辰 ｜ ｜
　　 　 寅 ｜
官 才 兄 兄 官 才
　 　 　 　 　 子
　 父
　 巳

父母로 用神으로 한다. 子水財文가 巳火를 化出하였는데 財動하였으나 變爻라. 不克하니 巳日에 반드시 오리라. 果然 巳日에 왔다.

未月 丁丑日占 父가 何日에 오겠는가

大有　井卦

孫子 官巳 ▭
父戌 父未 ×　▭
兄申 兄酉 ▭
　　 父辰 ―
　　 才寅 ―
父丑 孫子 ▭

寅月 庚寅日占 主人이 外國에 갔는데 平安한가 그렇지 아니 하면 他處로 가겠는가

觀卦
才卯 ― ―
官巳 ― ― 世
父未 ∥ ∥
才卯 ∥ ∥
官巳 ∥ ∥
父未 ∥ ∥ 應

辰年에 父母가 언제 오겠는가 하고 占을 쳤는데 丑土父母가 子水子孫과 合이 되니 不來할상이고 五爻未土가 父로 化하여 進神이 되니 不來할상이다. 저 사람이 말하되 오지아니하겠는가 내가 말하기를 午年에 오리라 果然午年戌日에 왔다. 午年으로 봄은 未爻 父母가 午歲와 合을 만나는 해가 되고 初爻에 子水가 丑父를 化出하여 合이되니 合은 冲開를 要하므로 冲開되는 午年을 말함이다.

父母가 眞空을 만나니 좋지 아니한 징조라 이것으로 판단을 못하겠으니 再占을 하라 同日에 弟가 兄占을 하였다.

中孚卦　孫酉　官卯▭▭
臨　卦　才亥　父巳▭▭世▭▭
　　　　　　　　　兄未▭▭
　　　　　　　　　兄丑▭▭　官卯▭▭應
　　　　　　　　　官卯▭▭　父巳

前卦도 眞空이다. 이 卦兄弟가 用神인데 또 眞空이되니 大凶의 兆라 다시 再占하라 다음 날 辛卯日 家人이 또 占을 쳤다.

坎卦　　兄子▭▭世
困卦　　官戌▭
　　　　父申×應
　　　　破午
　　　　兄亥　才午▭▭應
　　　　　　　官辰▭
　　　　　　　孫寅▭▭

이卦는 申金父母가 世를 生하니 四月에 반드시 돌아오리라 前二卦가 落空亡이나 믿을 수가 없다. 어찌하여 그러한가 此公이 大壽를 할것인데 神이 報하기를 未年에 死亡 한다는 뜻이다. 과연 辰年에 占쳐 未年에 死亡 하였다.

亥月 甲子日占 夫가 在外하여 他省으로 가겠는가

大壯卦　　　　兄戌 ‖
大過　　孫酉　孫申 × 世
　　　　　　　父午 ―
　　　　　　　兄辰 ―
　　　　　　　官寅 ―
　　　　　　兄丑 才子 應

妻가 夫占을 하니 官이 用神이 된다. 申金이 動하여 寅木을 克하니 夫爻가 克을 받어 他處로 가지 아니한다. 그리고 不日간에 돌아오리라 저 사람이 이르되 어찌하여 아는가 내가 말하기를 日月이 官을 生하고 官이 世를 生하니 반드시 돌아 오리라 어느날에 오겠는가 巳日에 오리라 巳日은 申金을 合住하므로 寅木을 克하지 아니하기에 巳日에 온다 果然 巳日에 왔다. 혹시 묻되 用神이 有病이면 歸期를 묻지 마라 하였는데 이卦 申金이 化進神하여 寅木을 克하니 어떻게 오겠는가 내가 말하기를 저편에서 夫가 평안한가를 물었으면 不利라 하지 만 이제 他處로 가겠는가를 물었드니 이卦는 夫爻가 受制하기에 他處로 가지를 아니한다. 卦에 따라서 取用의 法이다 라드라.

辰月 丙申日占 出家하여 文書를 得하고저 함

```
          漸    ―應□  □世‖
          剝  官卯    父巳‖  兄申‖
            才子  父未‖    孫午
              兄  官卯    父午
                      兄辰
```

文書는 얻지못하고 酉時에 종이 오리라 또 물되 어찌하여 아는가 내가 이르되 巳火父母
가 回頭克을하니 文書를 얻지 못하리라 申金子孫이 持世하고 卯木鬼가 化出되니 사람이 오
지 아니하고 근심만있게되나 酉時가 되면 卯木을 冲去하니 근심이 없어지리라 果然酉時에
종이오고 문서는 얻지못하였다.

酉月 癸酉日占 兄이 何月에 돌아오겠는가

```
        師   ‖應‖   ‖世‖
        卦 父酉   兄亥   ―
        臨   兄丑   才午
          父  官  才巳孫寅×
```

亥水兄爻가 旺相하나 空이되여있으니 出空하는 날에 반드시 오리라 저 사람이 말하기를
亥日에 편지가 왔는데 今日 起身하여 온다하나 二千餘里가되니 三日이면오겠는가 내가말하
기를 亥日이 出空하고 또는 卦中에 子孫이 持世하며 動하여 世爻와 合하니 喜悅의 神이된
다. 亥日에 돌아온다는것은 寅과 亥가 合이되니 子孫이 合起되는 날이다. 과연 順風을 따

459

라 水路로 亥日에 돌아왔다.

戌月 丙戌日 登舟占에 一路에 平安하겠는가

蠱卦　　巽卦
兄寅 |　應
父子 ×||
才戌 |　|| 世
官酉 |　|
父亥 |　|
才丑 ||
孫巳

酉金鬼爻가 持世하니 一路憂疑의 상이다. 바람으로 因하여 막히겠는가 알지못하겠다. 戌子日에 風雨가 크게있어 東海에 배를매고 비로소 巳卦의 子水爻가 動하여 子日의 風雨가 있음을 깨달았다. 그리고 巳火子孫이 化出되여 巳日에 갤것을 알게되였다. 巳日에 順風을 얻어 비로소 子孫이 行舟의 順風이 된다는 것을 깨달았다.

辰月 甲戌日占 行舟하면 順風이겠는가

升卦　　恒卦
官酉 ||
父亥 ||
才丑 ×世
官酉 |
父亥 |
才丑 || 應
孫午

午火子孫이 回頭生世를 하니 今日午時에 順風을 얻었다. 다만좋지 아니한 것은 今日은 戌日인데 午火子孫이 墓에 들어간날에 바람이 부나 오래지아니하리라 果然 午時에 子孫이

當令되였으니 順風에 開舟하여 未時에 와서 바람이 그쳤다.

乙亥日占　船行　바람이있겠는가

豊　　　　　　　　大壯
卦　　　　　　　　卦
官戌 ‖　　　　　　
父申 ‖　　　　　　
才午 ｜　　　　　　兄亥 ｜
兄亥 ｜　　　　　　孫丑 ×　官丑
孫寅 官　　　　　　孫卯 ｜

變爻 寅木子孫이 丑土鬼를 克利하니 반드시 寅日에 順風을 얻으리라 果然三日後戊寅日에 와서 寅時에 開船하니 順風이 되였다.

亥月 癸亥日占 登船順風

未濟　　　　　　　艮
卦　　　　　　　　卦
　　　　　　　　　兄巳 ｜應
　　　　　　　　　孫未 ‖
孫戌 才酉　　　　　父午 ×世
才申 兄午　孫辰 ‖
兄午 孫辰 ‖
　　　　　父寅 ‖

明日辰時에 順風을얻어 戌時에 到家하리라 저 사람이 말하되 어찌 그 速함을 아는가 내가 말하기를 二爻辰土가 子孫이니 그래서 順風을 얻음이다. 第四爻戌土子孫이기에, 기쁘게 到家하였다.

戌月戊子日　船中占　風如何하겠는가

坤卦　震

孫酉 ‖世‖
才亥 ｜　｜
父午兄丑 ×　‖
　　官卯 ‖應‖
　　父巳 ‖　‖
才子兄未 ×　‖

酉金子孫이 持世하였는데 應父가 靜하니 冲을 만나는 卯日에 順風을 얻으리라

己丑日占 乘船順風

夬卦 ｜世｜
未兄 ‖　‖
酉才 ｜　｜
亥兄 ｜應｜
辰官 ｜　｜
寅才 ｜　｜
子孫

酉金子孫이 世를 가지니 果然卯日에 順風을 얻었다.

壬辰日占 順風得如何

大畜 ｜　｜
寅官 ‖　‖
子才 ‖世‖
戌兄 ｜　｜
辰兄 ｜應｜
寅官 ｜　｜
子才

泰卦
酉孫

上文 寅木鬼가 酉金子孫을 化出하니 明日酉時에 순한 바람이 있으리라.

※ 防非避訟

官災에는 官鬼가 空亡에 있는 것이 좋고 또는 子孫이 動하거나 子孫이 持世하면 재앙이

⑧⑤ 疾 病

※ 六冲變冲 久病 難於調治

六冲이 冲으로 변하면 久病에는 치료키 어렵다. 久病에 卦가 六冲인데 六冲으로 變하면 用神의 衰旺을 막론하고 不治의 병이 된다. 近病은 약을 쓰지 아니 하여도 낫는다.

※ 卦變絶克 新病 亦主危亡

卦가 絶이나 克으로 變하면 近日發生病이라도 死亡하게된다. 卦가 六冲이 六冲으로 變하면 비록 近病이라도 역시 위태하다. 이것은 回頭克으로 化함이다. 만일 巽木이 乾金으로 變하고 艮土가 震木으로 化하면 回頭克이라한다. 그러니 비록 墓絶이 아니라도 近病이라도 역시 死亡하게 된다. 만일 比和로 化하여 回頭相生되면 近病이라도 吉하다. 久病이라도 凶함은 六冲이된 연고라한다. 이 冲克의 外에는 반드시 用神을 보라 用神遇旬空 近病何須憂慮 用逢月破 久病難許安寧

用神이 旬空을 만나면 近病에 무슨 근심을 하겠는가 用神이 月破를 만나면 久病에는 安寧하다. 볼 수가 없다. 自占에는 世가 用神이되고 父母 兄弟占에는 用神을 取用하는 법이 用神章에 있다. 用神의 動靜에 따라 旬空을 만나거나 空으로 化하거나 만일 日月動爻가 冲克하면 冲空出空의 날에 바로낫는다. 冲克을 만나면 病이 비록 重하나 죽지아니한다. 만일 月破를 만나나 用神의 旺衰를 보는데 旺하면 出破日에 낫는다. 衰하여 克을 만나면 반드시 위태하다. 久病은 用神이 旬空 月破를 만나면 비록 用神이 旺相하드라도 나을수가 없다. 野鶴이 이르기를 海庭眼 黃金策에 이르되 空을 救助해 줌이없으면 中途에 죽는다라하였다. 그러나 近病 久病을 구분하지아니하면 맞지 아니한다. 覺子가 이르되 내가 경험을 얻은것은 近病이 旬空을 만나고 만일 三合六合을 만나면 반드시 久病으로 되여 死亡하게 된다.

※ 用化鬼 化用神 防不測 忌化用神化忌最難醫

用神이 鬼로化하고 鬼가用神으로 化하면 不測의 禍가 있다 忌神이 用神으로 化하고 用神이 忌神으로 化하면 의사가 병을 고치기 어렵다. 스스로 占하는데 病에는 世爻가 鬼로變하고, 回頭克으로 化하면 좋지 아니한다. 兄弟 妻子占을 할적에도 鬼로 變하면 좋지않는다.

申月 庚寅日占 子近病

```
恒   解
才戌∥應∥
官申  ─
孫午  ─  ㅁ世
    才酉∥
    官亥 ─
    父丑∥
```

鬼가 子孫으로 變하니 夭亡할 징조라 하겠다. 그러나 다행이 子孫이 旬空을 만나니 近病이라 바로 낫는다. 그러나 午年에 出空하면 이해가 어렵다. 果然바로 낫고 뒤에 午年에 出空을 얻어 死亡 하였다.

動墓絶化墓絶　須隊生旺　日月克動爻克　最怕休囚

動하여 墓絶되고 墓絶로 化하면 生旺을 보라 日月이 克하고 動爻가 克하는 것은 가장 休囚됨이 무섭다. 用神이 墓絶을 만나고 動하여 墓絶로 化하고 絶로 化하면 전적 衰旺을 보니 用神이 旺한자는 무슨 염려가 있으랴 衰한자는 근심이 있게 된다. 日月動爻가 克하면 역시 旺衰를 보니 旺하면 冲去하는 날이나 克神의 날에 낫고 衰한자는 克神을 生助하는 날에 위태롭다.

※ 散破無援脫忌搖元動興

散이나 破가 될적에 원조해줌이 없으면 脫氣가 되니 忌神의 元神을 動搖하지 마라 用神이 散에있고 破를 만나면 전적 生扶함이 없으면 脫氣가 되니 이 四者는 無根의 樹와 같으므로 吉少凶多한다.

※ 世持鬼爻 病雖輕而難愈

世가 鬼爻를 가지면 병이 비록 經하나 낫기 어렵다. 이것은 두가지 말이 있으니 自占에는 鬼가 持世하면 그병이 낫지아니 한다. 비록 子孫이 動하여 身邊의 鬼를 克去하면 現在는 낫는다 하지만 根絶되 지는 아니 한다. 그렇지 아니하면 다른 병이 나오게되니 몸에 서 떠나지 아니한다. 代占하여 六親의 病에 만일 官鬼가 帝旺長生이 되면 久病이나 殘疾로된다. 世가 官鬼에 임하고 鬼가 되니 오직 子孫이 發動하여 나의 근심을 克去하면 用神이 衰弱하드래도 不安하게 된다.

申月 壬子日 占 病

遯卦
父 戌 ─ ─ 應
兄 申 ─ ─
官 午 ─ ─ 世
兄 申 ─ ─
官 午 ─ ─
父 辰 ═ ═

今日에 바로나으리라 어찌아는가 내가 이르기를 官鬼가 持世함은 나의 근심이 되나 今日 日辰이 子水이므로 世爻의 鬼를 沖去하기에 그렇다. 果然本日에 나섯다 覺子가이르기를 子占 및 兄弟 妻에는 이法이오르나 父母의 元神이되며 子孫이 動하면 傷할수가 있게 되며 妻가 夫病을 占치는데 官鬼가 用神이되니 어찌 子動이되여 官을 傷하지 않겠는가 이것은 도리여 근심을 더하게 된다.

※ 身臨福德勢雖險以堪醫

世가 子孫에 임하면 세가 비록 險하지만 의사가 治病할수 있다. 역시 두가지 말이 있으니 自占에 子孫이 持世하면 藥을 아니먹어도 낫는다 하고 만일 空破되였다 하여도 出空 出破 日에 낫는다 六親의 代占에 반드시 用神의 衰旺을 볼것없이 그 편안함을 알 수 있다. 어찌 하여 그러한가 子孫은 喜悅의 神이니 다만 旺相을 要하니 卦中에서 動하면 吉慶하게 된다.

寅月 乙卯日占 妻病

```
      屯  ‖     ─   兄子
      卦  ‖  應 ‖   官戌
          ‖     ‖   父申
      節      世 ─   官辰
              ×     孫寅
                    兄子
              ─     孫卯
```

未日에 바로나으리라 저사람이 말하기를 妻財가 上卦를 아니하였는데 어찌 나을 것을 아는 가 가내 말하기를 子孫이 子孫으로 化하니 喜悅의 神이라 그러나 太旺하니 入墓하는 未 日에 낫는연고라 한다. 과연 午日에 退災하여 未日에 完快하였다. 覺子가 이르되 父母占에 子孫이 動하면 父母의 元神官鬼를 克하고 妻가夫를 占할적에는 子動하면 夫人 官鬼를 克去 하니 아무리 喜悅의 神이나 通變하는 것이 옳다고 본다.

※ 鬼化長生 忌化進 須慮添災

귀가 長生으로 化하며 忌神이 進神으로 化하면 재앙을 더한다. 鬼가 發動하면 病勢가 반드시 重하게되는데 만일 日辰에서 長生되거나 혹 動하여 長生으로 化하면 病勢가 반드시 더 중하게된다. 用神을 克하는 것이 忌神이되니 만일 動하여 進神으로 化하면 不宜하고 忌神이 退神으로 化하면 차차 감소된다。 覺子가 이르되 鬼는 父母의 元神이니 父母占에는 官旺하면 그병이 바로낫고 또는 鬼는 女人에 대하여 夫가되니 夫를占하는데에는 바로 낫게된다.

※ 用絶逢生 危而有救 主衰得助 重亦何妨

用神이 絶이되나 生을 만나면 위태하나 구조가되고 世가 衰하나 도움을 얻으면 重하다하여도 무엇이 해롭겠는가 用爻가 形沖克害를 받으나 다만 日月動爻의 하나만 生扶함이 있으면 絶處의 逢生이되니 위태롭다. 하드라도 救助가된다. 用神이 太弱함이 좋지아니하는데 弱하면 體虛하기에 낫기가 어렵다. 다만 生扶拱合을 얻으면 비록 病重하드라도 죽지는 아니한다. 覺子가 이르되 用神이 太旺하여도 좋지아니하니 易理는 中庸됨이 좋으니 太道不及도 좋지않다.

巳月 戊午日占 自病

未濟　卦
睽　卦

兄巳　┃　應┃┃
孫未　┃┃　┃
才酉　┃　世┃
兄午　┃┃　辰
孫辰　兄巳　父寅 ×

八十老人 인데 旺極하기에 不宜하다. 器滿하면 傾理라 하듯이 壬戌日에 旺火가 入墓하니 壬戌日寅時에 死亡하였다. 戌日寅時는 午寅戌日三合火니 火의 入墓를 가르킨다.

※ 用臨日 月休尋伏

用神이 日月에 임하면 伏神을 찾지마라 卦에 用神이 없이 日月이 用神으로 되면 伏神을 찾지 아니하여도 바로 낫는다.

※ 神衰弱再宜占

伏神이 衰弱하면 再占하는 것이 좋다. 현재 用神이 나타나지 아니하면 一卦를 再占을 하여야 한다.

申月 癸亥日占 友人病

未濟　卦
　　兄巳　┃　應
　　孫未　┃┃
　　才酉　┃　世
　　兄午　┃┃　辰
　　　　　孫辰　父寅┃┃

應이 用神이 되는데 申月이 刑을 하고 亥日이 冲하니 亥月이 不利함을 豫告한다. 너의 親

人으로 再占해보라
子占父病

夬卦
兄未 ‖
孫酉 ｜世
才亥 ｜
兄辰 ｜
官寅 ｜應
才子 ｜ 巳父

升卦　　　漸卦
兄卯官酉 ×
孫巳父亥 ×世
才丑 ‖應
官酉 ｜
父亥 ‖世
才丑 ‖
孫午父亥 ｜應
才丑 ‖

後卦는 應文가 巳火에있으며 刑이 되고 日이 克하는데 또 巳火父母가 寅木下에 伏이되여 木을 破하니 火염이 나오지못한다. 十月에 반드시 위태우리라 果然亥月에 死亡하였다. 亥水가 冲破하니 火巳火가 破가됨이 유라 한다.

申月 丙子日 自占久病에 이약을 마시면 능히 病을 곤칠수 있는가

巳午火가 子孫이 되는데 子孫이 變出되나 變文가 正卦 世文를 生하지 못하니 약이없다. 하물며 外卦가 反吟이니 病에 反覆이 많다. 다시 再占을 하라.

同日子가 父病

益卦
漸卦　兄卯 ｜ 應
　　　孫巳 ｜
　　　才未 ‖
　　　官申 才辰 ×世
　　　兄寅 ‖
　　　才辰 父子 ㅁ

前卦 日辰이 世와 合되고 此卦父爻가 日辰을 만나니 目下에는 꺼리낌이 없다. 좋지아니 함은 土가 動하여 水가 傷한다. 또 風雷合卦에 震卦가 棺이 된다. 그리고 巽은 槨이되니 관곽이 俱全하나 年月을 定하지못하니 再占하라.

同日 女占 父病

大壯
　兄戌 ‖
　孫申 ‖
　父午 ｜ 世
　　　　冲
　兄辰 ｜
　官寅 ｜
　才子 ｜ 應

冬節을 조심하라 前卦占에 藥은 巳午子孫인데 冬節에 오니 水가 旺하므로 藥이 없다 第二卦 子水가 辰土回頭克으로 化하며 子月을 만나니 無救함이라 後卦 午火父母가 子月의 冲克을 입으므로 과연 子月에 死亡하였다.

丑月 辛卯日占 子病

大壯
乾卦

兄戌 兄戌 ×
孫申 孫申 ×
　　　父午 ー
　　　兄辰 ー
　　　官寅 ー
　　　才子 ー

卦가 六冲이 六冲으로 變하며 또는 伏吟卦가 되니 吉하지 못한다。子孫이 비록 生扶를 만나나 그 吉을 보조하기 어렵다。再占하라

升
艮

孫酉 □世= 官寅 ==
　　　　　　才子 ==
　　　　　　兄申 ー應 ×
才亥 　　　父午 ×
　　　　　　兄辰 ==

午火父母가 動하여 子를 克하니 不宜하고 鬼가 子孫으로 變하니 寅日을 조심하라 果然 寅日에 死亡하였다。寅에 應되는 것은 午火父母가 寅에 長生되고 또 前卦申金子孫이 伏吟되고 寅日이 申金子孫을 冲한연고라한다。

戊戌庚辰日占 父近病

离
卦　－世 －
兄巳 　孫未 ==
　　　才酉 －
　　　－應 ==
兄卯 　官亥 －
　　　孫丑 ==
　　　父卯 －

近病은 冲을 만나면 바로 낫는데 언제나 나을 것인가 묻기에 再占을 하라 하였다。

大過 卦

才未 ‖
官酉 │
父亥 │ 世
孫午官酉 │
父亥 │
才丑 ‖ 應

乙酉日에 전적 나으리라 酉金官鬼가 空을 만나니 出空하는데 이날에 亥水를 生하니 나으리라 果然 甲申日에 起床하여 乙酉에 크게낫는다. 野鶴이 이르되 以上 數卦는 사람에게 多占의 法을 가르킴이다 이卦를 合하여 판단하는 것이니 자세히 吉凶의 月日을 可히알 수 있다.

丑月 丙戌日占 自占近病

比 卦   革 卦

　　才子 ‖ 應
　　兄戌 │
才亥孫申 ×
才亥官卯 × 世
　　父巳 ‖
官卯兄未 ×

官鬼가 持世하였는데 申金이 發動하여 身邊의 官鬼를 克去하니 나으리라 한다. 그러나 世爻가 隨鬼入墓하며 三合木局을 이루니 久病을 이룰까 두려웁다. 再占하라

同日妻占夫病

474

中孚卦
兌ㅁㅣㅣ
　兄未ㄨ世ㅂ
　官卯合ㅣㅣ
　父巳ㅣㅣ
兄未破
才亥兄未ㄨ世ㅂ
　　破兄丑ㅣㅣ
　　　官卯ㅣ
　　　父巳ㅣ應

卯木官鬼가 用이 되며 未土가 空亡으로 化하고 近病이라 바로 나을 수 있으나 다만 不宜함은 前後兩卦가 三合을 이루니 久病이 되여 死亡하리라 저 사람이 묻되 어느때인가 내가 말하기를 未墓가 空破가 되니 우환을 방지하라 明年未月에 出墓되면 위태우리라 과연 六月에 死亡하였다.

寅月乙酉占 사우의 久病

坤
　兄戌孫酉ㄨ世
　孫申才亥ㄨ
　父午兄丑ㄨ應
乾
　兄辰官卯ㄨ應
　官寅父巳ㄨ
　才子兄未ㄨ

久病이니 반드시 죽는데 六冲이 六冲으로 化하니 三月이 위태우리라 果然三月에 죽었다 三月이라함은 酉金子孫이 用神이 되는데 動하여 合을 만나는 달이다. 그리고 戌土를 冲去하니 酉金이 生이없기에 그러함이다.

子月 丙寅日占 自病

節　卦
中孚卦
孫卯 兄子 ×
官戌 ‖ 應
父申 ‖
官丑 ‖
孫卯 ㅣ 世
父巳 ㅣ

子水가 克世하고 月建이 克世하니 大凶의 징조라 그러나 寅日이 世를 相生하니 南方으로 避去하라 그러면 火가 旺하므로 水가 고갈하니 근심이 없으리라 그러나 亥日에 病勢가 危急하다가 寅日에 良醫를 만나느리라 그래서 무사하였다. 同日 어떠한사람이 또 다시 이 卦를 얻었는데 避하지 아니하여 亥日에 死亡하였다. 野鶴이 이르되 趨避의 法이라 한다.

⑧⑥ 病原因

火는 心經에 屬되니 發熱하며 목구멍이 마르고 입이마른다。水는 腎部인데 오한과 도한과 유정에 속한다。金은 肺요 木은 肝이며 土는 脾胃에 속된다。騰蛇는 心驚이요 靑龍은 酒色이 과도한 것이고 句陳은 종기가 나고 朱雀은 顚狂하고 白虎는 傷損이있고 女子는 血症이있고 어지러우며 玄武는 우울하고 남자는 陰症陰虛한다。

※ 鬼神

凡占鬼神 卦中鬼値休囚 及 空破墓絶 皆非 鬼神之害也

현재 鬼神을 점칠적에 卦中에 鬼가 休囚 및 空破墓絶을 만나면 모두 鬼神의 害가 아니되다。官鬼가 金에 屬되면 武神및 西方의 神인데 休囚되였으면 刀劍에 亡身한 鬼라한다。鬼가 木에 임하며 旺하면 文神 및 東方의 神인데 衰하면 풀을 의지하고 木에 붙어 있는 妖鬼며 刑杖을 맞고 죽은 귀신이 되든지 그렇지 아니하면 목을 매어 죽은 혼이라 한다。水鬼는 河海北方의 神이니 休囚하면 池井이나 江湖에서 水死한 귀신이다。火死는 雷公 電母조왕의 귀신인데 休囚한자는 湯火焚燒하여 죽은 혼이라 한다。土鬼는 土神및 中央廟 혹 山川 사당의 神인데 休囚되여있으면 담이나 집이 무너져 흙에 치어죽은 귀신이라한다。

⑧⑦ **尋 地**

※ **世爻旺相 祖父魂安 福德興隆 兒孫綿祖**

世爻가 旺相하면 祖父의 魂이 편안하고 福德인 子孫이 興旺하면 兒孫들이 면면하고 제사를 잘받든다。古法에 二爻가 穴이되며 內卦도 穴이라하고 騰蛇가 穴이된다。그러나 여러번 시험하나 맞지아니 한다。내가 보기에는 世가 穴이된다。世爻가 旺相하고 혹 日月動爻가 生扶하여주면 吉地라하여 兒孫이 祭祀를 잘지내 주게된다。혹 他爻가 旺相하여 世爻를 生하여도 子孫이 振振하다。

※ **三合六冲 藏風 世冲六冲 飛砂走石**

三合六合이면 聚氣되여 藏風이되고 世가 冲克되고 六冲이 되면 飛砂走石의 凶地라 한다。卦가 六合을 만나고 혹 世와 子孫爻가 六合으로 되였으면 藏風의 吉穴이 되여 代代로 旺盛

하고 만일 六冲卦를 얻고 혹 六冲이 六冲으로 變하며 혹 世應이 相冲이되면 흩어지게 되며 반드시 無氣하다。

※ 六冲變合地 去而復來 六合變冲形已成復失

六冲이 合地로 變되면 갔다 다시 오고 六合이 冲으로 變하면 혹 먼저 땅을 얻지 못하여도 다시 잃게된다。 이것은 兩說이 있으니 六冲이 合으로 變하면 刑이 이미 이루어 지드래도 뒤에 얻게되고 世가 子孫의 旺相을 만나면 穴地가 좋다는 것이다。 이같이면 子孫이 旺盛할 뿐아니라 科甲이 多出한다。 六合이 六冲으로 變하면 땅을 얻었다 하드라도 다시 잃어버리게되니 地運이 衰하여 龍이 無氣하기에 不宜하다。

※ 世旺而化絶破吉處藏凶 世衰而化生合凶中有吉

世가 旺하나 絶破로 化하면 吉한 곳에 凶이 감추어져있고 世가 衰하나 生合을 化하면 凶中에 吉함이 있다。世爻가 비록 旺하나 좋지아니함은 破로 化하고 墓絶로 化하여 回頭克으로 化하면 먼저 吉地를 얻으나 뒤에 破敗된다。그러기에 이葬하여도 發福을 못하고 人口의 損傷을 입는다。世가 만일 衰弱하고 動하여 回頭相生되고 長生帝旺으로 化하고 日月이 合으로 化하고 進神으로 化하면 먼저는 凶하나 뒤에는 吉할 징조라한다。

寅月 戊午日占 得地

頤
无妄卦

```
         朱  青
      兄寅ー 玄 白 巳 句
      破     ×
      官申 父子
           冲
      孫午 才戌×世
      ーー
      才辰ーー
      兄寅ーー 應
      父子ー
```

世爻戌土가 봄에 休囚가 되나 午火子孫이 回頭克世를 하고 日月世爻가 함께 三合을 이루며 靑龍이 子水를 만나 長生으로 化하니 水源이 極遠하나 다만 申月이 月破가 되고 戌土가 子水를 克하며 또 日辰의 冲散을 입으니 春夏에는 물이있고 秋冬에는 반드시 乾水가 된다 저 사람이 말하기를 그와 같다면 어찌 하겠는가 내가 이르되 無妨하다. 卦中에 日月이 世爻와 子孫으로 三合을 이루니 亡人도 편하고 子孫이 昌盛하겠는가 어찌 不發한다. 근심하겠는가 뒤에 辰年에 이장하여 辰年에 中孫이 鄕試에 合格하고 子年에 次孫이 科甲하였다

※ 世化進神 千秋綿遠 福德化進 百代蒸嘗
  世化進神 千秋라도 멀리 發福하고 福德이 進神으로 化하면 百代에 훈기가 난다。世爻가 旺相하고 進神으로 化하고 日月로 代하고 長生帝旺으로 化하면 龍이 旺하고 산맥이 聚氣하여 源長하다 子孫이 旺相하고 進神으로 化하고 혹 化合化生日月의 旺相을 얻으면 子孫이 腎貴하고 科甲이 多 出한다。世爻가 退神으로 化하고 子孫이 退神으로 化하면 代代로 凶하다。

◈ 생활문화사 (추송학 저서) 도서 목록 ◈

번호	책 명	정 가	책 내용 설명
1	영 통 신 서	20,000원	주역 384효동 수록 매일 시간 운까지 아는책
2	관상학총비전	10,000원	한글판으로 관상을 아는 관상 비법 일체 수록
3	사 주 비 전	10,000원	사주의 기초로 누구나 쉽게 통달할수 있는 책
4	유 년 보 감	10,000원	한글판으로 유년 신수 및 신통부적이 있는 책
5	대 사주 비전	5,000원	사주비전에 수록하지 못한 비법 일체 수록책
6	예 방 비 법	10,000원	각종 부작 예방의 기초로 시험 삼재등 일체책
7	복 서 비 전	5,000원	육효의 완전한 교과서로 주역을 배우는 책
8	구 성 학 비 법	10,000원	일백 이흑 등으로 운명 및 신수에 관한 책
9	해 몽 꿈 뉴 스	7,000원	한글판으로 누구나 꿈의 비법을 통달하는 책
10	유 양 전 서	10,000원	궁합 택일 이사방위 등을 쉽게 볼수 있는 책
11	성 명 학 비 법	10,000원	작명 해명 회사명 등을 쉽게 이름 짓는 도서
12	감 정 비 전	5,000원	사주로 운명을 감정하는 감정 속성 비결수록
13	역학특수비법	10,000원	사주로 특수한 운명 감정의 비법 등이 수록책
14	새생활만세력	15,000원	2050년까지 만세력 구성이 있고 사주 찾는책
16	그 림 추사주	20,000원	한글판으로 운명 자녀수까지 아는 당사주 책
17	토 정 비 결	10,000원	상하 합본 384괘로 본사유일 복원책 下篇 無
18	송학작명사전	15,000원	획수별 오행별 특수표시로 작명할 때 필수 책
21	족 상 비 법	7,000원	족상으로 건강 길흉 및 질병 완치하는 비록책
23	일 시 비 법	10,000원	매일 그 시간의 운과 상대방의 운을 아는 책
24	사 주 총 감	20,000원	사주학의 각종 신살을 쉽게 아는 신살 사전책
25	방 위 길 흉	20,000원	이사 방위를 매년 매월까지 쉽게 알수있는 책
26	증 산 복 역	20,000원	육효의 기초부터 실전까지 확실히알수있는책
27	풍 수 비 결	15,000원	풍수의 명당터를 쉽게 보고 배울 수 있는 책
28	성 명 의 신 비	20,000원	작명 해명 회사명 등을 자신있게 작명하는 책
29	추송학택일력	5,000원	매일운수 매월신수 결혼 이사날 등을 보는 책
30	신 통 사 주	20,000원	사주 공부하여 신과 같이 명판단 하는 교재책
31	육효 총 비 전	20,000원	육효학을 혼자 독학으로 신과같이통달하는책
33	대 운 천세력	15,000원	2027년까지 만세력 책으로 남여의 대운 표시
34	대운천(수첩)	7,000원	만세력책으로 대운천세력의 4분의1의 축소책
35	경 마 비 법	10,000원	시간을 육효괘로 잡고 경마행운숫자 아는 책
36	수 상 비 법	10,000원	손의 생김새와 손금으로 일생의 운을 아는 책
37	역 점 비 법	10,000원	주역 육효학의 특별한 비법 일절 수록한 책
38	한 방 대 성	25,000원	병을 치료하는 처방과 진단 방법이 들어 있는
39	가 상 비 법	10,000원	가정 및 문짝의 위치만 보고도 내력을 아는책

번호	제목	가격	설명
40	종합 불경	10,000원	한글판으로 각종 불경 경문과 해설을 수록 책
41	육친 비법	20,000원	육친에 대한 일체의 해설 및 비법이 수록된책
42	천간 명주	12,000원	한글판 천간으로 평생 운 매년 운을 아는 책
43	사주강의제1권	15,000원	일생의 성격 직업 금전 건강 설명이 있는 책
44	사주강의제2권	15,000원	사주학의 기초부터 천간지지 설명이 수록된책
45	사주강의제3권	20,000원	각종 운명 해설의 총설명과 실예를 수록한 책
46	사주강의제4권	15,000원	운명의 끝맺음과 총괄설명 및 실예를 수록책
47	사주강의테이프	30,000원	사주강의 비법이 녹음된 6개의 테이프 세트入
48	육효전집1권	20,000원	육효 팔괘의 배합 및 기본 64괘 총 해설집
49	육효전집제2권	20,000원	64괘 해설 및 괘 작성 방법 등의 비법 수록
50	육효전집제3권	20,000원	재물점에서 부터 모든 점의 실예 일절 수록
51	육효전집제4권	20,000원	모든 점을 실예로 수록하여 끝을 마무리한 책
52	매 월 운 세	10,000원	한글판으로 시간으로 육효 점술 신수 보는 책
53	운 기 누 설	10,000원	한글판으로 사주의 약점을 이름으로 보충하는
54	인 생 운 명	10,000원	한글판으로 상대의 성격 등을 쉽게 판단하는
55	지 장 경	5,000원	한글판으로 지장경의 원문과 해설이 있는 책
56	백 년 경	20,000원	한글판으로 년월일시로 평생사주를 쉽게 보는
57	오주 명리학	6,000원	사주에 절기를 추가하여 오행 열개로 보는 책
58	오 주 산 책	6,000원	오주의 오행 열 개로 실예를 들어 해설한 책
59	신 통 부	20,000원	한글판으로 750여종의 특수 부작을 수록한 책
60	평 생 사 주	20,000원	한글판으로 평생사주를 한 장씩 뜯어 주는 책
61	궁합의 선 택	5,000원	오주의 오행 열 개로 궁합의 해설을 하는 책
62	정감록 사 주	40,000원	한글판으로 평생운명과 매년 신수를 보는 책
63	사 주 해 설	10,000원	한글판으로 사주를 기초부터 누구나 알수있는
64	격 암 유 록	20,000원	한글판 남사고 선생의 예언서이며 교양서적
65	가 정 보 감	20,000원	관혼상례법 일체 수록하고 사주 기초 수록한
66	팔 괘 감 정	15,000원	한글판이며 주역 팔괘로 쉽게 운을 알수 있는
67	육 임 단 시	20,000원	한글판으로 육임 단시 점을 쉽게 풀이한 책
68	명리는천기다	20,000원	사주의 용신 잡는 법과 사주의 특수 풀이법
69	풍 수 지산록	35,000원	한글판으로 풍수 보는 법과 명산이 수록된 책
70	특 사주 비전	35,000원	한글판으로사주의 특수비법과 부작이 수록된
71	사주 속견 철	50,000원	죽은 혼의 탈을 알고 사주속성 특수비법 책
72	육효학이론과실제	30,000원	주역 육효의 해설 및 이론의 실제 조직 방법
73	귀 곡 전 서	50,000원	고객이 찾아온 이유를알고 경마행운 숫자수록
74	산문의풍경소리	15,000원	불교 교리 강의를 체계적으로 쉽게 풀이한 책
75	추송학사주격국	15,000원	한글판 사주와 격국론 초보자도 알기 쉬운 책

※우편 100-015   서울 중구 충무로 5가 36-3 ☎ 02-2265-6348
◎ 우체국 온라인 번호 010231-02-001931   추순식 앞
　　농 협　　084-12-147005　　　　추병기 앞

판권저
자소유

증 산 복 역
增刪卜易 【정가:20,000】

1982년   7월 18일 초판 인쇄
2008년   1월 15일 재판 발행
編著者 : 秋 松 鶴 (秋松鶴)
發行人 : 秋 松 鶴 (秋松鶴)
發行處 : 도서출판 생활문화사
주소:서울 중구 충무로5가 36-3
전화:(02)2265-6348/2278-3664
       (팩스) 02 - 2274 - 6398
등록1976년 1월 10일 제2-136호
ISBN 89-8280-024-7 13180